HISTOIRE

DES

APOTHICAIRES.

HISTOIRE

DES

APOTHICAIRES

CHEZ LES PRINCIPAUX PEUPLES DU MONDE,

depuis les temps les plus reculés jusqu'à nos jours,

SUIVIE DU

TABLEAU DE L'ÉTAT ACTUEL DE LA PHARMACIE EN EUROPE,
EN ASIE, EN AFRIQUE ET EN AMÉRIQUE;

PAR

A. PHILLIPPE,

Docteur en médecine, chirurgien en chef de l'Hôtel-Dieu,
chirurgien de l'hôpital des scrofuleux et de celui des cancéreux, professeur de l'école
de médecine, ancien conseiller municipal et membre du conseil d'hygiène
et de salubrité de la ville de Reims ; membre correspondant de l'académie impériale
de médecine, de la société d'agriculture, sciences et arts de la Marne,
de la société des sciences et belles-lettres de Mâcon, de la société d'Émulation
de Liége, de la société de médecine pratique de Montpellier, de la société médico-
chirurgicale de Bruges et de Rotterdam, de la société des sciences et arts
de Strasbourg, de la société de médecine d'Anvers, de la société
médicale de Douai et de l'académie des sciences de Dijon.

..... orationi enim et carmini parva
gratia, nisi eloquentia est summa ; his-
toria quoquo modo scripta delectat.
PLINIUS ad Capit., lib. v, ep. VIII.

PARIS.
A LA DIRECTION DE PUBLICITÉ MÉDICALE,
RUE GUÉNÉGAUD, 3, PRÈS LE PONT-NEUF.

—

1853

INTRODUCTION.

Multa paucis.

Le livre que je publie a été composé dans les rares loisirs que m'ont laissés les exigences de ma profession, et porte, par cela même, un cachet d'imperfection que tous mes efforts n'ont pu faire disparaître.

Fruit de longues et minutieuses recherches, il est dépouillé des prestiges du langage et de la pompe du style auxquels je suis étranger; mais, en revanche, il a l'incontestable mérite de la bonne foi et de la simplicité qui, j'aime à l'espérer, me concilieront l'indulgence.

Outre son caractère d'originalité qui peut piquer la curiosité, il présente encore une utilité réelle, car il révèle de grands secrets oubliés ou ignorés touchant un art qui se rattache aux intérêts sacrés de l'humanité, et il enlève un voile qui, jusqu'à ce jour, n'a été qu'incomplétement soulevé.

En effet, l'histoire des apothicaires, telle qu'elle existe aujourd'hui, ne se compose que de pages isolées ou de fragments enfouis dans une foule de collections scientifiques ; elle ressemble, en un mot, à un grand corps mutilé dont les tronçons gisent çà et là sur le sol, à d'immenses distances l'un de l'autre.

J'ai réuni ces débris épars, j'en ai fait un faisceau aussi compacte que possible, et j'ai essayé, par une opération qui n'a pas été sans difficultés, de leur rendre et la forme et la vie.

J'ai fait entrer dans le plan de ce livre l'exposition des phases multiples que la pharmaceutique a subies chez les nations aux divers âges du monde, sa lente évolution à travers les siècles, les perfectionnements dont elle s'est successivement enrichie, les noms des hommes qui ont répandu sur elle de l'éclat, l'indication des ouvrages qui l'ont honorée, les avertissements paternels de l'autorité pour l'arrêter au bord de l'abîme, et les sévérités inexorables de la loi contre ses criminels écarts.

Un programme aussi varié et aussi étendu ne m'a pas découragé, et je me suis efforcé, par un labeur opiniâtre, de satisfaire à toutes ses exigences.

L'itinéraire que j'avais à parcourir était long, plein d'écueils, et je me serais plus d'une fois égaré dans ce labyrinthe, sans les guides sûrs et éclairés qui m'ont dirigé.

Après avoir assisté à la naissance de la pharmaceutique, je la prends à son berceau ; je suis ses pas, et je la montre s'acheminant, incertaine et chancelante, vers les temples d'Isis, à l'ombre desquels elle élaborera ses premiers produits.

Je n'ai pu dissiper l'obscurité profonde de cette époque, et j'ai cherché vainement les noms de ceux qui dirigèrent ses primitifs essais.

Après l'avoir accompagnée sur les montagnes de la Judée, et sur les rives désolées du lac de Génézareth, où elle fut exploitée d'abord par les patriarches, et, quelques siècles plus tard, par les prophètes, je la suis chez les Assyriens, les Babyloniens, les Perses, les Macédoniens, où elle eut un culte, et chez lesquels elle fut même pratiquée par les rois ; enfin, la retrouvant sous les murs de Troie, dans le camp des Grecs, je reviens avec elle aux plages helléniques, sur lesquelles elle jette une faible lueur empruntée à l'astre d'Hippocrate, et je l'abandonne au moment où, après avoir fait briller quelques éclairs, elle est chassée de Sparte par Lycurgue, et d'Athènes par Solon, pour s'être livrée à des trafics honteux, et s'être prostituée dans les laboratoires impurs du Céramique.

De ces climats fortunés, souillés par sa présence, je me transporte à Rome, aux portes de laquelle la pharmaceutique a frappé pendant cinq cents ans avant d'obtenir le droit de cité ; je l'y rencontre avilie dans les tavernes des barbiers et des tondeurs, proscrite par Sylla pour ses infamies, réintégrée par l'empereur Auguste, qui la décore de l'anneau d'or ; exercée par les apôtres, les confesseurs de la foi et les empereurs ; divisée en plusieurs catégories, affichant le charlatanisme le plus effronté ; pratiquée sous les Césars, au milieu de la liberté expirante, par des hommes tombés dans l'abjection, ou par des femmes perdues qui spéculaient sur la débauche d'une ville corrompue, dont elles entretenaient les lubriques ardeurs par des compositions monstrueuses et incendiaires.

La pharmaceutique, en se purifiant de ces obscénités dans les siècles qui suivirent, ne grandit pas pour cela en considération ; car elle reste entre les mains d'aventuriers et d'escrocs, que l'empereur Théodose, à cause de leurs turpitudes, repousse opiniâtrement des fonctions civiles.

Au milieu de la barbarie du moyen âge, on la voit soudain percer l'épaisse nuit qui couvrait le monde, laisser échapper les timides rayons d'une aurore annonçant une ère nouvelle, et jeter dans le ciel d'Orient un éclat qui ne tarde pas à se réfléchir en Europe. Fécondée par les institutions politiques, appuyée sur le patronage puissant des princes arabes, elle recueille les nombreuses dépouilles de l'antiquité, ouvre des académies, fonde des écoles à Bagdad, à Salerne, à Naples, à Tolède, à Cordoue, et verse ses richesses sur tous les points du vieux continent qu'elle peuple d'hommes qui propagent avec ardeur son culte naissant.

De ce foyer s'échappe, au treizième siècle, une étincelle qui vient tomber sur la France. D'abord confondue avec les corporations des plus obscurs métiers, la pharmaceutique ne donne, pendant quelque temps, aucun signe de son existence. Sortie des cloîtres, où elle avait été recueillie par des hôtes savants et généreux, elle se cache et se travestit honteusement afin d'échapper à l'œil du pouvoir ; mais bientôt les monarques la surprennent, et lui imposent un joug nécessaire, sous lequel elle vit depuis six cents ans.

Je parcours le dédale de cette inextricable législation, et je n'omets rien de ce qui peut intéresser le lecteur, à partir de Philippe-le-Bel jusqu'à nos jours. Les nombreuses ordonnances, les lois sans fin, les lettres patentes multipliées, les arrêts souvent contradictoires des parlements, les instructions, les circulaires ; en un mot, tout ce que les archives nationales renferment d'important est fidèlement reproduit.

En suivant cette longue odyssée, on se convaincra de la vigilance incessante que les souverains ont exercée sur l'enseignement et la pratique de cet art, et de l'énergique impulsion qu'ils lui ont imprimée pour le faire cheminer vers le terme glorieux de perfection qu'il doit très-incessamment atteindre.

J'ai adouci la sévérité de cette exposition par quelques épisodes, et par des tableaux propres à reposer le lecteur de la fatigue contractée dans une route aride et encombrée de faits et de dates.

Après avoir raconté tout ce qui est relatif aux

peuples anciens et à la France, j'ai pensé qu'en fermant là mon livre, je laisserais une regrettable lacune.

Pour la combler, j'ai continué mon pélerinage chez les nations modernes.

Aidé de renseignements authentiques qui m'ont été obligeamment transmis tant par les légations françaises et étrangères, que par plusieurs membres illustres du dernier congrès international réuni à Paris; muni, d'autre part, de documents recueillis avec un soin religieux dans les archives de la science, j'ai pu présenter un tableau aussi exact que possible de l'état actuel de la pharmacie en Chine, en Perse, en Égypte, en Turquie, en Grèce, en Russie, en Suède, en Norwége, en Angleterre, en Belgique, en Italie, dans les Deux-Siciles et aux États-Unis.

J'ai présenté, avec une exactitude scrupuleuse, dans cette dernière partie de mon œuvre, les diverses physionomies pharmaceutiques de chacune de ces contrées.

Un aussi rude travail ne pouvait être entrepris qu'à l'aide de matériaux rassemblés avec patience et discernement. J'en ai recueilli plusieurs; mais, éloigné des sources fécondes et placé dans la sphère stérile de la province, je ne pouvais, par moi-même, réunir tous les documents qui m'étaient nécessaires. Ils ne m'ont cependant pas fait défaut. Un bibliophile, aussi érudit que modeste, M. Louis Desprez, de Reims, secrétaire de la mairie de Montrouge, a, pendant trois années, fouillé sans relâche les bibliothèques publiques et particulières de Paris, et en a patiemment exhumé de nombreux et intéressants matériaux qu'il m'a transmis avec la plus exquise obligeance. C'est bien faiblement m'acquitter d'une dette sacrée du cœur que de lui offrir, dans ces lignes, l'hommage public de ma profonde et sincère reconnaissance.

Qu'il me soit permis, en terminant, de témoigner ma gratitude à M. Guibourt, qui a bien voulu me communiquer les riches archives de l'École de pharmacie, dont il est l'un des plus savants professeurs, et de remercier M. Michel, qui a fait revivre, sous son habile et obligeant crayon, le blason oublié des apothicaires et le sceau de l'École de pharmacie de Paris.

Reims, décembre 1852.

HISTOIRE
DES
APOTHICAIRES.

CHAPITRE I.

La Révolution de 1789. — Ses folies. — Métamorphose des noms. — Les Apothicaires apostats. — Ils effacent leur baptême et renient leurs ancêtres. — Inventaire des boutiques des anciens Apothicaires. — Conseils de Jean de Renou pour dresser une boutique pharmaceutique. — Description d'une maison d'Apothicaire en Bretagne. — Portrait d'un Apothicaire au XVIe siècle, par Shakespeare. — Définition du mot *apothicaire*. — Son orthographe change avec les siècles. — Dénominations espagnoles et italiennes. — Parallèle du Pharmacien et de l'Apothicaire. — Le mot *pharmacien* signifiait empoisonneur dans l'antiquité. — Synonymes satiriques et outrageants. — Anagramme du mot apothicaire.

> Jadis dans un vénal et vil laboratoire,
> Cet art inestimé semblait cacher sa gloire.
> Delille, les Trois Règnes, ch. IV.

L'ouragan qui s'est déchaîné en 1789 sur la France, en continuant ses ravages pendant les sombres années de la fin du dernier siècle, imprima le bouleversement le plus profond à un ordre social que la main du temps paraissait avoir scellé sur des bases inébranlables.

Poussée par un amour effréné des métamorphoses, cette révolution fiévreuse ne voulut pas laisser pierre sur pierre de notre antique édifice dont elle avait juré d'effacer tous les souvenirs. Rien ne lui coûta pour réaliser ce projet insensé, elle descendit même jusqu'aux plus puérils moyens. Elle ne se contenta pas, par exemple, de découper les provinces en départements, de festonner les districts en arrondissements, ce qui était bien, mais elle se mit encore à métamorphoser toutes les fonctions, et à travestir un grand nombre de professions. Le préfet fut substitué à l'intendant, le procureur prit le nom d'avoué, le perruquier, celui de coiffeur, et le roi de France, celui de roi des Français.

Je pardonnerais de grand cœur ces petites misères à des novateurs en délire, si ce nouveau baptême avait fait disparaître quelques taches originelles; mais il n'en fut pas ainsi, et les physionomies professionnelles, en prenant un autre masque, ne purent tromper que des yeux peu clairvoyants. En effet, le commis des contributions est-il moins tyrannique que le préposé aux gabelles? Les dossiers de l'avoué, j'en appelle aux clients, sont-ils moins volumineux et moins ruineux que les sacs des procureurs? Le coiffeur est-il plus modeste et plus discret que le perruquier? Et enfin, je le demande, les rois de France gouvernaient-ils plus mal que les rois des Français? — Pitié que tout cela!...

J'arrive à l'apothicaire: lui aussi a perdu son nom dans ce grand cataclysme; sa bannière a été emportée par le vent révolutionnaire, et son blason — car il en avait un — a été englouti dans le naufrage, en même temps que les armoiries des plus illustres maisons.

A partir de cette époque, l'apothicaire a dépouillé le vieil homme; il a fait peau neuve, comme l'a dit un spirituel écrivain; mais s'il est entré sur le terrain de la réforme, cela n'a pas été pour se démocratiser, au contraire, il a marché au rebours des événements: la noblesse s'éteignait, et il a eu la prétention de la faire revivre; il a cru s'ennoblir en troquant le nom qu'il tenait de ses an cêtres, le nom grec d'apothicaire, contre celui non moins hellénique de pharmacien qu'il trouva moins plébéien, ce qui fit que les cuisinières, les portiers et *tutti quanti* ont dit depuis lors : une *phormacerie*, un *phormacien*.

Cette entorse étymologique et phonique, dont beaucoup de gens ne peuvent pas encore se guérir, ce barbarisme burlesque, qui tombe à chaque instant dans l'oreille pour la déchirer, ne serait qu'un châtiment bien anodin infligé à l'ambitieuse apostasie de l'apothicaire; ce qui doit le punir bien plus cruellement, ce qui, surtout, doit lui inspirer d'amers regrets, c'est de sentir qu'il a baissé dans l'opinion sévère des érudits, et que, faute d'avoir interrogé l'histoire, il s'est donné malencontreusement une appellation qui, dans l'antiquité, était synonyme d'empoisonneur, ainsi qu'on le verra plus bas.

Des plumes moins charitables que la mienne écriraient sans doute que cette dénomination ne pouvait être d'une application plus littérale ; pour moi, je me borne à dire que le pharmacien a été malheureusement inspiré.

Quoi qu'il en soit, on se ferait un fâcheux parti si l'on saluait du nom d'apothicaire le pharmacien d'aujourd'hui. C'est une race très-ombrageuse, et je ne conseillerais pas à mon plus mortel ennemi d'encourir la chance de cette appellation.

Mais, s'il n'est pas possible d'absoudre les apothicaires, ces enfants corrompus par l'orgueil, d'avoir abjuré leur nom et d'avoir renié leurs pères, il faut pourtant leur savoir gré d'avoir répudié leur succession. Il est vrai que ce patrimoine ne valait guère la peine d'être recueilli. Quel héritage était-ce, en effet, que celui qui se composait de mirobolans, de l'orviétan, du bézoard oriental et de cloportes destinés à combattre la jaunisse ? Dans ce mobilier séculaire, dont je copie textuellement l'inventaire dressé par M. de Labédollière en 1841, on trouvait encore du fiel de taureau contre les maux d'estomac ; de l'or potable contre l'apoplexie ; des vers de terre pulvérisés et de l'huile de petits chiens contre la sciatique ; des mâchoires de brochet contre la pierre ; des perles, de l'ivoire calciné contre les aigreurs ; des nids d'hirondelle contre les maux de gorge ; du sirop de vipère pour la purification du sang ; des scarabées de fumier, macérés dans l'huile de laurier, contre les contusions; des aiguilles d'acier, dissoutes dans l'acide nitreux, contre les douleurs des jointures ; des poumons de renard, des foies de loup, l'album græcum, l'élixir de vie de Mathiole, l'essence carminative de Wédélius, le Mithridate, l'eau générale ; que sais-je, enfin ? un capharnaüm immonde, une macédoine de compositions monstrueuses, enfantées par les rêves de l'astrologie ou par les superstitions de l'alchimie, et dans lesquelles, pour certaines, il n'entrait pas moins de soixante-dix-neuf drogues hurlant de se trouver ensemble, d'une action nulle, meurtrière, ou tout au moins contradictoire.

C'était, soit dit sans hyperbole, une véritable conspiration ourdie contre la santé publique, un guet-à-pens contre la vie humaine.

Il n'y a donc pas, au point de vue pharmaceutique, à regretter le bon vieux temps, et l'humanité doit bénir le pharmacien du XVIIIe siècle d'avoir nettoyé la boutique de ses aïeux, d'avoir balayé cette écurie d'Augias, et d'avoir poussé les immondices de cette sentine dans les flots du torrent régénérateur.

Jean de Renou avait tracé le plan d'une boutique d'apothicaire qui devait être construite d'après les divisions suivantes :

« Comme tous les endroits de la terre ne sont pas esgalement propres pour porter de bons simples, aussi tous les lieux ne sont pas esgalement idoines pour dresser des boutiques pharmaceutiques, pour en icelles garder, préparer et vendre les compositions y fabriquées, car il n'y en a que bien peu où l'on puisse bien faire le tout ensemble. De sorte que la plupart de ceux qui dressent boutique cherchent les meilleures villes pour y pouvoir mieux débiter leur marchandise et la vendre à plus haut prix, non que je sois du nombre de ceux qui font grand estat de ces simplistes charlatans (qui ne font pas difficulté de rançonner les personnes pour quelque petit remède qui ne vaudra pas le parler, et qui dressent de petites tasnières, je veux dire des boutiques à tout bout de champ, et dans de petits villages et lieux puants, au lieu de vendre des bonnes drogues bien choisies aux passants, ils font gloire de leur en bailler le plus souvent de pourries, gastées, et sans que personne fasse estat de les reprendre), car au contraire, je les hais mortellement, et seroit expédient que ce royaume en fust entièrement destrappé ; qui plus est, je ne puis que je ne blasme ces vendeurs de simples qui sont en cette ville de Paris, au lieu appelé le Pilier des Halles, d'autant qu'ils vendent le plus souvent des herbes infectes aux apoticaires, au grand détriment de la santé de ceux qui s'en servent [1].

« Or, quant à la maison de l'apoticaire, elle ne doit estre bastie en aucun des lieux préalléguez, ainçois dans une bonne ville ou un bon bourg, en lieu clair et aéré et dans une rue nette et esloignée des cloacques et esgouts ; elle doit estre assez grande, spacieuse et haute, à celle fin de loger au plus haut et dernier estage d'icelle toutes les plantes desquelles il a besoin pour son usage et qui ne se peuvent si bien garder ailleurs que là, comme estant le lieu le plus sec et le plus aéré de la maison. Et en la plus basse d'icelle, qui est la cave, y mettre beaucoup

---

[1] Jean de Renou, Introd. à la Pharmacie, Préface, p. 470.

de choses qui demandent un lieu moite et humide, comme sont la casse noire, le vin et autres choses semblables.

« Entre la cave et le grenier de ladite maison, il est nécessaire qu'il y ait plusieurs estages ou à tout le moins un seul où l'apoticaire et sa famille se puisse loger, et audessous d'iceluy immédiatement doit estre située la boutique pharmaceutique, grande, belle, quarrée et bien claire, en telle sorte néantmoins qu'elle ne soit point par trop exposée aux rayons du soleil, de peur qu'ils ne vinssent à sécher, fondre et eschauffer par trop ses compositions et aultres médicamens simples, ny moins encore à la mercy des trente-deux vents qui ne pourroient estre que trop importuns.

« Or, en ladite boutique, y doit avoir deux portes, l'une qui soit du costé de la rue et sur le devant pour donner entrée dans la boutique, et l'autre au fond d'icelle, pour pouvoir entrer par icelle dans une cuisine basse qui sera joignante à ladite boutique, et en laquelle le sage et bien advisé apoticaire fera sa demeure la plupart du temps avec sa mesgnie, soit pour boire, pour manger ou pour dormir, à celle fin qu'il soit toujours aux escoutes et qu'il espie ordinairement par une petite fenestre vitrée qu'il fera faire à ces fins dans la muraille mitoyenne, si ses apprentis et serviteurs sont à leur devoir, s'ils reçoivent amiablement les estrangers, et s'ils distribuent et vendent fidèllement et sans tromperies ses drogues et compositions.

« Derechef, en un des coings de ladite cuisine et tout joignant la cheminée, le pharmacien doit faire bastir un petit poesle dans lequel il puisse bien et deuement conserver son sucre, ses dragées et ses confections solides ; et si la grandeur du lieu le permet, il doit avoir encore un petit magasin et rière-boutique dans laquelle il mette à couvert ses fruicts, ses semences et beaucoup d'autres denrées et simples qu'il est contraire d'achepter en grande quantité, comme sont amandes, ris, pruneaux, miel, plusieurs semences, racines et bois ; mais il se souviendra tousjours de mettre dans sa boutique ses compositions, et une grande partie des simples les plus rares et plus précieuses qu'il aura, et desquels il se sert ordinairement, tels que sont les thamarins, raisins de pance, reglisse, polypode, sené et aultres semblables.

« Et afin que ses medicamens soient bien et deuement rangez dans sadite boutique, il est expédient qu'elle soit assortie de plusieurs et divers estages, pour la pluspart esgalement distans les uns des autres, lesquels seront faits avec des aix, attachez et clouez à de grandes pièces de bois attachées pareillement aux murailles, et par ainsi, y en ayant de toute sorte, il aura lieu pour loger proprement et au large tous ses vaisseaux pharmaceutiques, tant grands que petits, tant ceux qui sont de bois que ceux qui sont de terre, de verre ou d'estain, et n'oubliera pas, par mesme moyen, de les situer en façon que ceux qu'il faut le plus souvent manier et remuer, soient en lieu proche et commode, et les autres, les moins usitez, en quelque estage plus esloigné.

« Finalement, pour le regard des vases et des sachets qu'il lui convient pendre aux solives de sa boutique, il usera de cette prudence : c'est qu'il escrira le nom d'un chacun des medicamens qui seront dans lesdits vases et sachets sur le dos d'iceux, à celle fin qu'il les trouve plus promptement en ayant besoin, et de peur aussi qu'il ne fasse quelque *qui pro quo* d'apoticaire.

« Que si les fenestres de sa maison se trouvent par trop petites ou qu'elles ne soient pas assez exposées au soleil pour contenir et eschauffer ou tous les pots de terre pleins de conserves, ou toutes les bouteilles de verre qui contiennent les eaux distillées, alors il faudra qu'il fasse attacher, contre la muraille de la partie antérieure de la maison, deux ou trois pieds de chèvre avec des bons aix par-dessus, pour mettre et poser sur icelles tous les medicamens qui ont besoin des rayons méridionaux du soleil, ou pour perdre leurs humiditez et cruditez superflues, ou pour se fermenter et quasi comme cuire, ou finalement pour chasser et consumer leur ignéité et empyreume, et aura le soin de les y laisser tout autant qu'il sera expédient et nécessaire, et non pas davantage, de peur qu'ils ne vinssent à se gaster et corrompre. »

Je ne sache pas que les conseils de Renou aient jamais été exécutés, car, à la fin du XVII° siècle, les boutiques d'apothicaires présentaient, à l'intérieur et à l'extérieur, une physionomie archéologique qui n'était pas entièrement effacée au commencement du dernier siècle, et que l'on retrouvait encore dans quelques provinces, notamment en Bretagne. Qu'il me soit permis de donner ici l'esquisse du tableau qu'en a fait M. le docteur Guépin, de Nantes :

« La statue en bois d'un pileur était placée dans une niche, à l'angle ou sur la façade de l'habitation; le devant de la maison n'était pas plus fermé que celui de beaucoup de petits magasins d'épicerie. Une demi-porte de deux pieds de large, s'ouvrant en dedans, donnait accès dans une chambre un peu noire; des deux côtés, il y avait deux comptoirs se faisant face (cette disposition se voit encore aujourd'hui); de grands pots en terre bleue consacrés à la thériaque et à l'électuaire appelé Mithridate, ornaient la devanture; l'un des comptoirs était entouré d'un châssis vitré : c'était là que se tenait la maîtresse de la maison; au-dessus de l'autre était suspendu un étui, tel qu'on en trouve encore dans quelques coins obscurs de province; il contenait une seringue, des canules et des pistons de rechange. Cet instrument, qu'une bandoulière suspendait au cou, était celui que l'apothicaire emportait en ville.

« Les poutres et les solives (il n'y avait pas de plafond) étaient garnies de pièces curieuses d'histoire naturelle, telles que lézards empaillés, œufs d'autruche, serpents de toute espèce ; les poteries n'avaient aucune ressemblance avec nos poteries actuelles ; le fond était garni de burettes à anche, elles servaient à mettre les sirops ; les étiquettes étaient peintes sur faïence, elles portaient *sirop alexandrin, sirop de rhubarbe, sirop de tortue*. Celui-ci avait beaucoup de vogue. A cette époque, le sirop de Maloët était très employé contre les toux et les catarrhes. Il a été ressuscité depuis, après un long oubli, sous le nom de sirop antiphlogistique.

« Des deux côtés de l'apothicairerie, on voyait des bocaux semblables à ceux qui garnissent actuellement l'intérieur de nos pharmacies ; on lisait sur ces bocaux : *yeux d'écrevisses, écailles d'huîtres, vipères, cloportes*.

« Ces bocaux étaient les uns très-petits, les autres très-grands ; l'un d'eux était étiqueté : *Fragments précieux*, et contenait des grenats, des émeraudes, des topazes, le tout en fragments assez petits pour ne pas être employés en bijouterie ; il y en avait qu'on faisait entrer dans la composition de l'électuaire d'hyacinthe ; aujourd'hui il est réformé.

« L'apothicaire de cette époque subissait de fréquentes métamorphoses et des travestissements sans nombre ; tantôt, on le voyait dans sa boutique, le tablier vert passé devant lui, une paire de ciseaux pendue au côté et le gilet rond sous le tablier ; il était la gazette de la ville, l'homme important du quartier ; à l'instar du barbier, il semait dans son voisinage les nouvelles du château et de l'évêché ; sa boutique était souvent transformée en cabinet d'avocat, et son avis avait une certaine prépondérance dans les délibérations chaleureuses de la communauté des bourgeois; tantôt, il portait le frac noir et l'épée au côté, quand il avait l'honneur d'être l'apothicaire du gouverneur de la province, et il avait toujours dans sa poche, afin de n'être pas pris au dépourvu, le poëlon d'argent à manche d'ébène, pour composer, chez le client, la médecine noire dont nos pères ne pouvaient se passer, et dont ils regardaient l'usage comme devant être éternel. »

Shakespeare, qui naquit en 1562, nous dépeint ainsi la boutique des apothicaires anglais de son temps : « Il y a par ici, je m'en souviens, un vieil homme qui vend des remèdes et fait de la chimie, un malheureux que j'ai remarqué; il cueillait des simples ; il avait des sourcils touffus et quelques haillons sur le corps ; il était maigre, on voyait ses os ; la misère l'avait usé. Son squelette apparaissait dans sa boutique, sa pauvre boutique; une tortue et un serpent étaient suspendus avec quelques poissons de forme hideuse. Le misérable homme étalait, sur ses tablettes, je ne sais quels débris indigents qu'il essayait de faire valoir de son mieux : bouteilles vides, fioles brisées, graines desséchées, vieilleries sans nom; de petits pots de terre cuite ; des boites dépareillées et vides. — Ah! quelle indigence! me dis-je en passant; si l'on voulait acheter du poison, voilà bien le repaire du pauvre gueux qui le vendrait, et la loi de Mantoue, qui punit de mort le coupable, ne l'effrayerait pas[1] ! »

Aujourd'hui, ombres augustes des ci-devant maîtres apothicaires, secouez la poussière des tombeaux, levez-vous et remontez un instant parmi les vivants; regardez votre humble et proverbiale boutique décorée comme un magasin de confiseur et convertie en splendide et co-

---

[1] Roméo et Juliette, acte v, scène 1. — Les Pandectes, p. 3.

quette officine : vous n'y trouverez plus le *lignum vitæ*, les trochisques de *cyphœos*, l'emplâtre *diacalciteos*, ni l'eau de frai de grenouilles; ouvrez vos tiroirs, cette boîte de Pandore, veufs aujourd'hui de ces mille drogues autrefois entassées là pour rançonner ou empoisonner le genre humain; cherchez de vos yeux inquiets, et vous ne verrez plus cet instrument ingénieux, l'effroi de M. de Pourceaugnac, et dont, selon Pline l'ancien, le bec de la cigogne ou de l'ibis égyptien a fourni la première idée, ni le cabinet mystérieux où s'accomplissaient ses discrètes fonctions.

Mais non, je me repens de troubler vos mânes paisibles, Pères Conscrits de l'antique pharmacie : dormez en paix dans les plis de votre linceul, car, pour vous, les modifications des alambics seraient autant de révoltantes impiétés, les substitutions des pots-à-canon, des profanations, et les changements de bassines autant de sacriléges. Vous seriez trop profondément marris, en voyant vos descendants étiolés, abâtardis par la moderne civilisation, déchus de leur caractère primitif et dépouillés de leur type originel; non, vous ne pourriez pas être témoins de ces grands bouleversements sans être saisis d'une sainte indignation, sans gémir sur l'instabilité des choses humaines et sans maudire le jeu fatal des révolutions.

Après cette prosopopée, il est aisé de voir qu'une ligne de démarcation tranchée sépare le pharmacien de l'apothicaire. La révolution a tué celui-ci. Je viens, d'une main pieuse, rassembler les précieux débris de cette famille éteinte, et la faire reparaître sur la scène du monde où elle a joué, pendant plusieurs siècles, un rôle que l'histoire ne doit pas laisser tomber dans l'oubli [1].

---

[1] L'idée-mère d'une partie de ce qui précède appartient à M. de Labédollière : je n'ai fait qu'élargir son cadre ingénieux et broder sur son canevas. *Cuique suum.*

Les mots apothicaire et pharmacien sont synonymes dans l'acception générale, cependant, lorsqu'on consulte l'étymologie, on trouve une différence qui, sans doute, a motivé la prédilection que plusieurs personnes accordent encore au mot pharmacien.

Les lexicographes ont donné plusieurs acceptions au mot apothicaire, et l'ont défini diversement.

Pris dans sa racine étymologique grecque, il ne signifie que les boîtes, ἀποθήκη, les vases destinés à recevoir les médicaments, ou celui qui les prépare ou les vend ; il a pour synonyme, dans la langue latine, le substantif *medicamentarius*.

Apotheca-officina. Les Italiens disent *boteca*, *botega*, *potheca*. — Locus ubi merces aliæve res asservantur et reconduntur [1] horreum endocon, καὶ ἀποθήκη [2].

Apothecæ vini [3], *apotheca regia*, — *apotheca barberiæ*, pro officina tonsoria [4].

Les Espagnols prononcent *botica* [5].

Apothecaria. Officina pharmacopolæ, gall. Apothicairerie [6].

Apothecaria. Res omnes quæ a pharmacopolis vendi solent, gall. Drogues [7].

---

[1] Glossar. S. Benedicti, cap. de Habitatione; in chartis italis, apud Ughellum. T. VII, ital. sac., p. 400, 404, 410, 417.

[2] Haruilfus, lib. III, cap. I ipsas partes intulerunt in apothecam cujusdam custodiendam. — Hugo Falcandus : Multi Sarracenorum qui in apothecis suis mercibus vendendis præerant. Vide Constitut. Sicul.; lib. III, tit. 34, § 3.

[3] Apud Evodum, lib. II de Miracul. S. Stephani, cap. III.

[4] T. II. Operum S. Bernardi, col. 1346. B. edit. 1690, ubi de Canoniz ejusdem doctoris. — In charta anni 1450, ex arch. S. Victoris Massil.

[5] In Concilio Palentino, anno 1338, cap. V.

[6] In Synodo Vallis Oletanæ, anno 1322, inter Concil. Hisp., t. III, p. 567.

[7] Codex Ms. Censuum Episcopi Autissiod., anno circiter 1290 exaratus.

Apothecarii. Qui apothecas vel botegas tenent; apothecarum seu horreorum curatores [1].

Apothecarius. Qui in domibus facit bellaria, fructus coctos et saccharo conditos qui ad secundam mensam pertinent [2].

Du mot italien *boteca, botega* ou *potheca*, et de l'espagnol *botica*, les Français ont fait le mot boutique qui est l'équivalent de celui d'apothicairerie.

Son orthographe a varié avec les temps : ainsi, depuis le XIII° siècle, on a écrit successivement *ppotiquaire, apothiquaire, apotiquaire* ou *apoticaire*; mais le mot *apothicaire* est préférable, parce qu'il est littéralement calqué sur la racine grecque.

Nicolas Langius, de Rochefort, et Corn. Agrippa définissent les apothicaires, les cuisiniers des médecins, *medicorum coqui*. Symphorien Champier et Lisset Bénancio les traitent d'omopoles, mycopoles, abuseurs, quiproquoqueurs, flibustiers; Hecquet, de faux-monnoyeurs pharmaceutiques. L'âcre et vitriolique Guy-Patin les appelle les *fricasseurs* d'Arabie, *animal fourbissimum bene faciens partes, et lucrans mirabiliter. Organa pharmaciæ, organa fallaciæ.* Vadé leur lance l'apostrophe de limonadiers des postérieurs. Enfin, MM. Varin et Paul Vermond, dans un vaudeville récent, les nomment des *mousquetaires à genoux* [3].

Ceux qui se font un passe-temps de transposer les lettres d'un mot pour lui donner un nouveau sens, ont trouvé, dans celui d'apothicaire, un anagramme nauséeux que je n'ose écrire, parce que la langue française ne brave

---

[1] In Charta anni 1178. Apud Ughel., t. VII, p. 410 Tabularum Ecclesiæ Cadurcensis.

[2] Leges Palatinæ Jacobi II. — Hist. Dalp., p. 239, et apud Lobinell., t. III, Hist. de Paris, p. 427. — Ducange, p. 572-573.

[3] Encore des Mousquetaires, vaudeville en 1 acte.

pas impunément les convenances, et aussi, parce que je craindrais de révolter l'odorat de mes lecteurs. Je ne profiterai donc pas des licences qu'on accorde parfois à l'histoire, et je me contenterai de dire que le mot de cette énigme se rapproche beaucoup de celui de *chaise percée*.

« Le mot pharmacien, au contraire, a une étymologie spéciale et médicale. Φάρμακον signifie remède, médicament, venin, poison. Ce mot a des dérivés qui sont expressifs, pharmacie, polypharmaque, pharmacopée, pharmacopole, pharmacologie ; tandis que le mot apothicaire ne peut former que apothicairerie, mot dont la terminaison peu harmonique semble classer la pharmacie parmi les professions simplement mécaniques, comme la serrurerie, la ferblanterie, la menuiserie.

« Ainsi, sous le rapport de l'euphonie de la langue et de l'exactitude étymologique, le mot pharmacien est préférable. Il y a d'ailleurs plusieurs considérations qui tendent à le faire adopter généralement. En voici quelques-unes : la pharmacie, quoi qu'on en veuille dire, est une annexe de la médecine, et entre, comme telle, dans le système complet de l'enseignement médical. On fait dans les écoles des cours de pharmacie, nulle part on ne fait des cours d'apothicairerie ; sous les drapeaux, on trouve des pharmaciens, depuis longtemps on ne voit plus d'apothicaires.

« Dans les maisons des souverains et des grands, les prescriptions des médecins sont exécutées par des pharmaciens titulaires. On peut donc exercer la pharmacie, sans faire le commerce et sans avoir une apothicairerie.

« Du temps de Molière, il y avait des apothicaires boutiquiers dont il s'est moqué avec quelque raison ; il y avait aussi des pharmaciens sur le compte desquels il ne s'est point égayé. On ne peut donc blâmer les pharmaciens de chercher à secouer le ridicule versé sur leurs anciens confrères.

« L'opinion publique attache au mot pharmacien l'idée d'une profession libérale, utile et noble, qui suppose des connaissances au-dessus de la routine mercantile ; un pharmacien n'a point de boutique, mais il ouvre au public son officine ; les formules magistrales ne sont plus des ordonnances exécutées par des garçons apothicaires, mais des prescriptions préparées par des élèves en pharmacie [1]. »

Je n'ajouterai qu'un mot à ce raisonnement, c'est que l'homme instruit, qui pratique son art avec conscience, ne se préoccupe pas si on l'appelle apothicaire ou pharmacien : obtenir la considération que cette profession procure lorsqu'elle est exercée avec talent et probité, est le seul but qu'il ambitionne.

[1] Lettre à un pharmacien de Saintes.

CHAPITRE II.

Le berceau de la Pharmaceutique repose sous le ciel d'Orient. — De la pharmaceutique en Chine. — L'herbier de Chin-nong. — Richesses pharmaceutiques de l'Égypte. — Abus révoltant des médicaments chez les Mages. — Le roi Osymandias. — Les Momies, d'après Hérodote et Ambroise Paré. — De la Pharmaceutique chez les Assyriens et les Indiens, d'après Strabon. — En Chaldée, d'après Démocrite. — De la Pharmaceutique chez les Juifs. — Les patriarches Abraham, Jacob. — Le roi Ézéchias. — Salomon. — Les prophètes Jérémie et Isaïe. — De la Pharmaceutique chez les Perses. — Cambyse. — Démocède. — Darius. — Chez les Macédoniens. — Alexandre-le-Grand. — De la Pharmaceutique en Grèce. — Mélampe. — Machaon et Podalyre. — Patrocle. — Siècle de Périclès. — Les *Guêpes* d'Aristophane. — Hippocrate. — Aristote. — École d'Alexandrie. — Théophraste d'Érèse. — Hérophile. — Ses disciples. — Érasistrate. — Premier partage des professions relatives à l'art médical. — Le sucre de canne. — De la Pharmaceutique sous la secte Dogmatique et sous la secte Empirique. — Onguent d'Agrippa. — Pompée rapporte à Rome l'Électuaire de Mithridate, roi de Pont. — Nicandre. — Les *Thériaques* et les *Alexipharmaques*, poëmes. — Femmes apothicaires. — Médée et Circé. — Cléopâtre, reine d'Égypte. — Agnodice d'Athènes. — Aspasie, de Milet. — Artémise, reine de Carie. — Le Céramique d'Athènes. — Les Femmes de Phrygie et de Thessalie. — Lois sévères de Lycurgue et de Solon.

Scrutemur vias nostras et quæramus.
THREN. 3. v. 4.

L'origine de la pharmaceutique remonte à l'antique berceau du monde; elle est contemporaine de la création. En effet, le premier homme qui fut malade ou blessé, dut être tout à la fois son médecin, son chirurgien et son apothicaire.

Un philosophe chagrin et contempteur de l'humanité a écrit que, dès qu'il s'était trouvé deux hommes sur la terre, il y avait eu une dupe et un fripon. Cette proposition injurieuse doit faire place à une autre plus consolante, et qui se formulerait en disant qu'à cette primitive époque, en raison de l'instinct charitable qui nous porte à chercher un remède aux maux de nos semblables, aussitôt qu'il y eut un malade, il s'est trouvé un guérisseur.

Bientôt, avec l'expérience, les traditions de famille descendirent le cours des siècles et commencèrent à constituer les rudiments de l'art dont je vais m'occuper.

Je passe sous silence les rêveries de J.-J. Mader, savant bibliographe allemand, qui, à grand renfort d'érudition, essaie de prouver que la pharmacologie, comme science, était connue avant le déluge, et je me hâte d'arriver à quelque chose de moins problématique et de plus précis.

Il est universellement reconnu que les premières semences de la pharmaceutique ont commencé à germer sur le sol d'Orient, dans ces contrées fertiles en parfums, en plantes aux suaves senteurs et en fragrantes résines ; de plus, il est hors de doute que les habitants de ces fortunés climats ont laissé des prescriptions médicamenteuses à l'aide desquelles ils calmaient la douleur et tempéraient les ardentes hallucinations du délire : ils doivent donc être regardés comme les pères de cette science.

Le seul ouvrage qui ait été légué par ces peuples anciens, et qui ait bravé les ravages du temps, a pour auteur un empereur de la Chine, Chin-nong. Cet empereur était, selon Cadet de Gassicourt, contemporain de Manès, premier roi d'Égypte[1], qu'il aurait, au contraire, précédé de six siècles, si l'on en croit Henri et Guibourt[2]. Quoi qu'il en soit, Chin-nong serait mort 2699 ans avant J.-C., laissant un herbier qui porte

---

[1] Dict. des Sciences médic., t. XLI.
[2] Henri et Guibourt, Pharmacie raisonnée, introd.

son nom et qui renferme une nomenclature historique détaillée de toutes les plantes du céleste Empire.

C'est surtout en Égypte qu'il faut se transporter pour assister à l'aurore de la science pharmaceutique : « *Isin apud Egyptios multa sanitati hominum pharmaca invenisse Egypti tradunt, utpote quæ scientiæ medicæ fuerit peritissima, adeoque multa solerter excogitasse*[1]. »

Les témoignages les plus importants se pressent pour confirmer la vérité de cette assertion. Le roi Osymandias avait fait placer, sur la porte de la bibliothèque de son immense et splendide palais de Thèbes, ces mots : *Pharmacie de l'âme.* Ce fait indique, à n'en pas douter, que cette inscription avait été empruntée à la pharmaceutique, et appliquée métaphoriquement aux trésors rassemblés dans cette riche collection pour le soulagement des maladies morales.

Pline l'ancien et Clément d'Alexandrie citent les Égyptiens comme ayant appris des mages ou enchanteurs l'art de préparer les médicaments, et disent qu'ils faisaient un abus révoltant des remèdes[2]. Galien attribue à Hermès Trismégiste (trois fois grand), professeur d'Esculape, la manière de préparer l'opium, et fait honneur à ses disciples de la découverte du bol d'Arménie, ainsi que de son emploi dans le traitement des hydropisies et des hémorrhoïdes[3]. Le médecin de Pergame prétend, en outre, que les Égyptiens employaient le sel cyrenaïque, c'est-à-dire le chlorhydrate d'ammoniaque, la litharge et l'alun contre les furoncles, les ulcères et les ophthalmies[4]. Pline dit encore qu'ils composaient, avec de certaines herbes,

---

[1] Diodor. Sicul., Bibl. l. I., part. I.
[2] Plin., Hist. nat., I, XIII. — Clément d'Alexandrie, Strom., I, II. — Virey, introd.
[3] Gal. de Simpl. med. facult., lib. IX, cap. II.
[4] De Compos. medicament., lib. V, cap. I.

des breuvages purgatifs[1]. Enfin, l'art des embaumements prouve que les propriétés des résines et des essences leur étaient parfaitement connues.

Néanmoins, les prêtres égyptiens n'ont rien ou presque rien laissé de leur science pharmaceutique qu'ils concentraient entre leurs mains, et qu'ils tenaient cachée dans l'ombre mystérieuse de leurs temples. On sait seulement, d'après un passage d'Hérodote qui écrivait 484 ans avant l'ère chrétienne[2], et d'après une citation d'Ambroise Paré[3], qu'ils ne se faisaient pas scrupule de vendre à des prix exorbitants des momies préparées avec des ingrédients de qualité suspecte. « *Ce qui a esmeu quelquesfois quelques uns de ces apoticaires plus hardis et plus auuides de gain à prendre de nuyct des corps au gibet, les aromatisent et sallent de maulvaises drogues, et après les sécher au four ainsi farcis pour les vendre bien chèrement pour vraye et bonne mumie.* »

Selon Strabon, qui florissait sous l'empereur Tibère, et qui avait fait de longues et savantes pérégrinations en Orient, les Indiens et les Assyriens possédaient la composition d'une multitude de remèdes[4]. Le philosophe Démocrite, 342 ans avant J.-C., après avoir fait, à l'âge de 95 ans, un voyage chez les adorateurs d'Isis, visita les prêtres de Chaldée et les sages de la Perse, et rapporta de ces lointaines contrées des formules pharmaceutiques auxquelles la médecine grecque fit plus tard de larges emprunts[5].

L'obscurité et l'incertitude qui couvrent les événe-

---

[1] In Hist. nat., lib. XXVI, cap. 1, sect. III.
[2] Hérod., Hist., trad. en français par du Ryer, 3 vol. in-12. — Larcher, 7 vol. in-8°, t. II.
[3] Ambr. Paré, t. III, p. 481. — Ed. Malgaigne.
[4] Strab., Géogr., t. II. Amsterdam, 1632.
[5] Cadet de Gassicourt.

ments des premiers âges du monde, m'ont forcé de traverser rapidement cette période pendant laquelle je n'ai rencontré, relativement à mon sujet, que des traditions vagues et confuses comme toutes celles de ces temps reculés, et qui ne m'a fourni le nom d'aucun personnage qui se soit fait remarquer par son goût pour l'art pharmaceutique.

Je laisse ces temps nébuleux pour arriver à une ère moins éloignée, plus précise et plus féconde.

Jadis, la médecine, la chirurgie et la pharmacie ne formaient qu'une profession.

« En ce temps-là, la profession de médecin gisait en l'exercice de trois points :

1° Au conseil selon les préceptes de l'art, pour les maladies intérieures du corps humain ; 2° au razouër et oignements, pour les extérieures ; 3° et finalement, en la confection des potions et médicaments. Je veux dire qu'il estoit médecin, chirurgien et apothicaire tout ensemble [1]. »

Cet état de choses a existé chez les Juifs et les Égyptiens, chez les Babyloniens, les Perses, les Macédoniens et les Grecs, dans les écoles asclépiadéennes, à Cos, à Smyrne et à Alexandrie [2].

On saura plus tard quand s'est opéré le partage.

Les médecins n'étaient pas les seuls s'occupant de pharmaceutique : les patriarches, les prophètes, les princes et les rois étaient eux-mêmes versés dans cette science.

Vers les années 1990 et 1880, sous les patriarches Abraham et Jacob, circulaient déjà en Égypte des marchands ismaëlites qui interrogeaient les malades sur ce

---

[1] Estienne Pasquier, ch. XXXI, p. 963.
[2] J. Goulin, Ms., t. II.

qu'ils éprouvaient et qui, véritables apothicaires ambulants, leur vendaient des aromates, de la gomme, de l'ambre, du baume et de la myrrhe.

Chez les Juifs, Salomon a écrit plusieurs formules pharmaceutiques que le roi Ezéchias, son arrière-petit-fils, détruisit pour que Dieu ne fût pas offensé par les maléfices en lesquels avaient été convertis les salutaires secrets de son bisaïeul [1].

Au temps des prophètes qui cultivaient surtout la science du pronostic, et qui passaient pour ressusciter les morts, on voit Jérémie, 800 ans avant J.-C., faisant une médecine active, et employant les médicaments les plus excitants : *numquid in Galaad resina balsamique* [2].

Deux cents ans plus tard, Isaïe avait substitué une thérapeutique moins incendiaire ; le brownisme de Jérémie avait été remplacé par une doctrine antiphlogistique plus lénitive, ainsi que nous l'apprend la Vulgate où il est dit que ce prophète employait de l'huile et des figues dans le traitement des plaies.

En Perse, Cambyse fabriquait lui-même des onguents et en faisait le commerce avec le roi d'Égypte.

Démocède, de Crotone, 522 ans avant l'ère chrétienne, portait avec lui, après les avoir préparés, les médicaments nécessaires au pansement de Darius qui avait contracté une violente entorse, et confectionnait lui-même les onguents qu'il appliquait sur le cancer du sein dont Atosse, femme de ce roi et fille de Cyrus, était atteinte [3] : il renfermait dans une chambre tous les emplâtres et toutes les préparations externes et internes ; cette chambre s'appelait ἰατρεῖον : c'était une véritable

---

[1] Calmet, Prov. de Salom., p. 5.
[2] Proph., ch. VIII, v. 22.
[3] Chaudon, Dict. encyclop., t. III.

boutique d'apothicaire, comme on l'apprendra lorsque je parlerai du siècle de Périclès.

Chez les Macédoniens, les souverains s'exerçaient eux-mêmes dans l'art des préparations pharmaceutiques : « Alexandre aussy le grant, roy des Macédoniens, comme récite Justin en son XIIe livre, fut grant ppothiquaire, et guérit Ptolomée, lequel avoist été blessé à mort, par la vertu d'une herbe par lui trousvée et par icelle herbe guérit tous ceulx qui avoyent esté blessez en la bataille[1]. »

Si nous nous transportons en Grèce, en commençant d'abord par ses temps héroïques, nous voyons, en 1380, Mélampe, habile médecin, guérissant avec de l'ellébore noir (melampodium) les filles de Prœtus, roi d'Argos, ainsi que d'autres femmes atteintes de folie furieuse [2].

Pendant les dix années que les Grecs furent rassemblés sous les murs de Troie (1280-1270), Machaon et Podalyre, deux fils d'Esculape, préparaient et portaient avec eux tous les médicaments nécessaires aux guerriers [3]; c'est Machaon qui pansa la plaie de Ménélas et l'ulcère infect que Philoctète portait au pied; Patrocle, pour extraire une flèche de la cuisse d'Erypile, étancha le sang avec une racine broyée et connue de lui seul [4].

Cicéron dit qu'il y eut trois Esculapes, et que l'un d'eux, fils d'Arsippus et d'Arsinoë, dont le tombeau reposait en Arcadie, inventa des potions purgatives qu'il allait distribuer lui-même sous les tentes de l'armée grecque [5].

Le chantre d'Achille nomme encore d'autres médecins-apothicaires qui secouraient, de leurs mains et de

---

[1] Symph. Champier, le Myrouël des Appothiq.
[2] Chaudon, t. VI.
[3] Iliade, lib. IV, vers 194.
[4] Ibid., lib. IX, vers 828.
[5] Cicer. de Natura Deorum, lib. III.

leurs drogues, les maladies contractées pendant la durée du long siége d'Ilium.

« Lesqueux aussi guérirent Thelephum d'une playe faicte par une sagette envenimée par les Troyens, et Cyron aussi fust grant ppothiquaire, et Achilles le fort et preux qui tuast Hector, troyen, voulust apprendre de Ciron, son grant-père, la science par laquelle il guéryssoit ceulx qui estoyent avec luy quand ils estoyent blessez en guerre, et plusieurs aultres qui estoyent roys et princes [1]. »

Nous entrons dans le siècle de Périclès, et nous trouvons, dans une comédie d'Aristophane, 460 ans avant J.-C., l'histoire d'un certain Lamachus qui, blessé à la jambe, avait été transporté dans l'ἰατρεῖον du médecin Pittalus, et on lit, dans les *Guêpes* du même auteur, qu'un sybarite, atteint à la tête, avait été conduit chez ce même Pittalus, dont la boutique était garnie de drogues de toute espèce : ce fait est consigné aussi dans le livre de la boutique d'Hippocrate.

Le divin vieillard, qui florissait 430 ans avant notre ère, quoiqu'il fût sobre de préparations médicamenteuses, composait cependant lui-même ses drogues et les portait à ses clients [2]. « Et a esté la cyrurgie la partie de médicine la première trousvée, mais après la venue de Hippocrates, lequel trousva la médicine dogmatique et raisonnable, la cyrurgie a esté comprinse sur médicine et fust Hippocrates médecin, cyrurgien et pharmacopole, lequel cueilloit luy-mesme les herbes et aultres médicines et appliquoyt aux malades nonobstant qu'il fust seigneur et prince [3]. »

---

[1] Le Myrouël, p. 15.
[2] Courtin, Encycl. mod., art. Pharm.
[3] Le Myrouël.

Cinquante ans après Hippocrate, Aristote, jeune encore, exerça la pharmacie pour se soustraire aux atteintes de la misère [1].

L'école d'Alexandrie s'ouvrit l'an 320 avant J.-C.

« Les sciences pharmaceutiques ne firent pas de grands progrès dans cette école; cependant elle était la seule où l'on pût acquérir des connaissances d'une certaine étendue, et c'est à elle qu'appartiennent quelques médecins célèbres, tels qu'Erasistrate et Hérophile, dont les noms, comme ceux de plusieurs de leurs disciples, se rattachent à l'histoire de la matière médicale et de la pharmacie.

Erasistrate était, selon Pline, petit-fils d'Aristote par sa mère; il avait suivi les leçons de Théophraste, d'Erèse, ville de l'île de Lesbos, qui avait puisé dans les écoles égyptiennes les éléments de sa botanique médicale [2]. Il vécut à la cour de Séleucus Nicanor, roi de Syrie; on sait comment il découvrit et réussit à guérir la maladie d'Antiochus, fils de ce prince, épris d'une violente passion pour Stratonice. Erasistrate écrivit un ouvrage sur les poisons; quoique, suivant Galien, il ait employé le premier le castoréum et quelques autres médicaments actifs, il travailla à simplifier l'emploi des remèdes, et blâma les médecins qui en faisaient un déplorable abus; il s'éleva surtout contre les antidotes et les *compositions* dites *royales*, que les médecins de son temps appelaient la *main des dieux* (*manus deorum*); il ne se servait guère que de médicaments externes, et avait une prédilection particulière pour la chicorée, la citrouille, la tisane d'orge, les ventouses et surtout l'*hydroleum*, mélange

---

[1] Henri et Guibourt, avant-propos.

[2] Traité des Plantes, Amsterdam, 1644, in-f°, traduit en français par Gara. — Daniel Leclerc, Hist. de la Médecine, t. 1, p. 339.

d'eau et d'huile qu'il employait en injections et en fomentations dans les maladies inflammatoires.

Hérophile, de Chalcédoine, professa sur l'emploi des médicaments une doctrine entièrement opposée à celle d'Erasistrate; il employait beaucoup d'ellébore et attribuait aux substances végétales de puissantes propriétés; il écrivit sur la botanique et donna, par son exemple, une grande impulsion à l'étude de la matière médicale; c'était lui qu'Erasistrate avait principalement en vue lorsqu'il blâma l'abus des médicaments, parce que Hérophile avait dit le premier qu'on pouvait les regarder comme la *main des dieux*, lorsqu'ils étaient employés convenablement.

La plupart des disciples d'Hérophile s'occupèrent de matière médicale; on peut citer parmi eux : Eudémus, qui avait composé une thériaque dont Galien a conservé la formule. Cette composition, décrite en vers, avait été gravée sur les portes du temple d'Esculape; Antiochus Philométor en faisait journellement usage [1].

Mantias, autre élève d'Hérophile, écrivit un traité sur la préparation des médicaments; cet ouvrage, cité par Galien, n'est pas parvenu jusqu'à nous.

Apollonius, de Memphis, a laissé un ouvrage sur la botanique et plusieurs formules de médicaments composés dont il fut l'inventeur.

Zénon, de Laodicée, imagina un grand nombre de compositions pharmaceutiques; il vantait, contre la colique, celle qui portait le nom de *diœstochados*; Galien cite plusieurs autres préparations de son invention.

Apollonius Mys, autre hérophilien, écrivit un traité sur les onguents (περὶ μύρων), un autre sur les *euporistes*

---

[1] Théophraste vivait 371 ans avant J.-C.; Hérophile 344 ans, et Érasistrate 325 ans avant l'ère chrétienne. (Biographie de Michaud.)

(médicaments faciles à se procurer), et un troisième sur les antidotes.

Andréas, de Cariste, écrivit, sur les propriétés des médicaments, un ouvrage intitulé Νάρθηξ[1], et un autre sur les poisons ; il inventa plusieurs collyres ; il combattit l'opinion fabuleuse de l'accouplement de l'aspic avec la murène, et indiqua plusieurs altérations que subissait l'opium dans le commerce à Alexandrie.

Aucun de ces ouvrages n'a traversé les siècles. La fureur d'Omar n'en a pas seule anéanti les vestiges ; déjà, au temps de Jules César, la bibliothèque du palais des Ptolémées fut incendiée ; elle renfermait, dit-on, 400,000 volumes ; mais celle du temple de Sérapis subsista, et Marc-Antoine l'enrichit en donnant à Cléopâtre celle des rois de Pergame qui, selon Plutarque, s'élevait à 200,000 volumes de plus.

Ce fut dans l'école d'Alexandrie que s'opéra, pour la première fois, le partage des professions relatives à l'art médical ; soit que cette division ait eu pour cause, comme le pense Sprengel[2], l'oisiveté et l'opulence des médecins qui abandonnèrent à des subalternes une partie de leurs attributions, soit que l'étendue toujours croissante des connaissances qui se rapportent à la médecine eût montré l'urgence de les séparer, pour en rendre l'étude plus facile et l'application plus profitable. Celse nous a conservé à ce sujet des documents curieux[3] dont nous allons extraire particulièrement ce qui concerne les attributions des pharmaciens.

La distinction entre les différentes branches de l'art de

---

[1] Νάρθηξ, en grec, signifie verge, bâton, thyrse, férule, et aussi boîte : c'était comme l'arsenal des médicaments. Ce nom fut donné depuis à plusieurs recueils ou formules.

[2] Histor. rei Herb., t. I, p. 121.

[3] Cels. de re Medica.

guérir que je viens de signaler ne fut jamais bien tranchée ; elle paraît même n'avoir eu qu'une existence momentanée, car elle s'effaça chez les Romains, et l'on n'en retrouve plus les traces qu'à l'époque de la renaissance des sciences et des lettres. Peu de temps après Celse, les médecins reprirent l'ancien usage de pratiquer eux-mêmes ou firent pratiquer, sous leurs ordres, par des subalternes, toutes les parties de l'art médical ; ils continuèrent seuls d'écrire sur toutes les branches de la médecine, et particulièrement sur la pharmaceutique : les ouvrages sur cette matière étaient encore très-rares, les recueils de recettes étaient fort recherchés et avaient pour les bibliothèques une grande valeur.

Cependant, la matière médicale s'était enrichie d'un grand nombre de substances actives, de parfums, d'épices, d'aromates venus de diverses contrées, notamment du fond de l'Inde et de l'Éthiopie. C'est à cette époque que l'on commença à connaître le sucre de canne dont la fabrication resta longtemps grossière, mais qui remplaça peu à peu le miel comme condiment. Hérophile avait donné à l'emploi des médicaments une assez grande impulsion ; ses disciples, comme il est d'usage, exagérèrent la doctrine du maître ; mais déjà s'élevait, dans la même école, une secte, celle des empiriques qui devait donner à la matière médicale une activité nouvelle, et à l'étude des médicaments une meilleure direction : heureux si cette réforme n'eût pas été la source de déplorables abus.

École empirique. On peut attribuer l'origine de l'école empirique à plusieurs circonstances qui concoururent à la fois, mais indépendamment l'une de l'autre, à une sorte de révolution dans les sciences pharmaceutiques ; c'est ainsi que les perfectionnements de l'anatomie et les objections qui en résultèrent contre les principes de l'école dogmatique, que l'influence du système philosophique de Pyrrhon, alors très-répandu, enfin que l'introduction de médicaments nouveaux importés par le commerce, jetèrent presque en même temps le trouble dans les doctrines établies, et commencèrent à détourner les médecins de la route qu'Hippocrate avait tracée à l'observation.

Philénus, de Cos, disciple d'Hérophile, s'attacha à expérimenter sur toutes les substances dont la matière médicale s'était récemment enrichie; malheureusement, les empiriques ne se servirent pas toujours d'une bonne méthode d'observation : au lieu d'étudier l'action isolée de chaque médicament, ils les associèrent dans des formules extrêmement compliquées. Puisque le médicament avait réussi dans un cas simple, ils pensaient que des substances mêlées devaient agir simultanément dans une affection qui aurait un double siége, et comme dans certaines maladies on remarquait de nombreux symptômes, on imagina qu'une préparation qui renfermerait toutes les drogues capables d'agir sur chacun d'eux, aurait une efficacité complète, comptant, comme le dit Daniel Leclerc, que le médicament serait plus habile que le médecin.

Telle est la source des écarts auxquels la secte empirique fut entraînée, et de cette polypharmacie dont les abus, à partir de cette époque, s'accrurent et se propagèrent de siècle en siècle.

Cœlius Aurelianus nous a transmis plusieurs exemples de ces informes associations; ainsi, il dit qu'on employait contre le choléra des pilules composées avec la semence de jusquiame, l'anis et l'opium, formule qui se rapproche assez, du reste, de celle qui fut employée récemment contre cette cruelle maladie. Dans la passion iliaque, on se servait d'une composition dans laquelle entraient les baies du *daphne mezereum*, le sel, l'élaterium, la résine, le castoréum et le diagrède [1] ; on combattait la teigne et certaines maladies de la peau avec un mélange de nitre, de soufre et de résine; l'épilepsie était traitée par le castoréum, la cervelle et le fiel de chameau, la présure de veau marin, les excréments de crocodile, le cœur et le rein de lièvre, le sang de tortue et les testicules de bélier, d'ours, de coq ou de sanglier [2].

Apollonius, d'Antioche, écrivit un traité sur la préparation des onguents, et un autre sur la composition des médicaments extemporanés.

Héraclide, de Tarente, disciple de Mantias, perfectionna beaucoup la matière médicale et écrivit un ouvrage complet sur les médicaments: ce livre est aujourd'hui perdu ; il s'occupa aussi des contre-poisons; la ciguë, l'opium et la jusquiame étaient la base de ses antidotes dont il faisait toujours l'essai sur lui-même ; l'opium était un de ses remèdes favoris, ainsi que quelques-uns des nouveaux aromates importés d'Orient, tels que le costus, le poivre long, la canelle, l'opobalsamum et l'assa fœtida.

Cléophante, qui fut le maître d'Asclépiade, laissa une savante description des plantes médicinales.

Zopyre, qui vivait à la cour des Ptolémées, composa un antidote auquel il donna le nom d'*Ambrosia*; Galien rapporte qu'il proposa à Mithridate d'en faire l'essai sur un criminel qu'il aurait préalablement empoisonné, assurant que son antidote détruirait l'effet du poison ; il

---

[1] Préparation de la scammonée, dont le nom vient de δακρύδιον, larme, parce que cette substance étant fondue prenait la forme d'une larme.

[2] Par une préoccupation regrettable, M. Cap a fait figurer, dans l'Histoire pharmaceutique de l'École d'Alexandrie, Aëtius (d'Amide) et Serapion, qui vivaient, le premier au IVe, et le second du VIIIe au IXe siècle de notre ère. (*Note de l'auteur.*)

imagina le premier une classification des médicaments disposés dans l'ordre de leurs propriétés.

Cratevas, célèbre botaniste, écrivit sur les plantes un ouvrage qui avait pour titre *Rhizotomonmena*; il ajouta à sa description des végétaux des dessins qui les représentaient; le manuscrit en existe encore dans la Bibliothèque de Saint-Marc, à Venise.

Une circonstance intéressante à constater pour l'histoire de la pharmacie, c'est que, pendant les deux ou trois siècles où les sciences fleurirent dans l'Égypte et dans l'Asie mineure, les souverains s'occupèrent presque tous d'études pharmaceutiques, et que leurs découvertes répandirent une certaine lumière sur la doctrine des poisons et des contre-poisons. J'ai parlé des encouragements donnés aux sciences naturelles par les Ptolémées, et des travaux personnels de plusieurs princes de cette famille.

Antiochus Philométor, Nicomède, roi de Bithynie, les rois Attale et Mithridate composèrent eux-mêmes des médicaments auxquels ils ne dédaignèrent pas de donner leurs noms. On attribue à Agrippa, roi de Judée, l'invention de l'onguent qui portait son nom [1]. Attale Philométor, roi de Pergame, fut célèbre par ses connaissances en botanique et en pharmacologie; il cultivait lui-même dans son jardin la jusquiame, l'aconit, la ciguë, l'ellébore, et fit de nombreuses expériences sur l'activité de ces plantes. Galien et Marcellus Empiricus citent deux médicaments qui portèrent son nom : l'un est un emplâtre dont le blanc de plomb était la base, l'autre un remède interne contre la jaunisse.

---

[1] On pourrait tout aussi bien rapporter le nom de cette préparation au mot ἄγριππον qui, chez les Grecs, signifiait *suc de plante*. Suidas assure qu'à Sparte ce mot signifiait l'olivier sauvage. L'huile d'olive, ainsi que le suc de plusieurs plantes, entrait en effet dans la composition de l'onguent d'Agrippa.

Le plus célèbre de tous les souverains pharmaceutes fut, sans contredit, Mithridate Eupator, roi de Pont, le rival implacable et si longtemps heureux de la puissance romaine. Sa cruauté et ses passions violentes qui lui suscitèrent tant d'ennemis, l'avaient pénétré d'une telle crainte d'être empoisonné, qu'il fit d'étonnantes recherches pour connaître tout ce qui se rapporte à la toxicologie ; il faisait, sur les criminels et sur lui-même, l'essai de toutes les substances vénéneuses, et prenait journellement une certaine quantité de poison et de contre-poison ; il s'accoutuma tellement ainsi à l'usage des toxiques, qu'au moment de sa dernière défaite, voulant user du poison qu'il portait toujours avec lui, il ne put réussir par ce moyen à se donner la mort. On assure qu'ayant été blessé dans une bataille, les Agares, peuples de la Scythie, l'avaient guéri avec des médicaments dans lesquels entrait du venin de serpent. C'est là probablement la source de l'intérêt qu'il attachait à l'étude des toxiques et des animaux venimeux.

Mithridate est particulièrement célèbre en médecine comme auteur d'un électuaire dont la formule figurait encore, naguère, dans toutes les pharmacopées, et auquel il attachait une grande importance comme alexitère. Cette composition était si fameuse, qu'un des premiers soins de Pompée, après la mort de Mithridate, fut de la faire rechercher dans les papiers de ce prince. On en trouva, en effet, la formule parmi des mémoires secrets qui, pour la plupart, se rapportaient à des observations médicales, à l'explication des songes et à des recherches pharmacologiques. Indépendamment de la formule du célèbre électuaire, on en trouva une autre que l'on regarda comme celle de son véritable contre-poison : elle se composait de feuilles de rue pilées avec du sel, des amandes de noix et des figues grasses.

Q. Serenus Samonicus s'exprime de la manière suivante sur cette composition et sur son mode d'administration :

> Bis denum rutæ folium, salis et breve granum,
> Juglandesque duas, totidem cum corpore ficus,
> Hæc, oriente die, pauco conspersa Lyæo
> Sumebat. . . . .

Pompée s'empressa de faire traduire par son affranchi Lœnus tous les livres de recettes de Mithridate, et les rapporta à Rome comme l'un des trophées de sa victoire.

Le goût prononcé de Mithridate pour les connaissances pharmacologiques porta naturellement l'esprit de ses contemporains vers des recherches analogues, et contribua évidemment aux progrès de la matière médicale. Presque tous les empiriques mirent leur gloire à imaginer de nouvelles compositions, de nouveaux antidotes, et à y attacher leurs noms. Cratevas dédia à Mithridate son ouvrage sur les végétaux, et donna le nom de ce souverain à l'aigremoine, qu'il appela *Agrimonia Eupatoria*. Pline cite un Babylonien nommé Zachælias qui lui dédia aussi un ouvrage sur les pierres précieuses.

L'électuaire de Mithridate se composait de cinquante-quatre substances ; c'était le plus compliqué de tous les antidotes alors connus. On sait que la célébrité de cette composition a traversé près de vingt siècles ; elle n'a cessé que depuis peu d'années de faire partie de nos dispensaires pharmaceutiques, et figure encore dans quelques pharmacopées étrangères. Le savant Meibomius a écrit une volumineuse dissertation sur cet électuaire[1].

L'infortuné monarque-apothicaire avait inventé cet électuaire pour lutter contre la polypharmacie qui n'avait plus de frein.

---

[1] Cap, Hist. de la Ph., J. de Ph., t. XII, p. 318 et suiv.

La composition du médicament qui fut baptisé du nom de Mithridate, son auteur, était moins complexe qu'elle ne l'a été depuis; Pompée en a trouvé la formule dans les cassettes du vaincu, aussi restreinte qu'elle a été agrandie depuis. Voici ce qu'en dit Serenus Samonicus qui vivait sous Caracalla :

> ..... *Antidotus multis Mithridatica fertur*
> *Consociata modis, sed magnus scrinia regis*
> *Cum raperet victor, vilem deprendit in illis*
> *Synthesin et vulgata satis medicamina visit.*

Cette dérogation à la composition primitive a fait dire, en 1603, à Corn. Agrippa, ce qui suit :

> Une masse pesante,
> Lourde, sans art et mal duisante,
> Conjonction de choses en un corps
> Entremeslé d'admirables discords :
> L'humide au sec faisoit la guerre dure,
> Et la chaleur nuisoit à la frodure.

L'école empirique compte encore plusieurs auteurs dont les noms appartiennent à quelque titre à l'histoire de la pharmacie. Héras, de Cappadoce, laissa, comme Andréas de Cariste, sous le nom de *Narthex*, un ouvrage relatif à la matière médicale et à la préparation des médicaments. Ce livre renfermait la description de tous les remèdes dont il avait éprouvé lui-même l'efficacité; il fut l'inventeur d'un antidote dont Galien rapporte la formule, ainsi que quelques préceptes sur la préparation des onguents.

Mais celui des empiristes qui doit surtout fixer l'intérêt général, sous plus d'un rapport, est Nicandre : il était fils de Damœus et était né en Ionie; il était contemporain d'Attale III, de Scipion l'Africain et de Paul-Emile. Nicandre avait été prêtre d'Apollon, à Claros ; il se distingua à la fois comme poëte, médecin et naturaliste ; il écrivit plusieurs poëmes qui, tous, avaient rapport aux sciences naturelles et à la matière médicale. Celui qui portait le nom de *Georgica* avait trait à l'agriculture, et fut dédié à Attale Philométor, dernier roi de Pergame, qui déclara les Romains héritiers de son royaume. Cicéron [1] cite avec éloge cet ouvrage qui n'est pas parvenu jusqu'à nous.

Il ne nous reste aujourd'hui de Nicandre que deux poëmes qui ont l'un et l'autre l'histoire naturelle et la toxicologie pour objet. Le premier est intitulé *Theriaca* ; il renferme la description des serpents et des insectes venimeux, le tableau des précautions à prendre pour éviter leurs morsures et la série des médicaments propres à les guérir. L'auteur cite quatorze espèces de serpents, sept espèces d'araignées, le lézard, la cantharide (*meloë cichorei* et non la *litta vesicatoria*), la guêpe, le taon d'Égypte, puis les scorpions, l'abeille, la scolopendre, la musaraigne, la salamandre et quelques poissons. On trouve dans le poëme des *Thériaques* plusieurs observations curieuses et nouvelles sur les effets du venin des serpents. La description de l'amphisbène a été copiée par Linnée. Nicandre a reconnu le premier que le venin des vipères était placé dans une membrane qui entoure les dents ; la division qu'il a établie entre les espèces de scorpions a été répétée par les naturalistes modernes ; il a distingué les papillons de jour des papillons de nuit, et a donné le premier à ceux-ci le nom de phalènes.

Parmi les moyens qu'il indique pour guérir la morsure des animaux venimeux, on remarque des applications à l'extérieur et des médicaments internes. Les pre-

[1] De Oratore, lib. I, cap. XVI.

miers sont des topiques composés de plantes aromatiques broyées avec du vin et quelquefois du vinaigre ; quant aux seconds, ce sont des électuaires plus ou moins composés, mélange bizarre des substances les plus incohérentes. Selon lui, le meilleur préservatif des attaques des animaux venimeux et surtout des insectes, est un onguent préparé avec deux serpents, mâle et femelle, de la moelle de bœuf, de l'huile, de la cire et de l'onguent rosat.

Le poëme des *Thériaques* contient environ onze cents vers ; le style des descriptions est parfois sec, aride. On conçoit, en effet, que ces détails prêtaient peu au développement de l'imagination ; mais quand il peint les symptômes de la maladie ou les tourments des malades, il s'anime, s'élève et devient tout à fait poétique ; des épisodes ingénieux jettent de la variété dans cet ouvrage, et détournent agréablement la vue de quelques tableaux pénibles.

Le second poëme a pour titre : *Alexipharmaca* ; c'est une continuation du poëme *Theriaca*. Dans le premier, l'auteur ne s'était occupé que des poisons qui agissent par l'extérieur ; dans celui-ci, il traite des toxiques internes. Il commence par énumérer les substances des trois règnes qui peuvent agir comme poison ; il décrit les symptômes qui en sont le résultat, puis il indique les moyens thérapeutiques propres à les combattre.

Ces poëmes, dont l'édition grecque a été imprimée en 1606 et en 1614, à Genève, ont été traduits en vers français par Gorris, calviniste, qui mourut de frayeur en entendant le tocsin de la Saint-Barthélemy, et par Grévius, l'un des plus rudes adversaires de l'antimoine.

C. L. Cadet a fait, sur les Thériaques et les Alexipharmaques, une intéressante et spirituelle dissertation insérée dans le Bulletin de Pharmacie.

Outre ces deux ouvrages, généralement écrits dans

l'hellénisme le plus pur, Nicandre a encore donné l'énumération de substances dont l'usage s'est traditionnellement perpétué jusqu'à nos jours, telles que des vins médicinaux, des topiques émollients et excitants, des bols et des électuaires très-composés [1].

C'est à Nicandre que s'arrête l'histoire de l'école d'Alexandrie; les Romains vainqueurs de Mithridate et héritiers des rois de Pergame, la Grèce subjuguée et veuve de ses philosophes, l'Égypte abandonnée des savants et livrée à la guerre civile, telles sont les causes de la décadence rapide de cette école dont nous allons voir bientôt les débris se transporter en Italie, et, sous le nom d'*Ecole méthodique*, relever dans le siècle suivant l'édifice des sciences naturelles, physiques et médicales [2]. »

Non-seulement, dans l'antiquité, les médecins exerçaient l'apothicairerie, mais l'histoire rapporte encore que des femmes, dont elle a enregistré les noms, n'y étaient pas étrangères; l'art dont Médée, 1292 ans avant notre ère, fit une si criminelle application sur Jason et ses deux enfants, les effets magiques obtenus sur Ulysse par les enchantements de Circé, se rattachent de près à la pharmaceutique.

A Athènes, la célèbre Agnodice allait entendre les leçons d'Hérophile; cette jeune et belle Athénienne se déguisait en homme pour se livrer plus facilement à ses études favorites; les médecins, dupes de ce travestissement, l'accusèrent un jour de s'introduire chez les femmes pour les séduire; Agnodice, citée devant l'Aréopage, prouva son sexe. Après plusieurs audiences, ce tribunal, non moins convaincu du mérite de l'accusée que touché

---

[1] *Corpus poetarum græcorum*. Anvers, 1567. — Paris, 1557, in-4º. — Genève, 1606.

[2] Cap, Hist. de la Pharmacie, Journal de Pharmacie, t. XII, p. 318 et suivantes.

de ses charmes, lui accorda le libre exercice de ses talents : les dames de cette polie et savante cité, qui avaient pris parti pour elle dans le cours du procès, obtinrent aussi la permission de pratiquer la médecine et la pharmacie.

Aspasie, de Milet, dans l'Ionie, contemporaine de Périclès dont elle était adorée, donnait des leçons publiques sur la botanique, et Artémise, reine de Carie, 380 ans avant J.-C., étudiait les vertus secrètes des plantes et des drogues; elle donna son nom à l'armoise (*artemisia vulgaris*). Enfin, je citerai l'éblouissante et fastueuse Cléopâtre, reine d'Égypte, à qui l'on attribue un ouvrage ayant pour titre : *De medicamine faciei* [1].

Ces illustres pharmacopoles ont trouvé, de nos jours, quelques imitatrices qui méritent d'être connues; ce sont : madame d'Arconville, qui a traduit les leçons de chimie de Shaw; madame Dupiéry, qui a dressé les tables analytiques du système des connaissances chimiques de Fourcroy; madame Foucquet, qui a publié deux volumes sur les remèdes faciles et domestiques, et madame Guyton de Morveau, à qui l'on doit une édition française des mémoires de chimie de Scheèle.

Outre les sorcières Médée, Circé et les *pharmaciennes* dont nous venons de parler plus haut, il y eut encore des femmes qui écrivirent des formules et des recettes pour les maladies de leur sexe; mais plusieurs de ces remèdes ont été proscrits à cause de leur but et de leurs dangers.

De plus, le Céramique d'Athènes était peuplé de courtisanes de Phrygie et de Thessalie qui préparaient et vendaient à des prix fabuleux des philtres destinés à raviver, chez les débauchés, les sens épuisés par le liber-

---

[1] Chaudon, Dict. hist., t. II.

tinage, ou des breuvages narcotiques qu'administraient, à leurs débonnaires maris, les femmes qui voulaient s'échapper de la couche conjugale pour aller, sous le voile de la nuit, se vautrer dans la fange des mauvais lieux; ces mêmes courtisanes débitaient aussi la racine de *cyclamen* pilée ou mise en pastilles, et qui passait, selon Dioscoride, pour un antidote héroïque contre les philtres les plus redoutables[1].

Ces misérables étaient l'objet d'une active surveillance, et déjà bien avant cette époque, selon Sénèque, Solon et Lycurgue avaient promulgué une loi qui ordonnait l'expulsion des apothicaires d'Athènes et de Lacédémone, à cause de leurs infamies; cette loi ne réservait qu'aux étrangers la permission d'exercer la pharmaceutique[2].

[1] Dufour, Hist. de la Prostitution, t. I, p. 218.
[2] Dujardin et Peyrilhe. — K. Sprengel.

CHAPITRE III.

Rome est veuve d'apothicaires pendant 500 ans. — Leur arrivée. — Le chou de Caton l'Ancien. — Les *medici chirurgici*. — Les *medici ocularii*. — Les apothicaires habitent les tavernes, à l'instar des barbiers et des tondeurs. — Sylla décrète la déportation et la mort contre les apothicaires. — Réaction. — L'empereur Auguste leur confère le droit de porter l'anneau d'or. — Secte méthodique. — Andromaque, médecin de Néron, invente la thériaque. — Dioscoride, auteur d'un traité des plantes. — Liniments et onguents des apôtres et des confesseurs de la foi. — Tibère fabrique des pommades contre les dartres. — Galien tient, à Rome, une boutique d'apothicaire dans la Voie sacrée. — Catégories des apothicaires. — Les séplasiaires. — Les ropopoles. — Les *pharmaceutæ*. — Les *pharmacopœi*. — Les pharmacopoles. — Les *agyrtæ* ou ὀχλαγωγοί. — Les *circumforanei*. — Les *circulatores*. — Les *sellularii* ou ἐπιδίφριοι. — Les *herbarii* ou ῥιζοτόμοι. — Les pharmacotribes ou *pharmacotritæ*. — Les βοτανολόγοι. — *Pharmacus* ou empoisonneur, selon Pétrone. — Juvénal. — Les femmes apothicaires. — Canidie et Gratidie. — Les *sagæ* (sage-femme en vient). — La *saga* Folia. — La *saga* Cæsonia. — Les *medicæ*. — Les philtres. — Le *satyrion*. — L'*hippomane*. — Le *poculum desiderii*. — Les *aquæ amatrices*. — Les *unguentarii*. — Opinion d'Horace sur les apothicaires de Rome ; il les assimile aux gueux, aux mendiants, aux histrions et aux joueurs de flûte.

> . . . . huc propius me,
> . . . . vos ordine adite.
> (Horat., lib. II, sat. III, vers 81 et 82.)

Tandis que le flambeau des sciences s'éteignait en Grèce et en Égypte, la puissance romaine s'élevait de jour en jour et commençait à jeter le plus vif éclat. Le prestige, qui s'attache toujours à la gloire, avait fait refluer sur l'Italie la civilisation qui abandonnait les nations vaincues ; les savants, les philosophes, les médecins accoururent bientôt de tous les points de la Grèce, de l'Égypte, de l'Asie Mineure, et transportèrent à Rome, qui les ignorait encore, les connaissances qui, naguère, faisaient l'orgueil des peuples subjugués par elle.

La capitale du monde, qui avait fermé ses portes aux médecins pendant cinq à six siècles, n'eut pas non plus d'apothicaires pendant cette longue période. Le chou fut, pendant ce temps, presque le seul médicament en usage, et l'on sait avec quelle confiance et quel enthousiasme il était recommandé par Caton l'ancien [1].

Rome accueillit enfin les médecins l'an 535 de sa fondation. Le premier qui y arriva fut *Archagatus*, qui venait du Péloponèse ; il reçut le droit de cité romaine, droit que J. César, dans le but de les fixer, conféra plus tard à tous ceux qui suivirent.

On acheta pour ce médecin et aux frais du peuple romain, une taverne dans le carrefour *Acilius*, près du théâtre de Marcellus et du *forum Olitorium*. On l'appela le *vulnéraire*, VULNERARIUS, parce qu'il s'adonnait surtout au traitement des blessures ; mais bientôt ce surnom fut changé en celui de bourreau, *carnifex*, en raison de la barbarie avec laquelle il maniait le fer et le feu [2].

Cette réprobation générale n'empêcha pas les médecins et les chirurgiens d'affluer à Rome où ils s'abattirent comme une bande de vautours ; ils venaient presque tous de la Grèce, et leur qualité d'étrangers leur avait fait obtenir un grand crédit. Le nombre en devint bientôt incalculable : il y en avait jusque parmi les esclaves. Toute personne un peu riche en comptait plusieurs dans sa maison ; il y avait des médecins *topiques*, des médecins *chirurgiens*, *medici-chirurgici*, des médecins

---

[1] Pline, Hist. nat., XXVIII, cap. I.
[2] Dezobry, Rome au siècle d'Auguste, t. III, p. 477.

oculistes, *medici-ocularii*; les premiers se destinaient au traitement des plaies, les seconds à celui des maladies des yeux, et avaient des cachets dont ils scellaient les vases qui renfermaient des collyres et d'autres médicaments destinés à la cure des affections oculaires.

Après leur affranchissement, ces médecins-domestiques commencèrent à travailler pour le public en s'installant dans des tavernes, à l'instar et proche des tondeurs et des barbiers [1]. Ils n'avaient besoin d'aucune autorisation : leur profession était entièrement libre, nulle loi ne sévissait contre leur ignorance, nulle peine ne frappait leurs délits. Cet état de choses était d'autant plus déplorable qu'ils *composaient eux-mêmes et vendaient les médicaments qu'ils ordonnaient* [2].

Les boutiques de ces médecins-*droguistes* était le rendez-vous des oisifs et des colporteurs de nouvelles.

Il paraît, d'après un passage de Plaute, qui mourut 184 ans avant l'ère chrétienne, qu'on y allait aussi pour se donner le plaisir de s'empoisonner. Charinus, chagrin de voir que son père voulait vendre sa maîtresse, s'écrie :

Certum 'st ibo ad medicum, atque ibi me toxico morti dabo [3].

Ce poëte comique rend le terme grec ἰατρεῖον, par celui de *medicina*, et ce nom s'appliquait à toutes les boutiques, soit qu'on y pansât des blessés, qu'on y vendît des drogues, ou qu'on y exposât des plantes ; de même que *medicus*, chez le même auteur, signifie un vendeur de médicaments [4].

Sylla, pour mettre un terme aux malheurs publics qui

---

[1] Galen., de Composit. medic. secundum loc., lib. VI, cap. I.
[2] Id. in ibid. — Plaute, Epidic., II, v. 14. — Cicero, pro Cluentio.
[3] Plaute, *le Marchand*, acte II, scène IV.
[4] Encyclop., t. XII, p. 492.

résultaient de la négligence et de l'impéritie des médecins-apothicaires cités plus haut, publia, 60 ans avant Jésus-Christ, une loi qui punissait ces deux vices de la déportation et de la mort[1]. Cette loi tomba en désuétude, et il y eut à cet égard une réaction telle que l'empereur Auguste, à l'occasion d'une grande famine, chassa tous les habitants de Rome, à l'exception des apothicaires-médecins à qui il donna, dans la suite, le droit de porter l'anneau d'or : il alla plus loin encore, car, après avoir été guéri d'une maladie par l'usage de l'eau froide, il fit élever à Antonius Musa, son médecin, une statue d'airain que le peuple plaça vis-à-vis celle d'Esculape, dans le temple de ce dieu[2].

Asclépiade, qui vint à Rome à l'époque des victoires de Pompée, rendit à la médecine sa dignité perdue entre les mains d'Archagatus et de ses successeurs : aussi réussit-il bientôt à capter la faveur des grands. Il combattit les abus de la médecine occulte (*magicæ vanitates*), et s'éleva contre l'emploi des remèdes violents, tels que les purgatifs, les drastiques et les émétiques. Né à Pruse, en Bithynie, il apporta de sa patrie la diététique et l'hygiène, presque entièrement abandonnées par les empiriques, et n'accorda aucune confiance aux médicaments ; il est l'auteur de la doctrine dite *cycle thérapeutique*, appelée ainsi parce que l'usage des agents médicinaux était soumis à une sorte de périodicité.

École Méthodique. Bien qu'on soit dans l'usage de regarder Asclépiade comme le fondateur de l'École Méthodique, c'est cependant à Thémison, de Laodicée, qui naquit 4 ans avant l'ère chrétienne, que se rapporte la

---

[1] Digest., XLVIII, tit. 8, leg. 3, § 1. — Dezobry, t. III. — Suétone, Aug., 42.

[2] Suét., Dyon., LIII, 30 ; id., Aug., 59.

véritable origine de cette école. Thémison donna plus d'extension qu'Asclépiade à l'emploi des médicaments; il écrivit un livre sur le plantain, doué, suivant lui, de merveilleuses propriétés; on lui attribue aussi l'invention du diagrède, du diacode. Les méthodistes, qui succédèrent à Thémison, furent moins réservés sur l'usage des médicaments, et introduisirent dans la thérapeutique l'emploi de la chair de vipère, de la laitue, de l'endive. Euphorbe, médecin de Juba, roi de Numidie, qui lui-même était naturaliste, imposa, par ordre de son souverain, son nom à la plante encore appelée *euphorbia*.

Philoménus, qui appartenait à la même école, imagina l'*anthora*, préparation longtemps célèbre contre les aphthes, et dont la base était l'espèce d'aconit connue sous le nom d'anthore (*aconitum anthora*, LINN.).

Cratéras fit connaître un antidote composé de verveine, de rue, de scordium et d'écorce de *rhamnus*, incorporés avec du vin et du miel; Galien le cite avec éloge.

Plusieurs sectateurs de la *Méthode* méritent encore d'être mentionnés, comme ayant inventé et propagé l'emploi de divers médicaments énergiques et donné leurs noms à quelques compositions célèbres. Apuleius, Sicilien, proposa contre la rage un remède composé avec l'opium, le poivre, le castoréum et d'autres substances excitantes; il inventa, contre la pleurésie, un *ecligma* dans lequel entraient le poivre, la myrrhe et le miel attique : ce médecin écrivit en outre un ouvrage sur les propriétés des plantes, et un autre sur l'économie rurale.

Celse vivait sous Auguste. Ce Cicéron de la médecine a donné, dans un langage d'une pureté et d'une élégance incomparables, la formule de plusieurs compositions pharmaceutiques, entr'autres l'*ambrosia* de Zopyre, médecin de Ptolémée; il s'attacha surtout à la description des médicaments externes, tels que les emplâtres, et des formules de *cataparta* et de *malagmata*.

Tiberius Claudius Ménécrate fleurit dans le même siècle, et inventa le diachylon et un remède contre les dartres, qu'il nomma *ecdorion*.

Il faut ajouter à cette liste de médecins qui s'occupèrent spécialement de pharmacie et de matière médicale, Apollonius Archistrator, qui publia un traité des médicaments *euporistes*; Pamphyle, surnommé *Mygmatopolès*, et qui inventa contre la lèpre un remède composé d'arsenic, de sandaraque, de cuivre brûlé et de cantharides; Scribonius Largus; Xénocrate, d'Aphrodisie, qui rassembla beaucoup de traditions fabuleuses et vanta la propriété d'une foule de médicaments bizarres, tels que le sang de chauve-souris, les intestins d'hippopotame et d'éléphant, la chair de basilic, le sang menstruel, la cervelle et le foie humain, les ongles râpés, le cérumen des oreilles.

Si l'on fait abstraction des croyances superstitieuses et des écarts d'imagination auxquels se livrèrent un petit nombre de méthodistes au sujet des médicaments, on ne peut disconvenir que cette école, en général, n'ait travaillé heureusement aux progrès de la matière médicale. Ses sectateurs détruisirent l'abus des purgatifs drastiques: ils relevèrent l'emploi des émollients à l'intérieur comme à l'extérieur; ils attachèrent une grande importance au régime, aux aliments, mais surtout à la pureté de l'air qu'on respire. Les méthodistes avaient une série de remèdes relâchants et une autre de remèdes toniques; les premiers étaient la saignée, les sangsues, les fomentations, les cataplasmes, les boissons émollientes et les légers purgatifs; les remèdes toniques étaient, à l'extérieur, l'eau froide, l'huile froide, le vinaigre, les décoctions de plantain, de myrte, de roses, de joubarbe;

puis la craie, l'alun, le plomb brûlé, le plâtre dont ils saupoudraient le corps pour arrêter les sueurs, ou dont ils composaient des emplâtres et des épithèmes : à l'intérieur, ils faisaient manger du pain rôti, des coings, et faisaient boire de l'eau froide, du vinaigre et du gros vin rouge ; quelquefois ils faisaient mâcher de la moutarde ou du poivre mêlé avec du miel pour exciter la sécrétion salivaire ; ce mélange se nommait *apophlegmatisme* ; ils combattaient le mal de tête par la sternutation qu'ils provoquaient en injectant dans les narines du suc de bette noire ou de cyclamen.

Parmi les moyens spéciaux que les méthodistes introduisirent dans la thérapeutique, on peut citer les dropax, emplâtres fort adhérents que l'on appliquait sur les jambes, le dos, la poitrine, quelquefois sur la tête, les tempes et le devant du cou.

L'*adarce* était une substance limoneuse que les rivières déposent sur les roseaux, et que l'on employait en application dans certaines affections de la peau.

L'*aphronitrum* était une efflorescence formée d'un mélange de carbonate de chaux et de soude que l'on tirait d'Égypte.

Le *garum* était une sorte de saumure préparée avec des intestins d'anchois ou d'autres poissons que l'on salait et que l'on exposait au soleil ; on s'en servait, en application, pour guérir certains ulcères [1].

Après les antidotes et les médicaments dont je viens de dérouler la liste vinrent les hières [2] : la plus ancienne était l'*hiera picra* (sainte et amère), parce que l'aloès en était l'ingrédient principal. Les hières étaient ordinairement purgatives ; c'est en cela qu'elles se distinguaient des

---

[1] Cap, Journ. de Pharm., XII, p. 348.
[2] De ἱερὸς, saint, sacré.

antidotes. Les plus célèbres, après l'*hiera picra*, étaient celles de Justin, d'Archigènes, de Logadius et d'Antonius Pacchius. La plupart de ces compositions portaient quelques titres emphatiques capables de les relever aux yeux du vulgaire : ainsi, l'une s'appelait *athanasia* (immortelle); une autre, *ambrosia* (divine); d'autres, *isotheos* (égale à Dieu), *isochryson* (égale à l'or); il y en avait une foule d'autres qui réunissaient, à des noms tout aussi séduisants, des propriétés tout aussi hypothétiques [1].

Au premier siècle de notre ère, on trouve Moschion et le philosophe Philon, inventeurs et marchands de divers électuaires.

Enfin, sous Néron, la thériaque fut composée par Andromaque, son premier médecin (*Archiater*), qui regardait cette préparation comme pouvant remplacer plus efficacement le mithridate, pour combattre les effets meurtriers des substances vénéneuses et incendiaires. Elle ne différait guère du mithridate que par l'addition de la chair de vipère et de quelques autres ingrédients peu énergiques.

Quoi qu'il en soit, la thériaque s'empara dès lors d'une réputation qui a traversé les siècles. L'empereur Antonin, qui l'estimait beaucoup, la faisait préparer dans son palais, sous ses yeux, et en prenait chaque jour. Andromaque le jeune, fils de l'Archiatre, modifia légèrement la composition de la thériaque, et crut soutenir la gloire de son nom en imaginant un nombre considérable de compositions pharmaceutiques compliquées, dont la formule heureusement n'est pas parvenue jusqu'à nous. Galien assure qu'il en avait inventé vingt-quatre, seulement pour les maladies de l'oreille [2].

---

[1] Cap, Hist. de la Pharm., t. XII.
[2] Idem, ibid.

Vers le même temps, Dioscoride, médecin d'Anazarbe, en Cilicie, donna un Traité des Simples, dans lequel on trouve les premiers principes de matière médicale enseignés aux Romains [1].

J'intercale ici, pour rester fidèle à la chronologie, une opinion dont, par respect pour notre religion, je laisse toute la responsabilité à son auteur, qui l'exprime du reste dans les termes les plus révérencieux et les plus orthodoxes :

« J'aurais pour moi-même le plus profond mépris, dit K. Sprengel (t. II, p. 138 et suiv.), si, contre ma propre conviction, je cherchais à rabaisser le divin fondateur de notre religion, ses actions bienfaisantes et son évangile ; mais l'adorateur le plus sincère, le plus zélé de Jésus-Christ, lorsqu'il connaît l'histoire du christianisme, doit avouer, quoique à regret, que la croyance des chrétiens au don de produire des miracles, et l'alliance de leur culte avec les idées des païens, donnèrent lieu à des erreurs pernicieuses, à des préjugés grossiers et à des opinions dépourvues de bon sens qui portèrent un coup mortel aux sciences, et amenèrent les ténèbres épaisses de la barbarie.

« On croyait généralement, dans le premier siècle de notre ère, que les apôtres avaient la faculté de guérir les maladies par l'apposition des mains, par les onguents et les saintes huiles [2], et que ce pouvoir se transmettait aux plus anciens de chaque communauté ; c'est pourquoi il est dit dans une lettre de saint Jacques, regardée du reste comme apocryphe par Eusèbe [3] : « Si quelqu'un tombe malade, qu'il fasse venir le plus ancien de la com-

---

[1] Venise, 1499, in-f°, grec et latin, commenté par Mathiole.
[2] Marc, VI, 13.
[3] Hist. ecclesiast., lib. II, cap. XXIII, p. 82.

munauté, et l'engage à prier pour lui et à l'oindre au nom du Seigneur, car le Seigneur l'assistera [1]. » Depuis lors, cette onction demeura toujours indispensablement nécessaire pour faire participer aux dons du Saint-Esprit et pour la guérison des maladies [2]. L'application du chrême était si ordinaire chez les chrétiens, qu'on avait coutume de l'opposer aux païens comme l'argument le plus irrésistible [3]. Qui ne sait les cures miraculeuses opérées par saint Martin, de Tours [4] ? Grégoire de Nazianze assure que, depuis le deuxième siècle de l'Église, on attribuait aux martyrs et à leurs reliques le don particulier de guérir les maladies [5]. Personne n'ignore les cures merveilleuses des martyrs saint Côme et saint Damien, qui délivrèrent Justinien d'une affection incurable. Cet empereur, par reconnaissance, leur érigea un temple auquel les malades abandonnés par les médecins se rendaient en pèlerinage, et où ils guérissaient de la même manière qu'on recouvrait autrefois la santé dans les temples d'Esculape [6]. »

Il ressort pour moi de cette exposition la preuve que les apôtres et les confesseurs de la foi possédaient des liniments et des onguents dont l'efficacité était accrue de toute la vertu de la puissance divine : ils s'occupaient donc de la pharmaceutique sacrée.

Les empereurs eux-mêmes ne dédaignaient pas de se livrer à la pharmaceutique ; ils portaient avec eux des médicaments qu'ils offraient en signe d'amitié. Tibère

---

[1] Jac., v, 14, 15.
[2] Iren., contra Hæres., lib. II, cap. XXXII, p. 166. — Cyrill., Hierosolym., Catech., II, p. 232.
[3] Iren., I, lib. II, cap. XXXI, p. 164.
[4] Sulp. Sever., Vit. Martin., p. 170.
[5] Orat., III, p. 76, 77.
[6] Procop., de Ædific., lib. I, cap. VI, p. 17.

faisait des pommades et des onguents pour le traitement des dartres dont il était atteint [1].

Juvénal, l'an 110 de notre ère, en parlant des médecins qui composaient et vendaient les médicaments, dit :

> *Ocius Archigenem quære atque eme quod Mithridates*
> *Composuit, si vis alium decerpere ficum*
> *Atque alias tractare rosas* . . . .

Enfin, au deuxième siècle parut Galien ; il vivait sous le règne des empereurs Adrien et Antonin, et fut médecin de Marc-Aurèle et de Septime-Sévère; ses œuvres fourmillent de préceptes sur la thérapeutique et de formules médicamenteuses; il fut à Rome, pour la pharmacie, ce qu'Hippocrate avait été en Grèce, pour la médecine. Les principaux traités qu'il a laissés sur cette science, qu'il cultivait avec le plus ardent enthousiasme, sont : 1° *de ptisana* ; 2° *de simplicium medicamentorum facultatibus* ; 3° *de theriaca ad Pisonem* ; 4° *de medicinis facile parabilibus*. Il tenait une officine dans la Voie Sacrée, et composait lui-même des drogues pour les empereurs, ses illustres clients.

Les plus grandes célébrités médicales pratiquaient donc la pharmaceutique à Rome. « Ainsi en usoit jà le grant Hippocrat, et long entreject de temps après, Galien; chose dont nous pouvons encore trouver des remarques très-asseurées, car Ulpian, le jurisconsulte, disoit : « *Si medicus servum tuum secuerit, dereliquerit curationem ejus, et obmortuus fuerit servus, culpæ reus erit; imperitia quoque culpæ annumeratur, veluti si medicus servum tuum occiderit, quia male eum secuerit aut perperam medicamentum dederit* [2]. »

---

[1] Courtin, Encyclop. mod.
[2] Étienne Pasquier, ch. XXXI, p. 963. — Institut. de lege Aquilia, lib. IV, t. III, § 6 et 7.

Cependant, en interrogeant attentivement l'histoire, on découvre que déjà, sous le règne d'Auguste, 40 ans environ avant J.-C., quelques médecins commençaient à renoncer aux préparations pharmaceutiques, et se reposaient de ce soin sur ceux qui exerçaient l'art de la *séplasie*, qui n'était que fraude et sophistication ; ils prenaient chez ces derniers tout ce dont ils avaient besoin; les séplasiaires, qui en faisaient un objet de spéculation, leur vendaient des marchandises avariées [1] ; ils habitaient tous un quartier spécial situé au pied du mont Capitolin, et on appelait ce quartier *Vicus thurarius, Vicus unguentarius* [2]. Horace le mentionne en disant :

Deferar in vicum vendentem thus et odores,
Et piper, et quidquid chartis amicitur ineptis [3].

Deux cents ans plus tard, les séplasiaires faisaient concurrence aux médecins, et vendaient les drogues simples, quelques préparations usuelles, de la thériaque avec les élégies composées par Andromaque, médecin de Néron et l'inventeur de ce médicament.

Les boutiques ou magasins de ces marchands s'appelaient *seplasia*, du nom d'une place publique de Capoue où se tenait un marché de drogues venant d'Idumée : « *Quodque ab Idumœis vectum seplasia vendunt. Credunt seplasiœ* (dit Pline, lib. 34, cap. 11) *omnibus fraudibus corrumpenti, factaque jampridem emplastra et collyria mercantur, tabesque mercium, fraus seplasiœ sic exteritur.* » Ils vendaient non-seulement aux médecins, mais aussi aux peintres, aux parfumeurs, aux teinturiers les drogues nécessaires à leur industrie [4]. En Grèce, on

---

[1] Pline, xxxiv. — Lamprid., Héliogab., 30.
[2] Dézobry, p. 479.
[3] Horat., Ep. I, lib. II.
[4] Les Pandectes.

les appelait καθολικοι; Galien les désigne sous le nom de ropopoles et de migmatopoles [1], marchands de tout : c'était des gens ressemblant beaucoup à nos droguistes forains.

Il existait à Rome un partage et des nuances dans l'exercice de la profession qui avait pour objet la préparation et la vente des médicaments : il est nécessaire de donner une idée exacte et précise sur ce point.

Les auteurs de la Bibliothèque britannique et des Pandectes ont fait confusion, et n'ont pu décider en quoi les *seplasiarii*, les *pharmacopolæ*, les *pharmacotritæ*, les *pharmaceutæ*, les *medicamentarii* et les *pigmentarii* différaient de nos apothicaires. J'espère être plus heureux.

Ceux qui cultivaient la médecine médicamentaire s'appelaient *pharmaceutæ*.

Le nom de *pharmacopœus* s'appliquait à ceux qui préparaient les médicaments; dérivé du mot grec φάρμακον, qui est le terme générique pour toutes drogues bonnes ou mauvaises, ou pour tout poison tant simple que composé, il était pris en mauvaise part, et dans l'acception ordinaire il était synonyme d'empoisonneur.

Le mot *pharmacus* dans Pétrone, qui vivait sous Néron, et celui de *pharmaceutria*, signifient tous deux empoisonneur.

Les latins ne mettaient aucune différence dans les deux choses, et les exprimaient par un nom commun : *medicamentarius*, apothicaire, empoisonneur [2] : *Medicamentaria mulier, id est, venefica*.

Les pharmacopoles étaient ceux qui vendaient les médicaments : ils parcouraient toutes les contrées comme

---

[1] Ῥῶπος, toutes sortes de menues marchandises; μίγμα, mélange. — Daniel Leclerc, Hist. de la Médecine, p. 334-339.

[2] Dict. de Trévoux, t. VI. — Daniel Leclerc.

le faisaient déjà, sous le patriarche Jacob, les marchands ismaélites; on les appelait aussi *circulatores, circuitores, circumforanei*[1]: c'étaient des charlatans nomades.

Ces noms latins, dit Daniel Leclerc, semblent être exprimés par le mot grec περιοδευταί. Saumaise et plusieurs autres savants sont de ce sentiment[2]. Galien parle d'un *Magnus* qu'il appelle Περιοδευτής et de qui il rapporte la composition d'un médicament[3]. Il est enfin parlé de ces coureurs de marchés dans l'inscription suivante :

L. Sabinus, Primigenius.

. . Ortus ab Iguvio, fora multa sequutus,
Arte feror nota, nobiliore fide.
Me consurgentem valida fortuna juventa
Constituit, rapidis exposuitque rogis.
Clusino cineres flammæ cessere sepulcro,
Patronus . . . . . condidit ossa solo.

Ces charlatans portaient encore le nom d'ἀγύρται, *agyrtæ*, d'un mot qui signifie assemblée, parce qu'ils réunissaient le peuple autour d'eux, et que le vulgaire, toujours ami du merveilleux, se pressait en foule, aussi confiant dans leurs paroles qu'il l'est encore, de nos jours, dans celles de leurs honorables descendants; ils s'appelaient aussi ὀχλαγωγοί, pour la même raison. Tout le monde ne tombait pas dans leurs piéges, ainsi qu'on en peut juger d'après ces paroles de Caton dans Aulu-Gelle : *Itaque auditis, non auscultatis, tanquam pharmacopolam; nam verba ejus audiuntur, verum nemo ei se committit, si æger est.*

Quelques noms de ces antiques faiseurs de dupes sont restés dans l'histoire : ce sont Eudamus; Chariton, de qui

---

[1] Cod. Theodos., de Repud. titul., 16, leg. 3.
[2] Saumaise (Plin., Exercit. in Solin).
[3] De Compos. medic., lib. v, cap. vii.

Galien a tiré quelques descriptions de médicaments, et qu'il appelle ὀχλαγωγὸς; L. Clodius d'Ancône, que Cicéron (*oratio pro Cluentio*) désigne sous l'appellation de *pharmacopola circumforaneus*, et qui n'était qu'un empoisonneur; enfin Epicure reproche à Aristote cet avilissant métier [1].

Par opposition à ces apothicaires ambulants, il y avait encore à Rome les pharmacopoles sédentaires; on les nommait *sellularii*, ἐπιδιφρίοι, parce qu'ils attendaient les acheteurs, assis près de leur comptoir ou sur le seuil de leur boutique [2].

Ce n'était pas seulement de là que les médecins tiraient leurs médicaments : ils achetaient aussi les plantes chez les *herbarii*, les ῥιζοτόμοι ou coupeurs de racines, chez les βοτανολόγοι ou cueilleurs de racines. Ces herboristes, pour se donner de l'importance et aussi pour donner du relief à leur métier, affectaient de cueillir les simples en de certains temps, avec des cérémonies superstitieuses et des momeries ridicules; ils tenaient le milieu entre le pharmacopole et l'épicier; leur magasin était un sanctuaire entre la seplasia et la boutique, et leur rôle consistait à dessécher, contuser, épister, concasser tous les végétaux du monde connu. On voyait des rues entières tapissées de plantes de toute espèce : la devanture de leurs maisons était une véritable décoration, un séduisant et curieux spécimen des richesses renfermées dans l'intérieur. Ces maisons, comme à Paris dans la rue des Lombards ou des Arcis, se reliaient entre elles par des guirlandes de gramen chevelu, de bourrache, de tilleul, de véronique et de rouge centaurée; les fenêtres et les portes étaient pavoisées de chèvrefeuille, de

---

[1] Daniel Leclerc.
[2] Encyclop., t. XII, p. 492.

scabieuses et de cent autres plantes entrelacées et mariées de manière à représenter les plus bizarres et les plus capricieux dessins ; les plafonds étaient tapissés de crocodiles égyptiens et de tortues numides.

Tous ces marchands étaient fort enclins à tromper les médecins, auxquels ils vendaient, par spéculation, très-souvent une herbe pour une autre. Pline l'ancien déplorait amèrement ces fraudes audacieuses, et reprochait aux médecins de son temps de négliger la connaissance des drogues, de recevoir les compositions telles qu'on les leur donnait, et de les employer sur la parole d'hommes sans conscience, au lieu de se pourvoir des unes et de composer les autres, à l'exemple des anciens médecins.

Les pharmacotribes, pharmacotrites, *pharmacotritæ*, étaient les pileurs, les broyeurs, les mêleurs de drogues, tels qu'on en voit à Paris dans la rue de la Verrerie et les rues adjacentes. On comparait leur monotone occupation au mouvement régulier du chronomètre, au battant d'une cloche destinée à appeler les chalands. Placés en dehors de leurs boutiques, les pharmacotribes en étaient, pour ainsi dire, l'enseigne vivante, et leur figure, zébrée et tatouée des nuances de toutes les drogues qu'ils travaillaient, témoignait de l'incrustation des atomes volatilisés dans leur peau squalide et maladive.

Chez les Grecs, les boutiques d'apothicaires s'appelaient ιατρεῖα. Ce mot a été traduit par Plaute (*Amphit.*, acte IV, scène Ire. — *Epidic.*, acte II, scène II) par le mot *medicina*, parce qu'à l'époque où vivait ce poëte comique, le médecin, le chirurgien, l'apothicaire et le droguiste étaient une seule personne. J. Pollux les appelle *pharmacopolia*, et celles des apothicaires unguentaires, *myropolia* et *myrothecia*.

Telles sont les différentes catégories des apothicaires

qui exeçaient à Rome sous les règnes d'Auguste, de Tibère et de Caligula. Vers la fin de cette période, le luxe des préparations composées et des remèdes exotiques devint révoltant, et dans tout l'empire la polypharmacie fut portée à un excès désordonné.

Ces apothicaires, dont je viens de faire le classement, faisaient des gains fabuleux; certains bénéficiaient, par an, de 500,000 sesterces (100,000 fr. de notre monnaie); d'autres allaient plus loin encore. On n'en sera pas étonné quand on connaîtra leurs honteuses extorsions. En effet, ils avaient usurpé le monopole des maladies infamantes dont la grande et impudique cité était gangrenée, et, outre leur vente patente et publique, ils avaient une arrière-boutique, véritable guet-apens, où ils exploitaient les maux incurables, et où tombait encore la clientèle flottante de la banlieue qui venait y exposer ses infirmités, et qui y laissait, en échange d'une drogue inutile ou meurtrière, le fruit de ses longues et pénibles épargnes. Ils faisaient des spéculations plus criminelles encore sur la santé publique, car ils vendaient, avec le plus effronté cynisme, des drogues illicites aux dames romaines, trafiquaient du deuil des familles, et exploitaient, sans pudeur, les grossesses clandestines.

Ils n'étaient pas moins déconsidérés à Rome qu'ils ne l'avaient été à Sparte et à Athènes; ils étaient placés au dernier échelon social et mêlés à l'écume populaire : nous en trouvons la preuve dans ce que dit Horace à l'occasion de la mort du chanteur Tigellius : ce poëte les met au rang et en compagnie des bateleurs, des joueuses de flûte, des gueux, des porte-besace, des débauchés et des danseurs. Le convoi de ce Tigellius était en effet composé ainsi qu'il suit :

Ambubajarum collegia, pharmacopolæ,
Mendici, mimæ, balatrones, hoc genus omne

Mœstum ac sollicitum est cantoris morte Tigelli,
Quippe benignus erat . . . .[1].

Les apothicaires de Rome avaient de nombreux concurrents dans la personne des *medicæ*, débris surannés et hideux de la prostitution, qui se livraient au traitement des maladies des femmes, et des *sagæ* (le mot sage-femme en est dérivé) qui composaient et vendaient des onguents, des philtres et des potions abortives. Elles ne se contentaient pas de pratiquer leur art exécrable, et quand elles avaient atteint leur but, elles tiraient encore un grand bénéfice de l'exposition des enfants qu'elles étouffaient dans le pli de leurs robes, ou qu'elles jetaient sans pitié dans la mare du Vélabre, sur le pavé du *Forum Olitorium*, ou au pied de la *Columna Lactaria*. La punition de ce délit était fort rare, et les impératrices, qui aussi s'en rendaient coupables, n'avaient pas même la pudeur de cacher cet outrage fait à la nature. Ces *sagæ* étaient consultées par les femmes qui ne voulaient pas que la pureté de leur ventre ou la fraîcheur de leur gorge fussent altérées par des grossesses multiples ou par un allaitement prolongé, ou qui voulaient détruire la preuve de leur adultère [2] et rendre des ardeurs nouvelles et inextinguibles aux feux éteints des passions, et enfin pour glacer l'énergie virile d'un mari incommode [3].

Dès qu'une femme devenait enceinte, les *sagæ* la circonvenaient et l'entouraient de toutes sortes de séductions pour vaincre la pudique résistance de l'honneur, et pour la décider à faire à sa beauté le sacrifice de son enfant [4].

---

[1] Horat., sat. II, lib. I.
[2] Aulugelle, les Nuits attiques. Paris, 1680, in-4°.
[3] Macrobe, les Saturnales. Leyde, 1670.
[4] Plaute, *Truculentus*.

Nulle part, même à Athènes, la science des philtres d'amour ne fut poussée plus loin qu'à Rome, sous les Césars : Canidie et Gratidie ont été citées par Horace comme ayant acquis la plus triste célébrité dans cette infâme spéculation ; ces *sagœ*, dont je viens de citer les plus illustres, allaient, à la clarté douteuse de l'astre des nuits, cueillir les plantes magiques aux Esquilies, elles y ramassaient aussi les os et les cheveux des morts auxquels elles associaient des décoctions d'herbes, telles que le thym, la sarriette, l'hysope, le pouliot, et des substances minérales restées inconnues ; elles faisaient de ce mélange des breuvages funestes qui portaient le nom d'*amatoria*. Canidie, dit Horace, possédait seule le secret d'une mixture qui portait le nom de potion du désir, *poculum desiderii* : elle avait encore des eaux incendiaires qui s'appelaient *aquæ amatrices*.

Pour avoir une idée précise de la manière dont s'exerçait cette criminelle industrie, il faut lire les pages saisissantes que M. Félix Deriège a écrites, il y a quelques années, sur les Mystères de Rome.

Voici comment elle est racontée par cet érudit[1], dans l'exposition qu'il fait des angoisses et des regrets déchirants de la jeune Daphné, séduite et abandonnée par un patricien :

« ..... Ainsi raisonnait Daphné, lorsqu'elle aperçut une lumière au-dessus d'elle, au milieu d'une sépulture abandonnée.

« Aux rayons vacillants que projetait cette lumière, deux têtes de femmes pâles, hideuses, se dessinaient dans l'ombre ; leurs cheveux blonds flottaient en désordre ; leur corps se perdait dans les plis de leurs vêtements noirs ; elles s'avançaient comme deux spectres, en mur-

---

[1] Les Mystères de Rome, seconde partie, III, Canidia.

murant des paroles magiques; enfin elles s'arrêtèrent, déposèrent leurs lampes devant elles, et, s'étant agenouillées, elles commencèrent à creuser la terre de leurs ongles crochus : c'étaient deux magiciennes venues là pour faire leurs enchantements, et composer leurs philtres. »

Voici maintenant la description qu'il donne du domicile infernal, et le portrait qu'il fait de Canidie :

« En passant près de la tour carrée la plus occidentale du Cirque, Prosper sentit une main serrer la sienne avec une force contre laquelle il ne chercha pas à lutter; une femme à demi vêtue d'une tunique en lambeaux l'entraîna sous une des voûtes profondes qui aboutissaient aux prisons; autant qu'il pouvait en juger, eu égard à l'obscurité de la voûte, cette femme était encore jeune et avait dû être d'une remarquable beauté; mais ses regards étaient effarés, ses traits hâves, les pommettes de ses joues, saillantes; de profondes rides sillonnaient son front, la faim ou la débauche avaient déchaussé ses dents.

«Là, un spectacle étrange s'offrit aux yeux de Prosper. Sur l'imposte en saillie où la courbure de la voûte venait s'appuyer, brillait une lampe enfermée dans une tête de mort. Aux lueurs funèbres que répandait cet appareil singulier d'éclairage, on apercevait sur une table un carton circulaire contenant les douze signes du zodiaque inscrits dans douze compartiments; sept autres petits cartons, de même forme que le premier, se mouvaient au-dessus de lui autour du même axe; ils portaient les noms des sept planètes, et leurs combinaisons pouvaient représenter les divers aspects du ciel. Un volume crasseux, déroulé près des cartons, portait ces mots en titre : *Ephémérides* ou *Calculs astronomiques de Pétosiris, égyptien*. Tels étaient, à cette époque, les instruments nécessaires à l'exercice de l'astrologie, instruments que les devins arabes nous ont du reste conservés.

La *saga* Canidie, qui rendait ses oracles dans cet antre, pratiquait encore d'autres méthodes de connaître l'avenir, car sa table était encombrée d'osselets et de planchettes en sapin, de figures de cire, *de fioles nombreuses où macéraient diverses substances, et surtout des plantes vénéneuses*, telles que la morelle nommée, en style d'empoisonneur, *halicocabon*. On voyait briller au fond de la caverne les yeux ronds et fulgurants d'un hibou. »

C'est dans ces lieux maudits que s'accomplissaient des mystères aussi funestes à la santé qu'à la morale publique.

Selon la tradition, la mandragore, la pomme épineuse, le chanvre sauvage, probablement le hatschichs (le népenthès d'Homère), les aristoloches, les résines âcres, les graines des plantes labiées, les insectes, les poissons, étaient tour à tour appelés à entrer dans la composition du mélange qu'on désignait sous le nom significatif de *satyrion*; des grillons, des araignées, des cantharides macérées dans du vin, les œufs de muge, de sèche, de tortue, de l'ambre gris étaient encore employés pour ranimer les folles ardeurs des sens; les agarics, les morilles et les champignons surtout étaient en grande faveur [1].

Qui præstare virum Cypriæ certamine nescit,
Manducet bulbos, et bene fortis erit.
Languet anus : pariter bulbos ne mandere cesset,
Et tua ridebit prælia blanda Venus [2].

Le plus célèbre, et en même temps le plus redoutable des philtres aphrodisiaques composés par les *sagæ*, était

---
[1] Dufour, Hist. de la Prostitution à Rome, p. 181.
[2] Martial.

l'*hippomane*, sur les éléments duquel les écrivains de l'antiquité sont partagés. Je ne donnerai pas l'opinion de Virgile, par respect pour la chaste délicatesse de mes lecteurs. Quant à Juvénal, Lucain, Pline et Ovide, ils pensent que ce breuvage se faisait avec une proéminence de chair qui surmonte quelquefois le front du jeune poulain au moment de sa naissance et que la jument arrache avec ses dents et dévore. Les paysans se hâtaient de la retrancher pour aller la vendre aux *sagæ*, qui lui faisaient subir une horrible préparation dont parle Juvénal en citant la *saga Cæsonia* :

> *Cui totam tremuli frontem Cæsonia pulli*
> *Infudit.....*

Quoi qu'il en soit, le féroce Caligula en devint fou, et mourut pour avoir goûté de ce mélange [1].

L'austère pudeur me fait une loi de jeter un voile sur la composition des autres philtres qui, non-seulement, allumaient la salacité des débauchés, mais qui, en même temps, engendraient des maladies formidables dont furent victimes l'ami de Cicéron, L. Licin. Lucullus, le roi des voluptueux de Rome, le poëte Lucrèce, et une foule d'autres qui passèrent de la démence à la mort.

La sensualité romaine trouvait encore de nouveaux aiguillons dans la famille multipliée des essences, des huiles, des baumes, des pommades, des poudres, des pâtes dont les trois règnes de la nature étaient tributaires. Les *sagæ* avaient emprunté à la luxure asiatique l'art de combiner ces produits; elles vendaient ces mixtures balsamiques dans leurs bouges immondes, ainsi que le pratiquaient, dans leur arrière-boutique, les séplasiaires et les pharmacopoles auxquels elles faisaient une active concur-

---

[1] Dufour, p. 183.

rence. Parmi ces parfums les plus renommés et les plus virtuels, on cite la *nicérotiane*, dont Martial vante l'odeur fragrante; le nard appelé *foliatum*, inventé par la *saga Folia*, complice de Canidie; le nard d'*achœmenium*; le baume de *Mendès*, d'origine égyptienne; le *malobathrum*, de Sidon; les *myrobalana*; l'*opobalsamum* de Judée; l'*amome*, d'Assyrie; la *myrrhe*, de l'Oronte; le *dropax unguentum*, l'*odontotrimma*, le *diapasma*, le *melinum unguentum*, le *megalium* et le *telinum*.

Le satirique Lucilius parle de ces unguentaires en termes foudroyants; Horace ne les désigne qu'avec un amer et profond dédain, « *Tusci turba impia vici,* » et Cicéron, dans son traité *de Officiis*, les accable sous le poids de son écrasante parole [1].

---

[1] Dufour, Hist. de la Prostitution, t. 1.

CHAPITRE IV.

Période grecque (an 200 de J.-C., jusqu'en 640, époque de la destruction de la bibliothèque d'Alexandrie). — Aëtius. — Paul d'Egine. — Alexandre de Tralles. — Oribase. — Les *pimentarii*. — Les apothicaires confondus avec les usuriers, les bateliers et les marchands de pierres fausses. — L'empereur Théodose les exclut des fonctions civiles. — Ils vendent dans les cabarets et sur des échoppes. — Bref du pape Pélage II, au VIe siècle. — Décrets de plusieurs conciles. — Les moines copient les pharmacopées grecques.
Période arabique (de l'an 640 jusqu'à la fin du XIVe siècle). — Rhazès. — Ali-Abbas. — Avicennes. — Albucasis. — Le calife Almanzor. — École de Bagdad. — Sommeil de l'art pharmaceutique en Occident. — Sa splendeur en Orient. — Jean Sérapion. — Ouverture de pharmacies publiques. — Les princes arabes apothicaires. — Géber. — Le Krabadin. — Écoles de Salerne et de Naples. — Règlements sévères. — L'empereur Frédéric II. — Les *stationarii*. — Les *confectionarii*. — L'évangéliste des apothicaires. — Le *Liber servatoris*. — L'antidotaire Nicolas. — L'art pharmaceutique s'éveille en Occident. — Époque des Croisades. — Introduction des médicaments par les croisés. — Les apothicaires d'Afrique arrivent en Espagne. — Écoles pharmaceutiques de Tolède et de Cordoue. — Les apothicaires se répandent en Allemagne, en Prusse, en Pologne, en Suède et dans le Danemark. — Saladin d'Ascoli. — Saint Ardouin de Pesaro. — Les apothicaires soumis à la surveillance des Facultés de médecine.

L'an 200 de notre ère Galien meurt, et sur sa cendre s'élève une école célèbre qui fleurit jusqu'à l'an 640, époque de la destruction de la riche bibliothèque d'Alexandrie; c'est l'école grecque, illustrée au Ve siècle, sous Constantin et Théodose, par Aëtius (d'Amide), qui inscrivit dans son livre, ayant pour titre *Tetrabiblos*, tout ce qu'il avait puisé dans les pharmacopées d'Égypte [1]; il

[1] Contracta ex veteribus Medicina, Janus Cornarus. Bâle, 1542.

faut citer encore, au nombre des illustrations de cette grande époque, Paul d'Égine, qui vivait sous Constantin Pogonat, et qui écrivit un Abrégé des œuvres de Galien; Alexandre de Tralles; Étienne d'Athènes, qui publia plusieurs Essais de préparations chimiques que l'on consultait encore à la fin du VIIIe siècle [1].

Tous ces auteurs ont traité de la pharmaceutique; mais c'est surtout dans les écrits d'Oribase, compatriote de Galien, qu'on voit figurer, pour la première fois, une classe de citoyens à laquelle était confié le soin de préparer les médicaments ordonnés par les médecins [2].

Nous allons voir ce qu'étaient les apothicaires pendant les quatre siècles qu'a duré cette période.

Vers l'an 400 de notre ère, on commençait déjà à voir poindre les rayons d'un nouvel avenir. Oribase, médecin de Julien l'Apostat, au IVe siècle, après avoir parlé de gens qui fabriquaient des drogues sous les ordres des médecins, dit qu'ils étaient très-répandus, sinon dans tout l'empire romain, au moins dans l'empire d'Orient: « *Ferraro mentionem faciam.... leviorum purgationum,* « *aliorumque evacuantium, auxiliorum et medicamen-* « *torum quorumdam compositorum, præsertim vero* « *eorum artificibus imperare ut ea conficiant. Vobisque* « *parent quum maxime eorum copia ubique comperia-* « *tur; neque enim solum urbes, sed etiam agri sunt* « *eorum pleni* [3]. Oribase ne donne pas de noms particuliers à ces préparateurs, mais il les caractérise par

---

[1] De Re Medicâ, in-f°. Bâle, 1551; — grec, in-f°, Venise, 1528; latin, in-4°.

[2] Artis Medicæ Principes, 3 vol. in-f°. Bâle, 1557. — Les Collections. — Dan. Leclerc, Hist. de la Médec., t. I, p. 328. — Renouard, Hist. de la Médec., t. I, p. 404. — Jean-Jacques Manardi, Medici Ferrariensis. — Virey, Discours sur l'art de la Pharm. — Curia medic. Hanov., 1611, in-f°.

[3] Orib., in Prœmio Euphorist., ad Eunapium.

les fonctions de leur état, de manière à ne laisser aucun doute que ce qu'ils furent autrefois, leurs successeurs ne le soient aujourd'hui [1].

Si quelque chose pouvait faire douter que les apothicaires fussent plus anciens qu'Oribase, c'est la considération qu'à l'époque où cet auteur grec écrivait, ils n'avaient pas encore de dénomination propre; ils n'en avaient pas même encore cent ans plus tard, car le philosophe Olympiodore, commentateur de Platon et contemporain de Théodose le Jeune, en 450, se sert pour les désigner du mot *pimentarii* : le médecin ordonne, dit-il, et le *pimentarius* prépare et sert. C'étaient, du reste, selon Moreau de la Sarthe, des hommes sans dignité : ils étaient compris parmi les usuriers, les bateleurs et les marchands de verroteries et de pierres fausses. Ils furent exclus des fonctions civiles par l'empereur Théodose, comme on le voit dans le passage suivant :

« *Apothecarii junguntur trapezitis; gemmarum, ar-*
« *gentique, vestiumve venditoribus, quos Theodosius et*
« *Valentinus a provincialibus officiis removerant, et*
« *omnis honos atque militia a contagione hujusmodi*
« *segregetur. Ex quibus verbis patet inter vilioris con-*
« *ditionis homines fuisse apothecarios. Videntur ergo*
« *intelligi institores qui res viliores in pergulis et ta-*
« *bernis venum exponunt* [2]. »

Cette citation prouve que les apothicaires étaient confondus avec les baladins, les revendeurs; qu'ils vendaient dans les cabarets, et qu'ils étalaient sur des échoppes dressées sur le devant de leurs portes. Le mot *pimentarius* ou *pigmentarius* correspond au mot grec παντοπῶλαι, dont Galien (*de Antidot.*) se sert pour désigner un marchand

---

[1] Dujardin et Peyrilhe, Hist. de la Chir.
[2] Hein, in lib. XII, § 3. Cod. de Cohortal. princip. Cornicul.

qui vendait les drogues pour la thériaque qui se préparait chez l'empereur Antonin. Dans les derniers temps de la Grèce, on disait περμενταριος. Ce mot est tiré de *pigmentum*, qui signifie les substances dont les peintres et les teinturiers se servent, mais on a fini par l'appliquer à toutes sortes de drogues médicamenteuses; c'est ainsi que Cælius Aurelianus appelle de ce nom l'aloës : « *Credibile est ad ejus pigmenti* (id est aloës) *in stomacho effectum*, etc., lib. II, cap. IX. » Du reste, le règne des *pimentarii* dura jusqu'après la fondation des premières Facultés, et du IVe au Xe siècle les médicaments furent colportés par des courtiers, des Juifs, des aventuriers et des gens de la plus infime condition.

Cependant, bien que la pharmacie eût été interdite au VIe siècle par un bref de Pélage II, et que, par les décrets de plusieurs conciles [1], il eût été également défendu à tous clercs et gens d'église de tenir boutique, « *ut clerici apothecarii non ordinentur, et non liceat clericos nostros eligere apothecarios,* » les moines, pour charmer les longs ennuis du cloître, s'étaient mis à copier les poëmes *Theriaca* et *Alexipharmaca* du médecin grec Nicandre, les œuvres de Scribonius Largus, médecin du siècle d'Auguste, et de Philon d'Alexandrie, qui florissait quarante ans avant J.-C. Ils extrayaient ce que renfermaient de plus pur les diffuses compositions de ces auteurs, et passaient au crible les drogues inconnues et suspectes associées entre elles de la manière la plus monstrueuse et la plus barbare.

A la période grecque succéda la période arabique, sur laquelle Rhazès, ce Galien des Arabes et médecin du calife Moklader Billah, Ali-Abbas, Avicennes, du sang royal de Cordoue, et Albucasis jetèrent, comme une

---

[1] Concil. Carthag. sub Julio P.P., c. IX. — Ducange, p. 573.

rayonnante pléiade, un éclat plus vif encore que celui qui avait été répandu sur la période précédente par les compilateurs Oribase, Aétius, Alexandre de Tralles et Paul d'Égine.

Ouverte lors de la destruction de la bibliothèque d'Alexandrie, en l'an 640, l'école arabique se ferme vers la fin du XIVe siècle.

En comparant attentivement le Traité de Pharmacie du savant Virey avec la Pharmacopée raisonnée de Henri et Guibourt, on trouve, entre ces auteurs, une notable dissidence, au point de vue chronologique, sur les hommes qui ont brillé dans la longue période où je vais entrer. De plus, on est frappé, en parcourant ces deux ouvrages, d'omissions graves qui auraient dû ne pas échapper à la plume d'hommes placés au rang le plus élevé d'une science dont ils écrivaient l'histoire.

Ce n'est qu'après un patient contrôle que je crois être parvenu à rétablir l'ordre des dates, un peu interverti dans le premier de ces livres, et à combler les regrettables lacunes qu'on rencontre dans le second.

Pour atteindre mon but, je vais suivre pas à pas les progrès de la pharmaceutique dans le cours des huit siècles qui constituent l'âge arabique.

Tandis que dans l'Occident la pharmacie était ensevelie dans d'épaisses ténèbres, et qu'elle était abandonnée aux gens du plus bas étage, en Orient, au contraire, elle brillait du plus vif éclat, et elle était cultivée par les hommes les plus éminents.

Les princes de ces vastes contrées se reposaient de leurs conquêtes dans les loisirs pleins de charme qu'ils trouvaient dans l'étude des médicaments. Il est pourtant vrai de dire que, jusqu'au milieu du VIIIe siècle, la nation arabe montra peu de sympathie pour les études scientifiques : mais, lorsque le calife Almanzor, après avoir affermi son empire, eut fondé la ville de Bagdad, les arts de la paix s'introduisirent chez les Sarrazins [1]. L'académie de cette ville acquit par la suite une célébrité qui l'éleva au-dessus de presque toutes les autres académies des États mahométans, car on y compta jusqu'à six mille savants [2]. Ce fut là aussi que les califes ouvrirent les premières pharmacies publiques où la jeunesse studieuse s'exerçait à de savantes manipulations sous les yeux de maîtres illustres. Parmi les produits de la nature, les plantes fixèrent surtout l'attention de ces laborieux disciples ; dès lors la botanique prit un nouvel essor [3].

La pharmacie est donc l'une des branches de l'art de guérir qui doit le plus aux travaux des Arabes. La chimie avait été cultivée par les savants de l'école d'Alexandrie, dans des vues théosophiques : ils eurent pour elle un culte fervent, et s'y adonnèrent de bonne heure.

Leur premier chimiste vivait au VIIIe siècle : c'est le Sabéen Moussah-Dschasar-Al-Soli, de Harran, en Mésopotamie, et plus généralement connu sous le nom de Géber ; dans son ouvrage sur l'alchimie [4], il est déjà fait mention de quelques préparations mercurielles, telles que le sublimé corrosif et le précipité rouge, de l'acide nitrique, de l'acide nitro-muriatique, du nitrate d'argent et de plusieurs autres préparations chimiques [5].

Quelques philosophes et médecins arabes s'occupèrent aussi de la chimie, mais particulièrement sous le rapport pharmaceutique : on peut même dire qu'ils ont communi-

---

[1] Elmacin. Hist. Sarracenorum ad Erpen., in-4°. Lug. Batav., 1625, lib. II, cap. IV, p. 122.

[2] Leo Afric., de Phil. et Med. arab., apud Fabric., Bibl. græc., vol. XIII, p. 274.

[3] Albufarag., Hist. dynast., p. 32. — Abulfed., vol. III, p. 374.

[4] Alchemia Gebri, in-4°. Berne, 1545.

[5] Gmelin's geschichte, c'est-à-dire Hist. de la Chimie, P. I., p. 15-20.
— Pandectes pharmaceutiques.

qué une grande impulsion à la pharmacie, et qu'ils lui ont donné une face presque entièrement nouvelle. Ce sont eux qui ont inventé le mot alcool, *alkoal*; julep, *djoulab*, mot qui, en persan, veut dire eau de rose; sirop, *schirab;* loock, *kaac;* camphre, *kafour;* bezcard, *bedeguar*, *béduward*, *badezohr*, et une foule d'autres encore usités de nos jours. Toutes les richesses pharmaceutiques de l'Orient ont été importées en Europe au XIIe siècle par Alchindi et Averrhoës, et telle est la force de l'opinion, que, depuis le temps des croisades, on n'a point cessé de faire usage de ces médicaments, de préférence à ceux de nos contrées qui, à plus d'un titre, pourraient les égaler.

Les croisades, en effet, en donnant de l'extension au commerce, firent affluer les médicaments de l'Orient vers l'Occident. Avant cette époque, les villes de la mer Baltique étaient presque les seules qui communiquassent avec l'Allemagne par Visby, Moscou et Kiew [1]; mais, plus tard, les États de Venise et de Gênes firent pencher la balance de leur côté, parce que leurs flottes conduisaient les vivres aux armées chrétiennes de l'Orient où elles prenaient, à leur retour, des épiceries et des drogues de toute espèce que les marchands de ces deux nations débitaient en Italie et en Allemagne [2]. On attacha dès lors un plus grand prix aux médicaments tirés du Levant, et l'usage de ceux de nos contrées tomba chaque jour en désuétude.

Vers la moitié du IXe siècle, Sabour-Ehnsahel, chef de l'école de Dschoudi-Sabour, publia sous le titre de *Krabadin* la première pharmacopée qui ait paru, et qui a été longtemps consultée par ceux qui en ont publié depuis [3].

---

[1] Hist. du commerce de l'Allemagne, P. I., p. 248.
[2] Hist. de la Grande-Bretagne, vol. IV, p. 597.
[3] K. Sprengel, t. II, p. 379.

Au XIe siècle, les Arabes fondèrent l'école de Salerne, devenue depuis si célèbre : la police de cette école et de celle de Naples sa rivale, établie par Roger Ier, roi de Sicile, et par l'empereur Frédéric II, respire une grande sévérité, tempérée toutefois par une sagesse paternelle. Une loi déterminait le nombre d'années que les élèves devaient passer dans cette école, et elle obligeait le candidat à prêter le serment de se conformer aux règles observées jusqu'alors, « *servare formam curiæ hactenus observatam,* » d'informer les autorités royales lorsqu'un apothicaire falsifiait les medicaments, et de traiter gratuitement les pauvres [1].

Dans les Deux-Siciles, les apothicaires étaient divisés en deux classes : 1° les *stationarii* qui vendaient des médicaments simples et des préparations non magistrales d'après un tarif arrêté par les autorités compétentes; 2° les *confectionarii* dont les fonctions consistaient à exécuter scrupuleusement les ordonnances des médecins. Tous les établissements pharmaceutiques étaient soumis à la surveillance du *Collegium Medicorum*. Tout médecin était obligé par l'empereur, et sous la foi du serment, de dénoncer l'apothicaire qui avait violé les règlements en vendant des drogues avariées. Il était enjoint aux apothicaires de se pourvoir d'un certificat de la Faculté de médecine constatant leur capacité, et de s'engager à ne préparer les médicaments que d'après l'antidotaire de l'école, approuvé par l'État : en outre, le bénéfice qu'ils devaient faire sur leur vente était fixé. Si les remèdes étaient de nature à ne pas se conserver plus d'une année dans leurs boutiques, ils ne pouvaient ajouter, pour chaque once, que trois *tareni* au prix coûtant; mais s'ils se

---

[1] Lindenbrog, p. 808; *Constitutiones Neapolitanæ et Siculæ*, lib. III, tit. XXXIV; *Cod. legum antiquarum*. Francofurti, 1613, in-fol. — Hœfer, Hist. de la Chimie, t. I, p. 340-341.

gardaient au-delà de ce terme, il leur était permis de faire monter leur bénéfice jusqu'à six *tareni*. Ils ne pouvaient s'établir que dans certaines villes et dans les grandes cités ; deux personnages de marque étaient chargés d'exercer sur eux une active surveillance ; ils devaient préparer les électuaires, les sirops et les antidotes en présence de ces jurés qui, à Salerne, étaient choisis de préférence parmi les maîtres. Dans le cas de contravention à la loi, on confisquait leurs biens, et s'il était reconnu que les jurés eussent pris part à la fraude, ils étaient punis de mort [1].

Une seconde pharmacopée vit le jour au XIIe siècle, ce fut celle d'Aboul-Hassan-Hébatollah-Ebno'talmid, évêque, et médecin du calife de Bagdad ; elle jouissait d'une grande faveur et servait de règle aux apothicaires arabes [2]. Ceux-ci étaient sous la surveillance immédiate du gouvernement qui portait une attention particulière à ce que les médicaments ne fussent pas altérés ou vendus à trop haut prix, et le général Afschin visitait lui-même les officines de son armée pour s'assurer qu'elles contenaient toutes les substances désignées dans ses dispensaires [3].

Avant l'apparition de cette pharmacopée, l'art de préparer les médicaments s'apprenait dans les œuvres de Jean Sérapion, qui écrivait au VIIIe siècle [4] ; dans Avicennes, qui florissait au Xe, et dans Mesué de Damas, compilateur de Sérapion, qui vivait un siècle avant Avicennes, et qu'on a nommé l'évangéliste des apothicaires : on consultait aussi le *Liber servatoris* qui, si l'on en croit M. Guibourt, donnait des conseils pour la conservation

---

[1] Kurt Sprengel, Hist. de la Médec., t. II, p. 361.
[2] Abulfed., vol. III, p. 598. — Albufarag., p. 394.
[3] Albufarag., p. 256.
[4] Medicinæ therapeuticæ. — Chaudon, Dict. histor.

des plantes et la préparation de quelques remèdes chimiques alors en usage.

Vers la fin du XII° siècle, il parut une troisième pharmacopée : l'auteur était Nicolas Myrepsus d'Alexandrie, le dernier des écrivains arabes, et qu'il importe de ne pas confondre avec Nicolas de Salerne. Ce Codex porte, dans l'histoire, le nom d'Antidotaire Nicolas; il fut la charte des apothicaires jusqu'au commencement du XVII° siècle. Ce dispensaire, qui n'avait pas reçu la sanction de l'autorité, fut, dans les premières années du XVI° siècle, revu et corrigé par la Faculté de médecine de Paris, et tous les apothicaires devaient se conformer rigoureusement à ses prescriptions [1].

Dans le XIII° siècle, le calife Monstanser rétablit à Bagdad l'académie et le collège médical, car, dans le cours des cinq siècles qui s'étaient écoulés depuis l'illustre institution fondée par Almanzor, le grand nombre des écoles judaïques avait presque entièrement fait disparaître celles des Arabes [2]. Monstanser salaria généreusement les professeurs, rassembla une grande bibliothèque et établit de nouvelles pharmacies : lui-même assistait aux leçons publiques.

Ce qu'il y a de surprenant, c'est que, pendant le développement intellectuel de l'Asie, il ne s'échappa aucune étincelle de ce foyer de lumière pour venir éclairer l'Europe. Cependant, bientôt subjuguée par le principe religieux, l'Europe crut trouver dans les œuvres de Dieu des vertus surnaturelles et miraculeuses. Aveuglés par le bandeau de la superstition, c'était la nuit que les adeptes se livraient à leurs mystérieuses investigations; les rocs les plus sauvages, les vallées les plus ténébreuses, les fo-

---

[1] Dict. des Sc. médic., t. XLI.
[2] Benj. Tudel, in-8°. Lugd. Batav., 1633, p. 65.

rêts les plus sombres, tels étaient les lieux où se faisaient leurs savants pélerinages : c'est là qu'ils allaient moissonner les plantes au port lugubre et dont les sucs inoculaient la mort, qu'ils abattaient les reptiles les plus effrayants, et qu'ils emprisonnaient les insectes les plus immondes [1].

C'est ainsi que s'accumula cette foule de préparations repoussantes dont l'efficacité est restée problématique. Des médicaments si horribles devaient jeter la terreur dans les esprits, et ce n'était, en effet, qu'avec hésitation qu'on franchissait le seuil de ces officines où se trouvait réuni tout ce que la nature a de plus monstrueux.

L'Espagne fut la première nation de l'Europe qui reçut les bienfaits des deux célèbres écoles de Salerne et de Naples, parce que, comme elles, elle se trouvait presque entièrement sous la domination des Arabes [2] qui fondèrent à Tolède et à Cordoue des établissements pharmaceutiques qui s'élevèrent depuis au plus haut degré de prospérité.

Dès l'année 1267, il y avait à Munster une boutique d'apothicaire : elle était tenue par un bourgeois du nom de Willekin [3].

A la même époque, les émigrés de Prague avaient également ouvert une pharmacie à Leipsig [4], et en 1285 la ville d'Augsbourg comptait aussi un apothicaire [5].

Au XIVe siècle, Frédéric III signala son avénement au trône de Prusse par plusieurs améliorations dans la po-

---

[1] Les Pandectes pharm.
[2] Favrot, Dict. de la Conversat., t. XLIII.
[3] Ann. de Munster, t. III, p. 208.
[4] Man. des Voyageurs, t. II, p. 413.
[5] Hist. des Arts et Métiers de la ville d'Augsbourg, p. 203. — Noël, Dict. des Origines.

lice médicale. La Prusse fut un des premiers pays d'Europe qui posséda un dispensaire basé sur les principes lumineux de la chimie et de la pharmacie : il y existait un règlement relatif à la réception des apothicaires.

Le collége supérieur de médecine de Berlin publia à cette époque une excellente instruction qui défendait aux apothicaires de faire des présents aux médecins praticiens, et qui introduisit encore d'autres améliorations non moins importantes [1].

Ici se termine la période arabique : nous allons faire quelques pas au-delà pour compléter le moyen âge à l'égard de l'Europe, à l'exception pourtant de la France, à laquelle nous réservons de larges développements.

Le XVe siècle vit éclore deux ouvrages intéressants pour l'histoire de la matière médicale et de la pharmacie : le premier a pour auteur Saladin d'Ascolo ou d'Ascoli, qui raconte avoir puni un apothicaire pour ses fraudes dans le temps où Alphonse V, roi de Portugal, gouvernait Naples. On trouve dans ses œuvres de rares et curieux renseignements sur les connaissances pharmaceutiques que l'on possédait alors. Saladin indique aux apothicaires les livres qu'il leur importe de posséder, leur donne des instructions morales et leur trace les occupations particulières auxquelles il faut qu'ils se livrent chaque mois : il expose enfin, avec un religieux scrupule, les caractères auxquels on peut reconnaître la bonté des médicaments, et détermine le temps pendant lequel les préparations officinales sont susceptibles de se conserver [2].

Le second ouvrage fut écrit par Saint-Ardouin de Pesaro, qui pratiquait la médecine à Venise vers le mi-

---

[1] Kurt. Sprengel, Hist. de la Médec., t. VI, p. 517.
[2] Compend. Aromatorior., ad Venet., 1562, f° 456.

lieu du XVe siècle [1]. Ce livre traite des poisons, et on y trouve la description du mercure précipité *per se*. Du reste, il fourmille d'opinions superstitieuses sur les effets des pierres gemmes contre les substances vénéneuses [2].

C'est dans le courant du XVe siècle qu'on adopta, dans presque toutes les contrées de l'Europe, la coutume des Arabes, et que l'on soumit les apothicaires à la surveillance des facultés et des médecins salariés par l'État.

En Allemagne, les apothicaires n'étaient que des droguistes, ils ne préparaient pas les médicaments, mais ils les tiraient d'Italie pour les colporter dans la plupart des villes; ils exerçaient en même temps le métier de confiseur, et les magistrats spécifiaient toujours dans leurs clauses que l'apothicaire serait tenu d'envoyer, chaque année, une certaine quantité de confitures à la chambre communale [3].

Dans les instructions qui furent données, en 1493, à Simon Puster, premier apothicaire de Halle, lors de l'ouverture de la première pharmacie en cette ville, il est dit : « Pour cela il doit et veut bien donner à nous et à nos « descendans deux collations pendant le carême, et à « notre maison de ville huit livres de sucre bien confit, « comme il convient décemment qu'il soit pour ces col- « lations [4].

A peine du temps de Gustave Wasa comptait-on quelques apothicaires dans tout le royaume de Suède [5]. Ce ne fut que trente-cinq ans après la mort de ce prince qu'on

---

[1] Mazzuchelli, t. I, part. II, p. 987.
[2] Sanctus de Ardoynis, de Venenis, in-f°. Venet., 1492, t. II. — K. Sprengel, t. II, p. 483, 484, 485.
[3] Ast., Mémoires, p. 33.
[4] Descript. du Cercle de Saal., t. II, p. 561. — Les Pandectes.
[5] Brahe, OEconomia, aller hushaells. Bok foër ungt Ades-folk, p. 45.

nomma les premiers professeurs à Upsal [1]. A la même époque, il n'y avait que trois apothicaires à Copenhague, et quatre seulement dans le reste du royaume de Danemark.

[1] Berguis, on Stockholm foër 200 der son, och Stockholm nu foër tiden, p. 249.

CHAPITRE V.

(XIIIe siècle.) Apparition des Apothicaires en France. — Ils étaient, le samedi, au marché, en compagnie des marchands d'écuelles, d'échelles et de poivre. — Le *Livre des Métiers*, d'Étienne Boileau. — Le serment des Apothicaires *chrestiens et craignans* Dieu. — Corporation des Épiciers-Apothicaires, Grossiers, Drapiers, Pelletiers, Chaussetiers et Chandeliers. — Mandement de Philippe-le-Bel. — (XIVe siècle.) Ordonnances de Philippe de Valois et de Jean-le-Bon. Édit de Charles VI. — Lettres-patentes de Charles VII. — *Blason des Apothicaires*. — (XVe siècle.) Les Apothicaires forment une garde nationale à Louis XI. — Ordonnance de Charles VIII. — Résumé.

Le partage de la médecine et de la chirurgie avait commencé dans le courant du Ier siècle de l'ère chrétienne, sous le règne de l'empereur Caligula et au temps où florissait Celse; mais cette division ne fut consacrée par les Franco-Gaulois que plus de mille ans après cet illustre chirurgien, c'est-à-dire de 1178 à 1189, sous les règnes de Louis VII et de Philippe-Auguste.

Quant à la pharmacie, les historiens ne sont pas d'accord sur l'époque précise où elle fut séparée de la médecine et de la chirurgie. Nous allons chercher à dissiper les obscurités qui existent sur ce point.

Dans l'antiquité la plus reculée, la médecine, la chirurgie et la pharmacie ne formaient qu'un seul et même art : le même individu prescrivait, préparait et appliquait le remède. Plus tard, le nombre des substances médicamenteuses s'accrut avec les connaissances médicales elles-mêmes; les opérations et les modifications que l'on fit subir aux médicaments se multiplièrent, et le même homme ne put embrasser, comme autrefois, l'ensemble des connaissances nécessaires à l'exercice de l'art médical. La pharmacie fut distraite de la médecine et de la chirurgie, pour former une branche distincte de l'art de guérir. Cette séparation, effectuée selon Celse environ 330 ans avant J.-C., au temps d'Hérophile et d'Erasistrate, c'est-à-dire à l'époque où florissait l'école d'Alexandrie, se maintint pendant quelques siècles jusqu'à ce que les sciences se perdissent dans l'état de barbarie qui caractérise la dernière période de l'empire romain et le moyen âge. C'est là ce qu'on peut appeler le premier divorce de la pharmacie.

La civilisation arabe ayant pénétré en Europe et y ayant fait renaître les sciences, les études médicales reçurent une vigoureuse impulsion, et la division de l'art de guérir s'opéra de nouveau. C'est ce qui constitue le second divorce. Si l'exercice simultané des trois branches de l'art médical caractérise l'enfance de l'art, sa disjonction, au contraire, est le signe constant du progrès des sciences et de la civilisation. Toutefois l'époque précise de cette deuxième désunion est encore contestée. M. Pipers, savant pharmacien belge, veut qu'elle n'ait eu lieu que quelque temps après la création de l'école de Salerne et sous l'empire des chartes de l'empereur Frédéric II qui défendaient la vente des médicaments par les médecins.

Conring affirme dans la Bibliothèque britannique que, dès le Ier siècle, il arriva d'Afrique en Espagne et en Italie des apothicaires proprement dits.

Dujardin et Peyrilhe font dater cette séparation du IVe siècle [1].

D'un autre côté, on lit dans Percy que les lois romaines

---

[1] Hist. de la Chirurg., t. II, p. 35.

et celles des Visigoths, observées par nos ancêtres jusqu'au VIII° siècle, ne font mention, ainsi que les manuscrits d'Eginhard, sous Charlemagne, que du mot *medicus* qui signifiait tout à la fois ce qu'on a désigné depuis par les dénominations de médecins, chirurgiens et apothicaires. La division n'avait donc pas encore été opérée sous Charlemagne au VIII° siècle.

Les vers suivants confirment cette assertion :

> *Accurrunt medici mox Hippocratica tecta,*
> *Hic venas findit, herbas hic miscet in olla,*
> *Ille coquit pultes, alter sed pocula perfert* [1].

Il faut donc conclure du passage du savant Percy et des vers d'Alcuin, que la séparation se serait faite lors de la fondation des universités; c'est aussi l'opinion d'un historiographe moderne [2] et d'un célèbre érudit qui s'exprime en ces termes : « Cela fust cause qu'en ce nouveau « mesnage, les medecins, pour la necessité de leur charge, « ayans trouvé une place entre les quatre Facultez, on « estima qu'il falloit la recognoistre en sa pure naïfveté « et lui oster la manufacture du razoüer, pilon et mor- « tier, et dès lors furent formez trois estats distincts, du « medecin, chirurgien et apothicaire [3]. »

Il n'est pas inutile de faire connaître une opinion bizarre sur la cause de cette séparation : « Mais depuis que « les princes ont dédigné et délaissé les sciences et se « sont occupez en voluptez corporelles et plaisances mon- « daines, ont voulustz avoir medecins, cyrurgiens et « appothiquaires pour cōposer et assembler leurs medi- « cines et faire leurs cōposicions pour éviter la peine et

---

[1] Alcuin, Carm., 221 et seq.
[2] Renouard, Hist. de la Médecine.
[3] Est. Pasquier, ch. XXXI, p. 963.

« labeur, et ont nommé ces ministres appothiquaires,
« aromatères, et pharmacopoles, qu'est une des princi-
« pales causes que les appothiquaires errent dans leurs
« coposicions et qu'est cause de plusieurs maulx, omi-
« cides et destructiō des hōmes par la ignorance [1]. »

Quoi qu'il en soit, le divorce était consommé quand les apothicaires apparurent en France, où on ne les rencontre qu'au XIIIe siècle.

Il faut également arriver au XIIIe siècle pour trouver un monument qui consacre l'état civique des apothicaires.

Ce monument nous est fourni par le Registre des Métiers et Marchandises, où il est dit : « Tuit cirier, tuit
« pévrier, et tuit apotécaire ne doivent rien de coustume
« des choses devant dites pour vendre en leur otel, car
« ils s'accuitent au poids-le-roi. Se il mêlent avant au
« samedi ès hales ou u marchié; chacun doit ob de
« coustume et en leur otieus néant, si come il a esté
« dit par devant.......... Ce sont les mestiers frans de la
« ville de Paris qui ne doivent pas de guet au Roy, ainsi
« que les estuveurs, touz apotécaires, tous vendeurs
« d'auges, d'escuelles et d'eschielles [2]. »

C'est dans ce règlement ancien qu'il est question, pour la première fois, d'apothicaires en France : antérieurement à cette époque, on ne trouve aucun statut qui les concerne spécialement. Comme on le voit, ils étalaient le samedi au marché avec les épiciers, les marchands de cire, de poivre et d'autres objets de grossière industrie.

Depuis longtemps, comme je l'ai dit, les médecins avaient renoncé aux préparations des médicaments, et

---

[1] Le Myrouël des Appoth., p. 15.
[2] Étienne Boileau, le Livre des Mestiers et Marchandises, t. XVII et XVIII, p. 322.

ils avaient confié le soin des manipulations aux élèves qui étudiaient sous leur direction. On pense généralement que c'est ainsi que doit s'expliquer le patronage exercé pendant longtemps sur les apothicaires par les médecins qui, vers le milieu du XIIIe siècle, rédigèrent la formule du serment que prêtaient les *maistres apothicaires chrestiens et craignans Dieu*. Cette formule, consignée dans la pharmacopée de Brice-Bauderon, a été reproduite par Moreau (de la Sarthe) et par Cadet de Gassicourt. Elle est trop curieuse pour être passée sous silence ; la voici dans toute sa teneur :

« Je jure et promets devant Dieu, auteur et créateur
« de toutes choses, unique en essence et distingué
« en trois personnes éternellement bienheureuses, que
« j'observerai de point en point tous les articles sui-
« vans :

« Et premièrement, je jure et promets de vivre et
« mourir en la foi chrétienne.

« *Item*. D'aimer et honorer mes parens le mieux
« qu'il me sera possible.

« *Item*. D'honorer, respecter et faire servir, en tant
« qu'en moi sera, non-seulement aux docteurs-méde-
« cins qui m'auront instruit en la connoissance des pré-
« ceptes de la pharmacie, mais aussi à mes précepteurs
« et maîtres pharmaciens sous lesquels j'aurai appris
« mon mestier.

« *Item*. De ne médire d'aucun de mes anciens doc-
« teurs, maîtres pharmaciens ou autres qu'ils soient.

« *Item*. De rapporter tout ce qui me sera possible
« pour l'honneur, la gloire, l'ornement et la majesté de
« la médecine.

« *Item*. De n'enseigner aux idiots et ingrats les se-
« crets et raretés d'icelle.

« *Item*. De ne faire rien témérairement sans avis des

« médecins, ou sous l'espérance de lucre tant seule-
« ment.

« *Item*. De ne donner aucun médicament, purgation
« aux malades affligés de quelque maladie, que pre-
« mièrement je n'aie pris conseil de quelque docte mé-
« decin.

« *Item*. De ne toucher aucunement aux parties hon-
« teuses et défendues des femmes, que ce ne soit par
« grande nécessité, c'est-à-dire lorsqu'il sera question
« d'appliquer dessus quelque remède.

« *Item*. De ne découvrir à personne le secret qu'on
« m'aura commis.

« *Item*. De ne donner jamais à boire aucune sorte de
« poison à personne, et de ne conseiller jamais à aucun
« d'en donner, non pas même à ses plus grands en-
« nemis.

« *Item*. De ne jamais donner à boire aucune potion
« abortive.

« *Item*. De n'essayer jamais de faire sortir du ventre
« de la mère le fruit, en quelque façon que ce soit, que
« ce ne soit par avis du médecin.

« *Item*. D'exécuter de point en point les ordonnances
« des médecins, sans y ajouter ni diminuer, en tant
« qu'elles seront faites selon l'art.

« *Item*. De ne me servir jamais d'aucun succédané
« ou substitut, sans le conseil de quelque autre plus sage
« que moi.

« *Item*. De désavouer et fuir comme la peste la façon
« de pratique scandaleuse et totalement pernicieuse de
« laquelle se servent aujourd'hui les charlatans, empi-
« riques et souffleurs d'alchimie, à la grande honte des
« magistrats qui les tolèrent.

« *Item*. De donner aide et secours indifféremment à
« tous ceux qui m'emploieroient, et finalement de ne

« tenir aucune mauvaise et vieille drogue dans ma bou-
« tique.

« Le Seigneur me bénisse toujours, tant que j'obser-
« verai ces choses. »

Les apothicaires de cette époque étaient placés au même rang que les épiciers, les droguistes et les herboristes, et faisaient partie avec eux de la corporation dite des Épiciers, corporation qui était la dernière des quatre métiers désignés sous le nom de drapiers, d'orfèvres, de pelletiers et chaussetiers, ainsi qu'on peut s'en convaincre en lisant la transaction passée, en 1222, entre Philippe-Auguste et l'évêque de Paris, et dans laquelle il est formellement stipulé que l'évêque aurait, dans le parvis de la cathédrale, un membre de ces quatre métiers [1].

Les jurisconsultes appelaient *species* ce que les anciens désignaient sous le nom de *fruges*; mais plus tard, le mot *species* s'entendit des aromates et autres choses fortes [2]. En France, le mot *species* a été affecté aux aromates, et de *species* on a fait épiceries. Avant la découverte des Indes occidentales, et avant qu'on fît de si fréquents voyages aux Indes orientales, comme le sucre était rare et cher, on confisait avec des épiceries [3]. Ce qui donna, au moyen âge, tant d'importance aux épiciers, c'est qu'ils vendaient les drogues, les épices, les sucreries tirées à grands frais de l'Orient : lorsque l'on voulait faire honneur à quelqu'un qu'on recevait chez soi, on lui offrait le vin et les épices.

La corporation des épiciers était si importante à Londres, que Guillaume III voulut en être membre et se fit donner des lettres d'incorporation [4].

---

[1] Les Pandectes.
[2] Lex ultima de muneribus, § B.
[3] Macrobe, lib. VII, cap. VIII. — Lex ultima, cod. de publicanis.
[4] Glossaire de Laurière, t. I, p. 419.

Un peu plus tard, la corporation des épiciers-apothicaires parvint à se classer au second rang : elle était disciplinée par six maîtres ou gardes, et, comme les juges et les consuls des villes municipales, ces gardes portaient la robe de drap noir, bordée de velours de la même couleur, à collet et à manches pendantes [1].

En vertu d'un titre accordé en 1312 par Philippe-le-Bel, et confirmé en 1321 par Charles IV, ils étaient nommés *le commun des officiers marchands d'avoir des poids*. Cette qualité leur était donnée parce qu'ils avaient en dépôt l'étalon des poids et mesures de Paris [2].

Ils avaient le droit de visiter les poids de tous les autres marchands, mais ils devaient eux-mêmes faire vérifier les leurs de six ans en six ans sur les matrices originales conservées sous quatre clefs à la Cour des Monnaies, et dont on rapportait la fabrication à Charlemagne.

Le 1er février de l'année 1312, Philippe-le-Bel fit un *exprès* mandement pour ordonner aux gardes des foires de faire publier à *cry solemnel* l'ordonnance rendue au mois de décembre précédent, et de veiller *estroitement* à son exécution.

« Philippe, par la grâce de Dieu, roy de France, nous faisons assavoir à tous que comme grans complaintes sont venus à nous et aux gens de nostre conseil par plusieurs foys, des *grans baras, fraudes et tricheries* qui ont esté de lonc temps et sont encore en la maistrise d'espicerie et apotiquaîrerie et d'autres avoirs de poids, a grant dommaige et decevance de nous et de tout nostre commun peuple.

« Nous abatons et ostons du tout la livre *soutive* (lé-

---

[1] Pandectes pharmaceutiques, p. 10. — Ph. Lebas, Univ. pittor. — Diction. encyclop., t. I, p. 273.

[2] Félibien, Hist. de la ville de Paris, liv. XVIII, t. II, p. 927. — Daubigny, idem.

gère) et ordonnons et commandons que sur paine de corps et d'avoir nul ne vende à celle (cette) *livre soutive*, ne à aultre livre, ou pois, par lesquels tous *baras* et *decevances* puissent être faits comme ont esté faits par cette livre soutive fors que a *phisiciens* et *surgiens* (médecins et chirurgiens) tant seulement, et en cas et non aultres où ils en auroient à faire par leurs medecinees et sirurgiees estymées et adjustées par les escriptures anciennes au pois de cette livre soutive, nous ordenons et commandons que en chascune bonne ville où il y aura plusieurs marchans *d'avoir de pois*, chacun an le commun de celluy mestier, soient esleues quatre personnes, l'une qui sera mestre et les trois qui seront gardes doudict mestier avec le mestre. Et cil qui ainsy esleuz seront à ce faire ne le pourront refuser jusques à la fin de l'an passé, *et feront serment à la justice du lieu, tel comme l'estat de chacun et les besoignes dudict mestier le requerront* et se prendront garde ès villes où ils seront esleuz et en toutes les aultres villes voysines esquelles il aura marchans, ou vendeurs *d'avoir de pois* et des balences de l'ouvraige de cire et des aultres choses dessus dictes, et les visiteront toutesfoys qui leur sera advis que bon soit, et especialement deux foys ou trois foys l'an en l'hostel de chacun marchant et vendeur, et se il treuvent aucun qui en usent mal à son escient, et n'en soit chastiez, quant il en aura esté mounestez, ledict mestre ou ly deuz ou ly uns des esleuz le rapporteront à la justice du lieu, et la justice l'en punira selon les ordenances [1]. »

Ainsi la première ordonnance faite pour la corporation des épiciers et des apothicaires concerne surtout les poids et les balances. Ces premiers règlements ne s'appliquent qu'à la partie extérieure du métier, les poids,

---

[1] Pandectes pharmaceutiques, p. 21.

la manière d'acheter, de vendre, de faire le courtage, et ne parlent de répression que pour le vol des marchandises : ce dont on s'inquiète d'abord, c'est d'avoir la juste mesure de la chose achetée.

En 1321, la position est la même, comme on peut s'en convaincre par l'ordonnance suivante de Charles IV :

« Charles, par la grâce de Dieu, etc., oyes les complaintes d'un commun peuple sur les fraudes et malices de plusieurs marchands d'*avoir de pois*, et espiceries demourans à Paris, en conseil et deliberation sur ce, et appelle et oyez en nostre cour sur ce diligemment les marchans dudict mestier, avons ordené et ordenons :

« Chacun desdicts marchans aura et tiendra bon poix et loyal, justifié au patron d'un poix que le prevôt de Paris tient au Chastellet de Paris pour nous; et aura bonnes balances et justes, perciées entre le bras et la langue, sans être ennarchiées, et à icelluy poix et balance pourront vendre et achepter leurs marchandises selon l'accord faict entre lesdicts marchans de Paris d'une part, et les tenans du poix qu'on appelle le Poix-le-Roy, d'autre part. »

La confirmation de ce fait se trouve dans des ordonnances postérieures, et notamment dans celle du mois d'août 1484, par laquelle le roi veut que les apothicaires aient le droit de visiter les poids et balances de ceux qui vendent *sucre*, *laines*, *drogues* et *épices*, avec pouvoir de s'en saisir et les porter au Châtelet, aussi bien que les marchandises corrompues et falsifiées, pour que les détenteurs en soient punis. Ils devaient se faire accompagner d'un juré balancier, et leur juridiction s'étendait sur tous les marchands et artisans, à l'exception des orfèvres qui relevaient de la Monnaie. De là un procès leur fut intenté par ce dernier établissement et par les jurés balanciers; mais ils furent maintenus, en 1603, par avis du lieutenant civil, en la possession des poids et mesures : c'est ce qui explique pourquoi, lorsque par sentence de l'hôtel-de-ville en 1659, il leur fut accordé une bannière et des armoiries, on y voyait des balances d'or avec cette légende : *Lances et pondera servant* [1].

L'art n'était pas encore sorti de son berceau ; bientôt l'on sentit le besoin d'exercer à l'égard des apothicaires une surveillance plus active que celle qui ne s'appliquait qu'aux poids : non-seulement les gardes de la corporation, mais encore les médecins, furent chargés de veiller sur la vente des drogues. Les médecins pour se faire attribuer un droit de surveillance sur les apothicaires, cherchèrent à fonder leurs prétentions sur d'anciennes ordonnances qui peut-être n'avaient jamais été rendues [2]. Aussi ils n'affirment pas, mais *ils donnent à entendre* que leur prétention nouvelle n'est qu'un vieux droit tombé en désuétude, dont il faut leur rendre l'exercice, comme nous le verrons plus bas en rapportant l'édit de Philippe de Valois.

Tels sont les commencements de la législation pharmaceutique.

Cette corporation mixte portait encore le nom de *corps des marchands grossiers* (marchands en gros), *espiciers, apothicaires*; elle compta et comprit aussi les chandeliers jusqu'à la moitié du XV° siècle, et, ainsi que les drapiers, elle avait pour patron saint Nicolas [3].

Les assemblées de cette étrange confrérie se tinrent d'abord dans l'église de l'hôpital Sainte-Catherine ; puis, en 1546, à la chapelle de Notre-Dame ; ensuite et successivement à Saint-Magloire : en 1572, c'était au chœur de

---

[1] Chéreau. B. XIX, p. 173.
[2] Laugier et Duruy, p. 27.
[3] Crévier, Hist. de l'Univ. de Paris, t. II, p. 51.

l'église Sainte-Opportune, et enfin, en 1589, au maître-autel des Grands-Augustins [1].

Il fallait faire un *chef-d'œuvre* avant d'entrer dans cette communauté, et les apothicaires étaient plus rigoureusement astreints à cette formalité que les autres membres.

L'ordonnance qui avait classé les apothicaires dans les corporations des métiers, et les dispositions réglementaires qui les concernaient, n'eurent d'abord d'application, au XIIIe siècle, que dans la ville de Paris; ce n'est qu'un peu plus tard qu'on les mit à exécution dans toute la France [2].

Tous les actes, toutes les chartes, tous les règlements de police qui, depuis 1336, font mention des épiciers, font également mention des apothicaires; jamais ils n'y sont nommés séparément, mais toujours conjointement; les apothicaires y sont qualifiés de *gardes de la marchandise d'espicerie et d'apothicairerie*, et les épiciers y sont appelés *gardes de la marchandise d'espicerie, de grosserie, de mercerie et d'apothicairerie*. Les épiciers (où la vanité va-t-elle se loger!) finissaient la liste par les apothicaires. Cette rivalité engendra entre les apothicaires et les épiciers de grands démêlés touchant la préséance. Ces ardentes querelles, sur lesquelles je reviendrai, durèrent plus de trois siècles, et nécessitèrent fréquemment l'intervention des édits royaux et la médiation des cours souveraines et des parlements.

Je dirai par anticipation, pour jalonner et préparer la voie dans laquelle je pénétrerai bientôt, qu'en 1514 les apothicaires obtinrent des lettres de Louis XII pour nommer des gardes sans la participation des épiciers; qu'en 1553, le 27 août, Henri II octroya aux épiciers des let-

---

[1] Ph. Lebas, Univ. pittor., t. I, p. 274.
[2] Sauval.

tres interdisant aux apothicaires de se mêler d'épicerie, et qu'en 1554, à la requête des apothicaires, le prévôt de Paris fit défense aux épiciers de se prévaloir des lettres du roi.

Tous ces différends furent vidés sous Louis XIII, par la transaction de 1634, dans laquelle il fut arrêté que les gardes et les droits honorifiques seraient partagés et alternatifs. Toutefois les épiciers continuèrent à faire leur *chef-d'œuvre* devant les apothicaires; mais ceux-ci ne le faisaient que devant deux d'entre eux et deux médecins de la Faculté, à l'exception des épiciers.

Je reprends l'ordre chronologique que j'ai cru devoir interrompre pour la clarté du récit.

Douze ans avant la mémorable bataille de Crécy, c'est-à-dire en 1336, le 22 mai, Philippe de Valois établit la suzeraineté des médecins à l'égard des apothicaires par un « mandement au prévôt de Paris de contraindre les apothicaires, leurs garçons et les herbiers, à garder les ordonnances touchant l'apothicairerie et l'espicerie.

« Philippe, par la grâce de Dieu, Roy de France, au
« prevôt de Paris ou son lieutenant, salut. Le doyen et
« les maistres de la faculté de medicine nous ont donné
« à entendre que jadis, pour le bien commun, certaines
« ordenances furent faictes et scellées du scel de nostre
« Chastellet de Paris entre lesditz maistres de medicine
« d'une part, et les apothicaires d'autre, sur ce qui tou-
« che l'apothiquairerie ou espicerie, et que especialement
« et par exprès est contenu ès dites ordenances que
« lesditz apothiquaires tous et un chascun qui du mestier
« veulent user doivent jurer devant cil qui de par nous
« y sera ou seront establis à icelles tenir et garder loyau-
« ment. Par quoi nous te mandons que, comme lesditz
« maistres de medicine sachent mieux le vray entende-
« ment desdites ordonnances que aultres ne sauroient

« qui ne tiennent pas la science de medicine, tu con-
« traingnes lesditz apothiquaires et leurs valets et les her-
« biers à les tenir et garder devant ladite faculté, ou
« devant le doïen ou deux ou trois maistres d'icelle ; et
« que tu les contraingnes à montrer auxditz maistres les
« medicines laxatives et les opiates qui se gardent par
« longtemps pour les voir avant qu'elles soient confites
« et sçavoir qu'elles soient bonnes et fraisches et non
« corrompues et *trésallées*, selon ce qu'il t'apperra par
« lesdites ordenances, qu'ils seront tenus de les mons-
« trer à leurs maistres ou l'un des jurés. Et ce fay si di-
« ligeaumont qu'en défaut n'en convienne retour à nous.
« Donné à Paris. »

Le premier règlement émané de l'autorité souveraine
est ce mandement ; c'est le premier acte notoire que fournissent les livres de jurisprudence, et il a pour but de
prescrire de nouveau l'observation des ordonnances pré-
existantes, c'est-à-dire celles de Philippe-le-Bel en 1312,
et de Charles IV, de février 1321.

A mesure que les règlements se multipliaient, disent
MM. Laugier et Duruy, les apothicaires cherchaient à
concentrer dans leurs mains le monopole de la confection et de la vente des remèdes : ils obtinrent qu'il fût expressément défendu à ceux qui n'étaient pas de la corporation de débiter aucune drogue. C'était justice, car il
y avait à cette époque une si grande ignorance, que défendre l'exercice de cette profession à ceux qui n'étaient
pas reçus maîtres, n'était qu'une précaution légitime.
Aujourd'hui même, une liberté entière, sans contrôle
et sans examen, ne pourrait être accordée sans de graves
inconvénients.

Voici, à cet égard, la traduction de l'ordonnance latine
rendue dans le mois de décembre 1352, par Jean-le-
Bon : elle est empruntée aux *Pandectes*.

« Jehan, par la grâce de Dieu, Roi des François, à tous, etc. Le doyen et les maîtres de la Faculté de médecine de l'Université de Paris nous ont exposé que des gens de l'un et l'autre sexe, quelques femmes avancées en âge, des convertis, des gens de la campagne et quelques herbiers, viennent pratiquer à Paris, ignorant la science de la médecine, la complexion des hommes, le moment et le mode convenables, les propriétés des remèdes, surtout des remèdes laxatifs qui mettent la vie en danger quand on les administre mal à propos, dénaturent les remèdes en dépit de la raison et de l'art, conseillent, fournissent et administrent des clystères très-laxatifs et d'autres dont l'emploi ne leur est pas très-familier, sans se faire assister d'aucun médecin, et cela au grand scandale de notre peuple, au grand péril des corps et des âmes, et au mépris et à la déconsidération des exposants de la science de médecine et des experts en icelle, que cet abus des remèdes aggrave les maladies, produit les homicides, les avortements secrets, quelquefois même publiquement avoués.

« Aussi les exposants ne peuvent plus longtemps, et sans manquer à leur conscience, tolérer cet état de choses et le passer sous silence; ils nous ont humblement supplié de daigner apporter à ce mal un remède nécessaire et perpétuel.

« Nous, pour obvier à de si condamnables usurpations et à l'audacieuse impéritie de ces charlatans, et afin de pourvoir au bien public de notre royaume et d'assurer à nos sujets l'usage des remèdes bons et salubres, avons statué et ordonné ce qui suit :

« Par ces présentes et à toujours, il est défendu à tous gens de tout sexe et de toute condition de composer ou d'administrer aucune médecine altératoire, aucun sirop, élixir, aucun clystère dans les maladies mortelles ou dont les symptômes présentent un caractère de gravité; *item*, tous opiats et toute médecine que ce soit, même de donner conseil de médecine.

« Donnons en mandement à notre prévôt de Paris ou à son lieutenant de poursuivre les contrevenans qui feroient lesdits remèdes, et de les condamner à l'amende ou à toute autre réparation civile, selon les cas. »

Au mois d'août 1359, le roi Jean publia un autre édit dont le préambule est ainsi conçu : « Jehan, par la grâce
« de Dieu, Roy de France, sçavoir faisons à tous présens
« et à venir : comme nous ayans entendus par relation
« de plusieurs dignes de foy que, en nostre ville de Paris,
« par pure convoitise et ignorance d'aulcun, aucunes
« medicines sont administrées à la fois, mais non con-
« venablement ou qui n'ont pas vertu ou effectz deus,
« aulcune fois pour que elles soient trop vieilles, ce qui
« produit ou pourroit produire à l'avenir plusieurs es-
« clandres ou inconveniens. Pour y obvier en faveur de
« la prospérité et santé de nos subjects, nous avons or-
« donné, etc. »

D'après cette ordonnance, que j'analyse pour en épargner la fatigante lecture, le chef de la corporation des épiciers, laquelle corporation comprenait les apothicaires, assisté de deux *maîtres en médecine* nommés par le doyen de la Faculté de Médecine, et de deux apothicaires élus par le prévôt de Paris ou son lieutenant, devait faire deux visites par an, *environ la feste de Pasques et celle de Toussainz*, chez tous les apothicaires de Paris et de ses faubourgs (*suburbes*), et une telle importance était attachée à ces visites, qu'avant d'y procéder, les médecins devaient jurer en présence du doyen de la Faculté, et les apothicaires, en présence du prévôt ou de son lieutenant, que selon leur *science* et conscience, sans haine ni faveur à l'égard de personne, ils se conformeraient à l'ordonnance, donneraient conseil et aide, et que leur visite n'aurait pour objet que l'utilité publique et celle *des corps humains*. Préalablement, le chef de la corporation devait jurer lui-même que *bien et loyaument*, conformément à l'ordonnance, sans haine, ni rancune, ni retard, il ferait et parferait les visites au profit commun et de la chose publique, et par le conseil de deux médecins et de deux apothicaires; qu'en outre, il requerrait deux fois par an le prévôt de Paris ou son lieutenant de faire nommer les deux médecins et les deux apothicaires.

Les apothicaires de la ville et des faubourgs juraient à leur tour, en présence du maître de la corporation et des quatre assistants, qu'ils déclareraient la vérité tant sur les médecines que sur toutes autres choses appartenant au corps du métier, le tout sans mensonge ni fraude; qu'ils déclareraient aussi quelles étaient leurs médecines anciennes et nouvelles; qu'ils tiendraient leur livre, qui était l'*Antidotaire Nicolas*, corrigé par les maîtres du métier, au conseil desdits médecins et assistants; qu'ils ne mettraient en vente aucune médecine corrompue et ne remplaceraient pas les fraîches par les anciennes; qu'ils ne se serviraient que des poids reconnus bons par les visiteurs; qu'ils feraient tous les serments exigés pour l'exercice du métier; que, lorsqu'ils voudraient préparer une médecine laxative ou un opiat, ils ne les confectionneraient pas sans les avoir montrés au maître du métier, et que, quand ils auraient confectionné une médecine, ils écriraient, sur le vase qui la renfermait, le mois où elle avait été faite, et qu'ils la jetteraient si la corruption la gagnait; qu'ils ne vendraient ni ne donneraient aucune médecine qui, contenant un poison, serait dangereuse ou pourrait occasionner des avortements, à gens *hors la foi chrétienne*, ni à qui que ce fût, s'ils ne savaient que celui auquel ils vendraient fût maître ou *sciencier*, ou maître en médecine et bien connu, et s'ils n'avaient la certitude que la demande avait été faite par expresse ordonnance du médecin qui les avait envoyés querir ; qu'ils ne souffriraient pas la fraude, si quelque médecin voulait leur faire vendre leurs médecines plus cher qu'il n'était juste afin de participer au gain ; qu'ils ne vendraient pas plus cher eux-mêmes par haine contre le malade ; que lorsqu'ils auraient mis en pots médecines, électuaires ou opiats de longue conservation, ils mettraient sur les pots l'an et le mois de la confection, et qu'ils ne vendraient qu'à un prix loyal et modéré ; que si grossiers (marchands en gros) ou apothicaires venaient à Paris leur offrir médecines simples ou composées, mauvaises ou corrompues, pour les leur vendre, non-seulement ils n'en acheteraient pas, mais qu'encore ils dénonceraient lesdits grossiers ou apothicaires au prévôt de Paris ou à son lieutenant ; qu'ils ne souffriraient pas que lesdits grossiers se coalisassent pour leur vendre trop cher et de préférence à certains d'entre eux seulement ; que s'ils avaient acheté quelques mauvaises ou vieilles médecines qu'on n'aurait pas trouvées dans la visite, ils n'en vendraient à aucun apothicaire hors Paris ou les faubourgs, ni pour quelque ville ou château que ce fût, ni à aucun barbier, ni à tout autre ; qu'ils pèseraient leurs médecines chaque fois qu'ils les délivreraient.

Enfin, la même ordonnance dispose que nul ne pourra faire partie de la corporation, s'*il ne sait lire* les recettes, préparer et confire, et s'il n'a personne qui sache le faire pour l'aider ; qu'à l'avenir on recevra un nombre suffisant d'apothicaires ; qu'attendu que les valets des apothicaires font souvent des médecines à l'insu de leurs maîtres, ils prêteront le même serment que lesdits maîtres ; que si les maîtres trouvent chez eux de mauvaises compositions, ils devront les enlever, et que ceux chez lesquels on en trouvera seront punis par le prévôt de Paris, selon la gravité du méfait; que les herbiers jureront d'administrer bien et *loyaument*, et de faire leurs clystères, emplâtres, jus ou herbes selon l'ordonnance écrite du *physicien* (médecin); que le maître du métier, assisté comme il a été dit, pourra faire, pour le bien commun, des règlements que les apothicaires jureront de tenir et garder, comme aussi ils jureront de tenir de bon miel et de bon sucre, de ne pas confire à miel ce qui doit l'être à sucre, et enfin que leurs décoctions seront complètes et parfaites sans mêler *le vieil avec le nouvel*.

Telle est la substance de ces deux ordonnances, dont la seconde est si remarquable. Je ferai observer qu'aucune mesure réglementaire prise ultérieurement dans l'intérêt tant de ceux qui exercent la profession d'apothicaire que de ceux qui ont recours à cet art, n'a surpassé en sagesse les statuts que je viens de rapporter.

Cependant l'art était encore dans l'enfance : il suffisait, pour l'exercer, de savoir lire et confire, et de posséder l'Antidotaire. Mais la même ordonnance prescrivait déjà, entre autres sages précautions, de mettre sur les pots l'an et le mois où la composition avait été faite, pour éviter les funestes méprises auxquelles exposait l'usage où on était de placer sur les vases seulement des figures hiéroglyphiques; cette ordonnance exigeait encore que les apothicaires vendissent à juste et modéré poids, et loyal et juste regard à *la mutation de la monnoie*.

Les recueils des ordonnances des rois de France ne contiennent, après celles-ci, aucune pièce importante touchant les apothicaires, mais seulement des lettres confirmatives des ordonnances précédentes. Je citerai particulièrement celles de Charles VI (1390), et celles de Charles VII, du 18 avril 1438.

L'ordonnance de Charles VI porte : « *Et si ypothe-*

« *carius exercere voluit artem suam aut officium suum
« et de eis operari, tenebitur jurare ipsis consulibus in
« manu nostrorum judicum, sive per ipsos aut alterum
« ipsorum deputatos, quod in dictis suis, artibus et officiis
« bene et fideliter se habebit.* »

Charles VII s'exprime, dans ses lettres patentes, ainsi qu'il suit :

« Charles, par la grâce de Dieu, Roy de France, au
« prevost de Paris et à tous nos autres justiciers ou à
« leurs lieutenans, salut : Nos bien amez les doyen et
« maistres de la Faculté de medecine de nostre bonne
« ville de Paris nous ont fait exposer que despieça cer-
« taines ordonnances touchant ladicte Faculté de me-
« decine et le bien de la chose publique ont été faites
« et scellées du scel de nostre Chastelet de Paris, et par
« vertu des lettres du Roy Philippe de Valois, nostre
« predecesseur, gardées et observées; et aussi leur ont
« depuis esté octroyées certaines aultres lettres par feu
« nostre très cher seigneur et père, à qui Dieu pardoint,
« pour le bien de ladicte science et Faculté de medecine,
« et le bien et l'utilité de ladicte chose publique, des-
« quelles lettres on dit la teneur estre telle..... en nous
« requerant que semblablement leur voulussions sur ce
« octroyer les nostres; pourquoy, ces choses considérées,
« vous mandons, en commettant se mestier est, et à chas-
« cun de vous, si comme lui appartendra, que le con-
« tenu ès lettres dessus transcriptes vous gardez et ob-
« servez, et faittes tenir, garder et observer par ceulx qu'il
« appartendra, de point en point, en contraingnant à ce
« tous ceulx qui pour ce seront à contraindre par toutes
« voyes deues et raisonnables. »

Plus d'un siècle s'écoula sans changement pour la législation pharmaceutique. La considération dont jouissaient les apothicaires, alors unis à la corporation des

épiciers, fut cause qu'en 1467 Louis XI, menacé d'une déroute en France par Edouard d'Angleterre, et contraint de former à l'improviste une garde civique, trouva la communauté des apothicaires-épiciers placée à la tête de cette milice, et rangée sous la plus riche des soixante et une bannières qui avaient été arborées par les métiers de Paris. « Il ordonna, dit Jean de Troyes, que toutes
« les personnes estans et résidens à Paris feroient des
« bannières, et que en chascune desdictes bannières au-
« roient des gouverneurs qui seroient nommez principaulx
« et soubes principaulx, qui auroient la conduicte et gou-
« vernement desdictes bannières, et que tous les subjects
« estans soubes ycelle seroient armez de jaques, de
« brigandines, sallades et harnois blancs, voulges, ha-
« ches, pour estre bien armez, tant gens de mestier,
« officiers, nobles, marchans, gens d'église que aultres :
« laquelle chose fut faicte[1]. »

La profession d'apothicaire, comme nous l'avons vu, était déjà, dès le XIVe siècle, soumise à une sévère discipline.

C'était peu encore; sur la fin du siècle suivant, c'est-à-dire en 1484, au mois d'août, pendant la minorité de Charles VIII, une nouvelle ordonnance, en consacrant ce qui avait été établi antérieurement, fixa le temps d'apprentissage et les droits à payer pour la réception.

« Et combien que le fait et estat d'espicerie et d'apo-
« thicairerie ainsi que des ouvraiges de cire et confiture
« de sucre en nostre dite ville soient des plus grandes
« marchandises necessaires qui y aient cours, et qu'il est
« bien expedient, voire même necessaire que les per-
« sonnes qui s'en entremectent soient saiges, expers,
« idoines et cognoissant lesditz ouvraiges et marchandi-

---

[1] Pandectes pharmac., p. 37.

« ses, avons dit, declaré, statué et ordonné, et, par la
« teneur de ces presentes, de notre certaine science,
« grâce especial, plaine puissance et auctorité royale,
« disons, declarons, statuons et ordonnons par privi-
« leige, ordonnance et édict perpetuel et irrevocable, que
« dores en avant ledict mestier des ouvraiges et marchan-
« dises d'espicerie, appoticairerie, ouvraiges de cire et
« confitures de sucre, en quelque manière que ce soit
« en notre dicte ville, cils seront tenus premièrement de-
« mourer comme apprentifs durant le temps de quatre ans
« entiers, finis et accomplis pour leur apprentissage, et à
« leur entrée d'apprentifs seront tenus de payer XII sols
« parisis à la confrarie dudict mestier; et après quoi, s'ils
« veulent estre receus, ils seront prealablement examinés
« et experimentés par les maistres jurez dudict mestier
« et marchandises, et seront tenus de faire chiefs-d'œuvre
« tant d'ouvraiges de cire, de confiture de sucre, dispen-
« sacions de pouldres, comme de composicions de re-
« ceptes, cognoissance de drogues et aultres choses
« touchant et concernant le fait desdicts mestiers, ou-
« vraiges et marchandises d'espicerie et appoticairerie,
« chacun en son regard. »

Quatre ans plus tard, Prevot de Tours, dit *Præpositus*, publiait sa Pharmacopée, dont les matériaux avaient eté empruntés à Mesué et à Nicolas.

Nous voici arrivés à la fin du XV⁰ siècle, et nous n'avons encore trouvé que des ordonnances réglant tantôt une partie, tantôt une autre. Ainsi, les épiciers apothicaires furent d'abord tenus d'avoir des poids et des balances justes, afin que l'acheteur ne fût pas trompé sur la *quantité*; puis, pour en sauvegarder la *qualité*, les drogues furent scrupuleusement examinées; plus tard, les apothicaires furent soumis à la surveillance des médecins, pour que le médicament fût administré selon l'ordonnance; les visites furent ensuite organisées; enfin, la durée de l'apprentissage et les droits de réception furent réglés par l'ordonnance de Charles VIII rapportée plus haut.

Ainsi, avec le temps et par des ordonnances successives, s'élaborait l'œuvre difficile de la législation concernant les apothicaires.

CHAPITRE VI.

Découverte de la seringue. — Elle est contemporaine de celle de l'imprimerie et de la découverte du Nouveau-Monde. — Nom et patrie de l'inventeur. — La seringue n'était pas connue à Rome, et n'a pas été trouvée dans les ruines d'Herculanum et de Pompéïa. — Instrument qui l'a précédée. — Sa description par Avicennes. — La plume de paon des dames romaines. — Influence de la seringue sur la politique, les sciences et la littérature. — La seringue, reine du monde. — Sa déchéance. — Seringue brésilienne. — Seringues en écaille, en nacre, en argent, en vermeil. — Honneurs rendus à la seringue par Mme de Pompadour. — Singulière coutume des Omaguas avant le repas. — Sujet de prix proposé par l'académie de Mâcon. — L'*Allée de la Seringue*, poëme héroï-satirique. — Questions faites sur la seringue dans un examen. — Phases principales de la seringue. — Ses inconvénients. — Modifications apportées dans la construction de la seringue par MM. Boiscervoise, Chemin et Heymann. — Définition du mot *clystère*. — Le *lavement* et le *remède*. — Émeute à la cour de Louis XIV. — Épitaphe de *maître Louis*.

Non juvat assidue libros tractare severos,
Sed libet ad dulces etiam descendere lusus.
Joh. Postaius.

Les ténèbres du moyen-âge se dissipaient peu à peu, et le XVe siècle, qui avait donné naissance à l'imprimerie, expirait en découvrant l'Amérique.

Entre ces deux importantes découvertes vient s'en placer une troisième, celle de la seringue. Dans sa pudeur, l'histoire l'avait passée sous silence, et l'auteur de cette salutaire invention serait peut-être encore ignoré aujourd'hui sans les infatigables recherches de l'un de nos plus savants chirurgiens, M. Malgaigne, qui en a rappelé le nom dans son admirable introduction aux OEuvres d'Ambroise Paré.

Après avoir raconté l'histoire de la seringue que j'intercale ici pour reposer le lecteur, je reprendrai ma route chronologique désormais mieux éclairée par le jour pur et radieux de la renaissance.

Avant la découverte de la seringue, qu'il faut considérer comme une véritable conquête, à l'époque d'Hippocrate et dans les temps qui suivirent jusqu'au XVe siècle, on se servait d'une outre fixée à une canule en roseau dont j'ai retrouvé la description dans Avicennes, qui la donne en ces termes :

« *Melior quidem clysterii figura quam antiqui dixe-*
« *runt, est, ut sit circulatio vel concavitas cannæ ejus,*
« *divisa per tertiam, et duas tertias, et sit positum inter*
« *utrasque intermedias de corpore de quo facta est canna,*
« *et sit consolidatum cum canna, consolidatione vehe-*
« *menti, et fiat intermedias inter partes ejus divisas, et*
« *sit uter decenter aptatus, vel ligatus in orificio quæ*
« *duarum partium major est, et sit orificium partis mi-*
« *noris apertum, et quando uter decenter aptatus est*
« *super utramque partem cannæ, obtura caput vel orifi-*
« *cium partis minoris cum ligamento forti ut non ingre-*
« *diatur ipsam aer, et sit ei sub utre, in loco qui non*
« *ingreditur anum, meatus per quem egrediatur ven-*
« *tositas.*

« *Cum ergo æquatur canna in loco suo, effunde enema*
« *in utrem, deinde exprime ipsum utrisque manibus,*
« *expressione bona continuata quæ non sit cum labore.* »

Ce n'est qu'en faussant l'histoire que l'on a pu dire que la seringue avait été retrouvée dans les fouilles d'Herculanum et de Pompéïa ; elle n'y a point été rencontrée, et toute surprise cessera quand on saura qu'à Rome, où la seringue n'a jamais été connue, la déesse

Cloacina n'avait pas de temple, et que les patriciens se servaient du pan de leur robe en guise de mouchoir.

Lorsque les dames romaines étaient déchirées par les angoisses d'une indigestion, elles passaient dans le *vomitorium*, et s'introduisaient dans le gosier une plume de paon, ou bien elles se servaient, pour s'injecter les intestins, de la vessie armée du chalumeau décrite par Avicennes. Si, par la pensée, on se représente une noble matrone en proie à une laborieuse digestion, et obligée, la plume de paon ayant fait défaut, de recourir aux incertains services de cette mince vessie que la plus légère pression pouvait crevasser, on aura une juste et miséricordieuse idée des angoisses et des perplexités de la patiente.

Les noms de Guttemberg et de Christophe Colomb sont sur toutes les lèvres : personne ne sait celui de l'inventeur de la seringue.

Gatenaria, tel est le nom de ce bienfaiteur de l'humanité. La France ne peut revendiquer la gloire de lui avoir donné le jour. Compatriote de Colomb, il était originaire de Vercelli et professeur en l'Université de Pavie. Il consacra plusieurs années au perfectionnement de son œuvre, et mourut le 14 février 1496, après avoir laissé un livre qui, dans le cours du XVIe siècle, eut les honneurs de quatre éditions[1].

L'influence de la découverte de l'imprimerie et du Nouveau-Monde a été racontée par des écrivains éminents et décrite par des plumes brillantes ; celle que la seringue a exercée sur les destinées humaines n'a été indiquée par personne : en un mot, la seringue n'a eu, jusqu'à ce jour, ni apologiste ni historien. Dans les siècles

---

[1] *Malgaigne*, Introduction aux Œuvres chirurgicales d'Ambroise Paré.

du paganisme on eût dressé, n'en doutons pas, des autels à son inventeur, et les Césars, à Rome, lui eussent élevé une statue d'airain.

Si l'imprimerie a régénéré le monde, la seringue n'a pas rendu de moindres services. Qui pourrait, en effet, méconnaître le rôle qu'elle a joué dans la politique et dans la littérature? Si l'on voulait se donner la peine de réfléchir un instant sur l'importance d'un coup de piston donné à propos, on serait surpris des immenses et bienfaisants résultats produits par cette opportunité. Qui nous dit que la seringue n'a pas soufflé maintes fois la sagesse aux législateurs des nations, et maintes fois aussi dirigé les hommes puissants qui tiennent dans leurs mains le sort des empires? Qui sait encore si ce n'est pas elle qui a adouci la férocité de certains tyrans, harmonisé le cerveau de quelques mélodieux poëtes, tempéré leurs fiévreuses hallucinations et enfanté des chefs-d'œuvre? Enfin qui oserait nier que, maniée à des heures bien choisies, elle n'eût pas comprimé les révolutions qui ont ensanglanté le monde? Il n'y a rien de paradoxal dans ces questions que j'abandonne, sans chercher à les approfondir, aux méditations de la philosophie médicale.

La seringue méritait, à plus d'un titre, d'être proclamée la reine du monde; elle l'a été en effet, car elle a régné sans partage pendant trois cents ans sur tous les continents, à l'exception du Brésil, où l'on se sert d'un intestin de bœuf ajusté sur un tuyau de bois; de l'Amérique septentrionale, où l'on a eu recours pendant longtemps à une bouteille de gomme élastique terminée par un ajutage d'ivoire, et de la classe indigente de Londres qui se sert d'une vessie.

Cependant il était réservé à la seringue de subir le sort de toutes les royautés, et elle devait succomber sous le choc des révolutions. Aujourd'hui, elle n'est regrettée que par de rares partisans de son antique légitimité, qui vont pleurer sur ses restes abandonnés au milieu des dieux pénates de l'alcôve où règnent maintenant, en souverains, les clysoirs, les clyso-pompes, les clyso-bols, les clyso-poches et les irrigateurs, indignes et insolents successeurs qui l'ont brutalement renversée de son trône. *Hostis habet muros !*

Aux jours fortunés où la seringue était à l'apogée de sa gloire, les artistes s'étaient ingéniés à en varier la forme à l'infini. On en trouve encore de coquets et séduisants échantillons dans le cabinet de quelques archéologues. Il y avait des seringues en écaille, en vermeil, en nacre, en argent : les dames les plus prudes en ornaient leur *toilette* ; comme aujourd'hui elles parent leurs étagères de bijoux ravissants et de délicieuses chinoiseries. Sous Louis XV, Mme de Pompadour en faisait un luxueux étalage dans son boudoir parfumé.

En Europe, à la fin du repas, on apporte du café et quelques liqueurs pour aider à la digestion : chez les Omaguas, avant de se mettre à table, on présente une seringue à chaque convive.

Il y a environ soixante ans, l'académie de Mâcon proposa pour sujet de prix cette question : Quelle est l'invention qui a été la plus utile à l'homme ? Un anonyme envoya cette seule réponse : *La seringue*. Ce laconique concurrent méritait, pour sa haute raison, d'être couronné. Il n'obtint cependant pas le prix, parce que, dit-on, le jour où l'on s'assembla pour juger le mérite des différents compétiteurs, l'aréopage bourguignon avait fait un usage immodéré du fruit fluidifiant de ses plantureux coteaux.

La seringue a exercé le génie des poëtes, et a fait éclore des productions dignes, par l'élévation de leur tour épique, du législateur du Parnasse et du patriarche de Ferney. Je mentionnerai surtout un poëme héroï-satirique dû à la muse d'Eustache Lenoble, de Troyes [1].

Voici, en peu de mots, ce qui a donné lieu à cette œuvre empreinte du parfum des plus beaux siècles de la littérature.

M. Lenoble, président au bailliage de Troyes, avait fait planter une allée de noyers devant son château de Thennellières, près Troyes; quelques-uns de ces arbres empiétaient sur la propriété de M. Guichard de Vouldy, conseiller au bailliage, qui les fit arracher. Il y eut contestation, puis procès dans lequel MM. Tettel et Coppois, également conseillers au bailliage, se montrèrent favorables à M. de Vouldy. Eustache Lenoble, fils du président, prit occasion de ce procès pour composer un poëme qu'il intitula *l'Allée de la Seringue*, parce que MM. de Vouldy et Coppois étaient fils d'apothicaires.

Voici quelques passages de ce piquant ouvrage :

. . . .
Il voit avec plaisir, sur la fine gravure,
Du conseiller Tétel l'entreprise future ;
Il y voit allié, d'où naît ce sénateur,
Le sang d'apothicaire au sang de procureur.
D'un côté, dans le fond d'une poudreuse étude,
Son paternel aycul, la griffe âpre et l'œil rude,
Pour s'engraisser du sang d'un malheureux plaideur
Fomente adroitement la chicaneuse ardeur ;
L'on voit, d'autre côté, *Coppois l'apoticaire*
Au malade troyen présentant un clystère,
Exercer à genoux, la seringue à la main,
Du plus sale métier l'emploi le plus vilain.
Là, contre dix noyers mis sur un bout de terre,
Le ménage assemblé tient grand conseil de guerre ;
Et là Vulcain le fait, sur un luisant acier,
Marcher, en corps d'armée, à cet exploit guerrier.
. . . .
. . . .

---

[1] Les OEuvres de *E. Lenoble*, t. XVI, à Paris, chez Ribou, 1718.

Mais, ô prodige affreux ! à peine eut-il frappé,
Que cette triste voix sortit du tronc coupé :
Cruel ! que t'ai-je fait ? quelle fureur impie
Pousse ta main barbare à m'arracher la vie ?
Puisqu'à ce tronc les dieux ont attaché mon sort,
Pourquoi m'en chasses-tu par une indigne mort ?
Ce n'est point un noyer, cruel, que tu renverses,
De la nymphe Syrinx c'est le sein que tu perces.
De l'impudique Pan évitant les efforts,
Les dieux en un roseau transformèrent mon corps;
Mais ce roseau séché, mon âme végétante
A, jusque dans ce tronc, passé de plante en plante,
Et, sans le coup mortel que je viens d'essuyer,
Contente de mon sort, sous ce tendre noyer
Je vivois en repos, et voyois cette allée
Du nom de la seringue à ma gloire appelée.
Mais toi, vaillant baron, qu'on sait sortir d'ayeux
Dont la seringue fut le sceptre glorieux ;
Toi qui souvent as vu la plume de ton père
Bien ou mal à propos ordonner un clystère ;
De ton cœur courroucé suspends le mouvement,
Et respecte le nom d'un si noble instrument.
Je meurs ; souffre, baron, qu'une seule victime
Apaise par son sang la fureur qui t'anime.

A la réception d'un candidat dans une de nos écoles de pharmacie, un médecin examinateur posa cette question : « Donnez-nous, Monsieur, la description, et faites-nous connaître les usages de l'instrument appelé seringue. »

« Je pourrais, Monsieur, dit le récipiendaire, me dispenser de répondre à cette question qui ne se rapporte que très-indirectement au sujet de cet examen ; mais, par déférence, j'aurai l'honneur de vous exposer que la seringue est un instrument de chirurgie destiné à verser, soit dans le canal intestinal, soit dans tout autre, les injections simples ou composées que le médecin prescrit, et que doit préparer l'apothicaire. » Ici le candidat fut interrompu par le docteur qui s'étonna qu'un pharmacien, au lieu de revendiquer le droit exclusif de mettre en œuvre cet instrument, en fît un des attributs de la chirurgie. Une discussion s'élève sur-le-champ entre les médecins présents et les pharmaciens; les définitions, les autorités furent citées de part et d'autre, et il resta démontré que les chirurgiens employant très-fréquemment la seringue pour injecter des liquides médicamenteux dans différentes cavités, et l'administration d'un lavement exigeant, dans certains cas, des connaissances anatomiques qu'on ne peut attendre d'un pharmacien, la seringue était et avait toujours été un instrument de chirurgie, quoique par humanité, et à une époque où les différentes branches de l'art de guérir n'étaient pas distinctes, plusieurs pharmaciens se soient prêtés à faire usage de la seringue pour d'autres que pour eux-mêmes, et aient ainsi donné lieu aux plaisanteries de Molière et de ses imitateurs. Ces plaisanteries étaient justes, et les pharmaciens les auraient évitées s'ils s'étaient dit : *Ne nous mêlons que de ce qui nous regarde.*

Qu'il me soit permis de payer un dernier tribut de regret à la mémoire de ce défunt instrument, en racontant les phases principales qu'il a subies avant de descendre dans la tombe.

La seringue, que son corps de pompe soit coulé comme en France, ou tourné comme on le pratique en Autriche, avait l'inconvénient de n'être pas parfaitement calibrée; elle fuyait souvent, et le piston, garni de filasse, agissait quelquefois par secousses et devenait très-dur à pousser. Pour peu qu'il y eût, de la part du malade, quelque résistance naturelle ou involontaire, il devenait impossible de se servir de l'instrument. Les Allemands ont cru remédier à cet inconvénient en creusant la colonne du piston en spirale, et en faisant descendre celui-ci par un mouvement circulaire imprimé par cette spirale : on évite effectivement les secousses par ce moyen, mais la seringue n'en est pas moins dure et d'un effet très-lent.

Un potier d'étain de Paris, M. Boiscervoise, imagina d'appliquer à la construction de la seringue la crémaillère et la manivelle du cric : c'était augmenter la force en conservant la douceur du mouvement. Ces seringues parurent extrêmement commodes, et reçurent l'approbation des sociétés de médecine qui les examinèrent, mais elles étaient encore susceptibles de perfectionnement. La crémaillère n'étant que d'un seul côté du manche, il y avait une pression latérale qui faisait perdre au piston une portion de la force verticale : la noix ou pignon qui agissait sur la crémaillère se fatiguait promptement.

M. Chemin, balancier rue de la Ferronnerie, à l'enseigne du *Q couronné*, a pensé avec raison qu'on remédierait à ce défaut en renfermant dans le manche même le mécanisme de l'instrument, et en construisant ce manche et le pignon avec un alliage dont l'étain est la base, mais qui est beaucoup plus solide et plus dur que ce métal. Pour donner au corps de la seringue une forme parfaitement cylindrique, après l'avoir coulée il la fait passer au banc-à-tirer, comme l'on fait pour calibrer les tuyaux de lunettes optiques; le piston, formé de rondelles de feutre, glisse doucement et également dans le cylindre à l'aide d'une manivelle pareille à celle de M. Boiscervoise.

Cette construction offrait deux grands avantages : le premier, c'est qu'en état de santé l'individu pouvait, sans efforts, prendre lui-même un lavement; le second, c'est qu'un lavement pouvait, au moyen d'une canule et d'un tuyau de gomme élastique, être administré à un malade ou à un blessé, dans toutes les situations qu'il était obligé de prendre ou de garder. On sent combien, dans les hôpitaux militaires, un pareil instrument devenait précieux.

M. Heymann, ferblantier rue du Mont-Blanc, s'est occupé du perfectionnement de la seringue sous un autre rapport. Avec son invention, le service des mains devient presque inutile ; la seringue, qu'il nomme *à pompe*, est formée par un cylindre creux d'un diamètre double au moins de celui de la seringue ordinaire, mais moitié moins haut. Un autre cylindre presque plein entre à frottement dans le premier ; il est percé au centre d'un trou par lequel le liquide s'élève lorsque le cylindre le presse : ce conduit est terminé par une canule qui est environnée d'un large champignon d'étain, sur lequel on peut poser un coussinet de gomme élastique. Lorsque la seringue est remplie, le malade s'asseoit sur ce coussinet, et le poids de son corps pressant le liquide, le fait passer dans ses intestins sans qu'il ait besoin d'employer les mains : cette seringue se pose sur un siége en forme de guéridon, ou sur la boîte même qui la renferme lorsqu'on veut l'emporter en voyage.

Cet instrument joint à l'élégance une grande commodité, mais l'inventeur l'a toujours tenu à un prix trop élevé pour pouvoir être atteint par les fortunes médiocres.

Suivant un critique, dans un temps où la pudeur était plus dans les choses que dans les mots, on désignait par le mot grec clystère (κλυστήρ, de κλύζω, je lave), l'injection pour laquelle la seringue est faite. Des gens délicats y substituèrent, longtemps après, le mot *lavement* qui fut adopté quoique vague ; mais les ecclésiastiques s'en scandalisèrent, parce que ce substantif est employé dans les cérémonies de l'Église.

Grande fut la rumeur à la cour et chez Mme de Maintenon : les Jésuites gagnèrent l'abbé de Saint-Cyran, et employèrent leur crédit auprès de Louis XIV pour obtenir que le mot *lavement* fût mis au nombre des expressions déshonnêtes, en sorte que l'abbé de Saint-Cyran blâma publiquement le P. Garasse qui s'en était servi.

« Mais, disait le P. Garasse, je n'entends par lavement qu'un bain local, une ablution ; ce sont les apothicaires qui l'ont profané en l'appliquant à un usage messéant. » Il fut décidé qu'on substituerait le mot *remède* à celui de *lavement*; *remède*, comme équivoque, parut plus honnête. Louis XIV accorda cette grâce au P. Letellier. Ce prince ne demanda plus de *lavement*, il demanda son *remède*, et donna ordre à l'Académie française d'insérer ce mot dans son dictionnaire avec l'acception nouvelle. Ainsi, on substitua pendant quelque temps *remède* à *lavement*. Malgré cette décision et cet usage, malgré Saint-Cyran, les Jésuites, le P. Letellier, les dames de la cour et l'Académie, le mot *lavement* est resté dans la langue : les médecins et les apothicaires s'en servent exclusivement, et les dames qui, sans être malades, prennent chaque matin un *lavement* pour conserver la fraîcheur de leur teint, ne donnent plus le nom de *remède* à cette injection. Je ne parle pas ici des dames qui ont conservé religieusement la tradition des *us* et coutumes de l'ancienne cour.

>Cy gist maître Louis,
>Si accoustumé à prendre,
>Qu'il aima mieux mourir que de rendre
>Un lavement qu'il avoit pris [1].

Quoi qu'il en soit, j'emploierai, pour ce que j'ai à raconter, le mot clystère de préférence à toute autre dénomination, en raison de ma prédilection pour la langue grecque.

[1] Bescherelle, Dictionnaire national.

CHAPITRE VII.

Les deux cent vingt clystères de Louis XIII. — Des clystères sous Louis XIV. — Clystères à la fleur d'oranger, à l'angélique, à la bergamotte, à la rose. — Conspiration de Cellamare. — Le cardinal Dubois et le comte de Laval se font donner des lavements à la Bastille. — Le faubourg Saint-Germain, terre classique des clystères. — Secret de Ninon de Lenclos. — Des clystères solitaires et à double personnage. — Stratégie clysmatique, enseignée par *Dardanus*, maître apothicaire. — Grande controverse sur la question de savoir si les clystères rompent le jeûne. — Le *Malade imaginaire*, de Molière. — Inscription funéraire. — Le Catéchisme poissard. — Apostrophe obscène de Vadé. — Age d'or des Apothicaires. — Un chanoine refuse de payer le prix de deux mille cent quatre-vingt-dix clystères. — La comédie du *Légataire universel*, de Regnard.

Ludere, non lædere.

Bouvard, médecin de Louis XIII, fit prendre deux cent vingt clystères à ce monarque dans l'espace de six mois, si l'on en croit Amelot de la Houssaye.

Pendant les premières années du règne de Louis XIV, les clystères furent tout à fait à la mode ; les dames en recevaient régulièrement trois ou quatre par jour pour se conserver le teint frais, et les petits maîtres peut-être autant pour avoir la peau blanche. Il y avait des clystères à la fleur d'oranger, à l'angélique, à la bergamotte, à la rose. Chaque matin, on voyait sortir de la boutique de ces hommes, mis en scène par Molière, un bataillon de jeunes gens au teint vermeil, à l'œil gaillard, qui se répandaient, la main armée d'instruments de toutes les dimensions, dans les différentes rues de Paris, pour aller parler à d'autres figures qu'à des visages. On les payait quinze sous, trente sous et jusqu'à un écu par visite.

> Je ne sais pas combien de plantes galéniques,
> Drogues tant sèches qu'infusées,
> Qui font faire maintes fusées
> Tant par en haut que par en bas,
> Et l'avoient mis près du trépas,
> Et, sans chercher du mal la source,
> N'avoient rien purgé que la bourse [1].

Quelques-uns de ces adolescents étaient renommés pour leur dextérité, et on se les disputait comme aujourd'hui on s'arrache un chanteur des Italiens, quand on veut donner un concert.

Lors de la conspiration de Cellamare, plusieurs personnes furent mises à la Bastille ; le comte de Laval fut de ce nombre : il prenait trois lavements par jour pour avoir plus souvent son apothicaire qui lui servait de confident. Le cardinal Dubois, fils d'un apothicaire de Brive-la-Gaillarde, et qui était également renfermé, voulut se priver de cette douce consolation ; le Régent s'y opposa en disant : Puisqu'il ne lui reste que ce plaisir, c'est bien le moins de le lui laisser.

Les dames du faubourg Saint-Germain, cette terre classique du clystère, ne laissaient franchir par personne le seuil de leur austère gynécée : elles préparaient elles-mêmes tous les éléments nécessaires à la discrète opération à laquelle elles voulaient se livrer, et n'abandonnaient jamais à une camériste ou à un valet-de-chambre le soin de ces préliminaires qui exigent de la patience et une sollicitude dont ils sont incapables, et dont le secret ne peut être révélé à qui que ce soit. Elles faisaient chauffer le liquide, l'introduisaient dans le canon de la seringue, et ne confiaient qu'à leurs doigts aristocratiques l'ultime et suprême manœuvre. Aussi à cette époque le clystère, cette nouvelle fontaine de Jouvence, rendait

---

[1] *La Stimmimachie*, poëme histori-comique, par Corneau, célestin.

frais et luisant le visage plus que demi-séculaire de la douairière, triomphait des ravages du temps et *réparait des ans l'irréparable outrage*. Si l'on interrogeait une de ces nobles dames, elle vous répondait qu'elle devait la conservation de ses charmes au remède de Ninon de Lenclos. En vain lui répliquait-on que cette fraîcheur de Ninon, après trois quarts de siècle, était une merveilleuse et exceptionnelle immunité; elle admirait votre surprise, se penchait dignement vers vous, et vous demandait à demi-voix si vous n'aviez jamais pris de clystères.

Quant aux clystères à double personnage, le cérémonial de leur administration a été raconté par feu *Dardanus*, homme versé dans la matière, et à qui je cède volontiers la parole.

« Au moment de l'opération, dit ce vétéran de l'apo-
« thicairerie, le malade doit quitter tout voile importun:
« il s'inclinera sur le côté droit, fléchira la jambe en
« avant, et présentera tout ce qu'on lui demandera, sans
« honte ni fausse pudeur. De son côté l'opérateur, habile
« tacticien, n'attaquera pas la place comme s'il voulait la
« prendre d'assaut, mais comme un tirailleur adroit qui
« s'avance sans bruit, écarte ou abaisse des broussailles
« ou des herbes importunes, s'arrête, cherche des yeux,
« et qui, lorsqu'il a aperçu l'ennemi, ajuste et tire:
« ainsi l'opérateur usera d'adresse, de circonspection,
« et n'exécutera aucun mouvement avant d'avoir trouvé
« le point de mire. C'est alors que, posant révérencieu-
« sement un genou en terre, il amènera l'instrument de
« la main gauche, sans précipitation ni brusquerie, et que,
« de la main droite, il abaissera *amoroso* la pompe fou-
« lante, et poussera avec discrétion et sans saccades,
« *pianissimo*. »

Ce qui précède prouve qu'il n'est pas aussi facile qu'il paraît d'administrer un clystère comme on le faisait dans la vieille école, alors que la seringue était sans rivales. Il faut avoir fait un long noviciat avant de gagner ses chevrons, et avant d'arriver à la perfection dans ce difficile ministère. Tantôt la main peu exercée tremble, cherche sans pouvoir trouver, hésite et se fatigue inutilement; tantôt elle dévie, s'égare et fait fausse route; quelquefois elle est trop vive, trop impétueuse, et ne connaît ni tempérament ni obstacles; dans d'autres cas elle est trop timide, trop lente, et tourne autour de la place sans oser l'attaquer; tantôt l'instrument dont elle est armée incline d'un côté ou d'un autre, se fourvoie et va frapper qui ne l'appelle pas; ou bien la charge hydraulique s'échappe par des fissures inaperçues, et va inonder en fusées humides tout le mobilier de la chambre.

D'autres fois la température du liquide est trop élevée et les parois du tube presque brûlantes, en sorte qu'arrivé au port, l'opérateur est forcé de battre en retraite. C'est donc une stratégie qui demande de longues et patientes études. L'arme dont on se sert doit présenter aussi des conditions sans lesquelles l'opération peut échouer : et d'abord, la forme doit en être commode, les parois lisses et polies; le siphon doit avoir une amplitude raisonnable, et le piston, des mouvements doux et faciles, afin que le liquide se répande comme une légère et bienfaisante rosée, et non comme une pluie battante dans l'intestin; il faut que le piston opère son mouvement d'ascension sous la main qui le presse et le sollicite, sans effort, sans peine et presque sans travail; que la canule n'ait aucune aspérité, afin de ne pas offenser les feuillets dont la prévoyante nature a tapissé le seuil d'une délicate entrée.

Ainsi disposée, la seringue est un meuble de famille qui ne doit pas sortir de la maison, et qui doit passer intact aux descendants comme un précieux héritage.

En 1660 on souleva, dans le monde savant, la subtile question de savoir si les clystères rompaient le jeûne : *an clysterium frangat jejunium ?* Cette question, proposée par un médecin, fit éclore une foule de thèses plus divertissantes les unes que les autres.

Montanus soutint qu'on pouvait, sans enfreindre les lois de l'Église, prendre autant de clystères qu'on voudrait. Voici quelle était son argumentation :

Cela rompt seul le jeûne qui est nutritif; or le clystère n'est pas nutritif : donc le clystère ne rompt pas le jeûne. Cela n'est pas nutritif qui ne peut s'appeler aliment; or le clystère n'est pas un aliment : donc... Cela n'est pas un aliment qui ne se prend pas par la bouche; or le clystère se prend ailleurs et autrement que par la bouche : donc le clystère n'est pas nutritif; donc on ne peut appeler le clystère un aliment; donc il ne rompt pas le jeûne.

Galien, ajoutait-il, enseigna dans le chapitre vi de son viie livre que ce qui nourrit est *viscidum, lentum et crassum;* or il n'est pas besoin de prouver que le liquide du clystère n'est ni *viscidum, lentum, neque crassum* : donc...

Le vin lui-même n'est pas un aliment. Mercurialis, célèbre médecin du XVIe siècle, soutient dans son Traité *de Vino et Aqua* que le vin n'est pas un aliment, *sed alimenti vehiculum;* d'où, *liquidum non frangit jejunium.*

Galien, dans son chapitre des choses nutritives, n'a pas plus parlé du vin que du clystère : *ergo*.....

Toutes les dévotes prirent fait et cause pour le docteur : plusieurs d'entre elles imaginèrent des lavements de bouillon et de consommé qui, pris le matin en carême, permettaient d'attendre patiemment l'heure du dîner.

D'un autre côté les apothicaires, qui se trouvaient intéressés dans la question, soutenaient que depuis Aristote on n'avait pas mieux raisonné que le docteur Montanus ; on lui vota des remercîments, et la reconnaissance fut portée si loin, qu'on agita sérieusement la question de savoir si on ne lui proposerait pas un abonnement gratuit, pour toute sa vie, à la meilleure officine de Paris.

Cependant quelques-uns de ces hommes austères, sombres casuistes qui ne jouent jamais avec les principes, attaquèrent la morale de Montanus comme tendant au relâchement; à les entendre, Montanus était aussi mauvais médecin que mauvais logicien, et ils essayaient d'étayer cette double assertion sur l'argumentation suivante :

La bouche est la voie commune des aliments, mais elle n'est pas la seule : Galien déclare positivement que les substances injectées par les clystères peuvent arriver jusqu'à l'estomac : donc le clystère est nutritif.

Il est faux que le vin ne soit pas un aliment; le père de la médecine dit catégoriquement : *Quibusdam vinum alimentum, quibusdam non est alimentum.*

Celse enseigne, lib. II, cap. XVIII, que le vin doux est fortifiant : *valentissimi generis est.*

Averrhoës, liv. VII, chap. XVI, rapporte que le vin était défendu chez les Sarrazins par une loi expresse, excepté pour ceux qui étaient en syncope et dont cette liqueur pouvait ranimer les forces ; et cela est si vrai, ajoutait-on, qu'on cite plusieurs malades qui ne se soutenaient que par des lavements, car ils disaient le mot, et qu'un homme sain, vigoureux, pourrait vivre par d'autre nourriture que celle qui est prise par la voie commune, *via communis.* C'était là que les attendaient les défenseurs du clystère. *Quod est probandum*, il faut le prouver, s'écrièrent-ils à la fois.

On a vu des médecins s'inoculer la peste pour prouver que ce fléau n'est pas contagieux; croirait-on que personne n'a voulu et ne veut encore consentir à vivre pendant quelques jours de clystères pour défendre cette thèse !

Dès ce moment, la joie fut dans le camp des clysmatiques : le clystère pénétra jusque sous les voûtes silencieuses du cloître, et les nonnes elles-mêmes, bien rassurées, lui donnèrent accès dans leurs cellules.

Quand la seringue naquit, les médecins s'empressèrent d'aller saluer son berceau et se l'approprièrent; mais bientôt, croyant leur dignité compromise, ils ne voulurent plus en souiller leurs mains, et alors elle passa dans le domaine de l'apothicaire, pour qui elle fut longtemps une source féconde de revenus. *O fortunatos nimium, sua si bona norint !*

Qu'il me soit permis de faire figurer ici une variante du *Malade imaginaire* de Molière.

M. FLEURANT, une seringue à la main; ARGAN, BÉRALDE.

ARGAN. — Ah, mon frère ! avec votre permission.
BÉRALDE. — Comment ? que voulez-vous faire ?
ARGAN. — Prendre ce petit lavement-là : ce sera bientôt fait.
BÉRALDE. — Vous vous moquez. Est-ce que vous ne sauriez être un moment sans lavement et sans médecine ? Remettez cela à une autre fois, et demeurez un peu en repos.
ARGAN. — Monsieur Fleurant, à ce soir, ou à demain au matin.
M. FLEURANT, *à Béralde*. — De quoi vous mêlez-vous, de vous opposer aux ordonnances de la médecine, et d'empêcher monsieur de prendre mon clystère ? Vous êtes bien plaisant d'avoir cette hardiesse-là.
BÉRALDE. — Allez, monsieur, on voit bien que vous n'avez pas accoutumé de parler à des visages.

. . . . [1]

---

[1] Acte III, scène IV.

Molière avait risqué, à la première représentation, de faire dire à Béralde : « On voit bien que vous n'êtes accoutumé à parler qu'à des c.... » Le soulèvement du parterre, à ce mot, le força de dire la même chose plus ingénieusement par cette heureuse correction : « On voit bien que vous n'avez pas accoutumé de parler à des visages. » (*Note de l'édition de Bret, in-8°, Paris*, 1821.)

L'administration d'un clystère se payait quinze sous au minimum, ce qui valut à un défunt apothicaire l'épitaphe suivante, dont on voudra bien me pardonner la cynique crudité :

> « Ci gît qui pour un quart d'écu
> « S'agenouillait devant un c.. »

Et cette réponse à un autre apothicaire qui se vantait d'être assez instruit pour entrer dans une savante compagnie : « Vous y entreriez, oui, mais par la porte de derrière. »

Il ne faut pas oublier enfin cette ordurière apostrophe que j'extrais à regret du Catéchisme poissard : « Ah ! v'là « le limonadier des postérieurs qui vend la mort dans « ses liqueurs : tu nous fais boire à contre-sens ; dans ce « que tu fais, tu fais tout à r'bours. Empoisonneur du « genre humain, traître qui nous prends par derrière, « quand tu m'présenteras tes mémoires où le diable ne « voit goutte, je te paierai tes bouillons pointus, quand « ils seront rendus, en t'en barbouillant le bec. » Je ne voulais pas tremper ma plume dans la fange ; mais j'y ai été contraint, et l'on sera indulgent envers moi quand on saura que la turpe invective que je viens de rapporter a contribué, pour sa part, à faire renoncer les apothicaires à leur humble fonction.

Pourtant, aussitôt que l'aube blanchissait le ciel, on voyait l'apothicaire sortir sans bruit de sa boutique, portant en sautoir la pompe salutaire pudiquement voilée sous une chemise de serge ou de cuir; elle avait pour compagnon ordinaire de son pèlerinage le poêlon d'argent destiné à la préparation à domicile de la médecine noire : puis, sa tournée faite, le bienfaisant et modeste opérateur rentrait dans son officine, rapportant l'opime moisson de sa besogneuse matinée, qui s'élevait parfois jusqu'à la somme de six écus. C'était le siècle d'or de l'apothicaire. *Quantum mutatus ab illo!*

Cet état prospère dura longtemps; mais enfin, blessé par les railleries de Molière, le persiflage du public, les outrageantes obscénités de Vadé, et cédant aux mauvais conseils de la vanité, l'apothicaire laissa tomber l'instrument de sa fortune dans les mains des gardes-malades, et depuis plus de soixante ans le monopole clysmatique a cessé de faire partie de ses attributions.

La gratuité des services rendus avait eu sans doute aussi sa part dans cette détermination. En effet, parmi les nombreuses preuves que je pourrais donner de l'ingratitude des hommes, je n'en citerai qu'une seule; elle est extraite d'un Mémoire qui, dans le temps, eut un grand retentissement, et qui souleva l'indignation de tous les honnêtes gens contre le défendeur, qui appartenait à l'ordre ecclésiastique :

Tiennette Boyau, garde-malade, demandait la modique somme de cent cinquante francs à François Bourgeois, chanoine de l'église collégiale et papale de Saint-Urbain, à Troyes, pour lui avoir administré, dans l'espace de deux ans, deux mille cent quatre-vingt-dix clystères. Certes, ce n'était pas cher, et c'était montrer bien du désintéressement. Le chanoine résista longtemps; mais enfin, redoutant le grand jour de l'audience et le scandale de la publicité, il s'adoucit et se soumit [1].

---

[1] Grosley, Troyens célèbres, t. II, p. 248.

Quoi qu'il en soit, les apothicaires préludaient déjà depuis longtemps à leur affranchissement en se faisant suppléer, dans leur discrète besogne, par leurs élèves-apprentis; c'est même ce qui suscita entre eux et les médecins une vive altercation dont Regnard, dans sa comédie du *Légataire universel*, nous a laissé un aperçu.

M. CLYSTOREL, GÉRONTE, LISETTE.

CLYSTOREL.

. . . .
Virgo libidinosa senem jugulat.

LISETTE.

Quoi! monsieur Clystorel, vous savez du latin!
Vous pourriez, dans un jour, vous faire médecin.

CLYSTOREL.

Moi? le ciel m'en préserve! et ce sont tous des ânes,
Ou du moins les trois quarts : ils m'ont fait cent chicanes.
Au procès qu'ils nous ont sottement intenté,
Moi seul j'ai fait bouquer toute la Faculté.
Ils vouloient obliger tous les apothicaires
A faire et mettre en place eux-mêmes leurs clystères,
Et que tous nos garçons ne fussent qu'assistans.

LISETTE.

Fi donc! ces médecins sont de plaisantes gens!

CLYSTOREL.

Il m'auroit fait beau voir, avecque des lunettes,
Faire, en jeune apprenti, ces fonctions secrètes.
C'étoit, à soixante ans, nous mettre à l'A B C.
Voyez, pour tout un corps, quel affront c'eût été!

GÉRONTE.

Vous avez fort bien fait.. . . . .
. . . .

CLYSTOREL.

J'étois bien résolu, plutôt que de plier,
D'y manger ma boutique, et jusqu'à mon mortier [1].

---

[1] Acte II, scène XI.

CHAPITRE VIII.

(XVIe siècle.) Séparation des apothicaires-épiciers des simples épiciers. — Arrêts du Parlement. — Prévarications, déprédations et brigandage des apothicaires. — Pamphlets révélateurs de *Lisset-Benancio* et de *Symphorien Champier*. — Les apothicaires métayers, fourniers, taverniers de mer, maquignons et marchands de cochons. — Les palefreniers apprentis apothicaires. — Les omopoles. — Les quiproquoqueurs. — Les triacleurs. — Les râcleurs de babines. — Les *restaurants*. — Vols de ducats et de volaille. — Discipline sévère des apothicaires sous François Ier. — Édit de Henri II. — Lettres confirmatives des statuts et règlements de plusieurs villes du royaume. — Lettres-patentes de François II et de Charles IX, concernant les apothicaires. — Les apothicaires marchands de pain d'épice. — Édit de Henri III. — Lettres-patentes de Henri IV. — Jurisprudence relative aux testaments, legs et donations en faveur des apothicaires. — Pharmacopées du XVIe siècle. — Naissance de la pharmacie militaire.

> Bonnes gens qui ne pouvez vivre
> Sans piper et charlataner,
> Ne regardez dedans ce livre
> Que pour vous y voir condamner.
> Guibert, *Le Médecin charitable.*

Le XVIe siècle est fertile en événements de tout genre concernant les apothicaires.

L'ordonnance de séparation des épiciers et des apothicaires, les édits et les lettres-patentes des rois confirmant les statuts et les règlements des apothicaireries dans les villes du royaume, les fraudes et le brigandage qui s'y commettaient, les écrits satiriques et accusateurs révélant les plus honteuses exactions, les arrêts sévères des parlements pour les prévenir ou les réprimer, la publication de nombreuses pharmacopées, la création de la pharmacie militaire, tel est le sommaire des matières dont je vais faire une complète et consciencieuse revue.

Une ordonnance promulguée par Louis XII au mois de juin 1514, dernière année de son règne, en confirmant les dispositions de l'édit de Jean II, y en ajouta d'autres qui, en conférant aux veuves des apothicaires le droit de préparer les médicaments, les assujettissaient à faire gérer leurs boutiques par des serviteurs examinés, approuvés et assermentés comme elles; de plus, pour la première fois, cette ordonnance, qu'on peut appeler le code des apothicaires, prescrivit la séparation des apothicaires-épiciers des simples épiciers. Ce fut en vain que ces derniers, auxquels s'étaient joints les merciers qui insensiblement avaient empiété sur leur industrie, s'élevèrent contre les nouveaux statuts; le prévôt de Paris n'en prescrivit pas moins la stricte exécution de cette ordonnance, qui portait que les apothicaires pouvaient bien exercer l'état d'épicier, mais que l'épicier ne pouvait pas exercer celui d'apothicaire.

« Loys, par la grâce de Dieu, sçavoir faisons à tous presens et advenir : nous avons reçu la supplication de nos chers et bien amez les maistres jurés, gardes et communautez de l'estat et marchandises des maistres espiciers et apothicaires de nostre bonne ville et cité de Paris contenant, comme par nos predecesseurs roys, considérant que pour le bien de la chose publique et *conservation des corps humains*, plusieurs mestiers étoient jurez en nostre dite ville et cité, que l'estat et marchandise d'apothicairerie qui consiste en grant art, science, experience et cognoissance des drogues, composition des receptes qui entrent ès corps des hommes, estoit celui entre les aultres qui par plus forte raison le devoit être, eussent ce bonnes et grandes délibérations, fait, ordonné et establi certains statuts et belles ordonnances sur ledit estat et marchandise, et aux suppôts dudit estat eussent donné plusieurs priviléges, franchises et libertés desquels ils ont jouy et usé comme encore font de présent, et pareillement aux espiciers simples, qui est estat et marchandise distinct et séparé dudit estat d'espiciers-apothicaires, parce que qui est espicier n'est pas apothicaire, et qui est apothicaire est espicier.

« Or est-il que plusieurs questions et desbats sont depuis intervenus entre les suppôts de l'un estat et de l'autre, et surviennent chaque jour à l'élection de leurs gardes et visiteurs, qui aultrement en diverses manières, pour obvier auxquels desbats, questions et differends, lesdits supplians ont mis et redigé certains articles par écrit, lesquels ils nous ont fait très humblement presenter en la forme et manière qui ensuit.

« Premièrement, pour obvier à ce qui a esté fait par cy-devant que quand lesditz supplians espiciers simples ont été assemblés pour élire les jurés et gardes de l'apothicairerie, lesditz espiciers simples qui sont en plus grand nombre que les supplians, ont, par brigues et monopoles, elu personnes non cognoissans audit estat et marchandises, a été advisé que lesditz supplians, aux jours ordonnés à faire lesdites élections, pourront élire un ou deux d'entr'eux jurés, maistres espiciers-apothicaires et gardes dudit estat d'apothicairerie sans que lesditz espiciers simples y soient plus appelés, parce que ce n'est chose de leur art ni mestier.

« 2° *Item*. Que quand lesditz supplians auront à faire lesdites élections, examens et chefs d'œuvre d'un compagnon apothicaire pour estre passé maistre dudit estat d'apothicaire, que lesditz espiciers simples ne soient presens ny appelés, parce que ils ne se cognoissent audit estat, n'y font que empescher par le tumulte qu'ils y font; ains pourront lesditz jurés et gardes dudit estat d'apothicairerie appeler avec eux aulcuns des aultres et plus souffisans apothicaires pour faire lesdites élections, examens, chefs-d'œuvre, et ce qui appartient au surplus audit estat d'apothicaire.

« 3° *Item.* Que défenses soient faites auxditz simples espiciers de ne eux entremectre dudit estat en aulcune manière.

« 4° *Item.* Pour ce que les apprentis ne veulent payer leur droit d'apprentissage, à ce qu'ils puissent estre plus fidèlement contraints, a été advisé que des douze sols parisis que chacun apprenti est tenu payer, deux sols six deniers en seront appliqués à nostre prouffit, et le reste selon les anciens statuts, et que les maistres qui prendront lesditz apprentis seront tenus repondre et faire leur propre dette du droit d'apprentissage et le payer toutesfoys et quantes que requys en seroient, et à ce seront contraints par toutes les voyes dues et raisonnables et à leur recours contre lesditz apprentis.

« 5° *Item.* Que tous ceux qui voudront parvenir à estre maistres esditz mestiers d'espiciers et apothicaires ou de l'un d'eux, icelle reception faite, seront tenus bailler leurs marques imprimées en plomb ou aultrement aux maistres des confréries qui en feront garde au coffre d'icelle confrérie à ce que tous les ouvraiges que cy-après feront soient cognus, et, s'il y a faulte, l'on puisse cognoistre les delinquans, pour les pugnir et pourvoir comme de raison.

« 6° *Item.* S'il advient que aulcun maistre decède et va de vie à trespas, delaisse sa veufve qui, au moyen desdites ordonnances, peut tenir l'ouvrouër, qu'elle ne puisse de son chef prendre apprentis, parce qu'elle ne se peut dire experte et ne pourra tenir, sinon l'apprenti qui y seroit du temps de son feu mari pour parachever le **reste de son apprentissage.**

« 7° *Item.* Que tous les apothicaires assemblés puissent doresnavant élire un qui sera commis pour faire les assemblées et significations qu'il conviendra faire touchant les actes et affaires concernant le fait d'icelle apothicairerie, lequel fera serment au Chastelet, en la presence de nostre dit procureur, en payant deux sols parisis, et lequel, partant, pourra contraindre tous apprentis espiciers ou apothicaires ou leurs maistres à payer lesditz douze sols parisis, et que lesditz maistres les puissent prendre, sinon en respondant et peiant pour lesditz apprentis dedans le premier an de leur apprentissage.

« Nous suppliant lesditz maistres jurés, gardes et communautez dudit estat d'apothicaire que nostre dit plaisir soit leur louer, gréer, ratifier et approuver lesditz anciens statuts, priviléges, ensemble lesditz articles cy-dessus incorporés, et que sur ce leur voulions impartir nos dites grâces et liberalités. Pourquoi, nous, ces choses considerées, inclinons liberalement à la supplication et requestes desditz supplians, les priviléges, franchises et libertés à eux donnés et octroyés par nos predecesseurs roys, avons loué, ratifié et approuvé tant et s'y avant qu'ils ont deuement et justement jouy et usé, jouissent et usent de present, et en oultre iceux articles dessus inserés, avons aussi loués, confirmés et approuvés et par la teneur de ces presentes de nostre grâce especiale, plaine puissance et auctorité royale, louons, confirmons et approuvons, voulons et nous plaist que d'iceux ils et leurs successeurs audit estat jouissent et usent doresnavant plainement et paisiblement. Si donnons en mandement — au bois de Vincennes — juin 1514. »

Le 3 août 1536, un arrêt du Parlement ordonna, sous peine d'une amende de 100 marcs d'argent, de *punition corporelle et de la hart,* l'exécution de nouvelles mesures quant aux visites, à la préparation des remèdes, et à l'observation des *quiproquo* (substitution d'un médicament à un autre) rédigés par six docteurs de la Faculté dans les dispensaires.

« Et fait ladite cour inhibitions et defenses à tous apotiquaires, sous peine de 100 marcs d'argent applicables au roy, de prison, de punition corporelle et mesme de la hart, de mettre dans lesdites compositions qu'ils feront aucunes drogues, sinon de celles qui seront approuvées et déclarées bonnes et loyales, et d'effet et vertu en opération de medecine par lesditz visiteurs, pardevant lesquels visiteurs lesditz apotiquaires feront serment de mettre et employer esdites compositions qu'ils feront lesdites drogues en quantité et qualité selon que lesditz visiteurs leur ordonneront, et qu'ils n'y mettront et employeront aucunes aultres drogues passées et corrompues, mais semblables à celles qui auront été visitées, approuvées et déclarées bonnes et loyales par lesditz visiteurs.

« Et pour ce qu'en l'art de medecine les medecins usent d'un quiproquo, a ordonné et ordonne ladite cour que pour le bien de la chose publique et conservation et réparation des corps humains, ladite Faculté de medecine s'assemblera, et icelle assemblée elira six des plus notables suffisans, savans et experimentez d'entre les docteurs d'icelle qui rédigeront par écrit les dispensaires desditz quiproquo auxditz apotiquaires, et quand ils seront et devront être baillés aux malades; et ce qui sera par ces six medecins ordonné pour lesditz dispensaires auxditz apotiquaires, enjoint la cour auxditz apotiquaires le garder sur les peines que dessus, c'est à sçavoir de 100 marcs d'argent d'amende, de prison, punition corporelle et de la hart; et leur fait defenses d'user d'aucun *quiproquo*, sinon de ceux qui leur seront ordonnez par lesditz six docteurs medecins aux dispensaires susditz; leur fait pareillement ladite cour inhibition et defense de faire aucune composition de medecine si ladite composition et medecine ne leur est ordonnée par les docteurs reçus en la Faculté de medecine de l'Université de Paris, ou des medecins du roy et de ceux du sang royal [1]. »

La citation qui précède me conduit tout naturellement à dire quelques mots sur les *qui pro quo*.

Une grande partie des substances qu'on employait venait particulièrement de l'étranger, et il arrivait qu'avec le temps il devenait plus difficile de s'en procurer du dehors; il fallait alors qu'elles fussent remplacées par d'autres drogues médicinales : c'est ce qu'on appelait *qui pro quo, quid* ou *quale pro quo*. Ce terme, dont on a tant plaisanté en feignant de ne pas le comprendre, n'était autre chose que la substitution d'une drogue facile à trouver à une autre qui manquait dans le commerce, médicaments qu'on peut mettre au lieu de ceux qui *desfaillent comme estant de mesme famille* [2].

Toutefois la législation toujours attentive n'autorisait pas les apothicaires à se permettre d'eux-mêmes ces substitutions ou *qui pro quo*; cela leur était défendu sous les peines les plus sévères, ainsi que le prouve l'arrêt qu'on vient de lire.

On voyait en effet dans certaines pharmacopées très-anciennes une liste de ces *qui pro quo*, ou plutôt de ces succédanés, *medicamenta quæ pro aliis vires similes habere creduntur*. Cette méthode de substituer était venue tant de Galien que des Arabes; il était d'autant plus nécessaire de fixer ces substitutions, qu'on en trouve

---

[1] Delamare, Traité de la Police, tome I, livre IV, tit. X, p. 621, 622 et 623.

[2] Valerius Cordus, Pharmacopée. Nuremberg, 1568.

quelquefois de fort étranges dans les auteurs arabes ou grecs : ainsi on indiquait l'euphorbe pour remplacer l'agaric, ce qui ne pouvait être que dangereux; on donnait la semence de morelle au lieu d'alkekenge, celle de rue en place du cumin; quelques indications étaient un peu plus tolérables, lorsqu'on conseillait, par exemple, d'employer le sagapenum pour le galbanum, le marrube à défaut de mélisse [1].

Quoi qu'il en soit, l'arrêt de 1536 ordonne en outre que la Faculté de médecine s'assemblera tous les ans, afin de fixer l'époque la plus convenable pour faire la visite des drogues que les apothicaires devront exposer sur une table depuis six heures du matin jusqu'à six heures du soir, et vingt-quatre heures après leur arrivée dans Paris. Le même arrêt prescrit que ces drogues, lorsqu'elles seront reconnues avariées et corrompues, *seront mises en sac et portées par-devant le prevôt de Paris pour être brûlées sur la place publique* ou devant la porte du délinquant; que *cette visitation* des boutiques *d'apotiquaires* sera faite deux fois l'an, le lendemain de la mi-carême et le lendemain de la mi-août, par deux medecins et quatre apotiquaires, *bons, notables, anciens et experimentez,* après avoir *ensemblement prêté bon et loyal serment qu'il sera fait rapport à jour de police des examens et aussi du chef-d'œuvre par-devant le prévôt, le lieutenant civil et criminel, de la suffisance ou insuffisance de celui qui aura été examiné, pour, ouï ledit rapport, procéder par ledit rapport, à la rejection de celui qui sera jugé non suffisant, ainsi qu'il appartiendra par raison.*

Il est encore enjoint par cet arrêt aux apothicaires *de faire serment, au moment où commence la visitation,*

---

[1] Chéreau.

qu'ils n'ont reçu, latité ou déplacé les drogues qu'ils avoient avant la visitation, et que les drogues qu'ils possèdent au moment de la visitation et qui seront trouvées bonnes leur appartiennent et non à d'aultres, le tout sous peines corporelles.

Enfin, faisant revivre les dispositions des ordonnances des rois précédents, cet arrêt décide que *les apprentis, servans et valets d'apotiquairerie, outre ce qu'ils auront demeuré l'espace de quatre ans avec un maistre de l'estat, devront estre suffisans latins pour entendre les livres servans à l'art, et ouï quelque docteur en medecine, qu'avant qu'estre promu à la maistrise, tout ainsi que font les chirurgiens et barbiers qui n'ont estat de si périlleuse consequence que les apotiquaires, ils soient examinés par le docteur qu'ils auront ouï pour sçavoir s'ils auront profité et s'ils seront en point pour connoistre les drogues et faire les compositions ordonnées par le medecin, que deux docteurs de la Faculté seront desormais appelés à l'examen pour la maistrise, assisteront aux chefs-d'œuvre malgré les dispositions de l'ordonnance de Charles VIII, qui n'appelle que les apotiquaires à cette épreuve et en exclut les medecins.*

L'arrêt se termine ainsi : « Ordonne ladite cour qu'à la visitation faite par les medecins chez les apotiquaires, les bacheliers en médecine accompagneront les medecins pour apprendre à connoistre les drogues, et enjoint au prevôt de Paris et à ses lieutenans civil et criminel, de faire garder et entretenir ledit arrêt et faire enquerir diligemment par les examinateurs du Chastelet de Paris contre les transgresseurs d'icelle ordonnance. »

Un autre arrêt renouvelle la défense de rien vendre sans autorisation des médecins, et se termine par la disposition suivante : « Les apprentis apotiquaires oyront,
« un an durant, deux lectures chaque semaine, sur l'art

« d'apothicairerie : elles leur seront faites par un bon et
« notable docteur de la Faculté de medecine, qui à ce
« par elle sera deputé [1]. »

Il parut, vers le milieu du XVIe siècle, un pamphlet composé par *maistre Lisset Benancio*. Ce petit livre, excessivement rare, et dont je dois la communication à l'inépuisable obligeance et aux infatigables recherches de M. Louis Desprez, a pour titre : *Déclaration des abuz et tromperies que font les apotiquaires, fort utile et nécessaire à ung chacun studieux et curieux de sa santé* [2].

L'auteur déchire d'une main impitoyable le voile derrière lequel s'abritent les apothicaires de son temps : armé du fouet de Juvénal, il les pousse sur la place publique comme d'infâmes malfaiteurs, et les marque au front d'un stigmate brûlant. Après un exorde fulminant dans lequel il les écrase sous les épithètes flétrissantes d'*omopoles*, de *mycopoles*, de *tavaniers*, de *quiproquoqueurs*, de *triacleurs*, d'empoisonneurs arabistes, d'anthropophages, il les traîne devant le tribunal de l'opinion où il les accuse de traiter les malades sans le secours des médecins; de stipendier la complicité et le silence complaisant des barbiers, leurs vils complices : il déroule le long martyrologe des personnes dont la santé a été compromise par des drogues avariées, devenues des poisons subtils, dresse la statistique des malheureux qui ont payé de leur vie leur aveugle confiance, et donne la liste des gens audacieusement dépouillés par ces escrocs.

Mais j'aime mieux laisser à l'auteur lui-même le soin de raconter, dans son naïf langage, ces odieuses exactions :

---

[1] Pandectes pharm., p. 59.

[2] Cet ouvrage, imprimé pour la première fois à Tours en 1553, a été réimprimé à Lyon en 1557, chez Michel Jove. Quelques bibliographes ont attribué cet opuscule à *Sébastien Colin* dont Lisset Benancio n'est que l'anagramme.

« L'on voit à présent pululer un fort grant erreur à
« l'exhibition du electuaire dict *de gemmis*, lequel in-
« differemēt se baille aux syncopes.

« Ains est dōmageable cest electuaire auquel nos
« ppoticaires usent, disant telz mots par manière d'im-
« posture : Monsieur, c'est un electuaire faict de pierres
« precieuses, en langue latine *gemmæ*; il est de si grande
« efficace qu'il fait presque resusciter les mors.

« Le gentilhomme et damoiselle qui verront maistre
« Bresilidis auront foy en cest abuzeur et panseront
« avoir bon marché de luy, en l'absence du medecin,
« et ainsy le pauvre malade perdra la vie là où si le me-
« decin eust été present, cognoissant bien l'abus de ces
« triacleurs, n'eust ordonné tel electuaire faict de poul-
« dre de verre cassé, ou bien des pierres que auleuns
« chymistes aujourdhuy savent faire de cailloux broyés
« et macérés en vin aygre, broyés en mortier de cou-
« leur, selon que l'on veut que l'electuaire ayt couleur :
« de sorte que ce n'est que sophisterie des pierres des-
« quelles usent noz ppotiquaires, et sont si auuides et
« gloutons d'argent, qu'ils n'ont pas honte et consciēce
« de faire payer somme énorme des choses qui ne ser-
« vent à rien, et pour estre plus amplement payez des
« malades, mettēt en leurs parties ou mémoires : Itē,
« pour un electuaire faict de pierres precieuses (si voir-
« res cassez doivent estre appelés pierres précieuses),
« lesquels ils pulvérisent subtilement. »

De benoîtes personnes s'imaginent, dans leur candide
ingénuité, que le vol à l'américaine et que Robert Macaire, qui en est la plus haute personnification, datent
du XIXe siècle : c'est une erreur qu'il est bon de faire
disparaître, et l'extrait suivant de Lisset Benancio va suffisamment prouver qu'ils étaient connus dès le XVe siècle.

A cette époque, on appelait *restaurans*, des préparations ayant pour objet de reconforter les malades « privés des puissances naturelles, et capables de relever la ruine des esprits. » Les apothicaires ont imaginé de dire que l'or était le meilleur restaurant.

« Il ne faut pas oublier la cautèle de laquelle les ppo-
« tiquaires ont usé et usent encore en la preparation des
« restaurans, car les bons compaignons disent qu'il n'y
« a restaurans que ceux d'or pour bien restaurer les es-
« prits vitaux, comme il advint d'un ppotiquaire lequel
« se restaura soy-même ; voulant faire un restaurant à
« ung malade demanda des ducats pour y mettre, des-
« quels il restaura sa bourse et au lieu de mettre des
« ducats à la fin de la distillation, il mettoit du cuivre
« jaune en feuilles, et là où il trouvoit ses gens, bailloit
« entendre aux malades et parens que l'or des ducats,
« par sa longue décoction c'estoit liquéfié et tourné en
« telle substance qu'il apparoissoit audict restaurant, et
« que cela estoit faict par la violence du feu et longue
« ébullition du restaurant, et ainsi faysoit passer les du-
« cats des riches malades par invisible, et ne laissoit pas
« de se faire payer de ses journées et restaurans, sans
« compter les ducats qu'il desroboit aux malades. Je
« n'ay pas voulu oublier cecy, affin de montrer le beau
« et honneste mesnage que font les ppotiquaires. »

De plus, ils vendaient pour de l'aloës un mélange grossier d'eau marine et de safran associés à d'impurs débris du véritable aloës ; pour de l'ambre gris, une composition dans laquelle entrait de l'ayolochum, du storax, du labdanum et un peu de musc ; et pour l'électuaire diamoschon, très en faveur alors et dans lequel devait entrer le *folium indum* ou malobathrum, un mélange fait avec du suc de sureau et des feuilles de saule ; ils débitaient aussi de la girofle pour de la cannelle, et faisaient sécher au four des navets qu'ils

donnaient pour de précieuses racines, et dont ils ne se faisaient pas scrupule de demander un prix exorbitant. Ils sophistiquaient la confection alkermès avec les substances les plus nuisibles et les plus corrosives, tuaient par des doses exagérées d'agaric, substituaient à la rhubarbe une racine appelée dans le Poitou *amplelance*, vendaient pour du sirop de jujubes une décoction de raisins, d'hysope miellée, et de senelles cueillies dans les haies; de la ciguë pour de la rue sauvage appelée *harmela* par Dioscoride; des eaux impures pour des eaux distillées; de la poudre de dents de chien ou de sanglier brûlées pour du *spodium* (dents d'éléphant calcinées):
« tellement que ces damnés avaricieux ppotiquaires usent
« de leur art à tort et à travers, et fauchent la vie des
« hommes comme un festu. »

« Je te laisse à penser dix mille aultres abuz qui se
« font en ce maudit art; tu ne hasarderas pas, je t'en
« conjure, le salut de ton âme et la vie des hommes,
« comme le font plusieurs omicides ppotiquaires; ne
« metz pas cela en ta fantaisie, car, s'ilz se sont dam-
« nez, donne toy garde de te damner toy même pour les
« ensuyvre. Je fais fin de parler de ces grāds abuzeurs,
« craignant que aulcuns ignorans de telles perversitez
« par nostre long narré fussent enseignez. »

Au temps dont parle Lisset Benancio, dans certaines provinces et notamment dans l'Anjou et le Poitou, les apothicaires étaient fourniers, métayers, fabricants de poudre à canon, ce qui les faisait appeler *canonistes*, tavaniers de mer, maquignons et marchands de cochons: cette dernière industrie leur valut le surnom de *râcleurs de babines*. Dans les fréquentes absences nécessitées par ces industries multiples, ils confiaient l'apothicairerie à des valets de ferme ou à des filles de basse cour; le ministère des lavements était remis à leurs femmes. Les apothicaires fermiers usaient d'un moyen assez ingénieux pour peupler leur métairie : ils conseillaient aux malades des lavements préparés au bouillon de chapon, de poulet, de coq ou de poule, et ils ajoutaient qu'il fallait envoyer chez eux la volaille pour lui faire subir un genre particulier de coction qu'ils ne pouvaient exécuter sur place. « Et souventes foys quand ils ont desirance de voler ou « manger d'un chapon ou aultres bestes de basse cour, « ils bailleront entendre aux malades que plusieurs clys- « tères de bouillon d'iceux volatiles seroient fort bons et « salutaires, au lieu desquels ils bailleront clystères « cōposés avec de l'eau de choux ou de bettes, ou de « miel avec un peu d'eau, et mangeront la volaille, ou « la placeront sur leur fumier, et qui plus, feront payer « les clystères chacun vingt sols. J'ai cognu ung ppoti- « quaire avoir baillé, en moins de huit jours, cent clys- « tères à un pouvre malade dont ainsi le poulailler « avoit esté depeuplé. »

Au commencement du XVIᵉ siècle, et quarante ans environ avant la publication du livre de Lisset Benancio, parut, de Symphorien Champier (Campèse), *le Myrouel des Appothiquaires et Pharmacopoles par lequel est demonstré coment appothiquaires communement errent en plusieurs medicines contre l'intētion des Grectz, de Hipocras, Galien, Oribase, Paul Eginette, et aultres Grectz. Et par la maulvaise et faulce intelligēce des autheurs arabes, lesqueux ont falcifié la doctrine des Grectz par leur maulvaise et non entendue interprétation et intelligēce faulce.*

Voici le résumé de ce livre donné par l'auteur lui-même :

« En ceste recollectiō et Myrouel ay voulu seullemēt
« descripre les choses là où nos appothiquaires, lesqueux
« ne sçavēt entēdre latin, ou bien que latin des fem-
« mes ou de cuysine, prēnent doctrine et n'ayent excuse

« crasse nō raisonnable envers le mōde; et par ainsy
« feroy fin quant aux appothiquaires, lesqueux souven-
« tes foys abusent et contrefont les medecins là où les
« plus saiges sont bien empeschez, dont plusieurs sou-
« vēt perdent la vie à cause que les appothiquaires veu-
« lent faire et contrefaire du medecin, desquelx Dieu
« nous veulle defendre, car plusieurs maulx en viēnent
« et font souvent les cemetiers boussus avant leur terme.
« Et après avoir descript les abustz des ignorans non
« sçavans, impiricques, pharmacopoles, lesqueux deb-
« voient estre grāmairiens, saiges, prudēs, bons espe-
« ritz, de bōne memoyre, fidelles, diligēs, aymās Dieu
« et leurs prochains, bien sont ignorans, sans grāmaire
« ny latin, empéricques, rudes, imprudentz, sans cons-
« ciēce, n'aymāt Dieu ny sa religion ou bien petit, vray
« est que en trousvons des saiges, prudentz, aymāt Dieu
« qui ne vouldroyent faire chose contre leur consciēce,
« mais d'iceulx ont treuve moins que des aultres. »

« J'ay biē volu rediger les erreurs faictz par les ppo-
« thiquaires lesquelles j'ay escriptz en latin en mon livre
« *de Castigationum*, et réduyre par manière de *epitome*
« en nostre langue gallicayne. »

Il serait peut être téméraire de dire que ces deux publications, en dessillant les yeux du pouvoir, l'ont décidé à prendre contre les apothicaires des mesures encore plus sévères que celles qui existaient déjà : cependant il est à croire qu'elles n'ont pas été sans quelque influence à cet égard, et qu'elles ont eu une part assez large dans les rigueurs disciplinaires arrêtées par le monarque qui régnait alors. Ce qui me porte à adopter cette opinion, c'est que vers le milieu du règne de François Ier de nouveaux statuts concernant les apothicaires furent rédigés et publiés dans toute l'étendue du royaume; ils se composaient de dix articles que je vais faire connaître après le préambule qui m'a paru trop intéressant pour être passé sous silence :

« Que l'on jouisse toujours, s'il est possible, de l'air le plus sain, de l'eau la plus pure et de ce qu'il y a de meilleur dans les autres éléments ; la constitution du corps en seroit sans doute plus forte, mais elle ne seroit pas pour cela inaltérable ; il resteroit toujours ce combat perpétuel entre les quatre premières qualitez qui le composent, le chaud, le froid, le sec et l'humide qui en troubleroient quelquefois les humeurs et en dérangeroient le tempérament ; il y resteroit encore à craindre ces maladies de plénitude qui arrivent le plus souvent par l'usage des meilleures choses, ou celles que cause cet estat où se trouvent les plus forts tempéraments que les medecins nomment santé athlétique, c'est-à-dire qui est à son plus haut période et qui doit nécessairement tomber par la règle des révolutions. C'est pourquoy, dans les divisions que les anciens ont faites et que nous suivons, ils ont mis les remèdes au quatrième rang des choses qui contribuent à la santé.

« De ces remèdes, il y en a de deux sortes, les uns que l'on emploie pour prévenir et empêcher le mal futur, et les autres que l'on met en usage pour guérir ou soulager le mal présent.

« Il s'est passé un très long temps qu'on les tiroit tous des herbes et des autres plantes (*Plin., lib.* 26, *c.* 2. — *Fabr. Columna, in præfat. Hist. plant., scholiast. Homer. a Seneca citat.*)[1]. »

---

[1] Cette simplicité primitive de la thérapeutique a inspiré les vers suivants à la muse inimitable de M. Barthelemy :

> La nature n'est pas une injuste marâtre ;
> Celle qui fait connaître aux grossiers animaux
> Des spécifiques sûrs qui soulagent leurs maux,

« Hippocrate ne se servoit pas d'autres ; l'on a depuis ajouté à ces simples ou végétaux les drogues tirées des animaux et des minéraux, ce qui a rendu la médecine beaucoup plus composée qu'elle n'étoit originairement.

« Le danger de se tromper dans le choix, la composition et l'usage des remèdes est sans doute très grand, l'expérience n'en a que trop convaincu; c'est pourquoi les premiers médecins qui les ordonnoient aux malades, les composoient, les distribuoient ou les appliquoient eux-mêmes. Cet art si important à la vie a depuis été partagé en trois parties : la médecine dogmatique, la chi-

> Qui conduit leur instinct jusqu'au pied d'une plante,
> Pour son plus beau chef d'œuvre est non moins vigilante.
> Gardons nous d'en douter, pour prolonger nos jours
> Elle ne soustrait pas ses généreux secours,
> Elle n'enfouit pas dans l'empire des gnômes
> Ses féconds élixirs, ses parfums et ses baumes;
> De ses philtres placés au sein de chaque fleur
> Sort un électuaire offert à la douleur;
> Bien loin de renfermer dans un laboratoire
> L'appareil ténébreux d'un art divinatoire,
> Elle étale au soleil et met sous notre main
> Sa grande pharmacie ouverte au genre humain,
> Et tandis que la terre, abondante nourrice,
> Montre ses végétaux afin qu'il se guérisse,
> Elle cache avec soin, dans un gouffre profond,
> Le fer qui le détruit et l'or qui le corrompt.
> . . . .
> . . . .
> Que de poisons vendus pour baume souverain !
> Quand j'aurais une langue et des poumons d'airain,
> Je les fatiguerais à dénombrer l'histoire
> De ce que la chimie, en son laboratoire,
> Inventa de secrets, d'essais extravagants,
> Débita de sirops, de tisanes, d'onguents,
> De substances de mort, subtilement changées
> En gomme, en élixirs, pilules ou dragées,
> Différentes de goût, de forme, de couleur,
> Et toutes, fruit d'un art imbécile ou jongleur.
>
> *Syphilis*, poëme.

rurgie et la pharmaceutique. Les précautions que l'on a prises depuis ce temps consistent à ne confier cette dernière partie, c'est-à-dire celle qui compose les remèdes, qu'à des gens de la capacité et de la probité desquels on s'assure par des examens, des expériences, des chefs-d'œuvre, des visites, et par tous les autres moyens que la prudence la plus éclairée met en usage. »

Le premier article de ces statuts porte : « que tout aspirant apotiquaire auparavant qu'il puisse être obligé chez aucun maitre de cet art pour apprenti, le maitre sera tenu de l'amener et presenter au bureau par devant les gardes pour connoître s'il a étudié en grammaire; qu'après qu'il aura achevé ses quatre ans d'apprentissage et servi les maitres pendant six ans, il en rapportera le brevet et le certificat; qu'il sera présenté au bureau par un conducteur et demandera aux gardes un jour pour subir l'examen; qu'à cet examen assisteront tous les maitres, deux docteurs en médecine de la Faculté de Paris; qu'en la presence de la compagnie l'aspirant sera interrogé durant l'espace de trois heures par les gardes et par neuf autres maitres que les gardes auront choisis et nommés. »

Le deuxième article dit « qu'après ce premier examen, si l'aspirant est trouvé capable à la pluralité des voix, il lui sera donné jour par les gardes pour subir le second examen appelé l'*Acte des Herbes*, qui sera encore fait en la presence des maitres et des docteurs qui auront assisté au précédent. »

Le troisième, « que si par ces examens l'aspirant est trouvé capable, les gardes lui donneront un *chef d'œuvre* de cinq compositions; que l'aspirant après avoir disposé ce chef-d'œuvre fera la démonstration de toutes les drogues qui doivent entrer dans ces compositions; que s'il y en a de défectueuses et de mal choisies, elles seront changées, et il en fera ensuite les préparations et les mélanges en la presence des maitres pour connoitre par eux si toutes choses y seront bien observées. »

Le quatrième, que « les veuves pourront tenir boutique pendant leur viduité, à la charge, toutefois, qu'elles seront tenues, pour la conduite de leurs boutiques, et confection, vente et débit de leurs marchandises, de prendre un bon serviteur, expert et connoissant, qui sera examiné et approuvé par les gardes, et que les veuves et leurs serviteurs seront tenus de faire serment par devant le magistrat de police de bien et fidèlement s'employer à la confection, vente et débit de leurs marchandises. »

« Le commerce des épiciers n'est pas moins délicat ni moins important à la santé que celui des apotiquaires; si ceux-ci composent les remèdes, ce sont ceux-là qui connoissent la plus grande partie des drogues et des ingrediens qui entrent dans ces compositions; ce sont eux qui les tirent des pays les plus éloignés et qui en font le débit; il y a peu d'apotiquaires qui fassent et même qui puissent faire ce commerce éloigné et ces voyages de long cours. Ainsi les précautions que l'on prend avec les apotiquaires pour n'avoir que d'excellens remèdes pour la santé, n'auroient pas été complètes si l'on n'avait encore étendu ces soins jusqu'aux épiciers; c'est dans cette veue qu'à Paris et dans la plupart des autres villes l'on a incorporé ces deux professions et que les statuts dont nous parlons leur sont communs. »

Le cinquième article dispose « qu'attendu que de leur art et marchandises dependent les confections, compositions, ventes et débit des sirops, huiles, conserves, miels, sucres, baumes, emplâtres, onguents, parfums et autres drogues et épiceries, les connoissances des simples, des métaux, des minéraux et autres sortes de remèdes qui s'appliquent au corps humain, et servent à l'entretènement et conservation de la santé des sujets du roy, ce qui requiert une longue expérience ; que l'on ne peut être trop circonspect dans cette profession, parce que bien souvent une faute que l'on commet n'est pas réparable, il est ordonné qu'il ne sera reçu aucun maître par lettres, quelque favorables ou privilégiées qu'elles soient, sans avoir fait apprentissage et avoir passé par tous les examens qui viennent d'être expliqués. »

Le sixième est ainsi conçu : « Toutes marchandises d'épiceries et drogueries entrant au corps humain qui seront amenées à Paris, seront descendues au bureau de la communauté pour être vues et visitées par les gardes de l'apotiquairerie et épicerie auparavant que d'être transportées ailleurs, quand même elles appartiendroient à d'autres marchands ou bourgeois qui les auroient fait venir pour eux. »

Le septième porte que « parce qu'il est très nécessaire que ceux qui traitent la vie des hommes et qui servent à maintenir ou à recouvrer la santé soient expérimentés dans cette profession, et qu'il seroit périlleux que d'autres s'en mêlassent, il est défendu à toutes sortes de personnes de quelque qualité et état qu'elles soient, d'entreprendre, de composer, vendre et distribuer, soit publiquement et en particulier, autres médecines, drogues, épiceries, ni aucunes autres choses entrant au corps humain, simples ou composées, ou pour entrer en quelque composition que ce soit de l'art d'apotiquairerie, s'il n'a été reçu maître et fait serment par devant le magistrat de police, à peine de confiscation, punition corporelle et de cinquante livres parisis d'amende. »

Le huitième, « que les apotiquaires et épiciers ne pourront employer en la confection de leurs médecines, drogues, confitures, conserves, huiles, sirops, aucunes drogues sophistiquées ou corrompues, à peine de confiscation, punition corporelle, de cinquante livres parisis d'amende, d'être, ces drogues et marchandises ainsi défectueuses, brûlées devant le logis de celui qui s'en trouvera saisi. »

Le neuvième, que « les gardes seront au nombre de six, choisis gens de probité et d'experience, qu'il en sera élu deux chacun an pour estre trois ans en exercice, et qu'après leur élection ils feront serment par devant le magistrat de police de bien et fidellement exercer leur charge, et de procéder exactement et en leurs consciences aux visites tant générales que particulières. »

Enfin la dixième disposition veut « que les gardes soient tenus de procéder aux visites générales trois fois au moins par an, chez tous les marchands apotiquaires et épiciers, pour examiner s'il ne s'y passe rien contre les statuts, ordonnances et reglements [1]. »

En même temps que François Ier réglait, par de sages mesures, la discipline des apothicaires de Paris, son attention se fixait sur la province, et sa surveillance s'étendait à plusieurs villes du royaume. C'est ainsi que, par des lettres patentes du 13 octobre 1518, il confirma les statuts des marchands épiciers et apothicaires de la ville de Chartres, et ceux des apothicaires de la ville de Troyes par lettres du 2 novembre 1539 [2].

En 1518, le 28 juillet, ce monarque donna à Angers des lettres-patentes par lesquelles il désunit et sépare les deux métiers d'épiciers et d'apothicaires qui avaient été joints ensemble par l'ordonnance de Charles VIII de l'année 1484, et confirme les anciennes ordonnances que le métier d'épicier avait provoquées avant son union avec celui d'apothicaire dont les membres, à cette époque, étaient peu nombreux.

---

[1] Delamare, Traité de la Police, tome I, livre IV, titre X, page 618 et suivantes.

[2] Trente-neuvième volume des Ordonnances.

Ces lettres, données sur la requête des maîtres jurés épiciers de la ville de Paris, furent publiées en jugement au Châtelet de Paris le samedi 7 août 1518 [1].

Sous le même règne, en 1541, le lieutenant civil de la prevôté de Paris donna avis sur une requête adressée au roi par les épiciers-apothicaires, portant qu'on doit leur accorder l'exemption qu'ils demandent.

Dans cette requête des épiciers-apothicaires il est dit que « le roi Charles VIII, par privilége spécial, leur accorde, par lettres du mois d'août 1484, confirmées depuis, d'être exemptés du guet, de 14 deniers et de toutes autres charges, subsides, etc., que payent les gens de plusieurs métiers où l'on fait *chef-d'œuvre*.

« Mais en vertu de l'ordonnance générale du roi, donnée à Saint-Quentin au mois de juillet 1539, qui exige le guet de tous les marchands et gens de métier, excepté toutefois ceux qui ont été exemptés par l'arrêt du parlement de 1484, dans lequel les épiciers et apothicaires sont compris comme exemptés, les officiers du Châtelet veulent les contraindre au guet et aux subsides en abolissant leur privilége.

« En conséquence ils requièrent, eu égard à l'arrêt de 1484, aux lettres d'exemption du mois d'août de la même année et la confirmation d'icelles, et nonobstant l'ordonnance générale du mois de janvier 1539, d'être conservés dans leurs priviléges, franchises et exemptions, et de n'être point compris dans l'ordonnance de 1539. »

Le 10 novembre 1541, François Ier donna à Fontainebleau des lettres par lesquelles il confirma les priviléges et exemptions accordés aux apothicaires et épiciers, et ordonna qu'ils ne seraient pas compris dans l'ordonnance de 1539.

---

[1] Bannières ser. en pap., t. II, f° 90, verso.

Ces lettres furent publiées et enregistrées au Châtelet, pour en jouir par les apothicaires-épiciers et non par les épiciers, le samedi 14 janvier.1541[1].

Au mois de juillet 1556, Henri II publia un édit conçu dans les termes suivants : « Et les apotiquaires oubliant que leur estat est de dispencer seulement les ordonnances des médecins, à toutes aventures ordonnent eux-mêmes et donnent les medicines non cognoissans à quelles maladies elles sont bonnes ou maulvaises, dont plusieurs perissent et decèdent et les autres tombent en telle extremité de maladies, que puis étant au desespoir de leur santé malaisée pour cette occasion à restablir, recourans aux vrais medecins ne peuvent qu'a grand'peine, par voye et moyen de leur art, être remis, chose de pernicieuse conséquence.

« Les apotiquaires non approuvés seront tenus, avant que d'estre reçus et admis à exercer ledit fait et estat d'apotiquairerie, soi presenter et faire examiner par le superintendant de l'assemblée des medecins, et si par ledit examen il est trouvé idoine et capable d'exercer l'etat par lui prétendu d'apotiquairerie, il y sera admis par icelui superintendant, faisant le serment en tel cas requis et accoustumé[2]. »

Le 23 novembre 1560, François II publia des lettres-patentes portant règlement pour l'enregistrement de l'édit précédent concernant les apothicaires de la ville de Tours[3].

Le 30 août 1566, sous Charles IX, le prévôt de Paris rendit une sentence de police portant que deux docteurs de la Faculté de médecine, avec quatre apothicaires, feront deux fois par an la visite des drogues qui se vendent

---

[1] Bannières, t. III, f⁰ 194.
[2] Huitième volume des Ordonnances de Henri III.
[3] Mémoires pour l'Université de Paris, page 15. — Robert Estienne, f⁰ 81. — Fontanon, tome IV, p. 460.

chez lesdits apothicaires, et que ladite Faculté indiquera lesdites assemblées où les apothicaires se trouveront, le faisant signifier un jour d'avance [1].

Le 8 novembre 1570, le prévôt de Paris rendit une autre sentence sur une contestation touchant la vente du pain d'épice entre les jurés pâtissiers d'une part, et les jurés apothicaires de l'autre.

Les pâtissiers disoient que depuis que l'usage de faire et vendre du pain d'épice a été en cette ville de Paris, *qui ne fut que quatorze ou quinze ans ou environ*, la manufacture et vente leur en avoient toujours appartenu sans que jamais les défendeurs n'y aient rien prétendu ; mais que depuis on avoit trouvé que le pain d'épice étoit nuisible par les ingrediens qu'il contenoit, et que, sur la requête du procureur du roi, étoit intervenue une sentence en date du 26 juillet 1561, par laquelle il étoit défendu à tous pâtissiers et autres, de quelque qualité ou condition qu'ils soient, de vendre du pain d'épice, ce qu'ils se sont abstenus de faire. Mais depuis peu de temps les troubles étant survenus, quelques femmes se sont efforcées d'en faire et d'en vendre. Les jurés pâtissiers qui en furent avertis firent prendre et saisir le pain d'épice, et en adressèrent leur rapport au procureur du roi, à l'avis duquel les femmes ne vouloient pas acquiescer, prétendant que la visitation du pain d'épice appartenoit aux apothicaires qu'elles suscitèrent un jour ou deux après de s'adjoindre à elles. Ils concluoient à ce que la prise et saisie fussent déclarées bonnes et valables, la visitation sur les brioches et le pain d'épice leur appartenant.

« Les jurés apothicaires de leur côté disoient que, selon les ordonnances des apothicaires épiciers, la visi-

---

[1] Mém. pour l'Univ. de Paris, p. 108.

tation de toutes sortes d'épiceries leur appartenoit. Or, comme le pain d'épice n'est composé que de choses qui concernent l'estat d'apothicaires et épiciers et non de pâtissiers, puisque dans sa composition il n'y entre que du miel et autres épices avec un peu de fleur de seigle tout pur, sans eau, graisse, beurre, verjus ou autres à l'usage des pâtissiers, ceux-ci n'y peuvent rien prétendre ; et que, du reste, il n'y avoit aucun pâtissier qui sache faire le pain d'épice, dans la composition duquel il ne connoissoit pas la quantité de medicaments qui devoient y entrer, et qu'il leur suffisoit de bien faire la pâtisserie sans s'occuper du pain d'épice, qui étoit un médicament que l'on ordonnoit pour l'hydropisie, et que, par conséquent, la composition du pain d'épice leur appartenoit de préférence à tous autres, même les pâtissiers, et que, s'il y en avoit à saisir, c'est à eux seuls qu'en appartiendroit la visitation comme sur toutes marchandises d'épiceries. Ils concluoient à ce que la saisie de pain d'épice faite par les pâtissiers fût déclarée déraisonnable.

« Les conclusions du procureur du roi tendoient à ce qu'il fût permis, tant aux apothicaires qu'aux pâtissiers, de saisir le pain d'épice exposé en vente contrairement à l'ordonnance du 26 juillet 1561, mais que la confection, vente et visitation du pain d'épice appartiendroient aux apothicaires.

« La sentence intervenue déclare bonne et valable la saisie faite par les jurés pâtissiers, et leur permet, tant à eux qu'aux jurés apothicaires, de saisir tout pain d'épice qui seroit exposé en vente contre les ordonnances [1]. »

Un arrêt du parlement du 20 février 1571 ordonna que les drogues étant la possession des merciers et grossiers, entrant au corps humain, seraient vues et visitées

---

[1] Bannières, grand-livre noir, f° 45 et suiv. — Arch. nation. y. 6.

par le doyen de la Faculté assisté de deux docteurs, de deux merciers et de deux apothicaires.

En décembre 1575, Henri III publia un édit qui fut registré au parlement le 22 février 1578, et qui portait établissement du métier d'apothicaire et épicier dans la ville de Meaux.

En mai 1579, ce même prince, au milieu des troubles de la Ligue, rendit à Blois une ordonnance dont l'article 7 porte que nul ne doit passer maître apothicaire que dans la ville où il y a Université, et avec approbation des docteurs régents en médecine, et que, deux fois l'an, les boutiques des apothicaires seront visitées par lesdits docteurs régents [1].

De plus, en décembre 1581, il publia un second édit qui ordonne, par son article 12, que ceux qui voudront faire ensemble le métier d'apothicaire et d'épicier seront tenus de faire deux chefs-d'œuvre; et par son article 19, que les apothicaires seront examinés par deux médecins et douze membres de leur communauté.

Au mois de juin 1594, Henri IV expédia des lettres patentes qui furent registrées au parlement le 26 juin 1603, et qui confirmaient les statuts des maîtres et gardes de la communauté des épiciers apothicaires concernant l'*œuvre des poids* de la ville de Paris [2].

Le 30 septembre 1597, ce monarque fit une déclaration qui portait que nul ne serait reçu maître apothicaire-épicier sans avoir fait chef-d'œuvre, nonobstant les lettres de maîtrise.

Pour bien apprécier l'importance de cette mesure, et pour en comprendre la portée, il faut savoir qu'à l'occasion de grands événements ou de grandes solennités,

---

[1] Sixième volume des Ordonnances de Charles IX.
[2] Cinquième volume des Ordonnances de Henri IV.

les rois de France avaient l'habitude d'accorder arbitrairement des lettres de maîtrise aux apothicaires, ce qui dispensait ceux-ci des examens et des épreuves.

« Les roys de France ès nativitez de leurs enfants et entrées des villes ont accoustumé de créer nouvelles maistrises. Un apothicaire de la royne se fait pourvoir d'un office de maistrise d'apothicaire à l'entrée de la royne. Les jurés apothicaires de la ville de Paris appellèrent de la reception faicte par le prevost de Paris sans chef-d'œuvre, et disoient que, par les arrêts de la Cour, en telle maistrise on est reçu sans faire chef-d'œuvre, excepté les apothicaires, qui sont sujets à examen et chef-d'œuvre [1]. »

La déclaration de Henri IV mit fin à cet abus et détruisit le privilége.

Le 23 janvier suivant, il confirmait par lettres patentes les statuts des apothicaires de la ville de Laval [2] : ceux des apothicaires de la ville d'Angoulême avoient été ratifiés par des lettres patentes du 25 novembre précédent.

Jusqu'alors les visites des boutiques d'apothicaires n'étaient faites que par deux médecins; mais à partir de 1597, et en vertu d'un arrêt du parlement à la date du 17 octobre, quatre docteurs en furent chargés.

« Sur la remontrance faite à la chambre des vacations par le procureur-général du roy qu'il a été averti que la plupart des apoticaires sont mal fournis de drogues pour la confection des médecines à la guérison des maladies qui surviennent ordinairement aux habitants; il y en a d'autres qui sont tellement vitiées et licentiées, qu'au lieu de profiter, elles nuisent au corps humain; re-

---

[1] Laurens Bouchel, *le Thrésor du Droict françois*.
[2] Troisième volume des Ordonnances de Henri IV.

queroit y être pourvu ; ladite cour a ordonné et ordonne que par les deux médecins nommez par la Faculté de médecine pour les lectures et maîtrises des apothicaires, et deux autres médecins que la Faculté nommera, sera deux fois l'année faite visitation des drogues et compositions ès boutiques des apoticaires, épiciers et droguistes; a enjoint et enjoint aux gardes et jurez desdits apoticaires assister lesdits médecins en chacune desdites visitations. »

Nous avons encore, pour terminer ce qui a trait au XVIe siècle, à rapporter quelques dispositions de la législation et de la juridiction pharmaceutiques en vigueur à cette époque touchant les testaments, les donations et les legs faits aux apothicaires, et les indiscrétions préjudiciables commises par eux.

Au XVIe siècle, les testaments faits en faveur des apothicaires ne pouvaient être exécutés : ainsi le décida un arrêt du parlement de Dijon, du 4 février 1599 [1].

Par arrêt du parlement de Provence, le testament d'un apprenti apothicaire, en faveur de son maître, fut déclaré nul, quoique le testateur eût survécu quatre mois [2].

Un apothicaire avait décelé une maladie honteuse dont l'un de ses débiteurs était atteint : par arrêt rendu à la Tournelle à huis clos le 9 juillet 1599, il fut condamné à l'amende, et son mémoire confisqué au profit des pauvres, avec défense à tout apothicaire de révéler les maladies [3].

Bien qu'à cette époque les médecins dussent ordonner les médicaments, et les apothicaires se borner à les composer, il y eut cependant un arrêt du 20 février 1595, par

---

[1] Bouvot, t. II, verbo Testament., q. 2. Voy. ibid., quest. 21.
[2] Dupérier, t. II, p. 481, édit. de 1721.
[3] Biblioth. de Bouchel, verbo Apothicaire.

lequel un médecin de Pont-Sainte-Maxence ayant appelé des défenses à lui faites de composer aucun médicament, la Cour leva les défenses [1].

Le 30 avril 1595, à la Tournelle de Paris, en une cause de la ville de Poitiers, il fut défendu aux apothicaires de donner des médecines sans ordonnance du médecin, et enjoint de laisser à la discrétion des malades de prendre tel apothicaire que bon leur semblerait [2].

Par arrêt du parlement de Toulouse, du 18 avril 1580, il a été décidé que l'apothicaire serait préféré à ceux qui ont fourni la nourriture, pourvu qu'il ne fût question que des médicaments fournis dans la dernière maladie [3].

L'ordonnance du roi, portant que les fournitures des apothicaires ne *pourront* être demandées six mois après qu'*elles auront été faites*, n'avait pas d'effet quand il y avait des ordonnances de médecins [4].

Les apothicaires étaient préférés à tous créanciers, même à la veuve, pour ses conventions, d'autant que les apothicaires sont créanciers, puisqu'ils avancent leurs drogues. Le privilége avait lieu non-seulement sur les meubles du défunt, mais aussi sur les deniers procédant de la vente et adjudication par décret des immeubles entre les créanciers hypothécaires, nonobstant la renonciation de la femme [5].

L'apothicaire avait droit sur les meubles d'un défunt

---

[1] Biblioth. de Bouchel, *verbo* Apothicaire.

[2] Id. in ibid.

[3] Papon, liv. XVIII, tit. V, n° 45. — Mainard, t. 1, liv. II, ch. XLVII et XLVIII. — La Rocheflavin, l. I, tit. XII.

[4] Arrêt du Parlem. de Toulouse, du 12 oct. 1590, contre la comtesse de Caraman.

[5] Arrêt du 8 févr. 1596.—Louet, l. c., Somm., 29, et Brodeau.—Peleus, q. 17. — Chenu, 1 cent., q. 86. — Auzanet, art. 125 de la Coutume de Paris.

insolvable avant tous les autres créanciers, pour les médicaments qu'il avait fournis pendant la dernière maladie et celles qui l'avaient précédée [1].

Un arrêt du conseil privé, du 21 juin 1595, décida que la préférence serait acquise à l'apothicaire sur les autres créanciers, tant pour les drogues fournies durant la dernière maladie de feu Mgr le cardinal de Bourbon, que pour les maladies précédentes [2].

Dans les chapitres antérieurs, j'ai parcouru, le flambeau de l'histoire à la main, le dédale obscur de l'antiquité et du moyen âge; dans celui-ci, et à l'aide de documents plus précis, j'ai fait revivre les actes législatifs nombreux, la jurisprudence et tous les règlements hiérarchiques qui constituaient le *corpus juris* des apothicaires de l'ère dite de la Renaissance. Maintenant il me reste à jeter un regard rapide sur le côté scientifique de cette grande époque.

Au XVIe siècle, le nombre des pharmacopées, des dispensaires et des lexicons s'accrut subitement dans une immense proportion : je me bornerai à mentionner les principaux auteurs de ces différentes publications, tels qu'ils sont consignés dans le catalogue dressé par MM. Henri et Guibourt.

1514. — Sous Louis XII, *Jean de Vigo*, né à Gênes, premier médecin du pape Jules II.

1520. — Sous François Ier, *Jean Fernel*, né à Clermont (Oise), premier médecin de Henri II.

1530. — *Idem. Jérôme Fracastor*, de Vérone, à qui l'on doit l'électuaire *diascordium*.

1535. — *Idem. Valerius Cordus*. Sa pharmacopée est la première qui ait été revêtue du sceau de l'autorité;

---

[1] Filleau, 4. part., q. 86.

[2] Mainard, Quest. not., liv. II, ch. XLVII. — Papon, liv. XVIII, tit. VI, n° 44. — Biblioth. de Bouchel, *verbis* Chirurg. et Apothic.

elle fut publiée par ordre du sénat de Nuremberg, et tous les apothicaires étaient tenus d'en observer les prescriptions.

1541. — *Idem. Jacques Dubois* ou *de Leboë*, dit en latin *Sylvius*, natif d'Amiens : *Methodus medicamenta componendi. De medicamentorum simplicium præparatione, mistionis modo, libri tres.* Ces deux traités ont été largement exploités par Baumé, qui en fait franchement l'aveu.

1559. — *Matthiole*, né à Sienne en Italie, mort de la peste à Trente (*Commentaires sur Dioscoride*).

On voit, d'après ce tableau, que l'art pharmaceutique s'était ressenti de l'impulsion donnée aux lettres par François Ier.

La pharmacie militaire, inconnue chez les anciens, commença faiblement chez les Arabes, et ne prit un certain développement en Europe que longtemps après la découverte du Nouveau-Monde.

Sous Henri II, on la voit, dirigée par des hommes expérimentés, répandre ses bienfaits devant Metz et Thionville. Elle grandit ensuite sous Henri IV, qui conçut l'heureuse idée d'établir des hôpitaux à la suite des armées, et Sully, son digne ministre, nomma des pharmaciens pour desservir l'hôpital militaire au siége d'Amiens. Sous Louis XIII, de 1621 à 1630, c'est-à-dire du siége de Montauban au siége de La Rochelle, le nombre des hôpitaux militaires fut sensiblement augmenté. C'est Richelieu qui en régla le chiffre, et qui le proportionna aux besoins du service.

Sous Louis XIV, des pharmaciens furent attachés aux places occupées par les armées françaises en Flandre et en Alsace.

Louis XV publia plusieurs ordonnances d'organisation de la pharmacie militaire, et personne n'ignore les services que Bayen rendit au siége de Minorque (1755), ainsi que la célébrité qu'il y conquit.

Louis XVI, en 1775, créa à Lille, à Metz et à Strasbourg, trois écoles élémentaires et pratiques pour les pharmaciens militaires. Une ordonnance de 1781 nomma Bayen pharmacien en chef, et lui donna Parmentier pour adjoint. Tous deux furent admis en 1792 au conseil supérieur de santé qui rédigea, la même année, le formulaire pharmaceutique pour le service militaire, et une pharmacie centrale fut créée sous la surveillance de ce conseil.

Tout le monde sait la gloire dont la pharmacie militaire se couvrit pendant les guerres de la Révolution et de l'Empire (1793-1815).

Enfin, en vertu d'une ordonnance royale de 1816, l'égalité entre les médecins, les chirurgiens et les pharmaciens fut reconnue : ils eurent *les mêmes droits et les mêmes prérogatives, sans qu'aucun d'eux pût prétendre à une préséance particulière.*

Cette disposition honore tout le corps des pharmaciens militaires [1].

---

[1] Dict. des Sc. médic., art. *Pharmacien.*

CHAPITRE IX.

XVIIᵉ siècle. — Lettres-patentes confirmatives des statuts et règlements des apothicaires de plusieurs villes de France. — Ordonnance de Louis XIII (1638). — Bruits de guerre. — Les apothicaires entre deux feux. — Arrêts multipliés du parlement. — Édits de Louis XIV. — Les apothicaires limonadiers et rogomistes. — Arrêts du conseil d'État. — Les lieutenants-généraux chargés de la connaissance des brevets d'apprentissage. — Action criminelle. — Chefs-d'œuvre et examens. — Donations et testaments. — Garantie des apothicaires. — Hypothèques. — Prescription. — Taxes. — Déluge de pharmacopées.

La première pensée de Louis XIII, à son avénement au trône en 1610, fut de ratifier les édits, déclarations et ordonnances de son auguste père, et d'en étendre les bienfaits à plusieurs villes de France, savoir : à la ville de Saint-Germain, par lettres-patentes d'avril 1610 ; à la ville de Bourges, en octobre 1612 ; à la ville d'Orléans, en septembre 1615 ; à la ville de Sézanne, en janvier 1619 ; à la ville de Lyon, en décembre 1622 ; à celle de Laval, en février 1626 ; à celle de Beauvais, en octobre 1628 ; à celle de Coulommiers, en 1630, et, enfin, à celle de Laon, en mars 1634 [1].

En 1630, le parlement rendit un arrêt qui défendait aux empiriques d'exercer la médecine, et aux médecins de communiquer avec les empiriques. Cet arrêt enjoignait en outre aux apothicaires de ne recevoir d'ordonnance que des médecins du roi, du sang royal, et d'autres reçus en la Faculté ; et à cette fin, le nom de ces

---

[1] 1, 3, 5, 6 et 8ᵉ vol. des Ordonn. de Louis XIII.

médecins devait être inscrit sur un tableau dans la boutique des apothicaires.

Plus tard, le conseil d'État publia un autre arrêt portant règlement « entre les maitres et gardes de la marchandise de mercerie, grosserie et jouaillerie, et les prevots des marchands et echevins, drapiers, espiciers, apoticaires et pelletiers de la ville de Paris, et les marchands merciers, grossiers, jouailliers, drappiers, chaussetiers, espiciers, apoticaires, pelletiers, pourpoinctiers tailleurs d'habits et autres artisans, se disant privilegiez suivans la cour. Défense et inhibition à eux etoit faite de tenir magasins et boutiques ouvertes trois jours après l'absence du roi de la ville de Paris, à peine de confiscation de leurs marchandises, avec injonction au prevost de l'hostel et grand prevost de France de ne recevoir aucuns estrangers de quelque nation qu'ils soient ès places desdits privilegiez, que vrays et naturels François, et que ceux qui en seroient pourvus en seroient démis nonobstant toutes lettres de naturalitez qu'ils auroient obtenues.

« Le roi en son conseil, faisant droit sur lesdites instances et interventions, et voulant empescher les procès qui naissent journellement pour raison desdits priviléges entre les marchands et artisans suivans la cour, et ceux de la dite ville de Paris, a ordonné que dans trois mois le prevost de l'hostel, grand prevost de France, pourvoira de personnes capables, originaires François, à toutes les places de marchands et artisans privilegiez dont jouissent à présent les estrangers de quelque nation qu'ils soient, mesme ceux qui ont obtenu lettres de naturalité, ou déclaration, sans qu'à l'advenir autres que François nez subjects du roy les puissent tenir et occuper : a fait defenses à tous les pourveus desdites places d'associer avec eux autres marchands François ou estrangers, et faire marchandise par commission ou autrement, prester leur nom et trafiquer pour autres, directement ou indirectement, sous quelque prétexte que ce soit, à peine de confiscation de leurs marchandises et de cinq cents livres d'amende. Ne pourra cy-après estre augmenté le nombre desdites places porté par les lettres du 16 septembre 1606, et ne seront receus en icelles aucuns marchands ny artisans, qu'ils ne facent preuve d'avoir fait l'apprentissage requis en la dite ville de Paris, ou en l'une des autres principales villes du royaume ès quelles il y a maistrise de mestiers et marchandises ; sinon seront examinez de leur suffisance par deux des corps des privilegiez où ils voudront entrer, et pareil nombre de la dite ville de Paris du même estat ou mestier.

« Et au regard des apoticaires, n'y seront receus s'ils ne sont maistres en l'une desdites villes, et qu'au préalable ils n'ayent été interrogez et trouvez suffisans par le premier medecin du roy, doyen de ladite Faculté de medecine, ancien des maistres et gardes apoticaires de ladite ville de Paris, et le plus ancien des apoticaires suivans la cour, à peine de nullité desdites receptions.

« Pourront lesditz privilegiez tenir boutiques et magazins ouverts dans ladite ville, le roy etant en ycelle, à Saint-Germain, Monceaux, Fontaine-Belleau, ou autre lieu d'égale ou plus proche distance, et les fermeront dans trois jours après que ladite Majesté sera partie pour aller en lieu plus éloigné, à peine de confiscation de leurs marchandises, s'ils ne suivent actuellement en personne, et ne tiennent autres boutiques bien fournies à la suite de la cour.

« Ladite Majesté estant dans ladite ville de Paris, les marchands et artisans d'icelle feront leurs visites sur lesditz privilegiez, l'un des archers ou autres officiers de ladite prevosté de l'hostel présens en la manière accoustumée, et en étant absents, seront lesdites visites faites de l'authorité du prevost de Paris, et comme sur les autres marchands et artisans de ladite ville, le tout, nonobstant lesdites lettres, arrêts, et tous autres, tant dudit conseil que dudit parlement et du grand conseil, à ce contraires [1]. »

En mai 1635, Louis XIII, par un édit concernant l'établissement du Jardin royal des Plantes, créait trois médecins de la Faculté de Paris en qualité de démonstrateurs pharmaceutiques.

Le 10 janvier 1642, le même souverain expédiait des lettres-patentes permettant aux apothicaires des maisons du roi, de la reine, de Monsieur, frère unique du roi, et de Mgr le prince de Condé, d'exercer l'apothicairerie publiquement, de tenir boutiques ouvertes à Paris et dans toutes les autres villes du royaume, et confirmant, en leur faveur, la jouissance des priviléges qui leur avaient été antérieurement accordés.

Le 28 novembre 1638, le roi publia, à Saint-Germain-en-Laye, une ordonnance dont voici le préambule et les principaux articles :

« Louis, par la grâce de Dieu, roy de France et de Navarre : à tous présens et à venir, salut. Nos chers et bien amez les maistres et gardes de la marchandise d'espicerie, apoticairerie, droguerie et grosserie, et de toute marchandise *d'œuvre de poids* de notre bonne ville, fauxbourgs et banlieue de Paris, nous ont très humblement fait remontrer que, tant à cause de la nécessité de leur art et trafic par tout notre royaume, et particulièrement en notre dite ville de Paris, capitale d'iceluy et le séjour ordinaire des roys nos prédécesseurs et de nous,

---

[1] Recueil d'Arrests notables et décisifs, par Laurens Bouchel et Jacques Joly, ch. LVIII, p. 829 et suiv.

de laquelle ils composent un des principaux corps et communauté, et où il se fait un très grand exercice, trafic et débit des marchandises de leur art et négoces nécessaires à toutes sortes de personnes, que pour le bien public, commodité et utilité de nos sujets, conservation et recouvrement de leur santé; et afin que ladite communauté, composée d'apoticaires et d'espiciers unis en un seul et mesme corps et compagnie, et régie sous mesmes loix, ordonnances et statuts, et par mesmes gardes, fut bien réglée et policée; et pour éviter aux fraudes, abus, malversations et monopoles qui se pourroient commettre, tant en l'achat que composition, vente et débit dudit art et négoce, et faire en sorte que notre dite ville fut fournie en tout temps desdites marchandises, bonnes et loyales, nosdits prédécesseurs roys d'heureuse mémoire, notamment les roys Charles VIII, en 1484; Louis XII, en 1514; François Ier, ès années 1516 et 1520; Charles IX, en 1571; Henri III, en 1583, et le défunt roy Henri-le-Grand, en 1594, auroient, par leurs lettres patentes, fait et ordonné plusieurs statuts et ordonnances sur le fait de ladite marchandise et dudit art d'apothicairerie : après avoir fait voir en notre conseil lesdits anciens statuts, lettres de confirmation d'iceux, arrêts et règlements sur ce intervenus et les articles suivans pour estre ajoutez à iceux, avons de notre grâce spéciale, pleine puissance et autorité royale dit, déclaré, statué et ordonné, et par ces présentes disons, déclarons, statuons et ordonnons :

« Ne pourront les marchands espiciers s'entremettre du fait d'apoticairerie, ny avoir et tenir serviteurs en leurs boutiques qui se mêlent et entremettent dudit fait et marchandise d'apoticairerie, confection, vente et débit des médecines, compositions, huiles et syrops particulièrement attribués audit art par les règlemens intervenus entre lesdits apoticaires, s'il n'est lui-même reçu maistre apoticaire et fait son apprentissage chez un maistre pendant le temps et espace de quatre ans, fait le serment et gardé les solemnités requises pour parvenir à la maistrise dudit art, comme il est prescrit cy-dessus.

« Et parce que dudit art et marchandises dependent les confections et composition, vente et débit de syrops, huiles, conserves, miels, sucres, cires, baulmes, emplastres, onguens, parfums, poudres, pruneaux, figues, raisins et autres drogues et espiceries, la connoissance des simples, des métaux et minéraux et autres sortes de drogues qui entrent et s'appliquent au corps humain, et servans à l'entretenement et conservation de la santé de nos sujets; où il est requis une longue expérience; et le recouvrement desquelles drogues, espiceries et marchandises, notamment de celles qui croissent aux provinces étrangères et difficiles, et sont bien souvent les marchands contraints de faire de longs et périlleux voyages ès pays et royaumes étrangers où ils hasardent leurs vies et leurs biens, ce qui mérite quelque privilége spécial et particulier; et d'ailleurs qu'en ce qui concerne la santé des hommes l'on n'y peut être trop circonspect, parce que bien souvent la première faute n'est pas réparable; nous, ensuite des priviléges accordez par nos prédécesseurs roys aux marchands espiciers et apoticaires-espiciers, avons statué et ordonné, statuons et ordonnons par ces présentes que doresnavant ne sera fait, créé, ni receu aucun maistre de lettres desdits arts et marchandises, pour quelque cause et occasion que ce soit, quoique privilégié.

« *Item*, parce qu'il est très nécessaire que ceux qui traitent la vie des hommes et servent à l'entretenement, recouvrement et conservation de leur santé, et qui ont le maniement, confection et dispensation des médecines, drogues simples et composées et espiceries qui entrent et s'appliquent au corps humain, soient deuement versez et expérimentez audit art et marchandise, et qu'il seroit périlleux que d'autres s'en entremettent; nous défendons à toutes sortes de personnes, de quelque qualité et estat qu'ils soient, de s'entremettre et entreprendre de composer, vendre et distribuer aucunes médecines, drogues, espiceries simples ou composées, conserves, confections, syrops, huiles d'olives et autres propres à manger et entrans au corps humain, et servans à la confection desdites médecines, poudres, figues, raisins, pruneaux, sucres, ouvrages de cire, marchandises d'œuvre de poids et de la marchandise d'espicerie ou d'apoticairerie, s'il n'a esté apprentif, fait chef-d'œuvre et reçu maistre apoticaire-espicier, et fait le serment et payé les droits, comme il a esté déclaré et spécifié cy-dessus : le tout à peine de confiscation desdites marchandises et de 50 livres parisis d'amende, aussi applicable, le tiers à nous, l'autre tiers aux affaires de ladite communauté, et l'autre tiers aux pauvres d'icelle communauté.

« Si donnons en mandement. »

Lorsqu'on étudie les principales dispositions de cette ordonnance, on est frappé de l'esprit d'ordre et de prévoyance qui a présidé à sa rédaction. D'après ces nouveaux statuts il fallait, pour être reçu apothicaire, être né Français ou avoir obtenu des lettres de naturalisation; et, pour être admis à l'apprentissage, on devait être présenté devant les gardes qui examinaient si le candidat avait étudié la grammaire latine, précaution sans doute très-louable, qui offrait à la société une garantie dont elle avait besoin.

De plus, l'apprentissage était de quatre ans, et il fallait ensuite pratiquer pendant six ans. Ce n'était qu'après dix années révolues que l'on pouvait se présenter à la réception, muni des pièces et des certificats nécessaires. On avait à subir trois examens : l'*examen de lecture*, l'*acte des herbes* et le *chef-d'œuvre* ; chacun devait durer près de trois heures ; les examinateurs étaient deux docteurs en médecine de la Faculté de Paris et les *lecteurs* en pharmacie ; l'aspirant devait être interrogé par les gardes et par neuf maîtres choisis par les premiers.

Tous les apothicaires reçus étaient, comme on l'a vu, réunis en communauté avec les épiciers ; ces deux corporations marchaient en première ligne, non sans quelques différends qui s'élevaient entre elles, comme entre deux puissances rivales. La prééminence en était toujours le prétexte : tantôt c'était pour obtenir d'être nommés en tête de l'inscription qui avait été placée au-dessus du bureau commun ; tantôt c'était pour le droit de visitation, pour être nommés les premiers au rapport, pour savoir laquelle des deux corporations aurait le côté droit ou le côté gauche, laquelle marcherait la première à l'offrande dans les solennités. L'autorité donna toujours gain de cause aux apothicaires, et, par une *sentence par délibéré*, ils furent nommés en tête sur l'inscription du bureau, les premiers aux rapports, et le côté droit leur fut assigné pour aller à l'offrande les jours de fête, notamment à la *Saint-Nicolas*.

Il y avait six jurés pour la communauté, trois apothicaires et trois épiciers ; leur élection était commise à la communauté elle-même. En vertu de ses anciens titres, ils prenaient le titre de *maîtres et gardes* ; chacun des maîtres-gardes était en exercice pendant trois ans ; après leur nomination, ils devaient prêter serment à la police, ce qui fit donner à ces communautés le nom de *jurandes*. Une des obligations les plus essentielles des jurés-gardes était de veiller à ce que la profession ne fût pas exercée par des gens sans qualité[1]; ils avaient le droit de saisir les drogues et marchandises qui se trouvaient dans les maisons mêmes des particuliers : les répertoires de législation font voir avec quelle obstination infatigable ces hommes, d'ailleurs si désintéressés, luttèrent pour la défense des droits et des immunités de la compagnie.

Non-seulement les fonctions des gardes-jurés étaient gratuites, mais ils faisaient encore des présents à la communauté : c'étaient des spatules d'argent, des poêlons, des bassines, des images d'argent représentant saint Nicolas, pour orner la robe des clercs. Saint Nicolas avait été choisi pour le patron des apothicaires, parce que les marchandises qu'ils emploient viennent par mer, à l'aide des pilotes dont saint Nicolas est aussi le patron.

Il était défendu aux jurés-gardes de recevoir un présent, sous peine d'être inculpés de concussion; et le 5 octobre 1608, la communauté arrêta qu'il n'y aurait pas de festin de la part des aspirants, ni avant, ni durant les actes, ni après.

Les fonctions ordinaires des jurés-gardes étaient de présider la communauté et de gérer ses affaires; ils devaient, pour cela, prendre l'avis de tous les anciens qui avaient passé par les charges; l'un des six gardes était receveur des deniers de la compagnie, et devait, après sa gestion, rendre compte par-devant les jurés en charge et douze autres maîtres. Des règlements particuliers déterminaient les dépenses légitimes qui leur étaient portées en compte, et toutes les fois que les dépenses avaient été faites au-delà de ce qui était permis par les règlements et arrêté dans les délibérations de la compagnie, les gardes étaient condamnés à rapporter la somme[2].

---

[1] Robinet, Dict. univ. — Desessart, Dict. de Police.
[2] Chéreau, Bull. pharm., XIX. — Rech. hist., extr. analyt.

Au demeurant, l'ordonnance de 1638 constituait la corporation des apothicaires, mais elle devint pour eux la source de soucis cuisants et des plus amères tribulations : en effet, cette ordonnance les plaçait entre deux ennemis également implacables, la Faculté de médecine d'une part, qui déjà exerçait depuis longtemps sur eux un empire tyrannique, et les épiciers qui prenaient acte de leur union avec eux pour envahir leur domaine, et pour jouir du privilége d'exploiter le débit des drogues et d'en recueillir les bénéfices sans supporter l'impôt onéreux des études préliminaires, et sans subir les épreuves épineuses des examens et de la réception.

Après plusieurs siècles de combats, les apothicaires resteront pourtant maîtres du champ de bataille; on les verra sortir vainqueurs des entraves et des obstacles semés sous leurs pas; ils ne s'affranchiront pas immédiatement du joug imposé par les médecins, mais ils en allégeront le poids par leur circonspecte tactique, leurs sages ménagements et la gravité de leurs études : ils finiront enfin par conquérir une honorable et complète indépendance [1].

La lutte des apothicaires et des épiciers sera beaucoup plus longue et la polémique plus ardente; mais ces débats auront pour effet de tracer une ligne de démarcation profonde et ineffaçable entre deux professions si distinctes et si incompatibles, entre des hommes honorables appelés à interpréter les sciences naturelles et à en sonder les mystères, et des industriels exclusivement livrés à un bas et cupide mercantilisme.

Réservés et pour ainsi dire humbles avec la Faculté de médecine, nous verrons les apothicaires affecter une fierté dédaigneuse avec les épiciers, et châtier leur té-

---

[1] Les Pandectes pharm.

mérité et leur outrecuidance avec une supériorité accablante [1].

Je raconterai un peu plus tard l'épisode curieux de cette double lutte.

On a vu plus haut qu'en 1603 le lieutenant civil avait maintenu les apothicaires dans la possession des poids et mesures. (Voir chap. v, pag. 85 et 86.)

En 1629, une sentence de l'hôtel-de-ville leur accorda une bannière et un blason.

Sauval, dans son Histoire des Antiquités de la ville de Paris, n'a pas rapporté fidèlement cette sentence, et de plus il a commis, dans la description héraldique, une erreur capitale qu'il importait de rectifier.

Après bien des recherches et aidé par M. Guibourt, M. L. Desprez a fini par retrouver dans les archives de l'école de pharmacie la sentence originale, écrite sur parchemin; voici le passage relatif aux armes des apothicaires :

« Avons permis et permettons audict corps et communaulté des marchands espiciers et appoticaires d'icelle dicte ville (Paris) d'avoir en leur dict corps et communaulté pour armoirie : couppé d'azur et d'or sur l'azur à la main d'argent tenant des ballances d'or, et sur l'or deux nefs de gueulles flotantes aux bannières de France accompagnées de DEUX ESTOILLES à cinq poincts de gueulles avec la devise au haut : *Lances et pondera servant*, et telles qu'elles sont cy-dessous empraincles.

« Donné le mercredi vingt-septiesme jour de juing mil six cent vingt-neuf. »

J'ai pensé que ce blason, qui est intercalé dans le texte même de la sentence et à peu près oublié aujourd'hui, serait vu avec plaisir par le lecteur, et, grâce à l'obli-

---

[1] Extrait analytique des Pandectes.

geance de M. Michel, artiste distingué du ministère de la marine, j'ai pu faire revivre ces armes et les offrir ici avec leur cachet primitif.

De 1638 à 1777 aucun changement notable ne fut apporté aux conditions exigées pour la réception des apothicaires et l'exercice de leur profession. Cependant, pour ne laisser aucune lacune, je dois mentionner plusieurs mesures d'amélioration introduites par Louis XIV, et ne pas oublier les arrêts nombreux et importants des parlements, base de la jurisprudence qui a régi les apothicaires au XVII° siècle. Ce point est loin d'être dépourvu d'intérêt.

Ce grand roi, voulant disséminer sur toute l'étendue du territoire français les bienfaits des édits royaux antérieurs, publia plusieurs lettres-patentes confirmatives des statuts des apothicaires de différentes villes du royaume : il en accorda le 9 mai 1644 à Issoudun; en juin 1645 à Romorantin; en juillet 1651 à Villefranche; le 15 mai 1654 à Amiens; le 3 mars 1655 à Montdidier; le 6 octobre de la même année à Pontoise; en mars 1656 à Moulins; le 26 juin 1656 à Melun; le 4 juin 1661 à Riom; en août 1676 à Saint-Quentin, et en juillet 1678 à La Rochelle[1].

Le 1er septembre 1689, le parlement de Paris rendit un arrêt portant règlement entre les marchands fruitiers, les épiciers et les apothicaires, pour raison du commerce des fromages, des œufs et des fruits[2].

Le 24 octobre 1691, le roi fit une déclaration portant union au corps et communauté de la marchandise de droguerie, épicerie, grosserie et de toutes marchandises d'œuvre de poids de la ville et faubourgs de Paris, des offices de maîtres et gardes de l'épicerie, apothicairerie créés par l'édit du mois de mars précédent, et désunion de la communauté des maîtres apothicaires du corps des marchands épiciers.

Le 26 avril 1692, une autre déclaration abrogeant la précédente réunit les apothicaires aux marchands épiciers[3].

Jusque-là les apothicaires-épiciers du roi et de la cour étaient affranchis de l'examen et du chef-d'œuvre; mais un arrêt du conseil, du 30 septembre de la même année, chargea le prévôt de l'hôtel de les soumettre à ces épreuves pardevant le doyen de la Faculté et deux apothicaires privilégiés.

Les empoisonnements qui jetèrent l'épouvante en France dans la dernière moitié du XVIIe siècle, éveillèrent la sollicitude de Louis XIV. La vente des poisons n'était soumise alors à aucune responsabilité. Pour com-

[1] Troisième, quatrième, cinquième et dix-neuvième volumes des Ordonnances de Louis XIV.
[2] Delamare, Traité de la Police, t. II, liv. V, tit. XXIII, ch. IX, p. 1461.
[3] Trente-deuxième volume des Ordonnances de Louis XIV.

bler les lacunes qui existaient à cet égard dans la police de la pharmacie, il publia au mois de juillet 1682 un édit qui « défendoit sous des peines très-sévères aux maîtres apoticaires et aux épiciers de distribuer et de vendre l'arsenic, le réalgar, le sublimé corrosif et toutes les drogues réputées poisons, si ce n'est à *des personnes connues, domiciliées, et qui employoient ces matières dans leur profession.* »

Il leur fut enjoint de se munir d'un registre paraphé par le magistrat de police, et sur lequel *ces personnes* étaient tenues d'écrire leurs nom, qualités et demeure, le mois, l'année, le jour et la quantité de poison qu'elles achetaient, ainsi que l'emploi qu'elles en faisaient.

Parmi les dispositions de cet édit, je mentionnerai celles-ci : Art. IV. « Seront punis de mort tous ceux qui seront convaincus de s'être servis de vénéfices et de poison, soit que la mort s'en soit ensuivie ou non, comme aussi ceux qui seront convaincus d'avoir composé ou distribué du poison pour empoisonner. Et parce que les crimes qui se commettent par le poison sont non-seulement les plus détestables et les plus dangereux de tous, mais encore les plus difficiles à découvrir, nous voulons que tous ceux, sans exception, qui auront connoissance qu'il aura été travaillé à faire du poison, qu'il en aura été demandé ou donné, soient tenus de dénoncer incessamment ce qu'ils sçauront à nos procureurs-généraux, à peine d'être extraordinairement procédé contr'eux et punis selon les circonstances et l'exigence des cas comme fauteurs et complices desdits crimes sans que les dénonciateurs soient sujets à aucune peine, ni même aux intérêts civils. »

Art. VI. « Seront réputés au nombre des poisons non-seulement ceux qui peuvent causer une mort prompte et violente, mais aussi ceux qui, en altérant la santé peu à peu, causent des maladies, soit que lesdits poisons soient simples, naturels ou composés et faits de main d'artistes; et en conséquence défendons à toutes sortes de personnes, sous peine de la vie, même aux apoticaires, à peine de punition corporelle, d'avoir et garder de tels poisons simples ou préparez qui retenant toujours leur qualité de venin et n'entrant en aucune composition ordinaire ne peuvent servir qu'à nuire, et sont, de leur nature, pernicieux et mortels [1]. »

Le 22 janvier 1688, le conseil d'État rendit un arrêt qui faisait défense de recevoir aucun maître apothicaire de la religion réformée, et un édit du roi du mois de mars 1691 arrêta le tarif concernant le droit dû à la réception des apothicaires : ce droit était de trente livres pour les villes où il y avait cour supérieure, de vingt livres où il y avait présidial, bailliage ou sénéchaussée; les apothicaires des petites villes et bourgs ne devaient payer que quinze livres.

Le 17 décembre 1698, le conseil d'État cassa et annula l'arrêt du parlement de Bordeaux du 19 juillet de la même année, et défendit aux religieux d'exercer le métier d'apothicaire à peine de cinquante livres d'amende, de confiscation de leurs remèdes et d'être renfermés, pendant un an, à vingt lieues de l'endroit où ils donnaient des remèdes : la Faculté de médecine avait en outre le droit de les faire arrêter. Les religieux mendiants et non mendiants, ainsi que les jésuites, se soumirent sans former d'appel à cet arrêt qui fut généralement approuvé.

En exécution des édits des mois d'octobre et novembre 1699, le conseil d'État assemblé le 29 juin 1700 rendit un arrêt qui portait que les lieutenants généraux de po-

---

[1] Delamare, Traité de la Police, t. I, liv. III, tit. VII, p. 562, 563.

lice des villes du royaume, ainsi que les procureurs du roi, auraient, à l'exclusion des officiers du bailliage et siége présidial de ces villes, connaissance des brevets d'apprentissage et de l'exécution des statuts et règlements des arts et métiers, et nommément de l'art d'apothicairerie. Les villes où cette juridiction fut établie sont : Orléans (arrêt du conseil du 29 juin); Bourges (27 juillet 1700); Montluçon (21 août 1700); Vire (24 mai 1701); Saumur (23 août 1701); Bernay (8 octobre 1701); Pézenas (5 septembre 1702); Châtellerault (29 avril 1704).

Cet arrêt se termine ainsi : « Le roy en son conseil a ordonné et ordonne que le lieutenant général de police et le procureur du roy connoîtront, à l'exclusion de tous autres juges, de la réception et établissement des gardes et jurés des corps et communautés des marchands et artisans de la ville de . . . . . et de ses faubourgs, des brevets d'apprentissage, de l'exécution des statuts desdits corps et communautez, circonstances et dépendances; connoîtront aussi de la reddition de leurs comptes, de l'ordre de leur marche aux processions, et des contestations des médecins, chirurgiens et apoticaires, de leurs statuts et règlements concernant la police de leurs professions, et fait défense auxdits médecins, chirurgiens et apoticaires, leurs gardes et leurs jurés, de se pourvoir ailleurs que pardevant eux pour raison de ce, et aux officiers de bailliage d'en prendre connoissance, à peine de nullité, mille livres d'amende, dépens, dommages et intérêts. »

Au mois de juillet 1734, un arrêt du parlement permit aux apothicaires de vendre des liqueurs, de l'eau-de-vie, du chocolat, du thé, du café; la vente des jambons de Mayence leur fut aussi accordée en 1744.

Ainsi, au commencement du XVIII° siècle, les apothicaires ne se faisaient pas scrupule de déconsidérer leur profession en l'associant à celles de limonadier, de rogomiste et de charcutier.

Je ne veux pas clore le XVII⁰ siècle dont j'ai dépassé à dessein les limites afin de terminer le règne de Louis XIV, sans rapporter certaines dispositions législatives et juridiques relatives aux apothicaires de cette époque.

Action criminelle. Le 24 avril 1654, le parlement d'Aix rendit un arrêt qui a jugé que l'action criminelle ne compète pas contre un apothicaire et chirurgien qui ont mal pansé leur malade par ignorance [1].

Chef-d'œuvre.—Examen. Le même parlement a jugé, le 3 février 1653, que les chefs-d'œuvre qu'on donne aux aspirants à la maîtrise d'apothicaire se doivent rendre dans trois mois même à la maison de pharmacie [2].

Celui qui avait servi en qualité d'apothicaire dans un hôpital pendant quatorze ans, ayant été reçu maître par l'Université après avoir subi l'examen, ne pouvait être empêché par les apothicaires de tenir boutique, ni assujetti à un autre examen et chef-d'œuvre [3].

A Marseille, au contraire, on déchargeait du chef-d'œuvre, mais on requérait l'examen de ceux qui avaient servi les hôpitaux, et on n'exigeait d'eux que six années de séjour dans les établissements charitables.

Les anciens apothicaires, c'est-à-dire ceux qui avaient exercé longtemps, étaient également affranchis du chef-d'œuvre, *artem experientia fecit;* la tolérance et l'approbation publique étaient considérées comme une fin de non-recevoir, *sic probati reprobari non possunt* [4].

Apothicaires-chirurgiens. Le parlement de Paris s'est trouvé en dissidence avec celui de Grenoble : le premier,

---

[1] Boniface, t. II, part. III, liv. I, tit. II.
[2] Idem, t. I, liv. VIII, tit. IV.
[3] Arrêt du parlem. d'Aix, du 12 mai 1667.
[4] Sauvageau, sur Du Fail, liv. III, ch. LXXIX.

par un arrêt du 24 avril 1606, avait décidé que l'office des apothicaires et des chirurgiens serait distrait et séparé pour la ville de Coulommiers[1], et le parlement de Grenoble, par son arrêt du 8 février 1613, permit à l'apothicaire d'exercer la chirurgie[2].

Donation. — Legs aux apothicaires. Le 7 mai 1657, le parlement d'Aix annula la donation faite par un malade à son apothicaire[3]; le parlement de Bordeaux alla plus loin, en déclarant nul, par arrêt du 15 mai 1668, le testament fait par une personne en faveur de la femme de son apothicaire[4].

Apothicaires. — Garantie. Le 16 décembre 1677, le parlement de Grenoble rendit, contre un apothicaire, un arrêt portant que de simples recommandations d'un parent et d'un ami pour son parent ou son ami malade à un apothicaire, n'obligent en rien celui qui les a faites[5].

Inventaire des drogues d'apothicaires. Le 19 juin 1614, le Châtelet de Paris rendit une sentence contre les apothicaires qui avaient voulu faire l'inventaire des drogues et marchandises d'un de leurs confrères décédé. Cette sentence est ainsi rédigée : « Avons déclaré ledit inventaire nul et abusif, ordonné qu'il ne servira que pour mémoire de prisée, et que le sergent dépositaire d'icelui sera tenu de le mettre ès-mains du notaire et son compagnon pour être l'intitulation reformée[6]. »

Apothicaires. — Médecins. — Poisons. Un arrêt du 12 juillet 1663, rendu contre le syndic des apothicaires de Montpellier, permit à un individu d'exercer la chi-

---

[1] Plaidoyer de Corbin, ch. LX.
[2] Baffet, t. II, liv. VII, tit. I, ch. II.
[3] Boniface, t. II, liv. I, tit. X.
[4] Lapeyreire, édit. de 1706.
[5] Guy-Pape, Jurisprud., p. 251.
[6] Charte des Notaires, ch. XVI.

mie, vendre et débiter toutes sortes d'essences, eaux, huiles et autres choses dépendant dudit art, même de tenir boutique ouverte avec écriteau contenant le nom, qualité et vertu des choses, tant dans Montpellier qu'aux autres villes et lieux du ressort du parlement, avec défense à tous les apothicaires de le troubler, mais à la charge de tenir registre du poison qu'il vendrait et des personnes qui l'achèteraient [1].

Apothicaires. — Hypothèque. Les apothicaires ont hypothèque privilégiée pour les médicaments fournis pendant la maladie, et six semaines avant le décès; les biens du défunt n'étant pas suffisants pour payer les precédentes fournitures de l'apothicaire, la mère n'en peut être tenue subsidiairement. Ainsi fut jugé au parlement de Paris, le 3 mai 1630 [2]. Les circonstances de cet arrêt étaient : 1° que la mère n'était pas héritière de son fils; 2° que le fils avait le bien de son père; 3° que les père et mère ne sont tenus de nourrir leurs enfants, *nisi non possint se exhibere.*

Le privilége des apothicaires n'avait lieu que pour ce qui est fourni pendant la dernière maladie, et non pour les précédentes, quoiqu'il y ait parties arrêtées ou cédule et obligation. La raison est, qu'à l'égard des anciennes maladies dont le débiteur est venu en convalescence, l'apothicaire lui faisant crédit a suivi sa foi. (Arrêt du 30 mars 1638, qui fait une exacte conférence de tous ces arrêts [3].)

La veuve dont le mari est mort insolvable ne peut être tenue des médicaments fournis pendant leur mariage pour lui et ses enfants, mais uniquement de ceux qui ont

---

[1] Larocheflavin, liv. II, tit. VII, n° 2.
[2] Bardet, t. I, liv. III, ch. CII.
[3] Jovet, *verbo* Préférence, n° 3, et Brodeau, lett. C, somm. XXIX.

été pris pour elle personnellement. (Jugé en la chambre de l'édit de Castres contre un apothicaire, le 29 avril 1641 [1].)

Apothicaires. — *Prescription.* Si l'on doit ajouter foi au livre de raison d'un apothicaire [2]? Il a été décidé, par un arrêt du parlement de Dijon, du 20 février 1603, que ce qui est dû à un apothicaire n'est sujet à prescription, quand ce sont médecines et médicaments donnés à un malade [3].

Un arrêt du parlement de Paris, du 22 février 1630, a jugé qu'une prescription de médicaments d'un apothicaire n'avait lieu que dans l'an du jour de la dernière fourniture, et non de la première [4].

Le parlement d'Aix, par arrêt du 20 mai 1642, a jugé que la prescription des médicaments fournis par les apothicaires est acquise après six mois qu'ils ont été livrés [5].

Les fournitures des apothicaires faites au père sont prescrites par vingt ans, quoique la continuation en ait été faite aux enfants héritiers. (Arrêt du parlement de Paris du 27 octobre 1678 [6].)

Apothicaires. — *Taxes.* Un arrêt du parlement de Bretagne, du 26 mars 1612, a jugé que les drogues d'apothicaires étaient sujettes aux impositions de la pancarte des devoirs de la ville de Rennes, telles drogues étant comprises sous le nom de mercerie [7].

Par arrêt du 19 décembre 1679, le parlement d'Aix a

---

[1] Boné, part. II, arrêt LXII.
[2] Voir les arrêts de Bouvot, t. II, *verbo* Marchands, quest. IV.
[3] Larocheflavin.
[4] Bardet, t. I, liv. III, ch. XC. — Coutume de Paris.
[5] Boniface, t. I, liv. VIII, tit. VIII, ch. VII.
[6] Idem, t. IV, liv. IX, tit. I, ch. III.
[7] Frain, p. 124.

décidé que ce n'est point au rentier d'une boutique de la veuve d'un apothicaire à payer les cotes dues par les apothicaires, mais à la veuve [1].

Apothicaires. — *Tuteurs.* Un arrêt du parlement de Dijon, du 1ᵉʳ avril 1610, a décidé qu'un apothicaire, qui est personne publique, employé pour les maladies d'une ville, ne peut être distrait par une tutelle qu'on lui veut donner hors de son ressort [2].

Pharmacopées. Un déluge de pharmacopées inonda le XVIIᵉ siècle. En voici la longue nomenclature :

1601. (Louis XIII). *Pharmacopœa augustana.*

1603. — *Joseph Duchêne,* dit QUERCETAN : PHARMACOPŒA DOGMATICORUM RESTITUTA.

1606. — *André Libavius* : SYNTAGMA ARCANORUM CHYMICORUM.

1609. — *Crollius.*

1615. — *Jean de Renou* : DISPENSATORIUM MEDICUM. Ouvrage inappréciable et au-dessus de tout éloge.

1618. — Première pharmacopée de Londres.

1621. — *Raymond Minderer* : Pharmacie et médecine militaires.

1622. — *Poterius* : PHARMACOPŒA SPAGIRICA.

1626. — *Arnold Weickard* : THESAURUS PHARMACEUTICUS GALENO CHYMICUS.

1630. — *Brice Bauderon* : Pharmacopée, augmentée par Sauvageon.

1636. — Première pharmacopée d'Amsterdam.

1639. — Premier *Codex Parisiensis* : Dès l'année 1590, les pharmacopées existantes n'étant plus à la hauteur de

---

[1] Boniface, t. III, liv. IV, tit. VII, ch. IV.
[2] Bouvot, t. II, verbo Tuteurs, quest. XXV.

la science, un arrêt du parlement de Paris avait ordonné, pour le bien public, que la Faculté de médecine s'assemblât pour élire les docteurs chargés de rédiger par écrit un *Dispensaire* contenant *les medicaments simples et composés que les apoticaires devoient tenir dans leurs boutiques.* Cet arrêt n'ayant pas reçu d'exécution, le parlement averti par le procureur du roi de la négligence des médecins nomma par arrêt, en 1597, douze médecins de la Faculté, et leur enjoignit de rédiger par écrit le dispensaire. Le travail n'en marcha pas plus vite, et malgré de nouvelles et pressantes injonctions, il ne fut terminé qu'en 1639 [1].

1640. — Pharmacopée de Lille.

1641. — *Schrœder* : Pharmacopœa medico-chymica.

1646. (Louis XIV.) *Jean-Rodolphe Glauber* : Furni novi philosophici; Tractatus de medecina universali ; De Natura salium; Novum lumen chymicum; Pharmacopœa spagirica.

1652. — *Jean Zwelfer* : Pharmacopœa augustana reformata; Pharmacopœia regia.

1656. — Enchiridion des myropoles ou pharmaciens.

1660. — *Nicolas Chesneau* : Pharmacie théorique.

1676. — *Moïse Charras* : Pharmacie royale galénique et chimique. Charras était contemporain de l'illustre Sydenham.

1677. — *George Wedelius* : Pharmacia in artis formam redacta; Pharmacia acroamatica.

1677. — *Jacques-Constant Rebecque* : Medecinæ Helvetiorum prodromus.

1689. — *Demeufve* : Dictionnaire pharmaceutique.

---

[1] Henri et Guibourt.

1694. — *Jean Helfrid Jungken* : Corpus pharmaceutico-chymico-medicum universale.

1695. — *Louis Penicker* : Collectanea pharmaceutica.

1695. — Pharmacopée de Toulouse.

1697. — *Nicolas Lémery* : Cours de chimie; Pharmacopée universelle; Dictionnaire universel des drogues simples [1].

---

[1] Henri et Guibourt.

CHAPITRE X.

Ligue des médecins contre les apothicaires. — Les apothicaires menacés de la famine. — Concordat de 1631. — Décret de la Faculté de médecine de Paris. — Croisade des épiciers. — Cause et naissance de la guerre des épiciers et des apothicaires. — Prétentions des épiciers. — Sentence du Châtelet du 7 novembre 1485. — Les apothicaires secouent le joug des épiciers. — Reprise des hostilités. — Sentences et arrêts multipliés. — Traité de paix et transaction de 1634. — La guerre se rallume de nouveau. — Triomphe des apothicaires. — Nouvelles tribulations. — Les apothicaires royaux. — Leurs priviléges. — Leurs prétentions. — Lutte des apothicaires royaux contre leurs confrères. — Jalousie réciproque. — Édit de Louis XIV. — Pacification générale.

> Opus aggredior opimum casibus, atrox præliis,
> discors seditionibus, ipsa etiam pace sævum.
> C. Corn. Taciti Hist. liber i, § 2.

> C'est un combat de médecins
> Dont les tambours sont des bassins ;
> Les seringues y sont bombardes,
> Les bâtons de casse, hallebardes,
> Les lunettes y sont poignards,
> Les feuilles de séné, pétards.
> *La Stimmimachie*, par Corneau, célestin.

J'ai dit plus haut que, depuis l'ordonnance de Louis XII jusqu'en 1777, aucun changement digne d'être mentionné n'avait été apporté aux conditions exigées pour la réception des apothicaires et pour l'exercice de leur profession, mais qu'ils avaient eu à se défendre contre la Faculté de médecine qui voulait leur imposer son joug tyrannique, et à lutter contre les épiciers qui prenaient acte de leur union avec eux pour s'immiscer dans l'exercice de la pharmacie, et pour partager les gains que donnait la vente des drogues et des préparations médicamenteuses.

L'empire des médecins sur les apothicaires remontait à l'époque où les premiers, abandonnant la préparation des médicaments, en avaient confié le soin à leurs élèves, qui étaient en outre chargés de les porter aux malades. Pendant cent quarante-six ans, ce ne furent que plaintes, contestations et procès, et cette longue lutte s'étendit dans toute l'Europe. L'orgueil était le seul mobile des médecins; ils étaient les promoteurs de ces ardentes querelles, comme ils l'étaient encore des discordes qui régnèrent pendant si longtemps entre les barbiers et les chirurgiens. Leur animosité fut si grande qu'ils allèrent jusqu'à prétendre réduire les apothicaires à la famine, en faisant acheter pour leurs malades les remèdes chez les épiciers et chez les herboristes.

Les apothicaires ne goûtèrent la paix qu'en se courbant sous le despotisme des médecins.

En 1631, un concordat fut passé entre la Faculté de médecine et les gardes-jurés et maîtres apothicaires de Paris. Voici les articles qui ont été présentés à M⁰ René Moreau, directeur-régent et doyen de la Faculté de médecine, le troisième jour de septembre, *pour être observés par les maîtres apothicaires en cas que ladite Faculté les eût pour agréables.*

« 1° Les maistres apothicaires souffriront deux fois l'année, suiuant les arrests de la cour et sentences du preuost de Paris, que la visite de leurs boutiques et de leurs drogues soit faite par quatre docteurs *en medecine de la Faculté de Paris et par le doyen d'icelle* si bon luy semble : sçauoir, les deux professeurs en pharmacie députez de l'eschole, et leurs deux adioints auec les quatre gardes; et que procès verbaux en seront faits, qui seront presentez par lesditz professeurs députez à Monsieur le

Lieutenant ciuil, et que les gardes prendront heure, lieu et iour desdits professeurs pour lesdites visites.

2. Quand il arriuera des marchands forains ayans drogues ou compositions seruans à la médecine, lesdits gardes feront aduertir, à l'instant que lesdites marchandises seront arriuées, messieurs *les professeurs en pharmacie députez de l'eschole*, pour estre veuës et visitées; et les heures de les visiter seront à dix heures du matin quand on en aura eu l'aduis dès le soir précédent, et deux heures après midy, si l'aduis n'en vient que le matin.

3. Quand il se présentera vn aspirant à la *maistrise de la pharmacie*, les gardes *iront voir* messieurs les députez, pour les *supplier d'agréer* le iour qu'ils donneront audit aspirant pour son premier examen, *appelé lecture;* et le iour de l'examen approchant, *ledit aspirant et son conducteur iront supplier messieurs les députez* de se trouuer audit examen. Ce qui sera pareillement obserué à l'examen des herbes.

4. Pour ce qui est du chef d'œuure, lesdits gardes enuoyeront la charte d'iceluy ausdits sieurs députez quinze iours auant la confection d'iceluy pour voir s'il y aura à corriger, augmenter ou diminuer : auquel chef d'œuure lesdits députez assisteront s'il leur plaist, ayans été préalablement inuitez par l'aspirant et son conducteur.

5. Messieurs les députez concluront à tous les actes selon la pluralité des voix ; et pour ce qui est de l'examen appelé lecture, ils prononceront à l'aspirant la conclusion qui aura esté prise de la pluralité des voix : et aux examens des herbes et chefs d'œuure, ils prononceront la même conclusion à toute la compagnie des gardes et maistres apothicaires, et les gardes, par après, la prononceront à l'aspirant.

6. Lesdits professeurs députez assistans et présidans ausdits actes, proposeront à l'aspirant, à l'heure qu'il leur plaira, telles questions de pharmacie qu'ils auiseront bon estre, pour eprouuer ledit aspirant.

7. Lesdits professeurs empescheront qu'on ne propose aux aspirans autres questions que de la pharmacie.

8. L'ancien professeur député de pharmacie portera la parole de la reception ou renuoy de l'aspirant à Monsieur le Lieutenant ciuil, ou autre tel iuge qu'il appartiendra.

9. Les apothicaires s'abstiendront, sur les peines portées par les arrests de la cour, de donner aucun médicament aux malades sans l'ordonnance et conseil d'vn médecin de la Faculté de Paris, ou approuué d'icelle.

10. Lesdits apothicaires ne receuront ny executeront aucune ordonnance de qui que ce soit se disant medecin empirique ou opérateur, quel qu'il puisse estre, sinon les docteurs de ladite Faculté, ou approuuez d'icelle, sur les mesmes peines.

11. L'aspirant, auant que d'estre presenté à Monsieur le Lieutenant ciuil, signera les presens articles, qui seront mis dans vn liure fait à ce sujet, qui sera mis tous les ans par le doyen de la Faculté entre les mains de l'ancien professeur député : promettra ledit aspirant de les entretenir et executer, et de porter honneur et respect à tous les docteurs de la Faculté de medecine de Paris.

Tovs lesquels articles promettent les gardes et *iurez au nom de toute la communauté des maistres apothicaires de Paris*, faire executer et entretenir par tous et chacun d'eux en general et en particulier successivement; et à cet effet ont signé de leurs propres mains lesdits articles, tant pour eux que pour les gardes leurs successeurs. Et où aucun desdits maistres apothicaires formast opposition à l'execution et entretenement desdits articles et qu'il en falust plaider au parlement ou ailleurs, promettent lesdits gardes se ioindre à ladite Faculté pour l'execution desdits articles : et s'obligent, en outre, afin d'obuier à ladite opposition et autre empeschement de faire lire le contenu *desdits articles par chacun an en leur chambre, au premier acte qui se fera, en présence des professeurs en pharmacie deputez par la Faculté*, qui en retireront certificat des gardes pour advertir ladite Faculté.

Sur quoy le doyen cy-dessus nommé ayant assemblé la Faculté par vn billet exprès le mercredi dixième septembre mil six cens trente-vn, proposé la grande affection et desir que les apothicaires *auoient de se remettre en l'amitié des médecins leurs pères et bons maistres, remonstré le bien et le profit qui en reviendroit au public;* leus hautement et meurement pesez les susdits articles, la Faculté donna le décret suiuant :

Decretvm salvberrimæ Facultatis medicinæ Parisiensis.

Die mercurij decima septembris, hora a meridie prima, anno Domini millesimo sexcentesimo trigesimo primo, saluberrima medecinæ Facultas legitime libello speciali conuocata super articulis quibusdam à pharmacopœis parisiensibus Facultati per decanum oblatis. Audita per decanum pharmacopœorum parisiensium supplicatione qui in gratiam medicorum redire totis votis exoptabant, perlectis et diligenter examinatis articulis ab iisdem oblatis : censuit parisienses pharmacopœos in gratiam esse admittendos, diligendos eos, et aduersus omnes defendendos ut filios et discipulos obsequentes, præter quos nullos alios artifices conficiendorum et administrandorum remediorum idoneos agnoscit, ratos et gratos habere se articulos propositos, eos esse referendos in nouum codicem ad id destinatum, obsignandos manu quatuor custodum et iuratorum pharmacopœorum, omniumque candidatorum pharmaciæ, priusquam magis-

terium consequantur, singulis annis legendos publice in examine primo pharmacopœorum, præsentibus pharmaciæ professoribus qui ea de re ad facultatem referent per tabellam quatuor iuratorum manu obsignatam. Et sic conclusit Facultas [1].   Moreau, decanus.

La guerre des épiciers et des apothicaires dura plus longtemps et fut plus acharnée : elle prit naissance après l'édit de Charles VIII, de 1484, dont un passage, véritable article 14 de la Charte de 1814, recélait une rédaction amphibologique, où il était dit qu'aucun épicier ne *pourra se mêler du fait et vacation d'apothicairerie*. Cette rédaction devint la matière de diverses interprétations de la part des deux partis ; et bien que cet édit eût stipulé un contrat d'union entre les épiciers et les apothicaires, ses termes ambigus entretinrent dans les deux camps des démonstrations sourdes et peu bienveillantes qui éclatèrent, à plusieurs reprises, en déplorables hostilités.

L'union avait été recherchée par les épiciers, mais le contrat n'avait été accepté par les apothicaires qu'à la condition que les épiciers qui étaient *graissiers, sauciers et chandeliers*, renonceraient à cette branche ignoble et grossière de leur profession.

D'un autre côté, les épiciers se drapant dans les parchemins de leurs titres antérieurs, et voulant s'élever à la hauteur des apothicaires, rappelaient avec vanité qu'en 1312 Philippe-le-Bel *leur avait confié la garde des poids et balances, avec mission de surveiller non-seulement les membres de leur corporation, mais même les gens tenant le poids-le-roi* ; ce qui, ajoutaient-ils, assurait au corps de l'épicerie le droit et la possession, depuis l'année 1312, de vendre toutes les marchandises qui

---

[1] Les Pandectes, p. 84, 85, 86.

se livraient au poids, et parmi lesquelles les drogues pharmaceutiques se trouvaient rangées.

En conséquence les épiciers, marchands d'huile, de sucre et de miel, revendiquèrent le droit de confectionner et de vendre des marchandises dans la confection desquelles entraient ces substances.

Pendant près de deux siècles, les apothicaires ne cessèrent de contester ce droit aux épiciers; mais, par une sentence du Châtelet du 7 novembre 1485, les épiciers furent maintenus *dans le droit et possession de faire et vendre toutes menues compositions d'un ou deux simples avec le miel, d'un ou deux simples avec l'huile, et dans le pouvoir de distiller et de débiter toutes sortes d'eaux.*

C'était leur faire partager le domaine des apothicaires. Courbés sous le poids de cet arrêt, ceux-ci gardèrent le silence pendant longtemps : ce ne fut que deux cents ans plus tard, c'est-à-dire en 1629, alors qu'ils pouvaient se prévaloir des conquêtes que l'art pharmaceutique, sorti de l'ornière de la routine, avait déjà faites, qu'ils relevèrent enfin la tête.

Pendant trois ans, les arrêts et les sentences se multiplièrent à l'infini et se succédèrent à de courts intervalles. Enfin, en novembre 1632, le parlement rendit un arrêt qui concédait aux épiciers la vente des substances qui étaient l'objet des contestations, c'est-à-dire les médicaments simples et les drogues composées foraines. Les premiers comprenaient la rhubarbe, le séné, la manne, la casse et le turbith ; les seconds portaient sur la thériaque, le mithridate, les confections alkermès et hyacinthe, toutes substances qui étaient du ressort de l'épicerie, dont il eût été injuste de dépouiller son commerce, et qu'à bien prendre, les apothicaires ne pouvaient tenir et débiter qu'en qualité d'épiciers.

Cependant, le public ému des récriminations des apothicaires et de leurs clameurs exagérées, avait besoin d'être calmé ; or, pour ramener la tranquillité au sein de la population, le parlement arrêta que les drogues de la deuxième catégorie *seroient déposées au bureau pour y demeurer trois jours et y être visitées par les maîtres et gardes apothicaires-épiciers, et les maîtres et gardes marchands épiciers, en présence des médecins.*

Quant à la préparation des compositions peu importantes et aux manipulations chimiques, le parlement décida que les apothicaires en seraient presque exclusivement chargés; de plus, il ordonna que la distillation des eaux médicinales entrerait dans les attributions de l'apothicaire, et que celle des eaux aromatiques et odoriférantes serait affectée aux épiciers.

Les autres préparations chimiques étaient tirées de l'étranger et rentraient dans le commerce des épiciers, ainsi que le travail des huiles obtenues par expression : celui des huiles préparées par infusion et toutes les préparations avec le miel étaient accordés d'une manière absolue et exclusive aux apothicaires.

Quant au partage des préparations avec le sucre, il ne fut pas nettement défini et laissait beaucoup d'incertitude ; les apothicaires eux-mêmes firent semblant de ne le pas comprendre.

Le parlement, pour répondre à l'objection légitime des épiciers et pour satisfaire le public sur la cherté des drogues, ordonna « qu'à la diligence des maîtres-gardes de l'apothicairerie-épicerie seulement, sans y appeler les épiciers qui ne sont apothicaires, de trois ans en trois ans, par le lieutenant et substitut du procureur général du roi, en présence de trois anciens médecins de la Faculté de Paris et desdits maîtres gardes, taxe seroit faite des sirops de rose, pour y estre ladite taxe mise en pancarte ès boutiques des apothicaires avec

deffence d'y contrevenir sous telle peine que de raison. »
Cette taxe ne fut appenduë qu'une seule fois. Malgré cette désobéissance à la loi, les épiciers se montrèrent indulgents, et l'harmonie se rétablit dans les deux professions [1].

En 1634, le parlement scella par une homologation cette trêve convertie en un traité de paix entre les épiciers et les apothicaires; les privilèges de chacun, les droits de préséance et tout le cérémonial y sont fixés ainsi qu'il suit :

« Le septième jour de mai 1634, lesdites parties étoient en voie d'entrer plus que devant en nouveaux procès, aigreurs et animositez préjudiciables à leur corps et communauté et au bien de leurs affaires et du public; pour lesquels éviter, réunir les deux corps en bonne amitié et intelligence, ôter et retrancher à l'avenir toute occasion, sujet de dissension et de divorce, et faire que toutes choses demeurent égales entre lesdits deux corps, six gardes seront nommés, dont trois parmi les épiciers, et trois parmi les apothicaires; en outre, a été convenu et accordé entre lesdites parties qu'en tout et partout l'alternation sera gardée entre eux, tant pour marcher aux visites, cérémonies, assemblées, nominations aux rapports, contrats et actes judiciaires, desquels ils ne pourront tirer avantage pour la grandeur et l'importance de l'acte.

« Procédant aux dites visitations lesdits maistres et gardes marchands espiciers auront le côté droit, et les maistres et gardes apothicaires-espiciers auront le côté gauche; et néanmoins aux rapports et procès-verbaux desdites visitations lesdits gardes apothicaires-espiciers seront nommez les premiers, et après eux lesdits gardes marchands espiciers.

[1] Les Pandectes, p. 91.

« Et ès assemblées qui se font par lesdits marchands espiciers et par lesdits apothicaires-espiciers en l'église des Augustins de Paris, les marchands espiciers prendront le côté droit le jour de la Saint-Nicolas d'hiver et marcheront les premiers à l'offrande, et à la Saint-Nicolas d'esté lesdits apothicaires-espiciers auront aussi le côté droit et marcheront les premiers à l'offrande.

« Auront la préséance lesdits gardes marchands espiciers et les gardes apothicaires-espiciers, à leur bureau commun, alternativement, et se comporteront ensemblement aux actes communs ainsi qu'ils ont accoustumé [1]. »

Cette transaction, en apparence si fraternelle, n'était qu'un acte diplomatique dicté par la foi punique ; les apothicaires et les épiciers s'embrassaient, mais c'était pour mieux s'étouffer ; des propos malveillants, envenimés, continuaient à s'échanger, et entretenaient une respective inimitié : les apothicaires disaient que les épiciers n'étaient que *des graissiers, des moutardiers et des chandeliers* ; qu'ils devaient être glorieux d'être unis à eux. L'amour-propre blessé est sans miséricorde. Les épiciers répliquaient qu'avant cette union, les apothicaires n'étaient connus que sous le nom d'*herbiers* et de *vendeurs d'apozèmes*, et qu'ils avaient été confondus avec le corps des métiers jusqu'au moment où la communauté des épiciers les avait adoptés.

De nouveaux orages s'amoncelèrent, et la tempête faillit éclater en 1640, au sujet d'un jardin du faubourg Saint-Marcel. Les épiciers reprochèrent aux apothicaires d'avoir volé le patrimoine des pauvres en s'appropriant la maison et le jardin de la rue de l'Arbalète placés dans ce faubourg (c'est aujourd'hui l'École de Pharmacie), et refu-

---

[1] Archives de l'école de pharmacie.

sèrent de partager les frais nécessités pour son entretien. Un Mémoire fut publié par l'avocat *Babille* (le nom est en harmonie avec la profession) pour les maîtres apothicaires contre les épiciers; il y fut répondu par l'avocat Lesueur, de Petiville.

Lorsque je ferai l'histoire de l'école de pharmacie de Paris, je reviendrai sur ces intéressants débats dont les détails ont été en grande partie puisés dans le Mémoire de Babille par les auteurs des Pandectes qui ne l'ont pas cité une seule fois.

Les liens qui unissaient les épiciers aux apothicaires se détendirent de nouveau; pourtant un simulacre de concorde continua encore à régner entre eux pendant environ cinquante ans : mais dans cette période les épiciers envahirent de plus en plus le domaine pharmaceutique. Ils faisaient venir des compositions foraines sans les faire visiter; ils achetaient ailleurs qu'au bureau; ils firent tant enfin qu'ils furent saisis par les apothicaires [1]. Louis XIV, par une déclaration datée de Versailles le 26 avril 1692, essaya en vain de ramener la paix et d'opérer un rapprochement.

En 1698, une saisie faite chez une veuve d'apothicaire suscita de vifs débats, et jeta le plus grand tumulte dans les deux camps. Pour apaiser cette effervescence, le Châtelet rendit en 1736 une sentence qui faisait défense aux épiciers de débiter les eaux, huiles et sirops qui servent à la médecine, ainsi que le sel végétal, le sel de Glauber, le tartre émétique, toutes les préparations chimiques, et d'avoir en leur boutique aucun étalage d'apothicairerie.

Un arrêt du parlement, du 11 juillet 1742, cassa cette sentence.

---

[1] Les Pandectes pharm., p. 92.

Dès lors la législation devint inextricable : les jurisconsultes les plus consommés, les juges les plus équitables finirent par s'égarer au milieu de ce dédale où les procès et les appels se croisaient en mille sens différents, et où des arrêts contradictoires venaient jeter la plus grande confusion en se donnant de mutuels démentis.

Vingt ans se passèrent dans la plus grande anxiété et dans la plus perplexe agitation. Cependant les armées restaient en présence et continuaient à se mesurer. Enfin une nouvelle décision fit triompher la cause des apothicaires : cette décision portait que « les épiciers qui contreviendroient aux règlements en préparant ou en vendant onguents, emplâtres, sirops et autres compositions pharmaceutiques, auroient leur boutique fermée. »

La guerre n'était pas encore terminée, car en 1775 les querelles se rallumèrent plus vives que jamais. L'acharnement était à son comble. Les épiciers, terrassés par la sentence dont il vient d'être question, cherchèrent à se relever en poussant de lamentables plaintes qui s'éteignirent enfin dans un silence de mort, alors que Louis XVI vint jeter le poids de son autorité royale au milieu de ces dissensions qui avaient désolé son royaume pendant trois siècles. Je veux parler de l'édit de 1777.

Dans ce combat, les apothicaires ne cessèrent de poursuivre de leur mépris des hommes qui, sans études spéciales et privés de toute espèce de connaissances, prétendaient disposer à leur gré de la santé publique. Néanmoins les épiciers ne se sont jamais tenus pour battus, et, malgré les lois et ordonnances, ils continuent à débiter de nos jours des préparations qui sont évidemment du ressort de la pharmacie.

Vainqueurs dans cette lutte, les apothicaires n'étaient pourtant pas encore affranchis de toutes tribulations ; leur triomphe sur les épiciers était à peu près stérile, car ils devaient partager, avec les apothicaires royaux, les fruits qu'ils en avaient recueillis.

Pour bien comprendre ce qu'étaient les apothicaires royaux, il faut qu'on sache que, sous l'ancienne monarchie, la cour était comme une espèce de république qui devait se suffire à elle-même; partout où elle se rendait, elle se faisait accompagner d'un personnel de toutes professions : ce personnel était exonéré de toute dépendance à l'égard de ceux de leur profession qui formaient des corporations.

Les apothicaires de la cour avaient organisé eux-mêmes une communauté ayant des règlements distincts et exceptionnels.

En 1642, la maison du roi avait six apothicaires; celle de la reine comptait le même nombre; cinq étaient attachés à celle de Monsieur, frère du roi ; quatre à celle du prince de Condé; la chancellerie en avait un, ainsi que les cent Suisses.

Les apothicaires des maisons royales jouissaient de certains priviléges.

1° Ils avaient titre et droits de maîtrise à Paris et dans toutes les villes du royaume, et pouvaient tenir boutique ouverte ;

2° Les veuves de ces apothicaires commensaux jouissaient, pendant leur viduité, des priviléges de leurs défunts maris, et par conséquent du droit de tenir boutique ouverte à Paris ou ès autres villes du royaume ;

3° Les apothicaires royaux faisaient corps et communauté à Paris; ils avaient des syndics judiciairement établis pour régir leur compagnie, veiller aux malversations et vaquer à la manutention des droits et priviléges attribués aux charges et offices de ceux qui étaient compris dans leurs catalogues ;

4° Ils avaient le droit de *committimus* pour attirer de

tous les endroits du royaume aux requêtes du palais à leur choix, tant en défendant que demandant, et avaient d'ailleurs leurs causes commises en la prévôté de l'hôtel du roi, et par appel, au grand conseil, en toutes espèces civiles et même au fait de police, lorsqu'il s'agissait de la conservation de leurs droits et priviléges;

5° Le roi seul pouvait régler le nombre et l'espèce de charges et priviléges de ces apothicaires, et il n'appartenait à aucune autre cour ni juridiction, si ce n'était au conseil du roi, de connaître de la création ou de la suppression desdites charges;

6° Les priviléges étaient inaltérables, et nul ne pouvait, au préjudice des autres, transiger avec aucune communauté ni avec un particulier;

7° Ils ne pouvaient être examinés que par les médecins de la famille royale;

8° Ils avaient la préférence sur les drogues qui arrivaient au bureau des apothicaires de Paris, et les jurés avaient l'ordre de les faire avertir, aussitôt l'arrivée de celles-ci, pour qu'ils pussent choisir celles qui convenaient au service du roi et des princes;

9° Le syndic devait présider à la visite de leurs boutiques, pour connaître de la validité de leurs charges et dresser procès-verbal des contraventions aux règlements, et en faire rapport aux juges conservateurs de leurs priviléges;

10° Enfin ils ne relevaient, en ce qui concernait leur profession, que des médecins de la famille royale, et leurs drogues n'étaient visitées que par un médecin désigné à cet effet par le premier médecin de la cour.

A bien des reprises, les apothicaires avaient essayé de déshériter leurs confrères royaux de leurs énormes priviléges, et avaient voulu les plier à leur juridiction. Inutiles efforts! le temps seul devait détruire des abus si révoltants qui avaient déjà été en partie déracinés par l'édit de Louis XIV du mois de mars 1707, ainsi conçu :

« Et sur ce qui nous a été représenté que plusieurs personnes, sans aucunes lettres de maîtrise ni certificat de capacité ou de service, se faisoient percevoir des charges d'apothicaires auprès de notre personne et dans notre maison, ordonnons que nul ne pourra être pourvu desdites charges s'il n'a été reçu maître dans quelqu'une des villes de notre royaume, ou si, n'étant pas maître, il ne rapporte pas des certificats de service dans les hôpitaux de nos armées, ou dans l'Hôtel-Dieu de Paris ou des autres villes de notre royaume dans lesquelles il y a parlement ou bailliage royal, desquels certificats en bonne forme ou lettres de maîtrise nous voulons qu'il soit fait mention dans ces provisions à peine de nullité. Si donnons en mandement[1]. »

---

[1] Les Pandectes pharmaceutiques, p. 95 et suivantes.

CHAPITRE XI.

Déclaration de 1777. — Suppression des maîtrises et jurandes. — Création du collége de pharmacie. — Les apothicaires *suivans la cour*, et les apothicaires du roi ou *commensaux*. — Arrêt du conseil d'État du 11 septembre 1778.—Statuts.—Loi organique (1780).—Installation du collége de pharmacie. — Le lieutenant-général de police Lenoir et M. Trévez. — Arrêt du conseil du roi. — Noms des premiers membres du collége de pharmacie. — Leur première délibération. — La grande et la petite livrée. — Discipline des élèves (1783). — Circulaire du comité de salubrité publique (1791). — Décret de l'assemblée nationale (1791). — *Société libre de pharmacie.* — Cause de sa naissance. — Sa constitution. — Liste de ses membres. — Lettre au Préfet de la Seine sur la Société libre de pharmacie.

Aspera tum positis mitescent secula bellis.
Æneis, lib. :, v. 295.

Nulla dies pacem hanc Italis nec fœdera rumpet,
Quo res cumque cadent.....
Ibid., lib. xii, v. 202, 203.

La déclaration du mois d'avril 1777, en confirmant l'édit de Louis XIV du mois de mars 1707, dont nous avons parlé à la fin du chapitre précédent, et en créant le collége de pharmacie, mit fin aux longs différends des épiciers et des apothicaires. Voici cette déclaration :

Art. 1er. Les maîtres apothicaires de Paris et ceux qui, sous le titre de privilégiés, exerçoient la pharmacie dans ladite ville et faubourgs, seront et demeureront réunis pour ne former à l'avenir qu'une seule et même corporation, sous la dénomination de Collége de Pharmacie, et pourront seuls avoir laboratoire et officine ouverte.

II. Lesdits privilégiés, titulaires de charges et qui, à ce titre, sont réunis, ne pourront se qualifier de maîtres en pharmacie et avoir laboratoire et officine à Paris que tant qu'ils posséderont et exerceront personnellement leurs charges; toute location ou cession de privilége étant et demeurant interdite à l'avenir, sous quelque prétexte et à quelque titre que ce soit.

III. Tous ceux qui, à l'époque de la présente déclaration, autres néanmoins que les maîtres et privilégiés compris en l'art. Ier, prétendroient avoir droit de tenir laboratoire et officine ouverte pour exercer la pharmacie ou chimie dans ladite ville et faubourgs, seront tenus de produire leurs titres entre les mains du lieutenant général de police, dans un mois pour tout délai, à l'effet d'être agrégés et inscrits à la suite du tableau des maîtres en pharmacie, ce qui ne pourra avoir lieu qu'après qu'ils auront subi les examens prescrits par les statuts et réglements.

IV. Les maîtres en pharmacie qui composeront le collége ne pourront à l'avenir cumuler l'exercice de l'épicerie; ils seront tenus de se renfermer dans la confection, préparation, manipulation et vente des drogues simples et compositions médicinales, sans que, sous prétexte des sucres, miels, huiles et autres objets qu'ils emploient, ils puissent en exposer en vente, à peine d'amende et de confiscation. Permettons néanmoins à ceux d'entre eux qui, à l'époque de la présente déclaration, exerçoient les deux professions, de les continuer leur vie durant, en se soumettant aux réglements concernant la pharmacie.

V. Les épiciers continueront d'avoir le droit et faculté de faire le commerce en gros des drogues simples, sans qu'ils puissent en vendre et débiter au poids médicinal, mais seulement au poids de commerce; leur permettons néanmoins de vendre en détail, et au poids médicinal, la manne, la casse, la rhubarbe et le séné, ainsi que les bois et racines, le tout en nature, sans préparation, manipulation ni mixtion, sous peine de 500 livres d'amende pour la première fois, et de plus grande peine en cas de récidive. Voulons que les maîtres en pharmacie puissent tirer directement de l'étranger les drogues simples à leur usage, et pour la consommation de leur officine seulement.

VI. Défendons aux épiciers et à toutes autres personnes de fabriquer, vendre et débiter aucuns sels, compositions ou préparations entrant au corps humain en forme de médicaments, ni de faire aucune mixtion de drogues simples pour administrer en forme de médecine, sous peine de 500 livres d'amende, et de plus grande s'il y échoit. Voulons qu'ils soient tenus de représenter toutes leurs drogues lors des visites que les doyen et docteurs de la Faculté de médecine, accompagnés des gardes de l'épicerie, feront chez eux, à l'effet, s'il s'en trouve de détériorées, d'en être dressé procès-verbal signé desdits docteurs et gardes, pour y être pourvu ainsi qu'il appartiendra.

VII. Pourront les prévôts de la pharmacie se transporter dans les lieux où ils auront avis qu'il se fabrique et débite, sans permission et autorisation, des drogues ou compositions chimiques, galéniques, pharmaceutiques ou médicinales, en se faisant toutefois assister d'un commissaire qui dressera procès-verbal de ladite visite, pour, en cas de contravention, y être pourvu ainsi qu'il appartiendra.

VIII. Ne pourront les communautés séculières ou régulières, même les hôpitaux et religieux mendiants, avoir de pharmacie, si ce n'est pour leur usage particulier ou intérieur; leur défendons de vendre et débiter aucunes drogues simples ou composées, à peine de 500 livres d'amende.

IX. Renouvellons, en tant que besoin, les dispositions de l'édit du mois de juillet 1682; en conséquence défendons très-expressément, et sous les peines y portées, à tous maîtres en pharmacie, à tous épiciers et à tous autres, de distribuer l'arsenic, le réalgar, le sublimé et autres drogues réputées poisons, si ce n'est à des personnes connues et domiciliées, auxquelles telles drogues sont nécessaires pour leur profession, lesquelles écriront de suite et sans aucun blanc, sur un registre à ce destiné et paraphé, leurs nom, qualités et demeure, l'année, le mois, le jour et la quantité qu'ils auront prise desdites drogues, ainsi que l'objet de leur emploi.

X. A l'égard des personnes étrangères ou inconnues, ou qui ne sauront pas écrire, il ne leur sera délivré aucune desdites drogues, si elles ne sont accompagnées de personnes domiciliées et connues, qui inscriront et signeront sur le registre, comme il est prescrit ci-dessus. Seront, au surplus, tous poisons et drogues dangereuses, tenues et gardées en lieux sûrs et séparés, sous la clef du maître seul, sans que les femmes, enfants, domestiques, garçons ou apprentis en puissent disposer, vendre ou débiter, sous les mêmes peines.

XI. Permettons aux maîtres en pharmacie de continuer, comme par le passé, à faire dans leurs laboratoires particuliers des cours d'études et démonstrations, même d'établir des cours publics d'études et démonstrations gratuites, pour l'instruction de leurs élèves, dans leur laboratoire et jardin sis rue de l'Arbalètre, à l'effet de quoi ils présenteront chaque année au lieutenant général de police le nombre suffisant de maîtres pour faire lesdits cours à jours et heures fixes et indiqués. Si donnons en mandement.

Les privilégiés dont il est parlé à l'art. Ier de cet édit étaient ce qu'on appelait les apothicaires *suivans la cour*, qu'il ne faut pas tout à fait confondre avec les apothicaires du roi ou *commensaux*. Le réglement du conseil qui régissait ces derniers est du 14 août 1771 ; ils fournissaient, outre les médicaments, certaines confitures, des compotes d'anis, de coriandre et de fenouil, de l'écorce de citron, de l'esprit de vin et quelques liqueurs : ils faisaient encore des paquets de senteur pour les princes.

Les charges des premiers avaient été créées au profit du grand prévôt de France; ils étaient au nombre de six qui, dans le principe, n'étaient assujettis à aucune des règles communes aux autres apothicaires ; mais leur nombre vint à s'accroître, et alors ils se créèrent des règlements particuliers; enfin, une espèce de traité eut lieu entre eux et les gardes jurés, le 2 février 1633 [1].

Ces priviléges étaient inaliénables, mais ils n'en portaient pas moins de préjudice à la corporation, parce qu'ils se trouvaient parfois le partage de l'ignorance qui pouvait avoir assez d'argent pour payer le titre.

Ce furent ces priviléges qui ont été abolis par l'édit de 1777 [2].

Le 10 février 1780, les statuts promis par la déclaration de 1777 furent accordés, afin de mettre un terme aux diverses prétentions et aux difficultés continuelles qu'élevaient les membres du Collége de pharmacie. Dans cet intervalle de trois années, il se présenta naturellement des circonstances où le collége fut appelé à agir; ainsi les candidats demandaient à être reçus apothi-

---

[1] Priviléges et règlements recueillis par Gombet en 1688. — Moyse Charas, sur leur syndic en 1678.

[2] Chéreau. — Extrait du recueil intitulé : Abonnement des Édits, Ordonnances et Règlements rendus sous le règne de Louis XVI, en 1777.

caires; les instructions manquaient; on en référa au conseil, et l'arrêt suivant fut rendu [1] :

Art. I. Les aspirans qui auront atteint l'âge de vingt-cinq ans seront admis à subir les examens ci-après, en remettant préalablement aux prévôts du collége leur extrait baptistaire, un certificat de bonnes vie et mœurs signé de deux notables bourgeois et de deux maîtres dudit collége : ils justifieront aussi préalablement de leurs connoissances suffisantes en langue latine, et de leurs études pendant huit années chez des maîtres en pharmacie, dont quatre au moins dans la ville de Paris.

II. Huitaine après la remise desdites pièces, si les prévôts les jugent suffisantes, ils enverront le nom de l'aspirant chez tous les maîtres : ne pourront cependant délivrer l'immatricule qu'après la huitaine expirée sans opposition, dont si aucune survenoit, il en seroit référé au sieur lieutenant-général de police pour être par lui ordonné ce qu'il appartiendroit.

III. Lorsque l'immatricule aura été délivrée à l'aspirant, et avant que de subir les examens, il sera tenu de déposer dans la caisse du collége, sçavoir : l'aspirant à la maîtrise en pharmacie de Paris, la somme de 3,400 liv.; l'aspirant titulaire de charge, la somme de 1,200 liv., et l'aspirant à la maîtrise de province, la somme de 800 liv., pour être lesdites sommes distribuées ainsi qu'il sera ordonné, se réservant, Sa Majesté, d'expliquer incessamment ses intentions, tant sur l'emploi et distribution desdites sommes, que par rapport aux gagnans maîtrise dans les hôpitaux.

IV. Les examens se suivront au plus tard de mois en mois : le premier, sur les principes de l'art pharmaceutique et sur l'application de ces principes aux opérations;

---

[1] Les Pandectes pharm., p. 110.

le second, sur les plantes et les drogues simples tirées des trois règnes, sur la nomenclature, l'histoire, le choix, la préparation, la conservation et le débit médicinal desdites substances qui lui seront présentées; le troisième sera de pratique et durera trois jours pendant lesquels l'aspirant exécutera seul et publiquement neuf opérations au moins, suivant le Codex, desquelles il exposera la dispensation et fera la démonstration.

V. Dans lesdits examens, l'aspirant sera interrogé par le doyen et deux docteurs de la Faculté de médecine, par les quatre prévôts en exercice, et par onze maîtres tirés au sort, au moment de l'examen, dans l'une des trois colonnes qui formeront le tableau général du collége, dans chacune desquelles seront toujours compris les six démonstrateurs, de façon que tous les membres étant divisés par tiers, seront mandés chacun à leur tour avec les six démonstrateurs; pourront néanmoins tous les maîtres assister à chaque examen, et à cet effet ils seront avertis du jour et de l'heure.

VI. L'aspirant ne pourra être reçu maître que lorsqu'il aura réuni à chaque examen les deux tiers des voix des examinateurs, qui seront données par voie de scrutin, et il ne pourra faire acte de maître qu'après avoir prêté serment devant le sieur lieutenant-général de police en la manière accoutumée. Fait au conseil d'État du roi, Sa Majesté y étant, tenu à Versailles, le 11 septembre 1778.

Deux ans plus tard, les statuts promis furent décrétés. Les voici :

Art. I. Le Collége de pharmacie, que nous avons établi par notre déclaration du 25 avril 1777, ne sera composé que des maîtres en pharmacie et des privilégiés titulaires de charges que nous leur avons réunis; il en sera formé un tableau dans lequel ils seront inscrits par ordre d'ancienneté de réception, sans distinction d'anciens maîtres et de privilégiés titulaires.

II. Les quatre apothicaires de notre corps auront droit d'assister à toutes les assemblées du collége, et d'y occuper les premières places en qualité de prévôts honoraires ; il y aura, en outre, quatre prévôts en exercice et douze députés.

III. Les prévôts en exercice seront chargés de gérer les affaires, et de veiller à l'exécution des règlements ; les assemblées ordinaires seront composées desdits prévôts en exercice et des douze députés ; il y sera délibéré, à la pluralité des suffrages, sur tout ce qui pourra intéresser l'administration dudit collége ; les délibérations qui seront prises dans lesdites assemblées obligeront tout le collége, et ne pourront être exécutées qu'après avoir été homologuées par le lieutenant-général de police.

IV. Les prévôts en exercice ne pourront être élus que parmi ceux qui auront été députés les années précédentes, et les députés ne pourront pareillement être élus que parmi les membres du Collége qui auront dix ans de réception, sans cependant qu'un père, un fils, un gendre, un frère, un beau-frère puissent être élus prévôts dans la même année, ni que les députés puissent être nommés deux fois de suite.

V. Pour éviter toute discussion lors de l'élection des prévôts et des députés, voulons qu'il y ait toujours parmi les prévôts et adjoints en exercice un titulaire de charge au moins, ainsi que parmi les députés, quatre au moins d'entre eux. Lesdits prévôts et députés resteront en place pendant deux années, et il en sera renouvelé une moitié chaque année, sans que sous aucun prétexte ils puissent être continués dans leurs dites qualités, ni même que les prévôts puissent devenir députés dans l'année qui suivra celle de leur exercice. Les élections des uns et des autres se feront par voie de scrutin, dans une assemblée générale indiquée par le lieutenant-général de police dans le courant du mois de juin.

VI. Les quatre prévôts, dont les deux plus anciens en exercice présideront alternativement aux assemblées, seront chargés de la recette et dépense des deniers du collège, et ils en demeureront solidairement garants et responsables ; ils seront tenus d'en rendre compte chaque année, et il ne leur sera passé aucune dépense extraordinaire qu'elle n'ait été ordonnée par une délibération autorisée par le lieutenant-général de police.

VII. Les prévôts et les députés s'assembleront au moins deux fois par mois, à jour fixe, pour délibérer sur les affaires courantes ; lesdits prévôts convoqueront chaque année deux assemblées générales, dans lesquelles ils donneront connoissance à tous les membres des délibérations qui auront été prises dans les assemblées particulières, et proposeront ce qui leur paroîtra convenable au maintien de la discipline et à l'honneur de la profession.

VIII. Le Collége de Pharmacie ouvrira tous les ans, pour l'instruction des élèves, des cours publics et gratuits de chimie, pharmacie, botanique et histoire naturelle ; à l'effet de quoi il sera nommé, dans l'assemblée générale, trois démonstrateurs, et trois adjoints pour les remplacer en cas de décès, de maladie ou autre empêchement légitime. Lesdits cours se feront à jour et heure fixes ; les démonstrateurs seront nommés au moins pour six années et pourront être continués ; les adjoints se conformeront aux principes du démonstrateur qu'ils suppléeront.

IX. Les aspirans qui auront atteint l'âge de vingt-cinq ans seront admis à subir l'examen ci-après en remettant préalablement aux prévôts du collége leur extrait baptistaire, un certificat de bonnes vie et mœurs signé de deux notables bourgeois et de deux maîtres dudit collége. Ils justifieront aussi préalablement de leur connoissance suffisante en langue latine, et de leurs études pendant huit années chez des maîtres en pharmacie, dont quatre au moins dans la ville de Paris.

(Les art. X, XI, XII, XIII et XIV sont les mêmes que les art. II, III, IV, V et VI de l'arrêté du conseil d'État de 1778 ci-dessus rapporté.)

XV. N'entendons rien innover en ce qui concerne le privilége de l'Hôtel-Dieu et l'Hôpital des Incurables, dont les élèves continueront à être admis à gagner leurs maîtrises après avoir subi les examens prescrits devant les médecins ordinaires, les expectans et l'inspecteur de l'apothicairerie dudit Hôtel-Dieu ou hôpital et devant deux des prévôts ou adjoints du Collége de Pharmacie, qui seront invités d'assister auxdits examens, et en présence des administrateurs desdits hôpitaux.

Et après que lesdits gagnans maîtrise auront servi pendant dix années dans l'un desdits hôpitaux, ils seront reçus maîtres dans ledit collége, sans autre examen, sur le certificat dudit service qui leur sera délivré par les administrateurs dudit hôpital.

XVI. Outre la visite annuelle de la Faculté de médecine, accompagnée des quatre prévôts, chez tous les maîtres en pharmacie, lesdits quatre prévôts en feront deux autres, chaque année, dans les laboratoires desdits maîtres et des veuves; ils dresseront procès-verbal de ces visites pour être pourvu aux contraventions, si aucune y a, suivant l'exigence des cas; chaque maître ou veuve sera tenu de payer 6 livres par chacune desdites deux visites, dont les prévôts compteront; pourront au surplus faire autant de visites qu'ils jugeront nécessaires, sans frais.

XVII. Les veuves des maîtres en pharmacie jouiront du droit de tenir officine, pendant leur viduité seulement, à la charge que chacune desdites officines sera sous la direction d'un maître, au choix de la veuve, et que ledit maître remettra aux prévôts en exercice sa soumission de fournir l'officine de proviseurs qui aient vingt-cinq ans accomplis et cinq années de travail chez un des maîtres du collége.

XVIII. Les élèves qui sont actuellement chez les maîtres, et ceux qui s'y présenteront par la suite, seront tenus de se faire inscrire, dans le mois, sur les registres du collége, ce qu'ils réitéreront chaque fois qu'ils changeront d'officine, le tout sans frais; seront aussi tenus les maîtres d'avertir les prévôts de la sortie de leurs élèves, et de fournir les noms de ceux qu'ils prendront pour les remplacer.

XIX. Aucun des maîtres composant le Collége de Pharmacie ne pourra, sous quelque prétexte que ce soit, avoir de société ouverte qu'avec les maîtres de ladite profession.

(Les droits et frais de réception sont conformes à ceux énoncés dans l'arrêté du conseil d'État de 1778.)

C'est le lundi, 30 juin 1777, qu'eut lieu l'installation du Collége de Pharmacie. Voici le procès-verbal de cette cérémonie, tel que le comporte le registre des délibérations du Collége :

« Monsieur Lenoir, conseiller d'État, lieutenant-général de police, s'est transporté au Collége de Pharmacie, rue de l'Arbalète, où avoient été invités par ses ordres tous les maîtres en pharmacie, tant ceux de l'ancien régime que ceux qui sont titulaires de charges des maisons royales et de priviléges du grand-prévôt. Cette convocation a été faite par billets imprimés, signés de MM. Trévez et Simonnet, indicatifs de l'heure donnée par le magistrat, pour trois heures précises de relevée, pour l'installation dudit Collége de Pharmacie.

MM. les apothicaires du corps du roi ont été invités à cette installation par une lettre particulière, et s'y sont rendus au nombre de trois, sçavoir : MM. Habert, Jomard et Forgeot. M. Martin, l'un des quatre, n'ayant pu s'y rendre, s'en est excusé par une lettre très-obligeante qu'il a écrit (sic) à MM. les prévôts, dans laquelle il allègue la nécessité de sa présence *auprès de la reine, qui avoit pris médecine ce même jour*. M. Guindre, apothicaire du corps de Madame, y est aussi venu.

M. le lieutenant-général de police est arrivé à quatre heures, comme il l'avait promis; il a été reçu à la descente du carrosse par les chefs et plusieurs membres de la compagnie. En entrant dans la grande salle, il a été accueilli par des applaudissements universels de toute l'assemblée où étoient nombre de personnes étrangères qui ont témoigné, en battant des mains, la satisfaction qu'ils partageoient avec la compagnie du nouvel établissement qui alloit s'opérer. Ce magistrat ayant pris place dans un fauteuil qui lui étoit préparé, a commencé par prononcer un discours flatteur et obligeant pour la compagnie, dont la teneur suit [1] :

« Messieurs,

« Le roi, par son édit du mois d'août dernier, a annoncé qu'il n'entendoit pas comprendre dans ses dispositions le corps des apothicaires. Sa Majesté qui s'étoit réservé de s'expliquer sur ce qui concerne la profession de pharmacien, vient, par sa déclaration du mois d'a

---

[1] Il avait été décidé par les membres du collége de pharmacie, dans une de leurs délibérations, que ce discours et ceux prononcés lors de l'ouverture des cours ne seraient pas publiés.

vril dernier, de vous ériger en collége comme exerçant une profession honorable, une des branches de la médecine. Ces lois établissent une distinction que méritoit sans doute un art précieux à l'humanité. Le désir du bien public et l'affection *pour ses peuples* sont des qualités qui caractérisent le souverain qui nous gouverne tous ; ce sont les objets auxquels tendent toutes ses actions ; il les inspire à tous ses sujets.

« Vous repondrés (sic) dignement à ses vues, Messieurs, unis par les mêmes principes, les mêmes sentiments. Cessant d'être compris dans une classe de citoyens honnêtes et recommandables, mais livrés à un commerce qui n'exige pas comme votre art des études profondes, vous étendrés vos connoissances ; par vos sages leçons, vous les perpetuerés et vous jouirés d'un avantage plus grand encore que celui dont Sa Majesté vous a honorés, celui d'être utiles à vos concitoyens.

« Pour y parvenir, il est nécessaire de vous donner des règlements : Sa Majesté permet que vous les lui proposiez. La formation de ces règlements demande un travail suivi qui, ne pouvant être confié au collége entier, sera l'ouvrage des membres principaux qui vont être nommés pour le représenter, et en même temps pour diriger et pourvoir aux détails et affaires de son administration.

« Tel est l'objet de l'arrêt du conseil de Sa Majesté ; je suis flatté qu'en me chargeant de l'exécution de ses volontés elle m'ait mis à portée de vous donner un témoignage authentique de mes sentiments

« Avant de déclarer le choix que Sa Majesté m'a autorisé à faire pour cette fois seulement, il est nécessaire d'en donner connoissance. »

Ensuite M. Collot, secrétaire de M. le lieutenant général de police, donne lecture de l'arrêt du conseil en parchemin, portant création du collége de pharmacie.

« Le roi s'étant fait représenter en son conseil sa déclaration du 25 avril dernier, par laquelle, entre autres dispositions, Sa Majesté s'est réservé de donner au collége des maîtres en pharmacie des statuts pour régler la police intérieure dudit collége sur les mémoires qui lui seroient présentés, Sa Majesté auroit reconnu que, pour mettre les membres dudit collége à portée de s'occuper tant de la rédaction des mémoires tendants à obtenir lesdits statuts que des autres affaires qui intéressent ledit collége, il étoit nécessaire de nommer dès à présent des prévôts et adjoints pour gérer provisoirement les affaires communes, ainsi que des maîtres pour représenter le corps sous le titre de députés ; qu'enfin il n'étoit pas moins intéressant de statuer aussi provisoirement sur la manière de procéder tant à la réception des maîtres en pharmacie qu'à la nomination des démonstrateurs des cours publics et gratuits qui doivent être établis en exécution de ladite déclaration, à quoi voulant parvenir, ouï le rapport du sieur Taboureau, conseiller d'État et ordinaire au conseil royal, contrôleur général des finances ;

« Le roi étant en son conseil a ordonné et ordonne que, dans une assemblée générale des maîtres en pharmacie et des titulaires de charges, laquelle sera incessamment convoquée et tenue par le sieur lieutenant général de police, il sera nommé par lui d'office, pour cette fois seulement, deux prévôts et deux adjoints parmi les maîtres et titulaires de charges qui auront au moins dix ans de réception, lesquels seront chargés, sçavoir : les prévôts, pendant une année, et les adjoints, pendant deux années, dont la seconde en qualité de prévôts, de l'administration des affaires, de la manutention des revenus, ainsi que de la police parmi les membres et élèves dudit collége, et de l'exécution des règlements. Ordonne pareillement Sa Majesté que, dans la même assemblée, il sera choisi par le sieur lieutenant général de police, dans le nombre des maîtres qui auront au moins six ans de réception, douze députés, lesquels représenteront ledit collége pendant une année seulement, et formeront en ladite qualité, avec les prévôts et adjoints qui les présideront, les délibérations qui intéresseront les droits dudit collége, et rédigeront le projet des nouveaux statuts, sans néanmoins que les délibérations qu'ils auront prises puissent être exécutées qu'après avoir été duement homologuées ou autorisées par le sieur lieutenant général de police. Veut et entend Sa Majesté que, jusqu'à ce que lesdits nouveaux statuts aient été homologués en la forme ordinaire, aucun des aspirans à la maîtrise en pharmacie, autres néanmoins que les titulaires de charges et les gagnans maîtrise dans les hôpitaux, sur lesquels Sa Majesté se réserve d'expliquer ses intentions, ne puisse être reçu membre dudit collége qu'après avoir subi trois examens par le doyen, les deux docteurs de la Faculté de médecine, professeurs de pharmacie, et par les prévôts dudit collége, et huit maîtres tirés au sort au commencement de chaque examen ; le premier desquels examens sera fait sur les principes de l'art pharmaceutique, et sur l'application des principes aux compositions tant galéniques que chimiques ; le second, sur les plantes et les drogues simples tirées des trois règnes, et le troisième, des neuf opérations tant galéniques que chimiques, suivant le *Codex*, à l'effet de quoi le récipiendaire sera examiné sur ses connoissances suffisantes dans la langue latine. Ordonne en outre Sa Majesté, qu'en attendant la fixation des droits et frais de réception, laquelle sera faite et arrêtée par lesdits statuts, chaque récipiendaire sera tenu de déposer ès mains des prévôts et adjoints, et immédiatement avant son admission parmi les membres dudit collége, la somme de 3,000 livres, dont l'emploi et la répartition seront faits ainsi qu'il sera réglé par lesdits statuts.

« Veut Sa Majesté que dans la même assemblée générale ci-dessus ordonnée, il soit nommé par le sieur lieutenant général de police le nombre suffisant de maîtres pour commencer incessamment les cours publics et gratuits autorisés par l'art. 11 de la déclaration du 25 avril dernier. Enjoint au sieur lieutenant général de police de tenir la main à l'exécution du présent arrêt, jusqu'à ce que, par Sa Majesté, il en ait été autrement ordonné.

« Fait au conseil d'État du Roy, Sa Majesté y étant, tenu à Versailles, le 14e jour de juin 1777.

« Signé AMELOT. »

Lecture faite de l'arrêt du conseil, M. le lieutenant général de police a nommé, en exécution dudit arrêt, pour la première année, les prévôts et adjoints, les députés pour le conseil du collége, et les démonstrateurs pour les différents cours établis par le Roy en faveur des élèves.

En voici la liste :

Prévôts et adjoints : MM. Trévez, Brun, Simonnet, Becqueret.

Députés : MM. Gillet, Richard, Vassou, Demoret, Pia, Bataille, Laborie, Tassart, Rouelle, Delacour, Charlard, Bayen.

Prévôts honoraires perpétuels, par acclamation : MM. les quatre apothicaires du corps du Roy.

Démonstrateurs pour le cours de chimie : MM. Mitouard, Brongniart, Deyeux, Sage.

Démonstrateurs pour la botanique et l'histoire naturelle des médicaments : MM. Demachy, Valmont de Bomare, Buisson, Parmentier.

Et ensuite ont été aussi nommés députés par le magistrat MM. Desprez et Cheminard, derniers sortis de charge [1].

Après avoir nommé les prévôts, députés et démonstrateurs, M. le lieutenant général de police a adressé au collége les paroles suivantes :

« Le choix que je viens de déterminer eût été le vôtre, sans doute; vous aviés élu en la qualité de gardes les prévôts, et la réputation distinguée dont ils jouissent, ainsi que les députés et les professeurs, avoient prévenu mon choix.

« Le nombre eût été plus considérable si j'eusse dû appeler tous ceux qui peuvent mériter votre suffrage et le mien. Cependant, Messieurs, j'aurois à me reprocher mon silence sur les quatre maîtres en pharmacie qui, spécialement et par état, sont appelés auprès de Leurs Majestés.

« Quoique leur service ne leur permette pas de veiller continuellement à l'administration particulière de vos affaires, vous devez tout attendre de leurs soins et de leurs lumières, et il me semble que vous leur devez, ainsi qu'à la confiance dont Leurs Majestés les honorent, une place distinguée parmi vous.

« J'ai pensé que cette distinction, respectivement honorable, seroit le vœu commun du collége ; je me flatte que je n'ai fait que lire dans vos cœurs, et que c'est m'unir à votre délibération de vous proposer de les prier par ma voix, et par une acclamation unanime, d'accepter un titre qui leur donnera perpétuellement parmi vous des droits capables de procurer un nouveau lustre au collége, et de lui mériter de plus en plus la protection de Sa Majesté. »

---

[1] Extr. des arch. de l'école de pharm. — Procès-verbal d'installation (ce procès-verbal est signé par M. Lenoir).

La séance a été terminée par un discours de remerciement que M. Trévez, premier prévôt, a adressé à M. le lieutenant général de police. Voici la teneur de ce discours :

« Monsieur,

« Une époque à jamais mémorable dans les fastes de la pharmacie, votre présence au milieu de nous, les paroles de bonté que nous venons d'entendre, tout est fait, en ce jour, pour des sentiments qui demanderoient un plus brillant interprète.

« Ils sont arrivés pour la pharmacie de cette capitale les temps de justice et d'illustration.

« Libre du poids d'une antique et fatale alliance, cette profession ne gémit plus loin du rang où étoit appelée une des parties de la médecine.

« Un collége de pharmacie a fondé aux maîtres de cet art un nouvel état assorti au fonds d'études qu'il exige.

« Des prétentions tyranniques, prévalant sur l'utilité publique, ne fermeront plus la bouche aux maîtres en pharmacie dans l'enceinte de leurs propres écoles, où vont désormais s'ouvrir aux élèves les vraies sources de leur instruction.

« Rivalité de titres et de qualités, fléau de l'ordre et de la paix, vous disparoissés d'entre les membres de la pharmacie, et vous vous perdés sous le lien heureux d'une seule et même confraternité.

« Le domaine de la pharmacie, mieux défendu contre les entreprises marchandes, ne se verra plus en proie à des ravages qui, doublement coupables, exposoient le public aux plus grands malheurs, en même temps qu'ils frustroient le pharmacien du fruit de son état.

« Quels encouragements (réparant trois siècles de disgrâces) viennent animer les études et le service de la pharmacie !

« Quelle nouvelle ardeur donnée à l'émulation d'artistes et qui, devançant les faveurs du thrône, elle n'a pas attendu jusqu'à présent pour se signaler de la manière la plus éclatante !

« Quels progrès assurés à l'art et à la perfection de ses secours vont servir les plus chers intérêts de l'humanité souffrante !

« Ainsi, dans ses bienfaits envers la pharmacie, un monarque adoré marque d'un nouveau monument les attentions paternelles de son amour pour ses sujets.

« En installant le collége de pharmacie, vous consommés, Monsieur, l'existence d'un corps qui vous doit trop pour que la reconnoissance de ses membres ne perpétue pas dans tous les âges l'hommage que vous consacrent nos premiers moments.

« Soyés toujours, Monsieur, le génie tutélaire d'un corps qui offre à votre protection des artistes citoyens que touche moins la fortune que la considération, tout entiers aux devoirs et à l'honneur de leur état, s'associant aux actes de votre bienfaisance patriotique par un désintéressement tributaire des besoins de l'indigence.

« Nous, Monsieur, à qui l'honneur de votre choix a décerné les fonctions de présider au régime naissant du collége de pharmacie, heureux de trouver dans les dispositions de nos confrères le gage de cette précieuse harmonie, le lustre et le bonheur du corps, que ne nous est-il donné de réunir le pouvoir des talents au zèle qui nous anime ! nous entrerions dans cette carrière avec plus de confiance de voir remplir le plus cher de nos vœux, en méritant les suffrages de votre satisfaction et de celle du collége. »

La première délibération du collége de pharmacie est du 11 juillet 1777. Cette délibération, relative à la nomination de M. Lemembre comme avocat du collége ès conseils du roi, est signée par MM. Delacour, Charlard, Simonnet, Trévez, Vassou, Becquerel, Bataille, Tassart, Rouelle, Bayen, Richard et Gillet.

Le 24 avril 1777, l'autorisation suivante fut accordée au collége :

« Charles-Eugène de Lorraine, prince de Lambesc, duc d'Elbeuf, pair et grand-écuyer de France, chevalier des ordres du roy, gouverneur et lieutenant-général pour Sa Majesté en la province d'Anjou, gouverneur particulier des ville et château d'Angers et du Pont-de-Cé, et grand sénéchal héréditaire de Bourgogne, mestre de camp, propriétaire du régiment de Lorraine ;

« Nous certiffions à tous ceux qu'il appartiendra, avoir permis comme par ces présentes nous permettons au collége de pharmacie de faire porter à son suisse la grande livrée du roy, et à ses concierges, jardiniers et domestiques, la petite livrée de Sa Majesté, consistante en habit, veste et culotte bleus, doublés d'aumale écarlate, les boutons argentés, et la veste galonnée d'un galon de quatorze lignes, et ce tant qu'il nous plaira.

« CHARLES-EUGÈNE DE LORRAINE, prince de Lambesc.

« Par Son Altesse :

« MÜLLER [1]. »

Les statuts que je viens de rappeler s'occupaient principalement des maîtres et des formes de réception. Il intervint une ordonnance de police du 23 avril 1783 qui régla les dispositions relatives à la discipline des maîtres

---

[1] Extr. des arch. de l'école de pharm.

en pharmacie ; cette ordonnance se compose de sept articles qui portent sur les devoirs et les droits réciproques des maîtres et des élèves.

Ce fut dans cet état de choses qu'en 1789 l'Assemblée nationale trouva tout ce qui se rapportait à l'exercice et à l'enseignement de la pharmacie.

Le collége de pharmacie est la seule compagnie savante qui ait traversé la révolution sans en éprouver les outrages : il est resté debout au milieu des ruines ; et tandis que les factions mettaient la patrie en lambeaux et renversaient les monuments du génie, les pharmaciens de Paris s'assemblaient paisiblement pour se communiquer leurs lumières [1].

L'Assemblée nationale accepta donc le collége de pharmacie tel que l'avait créé la déclaration de 1777; mais, obligée ensuite d'introduire dans toutes les institutions quelques innovations réclamées plus ou moins impérieusement par le temps, elle chargea son comité de salubrité publique, présidé par le fameux Guillotin, de prendre près des directoires des quatre-vingt-trois départements du royaume toutes les informations nécessaires sur l'état de la pharmacie en France. Il résulta du rapport fait à l'Assemblée par Livré, membre de ce comité, que la profession de pharmacien était exercée par des hommes indignes et dépourvus des qualités requises. Un décret sanctionné par le roi, le 17 avril 1791, disposa que nul ne pouvait exercer la pharmacie, sous les peines portées par les lois et par les règlements concernant cette profession, s'il n'avait été reçu ainsi qu'ils le prescrivaient. Toutefois ce décret ne suffisait pas à tous les besoins et ne remédiait pas à tous les abus.

Entre le collége de pharmacie et la création des écoles

---

[1] Rapport au tribunat sur la loi qui établit les écoles de pharmacie.

de ce nom, une Société fut fondée et exista pendant quelques années sous la dénomination de *Société libre de Pharmacie de Paris.*

L'acte constitutif de cette Société est du 30 ventôse an IV. Cet acte porte que les pharmaciens détermineront, par un règlement qui sera arrêté en assemblée générale, l'organisation et la discipline intérieure de la Société, et les conditions nécessaires pour y être admis par la suite.

Il stipule :

Art. IV. Provisoirement, et en attendant que ce règlement soit fait, la Société sera dirigée par quatre commissaires pris dans son sein, savoir : les citoyens *Boilleau*, *Trusson*, *Buisson* et *Bacoffe*, que la Société charge de lui présenter incessamment un projet d'organisation, et qui pourront la convoquer et présider les assemblées.

Art. V. Nous déclarons pareillement que notre intention est de perpétuer l'établissement d'instruction fondé par les pharmaciens de Paris; et nous nous engageons mutuellement à continuer de faire dans notre laboratoire et jardin, sis rue de l'Arbalètre, des cours et démonstrations publics et gratuits de chimie, de pharmacie, de botanique et d'histoire naturelle.

Examinons les causes qui ont donné naissance à cette Société.

Le collége de pharmacie avait été établi, on doit se le rappeler, par la loi du 25 avril 1777 : les pharmaciens de Paris composant ce collége avaient formé depuis longtemps, à leurs frais, un établissement d'instruction relative à l'art de guérir, dans leurs laboratoire et jardin situés rue de l'Arbalètre où ils faisaient des cours publics et gratuits de chimie, de pharmacie, de botanique, d'histoire naturelle, terminés chaque année par une distribution solennelle de prix d'émulation en faveur des élèves qui s'étaient le plus distingués par leurs talents et leurs connaissances. L'utilité reconnue de cet établissement lui mérita d'être maintenu provisoirement par la loi du 17 avril 1791 concernant l'enseignement et l'exercice de la pharmacie, et tacitement par celle du 14 frimaire an III portant création d'*écoles centrales de santé*.

Les pharmaciens de Paris, animés du désir de porter cet établissement au plus haut degré de perfection, se réunirent le 30 ventôse an IV, conformément à l'article ccc de la constitution, en Société libre, Société qui avait pour objet de concourir aux progrès des sciences et des arts, et notamment de la pharmacie, de la chimie, de la botanique et de l'histoire naturelle, et qui admettait dans son sein, comme associés libres et correspondants, les savants, soit français, soit étrangers, adonnés à l'étude des sciences naturelles. Le directoire exécutif, pour donner à cette partie de l'instruction publique les encouragements nécessaires, confirmait, par arrêté du 3 prairial suivant, rendu sur le rapport du ministre de l'intérieur, ce même établissement sous le titre d'*École gratuite de Pharmacie* dont le personnel fut primitivement établi ainsi qu'il suit :

Jean-Nicolas Trusson, directeur ;

Jean-Pierre-René Chéradame, directeur adjoint ;

Edme-Jean-Baptiste Bouillon-Lagrange, secrétaire ;

Simon Morelot, secrétaire adjoint.

Professeurs et Adjoints.

CHIMIE. *Vauquelin, Bouillon-Lagrange ; Bouriat*, adjoint.

PHARMACIE. *Morelot, Trusson ; Nachet*, adjoint.

HISTOIRE NATURELLE. *Demachy, Dizé, Martin.*

BOTANIQUE. *Guiart* père, *Sagot ; Guiart* fils, adjoint.

La Société se composait de 123 membres : il y avait en outre 17 associés libres et 48 correspondants.

Le 26 ventôse an v, le directoire exécutif adressa à la Société une lettre ainsi conçue :

Le Directoire exécutif à la Société libre des Pharmaciens de Paris.

« Le directoire a reçu, citoyens, la lettre par laquelle vous lui donnez avis de l'ouverture de vos séances ; il regrette de ne pouvoir prendre sur ses fonctions le temps d'assister à une cérémonie si intéressante pour les amis des sciences et de l'humanité.

« Pour le directoire exécutif, le secrétaire-général,

« Signé Lagarde. »

Le règlement de la Société de Pharmacie a été clos et arrêté dans la séance du 15 thermidor an xi.

Il importe maintenant de faire connaître une lettre du président de cette société au préfet du département de la Seine.

« *Société de Pharmacie de Paris.* Le président de la Société libre des Pharmaciens de Paris, séant à l'École spéciale de Pharmacie, rue de l'Arbalètre, à Monsieur le comte de Chabrol, conseiller d'État, préfet de la Seine.

« Monsieur le Comte,

« Pour répondre au désir de Son Excellence le ministre secrétaire d'État de l'Intérieur, j'ai l'honneur de vous transmettre les renseignements que vous m'avez demandés par votre lettre du 4 mars 1818.

« Le Collége de Pharmacie, établi par la loi du 25 avril 1777, et composé de tous les pharmaciens reçus et établis à Paris, avait formé, *à ses frais*, un établissement d'instruction relative à l'art de guérir dans leur laboratoire et jardin situés rue de l'Arbalètre ; on y faisait des cours publics et gratuits de chimie, de pharmacie, de botanique et d'histoire naturelle. L'utilité de cet établissement lui mérita d'être maintenu par la loi du 17 avril 1791 concernant l'enseignement et l'exercice de la pharmacie. Les pharmaciens de Paris, animés du désir de porter cet établissement au plus haut degré de perfection, se sont réunis le 30 ventôse an IV, conformément à l'article 300 de la Constitution, ainsi conçu : *Les citoyens ont le droit de former des établissements particuliers d'éducation et d'instruction, ainsi que des sociétés libres pour concourir aux progrès des sciences, des lettres et des arts*, et ils se sont constitués en société libre pour suivre l'étude de la pharmacie. Cette société a admis dans son sein, comme associés libres et correspondants, les savants des autres départements et des pays étrangers. Le Directoire exécutif, voulant donner à cette partie de l'instruction publique les encouragements nécessaires, a, par son arrêté du 3 prairial an V, rendu sur le rapport du ministre de l'intérieur, confirmé ce même établissement sous le titre d'*École gratuite de Pharmacie*.

« Depuis cette époque, Monsieur le Comte, on a changé l'organisation de l'instruction publique; le Collège de Pharmacie a été supprimé, le gouvernement s'est emparé de la propriété immobiliair (*sic*), on y a fondé l'École spéciale de Pharmacie dont les professeurs, conformément à la loi du 21 germinal an XI, sont chargés des cours publics et des réceptions : mais la Société libre des Pharmaciens, toujours réunie dans le même local, a continué ses travaux.

« La Société de Pharmacie a compté et compte dans son sein les chimistes les plus distingués de France, *Four-*

croy, Vauquelin, Pia, Deyeux, Bayen, Parmentier, Baumé, Chaptal, Guyton de Morveau, etc., tous membres de l'Institut.

« Tous les ans elle propose une ou deux questions de prix, soit pour le perfectionnement de l'analyse, soit pour provoquer des recherches sur quelques produits peu connus, soit pour l'amélioration des procédés pharmaceutiques. L'émulation que ces prix excitent a déjà procuré des perfectionnements très-avantageux; l'art de la distillation, l'extraction de la matière sucrée des végétaux, la pharmacologie et la pharmacie proprement dite, ont dû une grande partie de leurs progrès au zèle que la Société a su inspirer à ses membres et à ses correspondants. Enfin, c'est au milieu de cette Société que le *Journal de Pharmacie* a pris naissance; ce recueil intéressant, qui forme déjà neuf volumes in-8°, renferme les observations les plus curieuses et les plus utiles sur la chimie, l'histoire naturelle, la thérapeutique et la pharmacie.

« La Société a douze séances par an; elle s'assemble le 15 de chaque mois : les frais de bureau et de correspondance, les jetons de présence, la somme des prix qu'elle distribue, sont payés par une contribution volontaire de 36 f. par an que donne chaque membre résidant. Jamais la Société de Pharmacie n'a coûté un sol au gouvernement; jamais elle n'a sollicité ni reçu aucun encouragement; elle ne demande à l'autorité que la protection spéciale qu'a droit d'espérer toute réunion d'hommes utiles dont les travaux ont pour but unique le progrès des sciences, des arts et des lettres.

« J'ai l'honneur, Monsieur le Comte, etc.

« CADET DE GASSICOURT. »

L'accusé de réception de cette lettre par la préfecture

de la Seine est du 22 avril 1818, et a été adressé à M. Cadet de Gassicourt, président de la Société libre des Pharmaciens de Paris.

Considérée au point de vue historique, cette lettre est intéressante en ce sens qu'elle fait connaître le lien d'union entre le Collége de Pharmacie supprimé, et l'Ecole de Pharmacie, actuellement existante; de plus, elle fait voir que l'*École gratuite de Pharmacie*, lors de la promulgation de la loi du 21 germinal an XI, contenant organisation des écoles de pharmacie, s'est fondue pour disparaître dans la Société de Pharmacie qui subsiste encore [1].

[1] Extr. des arch. de la Soc. de pharm.

CHAPITRE XII.

Loi du 21 germinal an XI (11 avril 1803). — Création des écoles de pharmacie de Paris, de Montpellier et de Strasbourg. — Imperfections, lacunes, contradictions et inconséquences de la loi du 21 germinal an XI. — Sage critique de cette loi par un pharmacien *Amentais*. — Résumé des lois et règlements concernant les écoles de pharmacie, les élèves et les pharmaciens. — Nouveau déluge de pharmacopées pendant le XVIIIe siècle.

Deliberandum est diu, cum statuendum est semel.
Publii Syri *Sententiæ*.

Enfin fut promulguée la loi du 21 germinal an XI, qui créa une école de pharmacie à Paris, à Montpellier et à Strasbourg. L'École de Pharmacie de Paris fut organisée par l'arrêté du gouvernement du 25 thermidor an XI, et mise en activité par un autre arrêté consulaire du 15 vendémiaire an XII, qui nommait aux places d'administrateurs et de professeurs créées par la loi et par l'arrêté précédents. Cette loi de germinal, qui constitue la législation actuelle de la pharmacie en France, est tellement connue, que ce serait perdre un temps précieux et faire injure à mes lecteurs que de la reproduire intégralement; mais je veux en faire ressortir les vices en plaçant en regard de ses principales dispositions une fine et judicieuse critique qui en a été faite en 1843 par la *Gazette Médicale* de Montpellier, et qui a été insérée dans le *Journal de Pharmacie*, t. 4, p. 155. Le voile de l'allusion, dont cette critique s'enveloppe, est tellement transparent, qu'on ne peut se méprendre sur le but et l'intention de son spirituel auteur.

Messieurs, dit celui-ci :

Dans un voyage que je viens de faire à bord de l'*Alkékenge*, j'ai eu l'occasion de recueillir des observations sur la manière dont s'exerce la pharmacie dans différentes contrées du globe ; j'en ai fait, pour ma satisfaction particulière, une série d'articles dont quelques-uns contiennent des faits infiniment curieux.

J'ai pensé que cette narration pourrait avoir quelque intérêt pour ceux de vos lecteurs qui aiment l'histoire de l'art, non qu'elle puisse offrir aucun enseignement utile, ni mettre sur la voie des améliorations ; mais elle aura l'attrait qui s'attache toujours aux choses lointaines, et qui diffèrent de nos usages et de nos mœurs.

Ce sera comme ces récits que les voyageurs nous font de la religion de certains peuples ; on les lit pour satisfaire sa curiosité ; on rit de leurs absurdes cérémonies ; elles amènent quelquefois à des considérations philosophiques sur les aberrations de l'esprit humain, et, loin d'être porté à se soumettre à ces croyances ridicules et superstitieuses, on n'en apprécie que mieux le bonheur de vivre dans la véritable religion.

Je regrette peu d'ailleurs qu'on ne trouve dans ces quelques lignes aucune idée neuve, aucun principe réformateur, aucune méthode bonne à imiter ; quel besoin en avons-nous ? Je n'oublie pas que j'écris en France, et je serais voué au ridicule si j'avais la prétention de rapporter d'un pays sauvage des règles et des leçons à la nation *la plus éclairée, la plus sage, la plus philosophique et la mieux civilisée.*

Je vous entretiendrai aujourd'hui de notre art dans l'Amentie.

J'y ai séjourné longtemps ; notre vaisseau s'étant trop approché de la côte éprouva de fortes avaries : il fallut débarquer, et pendant mon séjour à terre je me liai avec un pharmacien de qui j'appris les détails que je vais vous transmettre, et dont j'ai eu l'occasion de vérifier l'exactitude.

Dans cette vaste contrée, la pharmacie n'est pas une profession libre; son exercice est réglé par des lois; elle a par conséquent des rapports avec les magistrats, et je crois qu'il est utile, avant tout, et pour plus d'intelligence, de vous donner une idée sommaire de la législation générale du pays, afin de mieux apprécier la législation pharmaceutique, l'influence que les magistrats ont sur les pharmaciens, et l'appui que ces derniers trouvent auprès d'eux.

L'Amentie a des institutions tout à fait analogues à celles de certains pays de l'Europe; elle a une espèce de charte ou *loi suprême*, qui est fondamentale et sacrée; elle a ensuite des myriades de lois de plus ou moins de valeur, et qui sont divisées en plusieurs catégories sous des noms peu aisés à traduire avec une irréprochable fidélité, mais que l'on peut désigner par les expressions suivantes : *lois générales, lois secondaires, lois transitoires, lois éphémères, lois exiguës, lois infimes*, etc., etc. La distinction nominale de ces lois indique les différents pouvoirs qui les ont émises ; mais quelle que soit leur origine, elles sont toutes exécutoires, et l'on ne saurait les enfreindre sans être punissable.

La charte ou loi suprême n'a qu'un seul article qui n'a jamais été changé, et qu'on n'essaierait de modifier qu'au risque d'une sanglante révolution. Cet article est ainsi conçu :

Il n'y a pas de bonne règle sans exception.

Quant aux autres lois, elles peuvent toutes être modifiées, mais il ne paraît pas qu'elles puissent jamais être rapportées. Aussi se borne-t-on, lorsqu'une loi est devenue surannée, ridicule, gênante, contradictoire avec d'autres lois, ou inapplicable dans quelques-unes de ses dispositions, à lui opposer une nouvelle loi qui la modifie, en retranche des paragraphes, en supprime certaines conditions, ou les rend exécutoires en un sens opposé à l'esprit primitif; et rien n'est si aisé, puisque dans l'Amentie les lois nouvelles, même les *exiguës*, même les *infimes*, peuvent entamer les lois anciennes, à quelque catégorie qu'elles appartiennent, sans pourtant jamais les annihiler. La seule condition que l'on exige formellement de toutes ces lois nouvelles, sous peine de nullité, c'est qu'elles ne portent aucune atteinte à l'inviolabilité de la charte, et qu'elles demeurent soumises au grand principe :

Il n'y a pas de bonne règle sans exception.

Ces indications sommaires sur l'état de la législation du royaume d'Amentie suffiront, je pense, pour suivre l'organisation de l'exercice de la pharmacie telle qu'elle existe actuellement dans ce royaume.

Il y a environ quatre cent quatre-vingts lunes que l'Amentie possède une loi *générale*, rendue par les premiers pouvoirs de l'Etat, qui règle tout ce qui est relatif à l'étude et à l'exercice de la pharmacie.

Bien que cette loi ait déjà une date ancienne et qu'elle se trouve un peu en dehors et en dessous des progrès de la pharmacie, des mœurs et des opinions actuelles, elle renferme néanmoins une foule de dispositions sages et d'une heureuse application, et si elle n'avait pas été gâtée par ce malheureux principe de la charte dont les Amentais sont pourtant si fiers et si jaloux, je ne saurais trouver mauvaise une pareille organisation.

Mais cette fatale obéissance à la loi *suprême*, qui pèse sur tout ce qui se produit dans l'Amentie, a tellement perverti toutes les parties de cette loi qu'elle est demeurée ridicule, sans portée, sans unité, sans logique, et qu'elle est plutôt un prétexte pour les abus et les désordres, qu'une règle pour le maintien d'une bonne organisation. Jugez-en par l'analyse que je vais faire et dans

DES APOTHICAIRES.

laquelle je procéderai article par article, et en observant les divisions principales.

La loi est divisée en quatre titres :

Dans le premier, la loi s'occupe d'abord de la condition fondamentale, celle qui a pour but l'enseignement de la science; elle pourvoit à la création de trois écoles; elle institue des chaires pour toutes les branches des sciences physiques et naturelles, et elle impose aux professeurs l'obligation d'ouvrir annuellement les cours destinés à l'instruction des élèves.

Un article si sagement conçu aurait eu la plus salutaire influence sur les progrès et le perfectionnement de l'art, si les législateurs de l'Amentie, par respect pour la loi suprême, et craignant d'ailleurs un cas de nullité, ne s'étaient crus obligés d'y faire des exceptions. Ils n'en ont admis qu'une, bien suffisante, sans contredit, puisqu'en vertu de cette exception, les neuf dixièmes des aspirants peuvent se dispenser de suivre les cours, et de rien apprendre sur la théorie de l'art et sur les sciences accessoires.

Le second article, destiné à maintenir l'exécution régulière

Loi du 21 germinal an XI (11 avril 1803).

TITRE PREMIER.

Art. 1er. Il sera établi une école de pharmacie à Paris, à Montpellier, à Strasbourg, et dans les villes où seront placées les trois autres écoles de médecine, suivant l'article 25 de la loi du 11 floréal an x. (*Ces trois dernières écoles de pharmacie n'ont pas été établies.*)

Art. 2. Les écoles de pharmacie auront le droit d'exa-

de la loi, investit les professeurs de ces écoles du droit de surveiller et de signaler aux autorités les abus qui pourraient se glisser dans l'exercice de la pharmacie; et sur leur avis les magistrats punissent les infractions qui leur sont déférées. Toutefois, pour ne pas porter atteinte à la charte, les magistrats laissent soigneusement un très-grand nombre d'usurpations et de désordres sans répression aucune.

Dans le second chapitre, la loi règle ce qui concerne les élèves.

Elle veut que le temps d'études pratiques que les élèves feront chez les pharmaciens soit constaté par un registre d'inscription tenu dans les écoles ou par les maires.

Mais, pour ne pas violer la loi suprême, une foule d'individus font exception à cette règle et produisent, après trois ou quatre ans de stage, des certificats de six ou huit ans, sans autre contrôle du maire que la légalisation de la signature.

Aucun article n'est conçu avec un plus grand esprit de déférence pour la charte d'Amentie que celui qui est relatif à la fixa-

miner et de recevoir, pour toute la République, les élèves qui se destineront à la pratique de cet art; elles seront de plus chargées d'en enseigner les principes et la théorie dans des cours publics, d'en surveiller l'exercice, d'en dénoncer les abus aux autorités, et d'en étendre les progrès.

TITRE II.

Art. 6. Les pharmaciens des villes où il y aura des écoles de pharmacie, feront inscrire les élèves qui demeureront chez eux, sur un registre tenu à cet effet dans chaque école : il sera délivré à chaque élève une expédition de son inscription, portant ses nom, prénom, pays, âge et domicile; cette inscription sera renouvelée tous les ans.

Art. 7. Dans les villes où il n'y aura point d'école de pharmacie, les élèves domiciliés chez les pharmaciens seront inscrits dans un registre tenu à cet effet par les commissaires généraux de police, ou par les maires.

Art. 8. Aucun élève ne pourra prétendre à se faire recevoir pharmacien, sans avoir exercé pendant huit années au moins son art dans des pharmacies légalement établies. Les élèves qui auront suivi pendant trois ans les cours donnés dans une école de pharmacie, ne seront tenus, pour être reçus, que d'avoir résidé trois autres années dans ces pharmacies.

tion du temps et des conditions exigées des élèves pour se présenter aux examens. Les exceptions sont si importantes, qu'on ne sait vraiment ni ce qui est la règle, ni ce qui constitue l'exception. Ainsi, la durée totale des études est fixée à huit ans, mais elle peut être réduite à six, au choix du candidat. Les élèves doivent justifier qu'ils ont, pendant huit ans au moins, pratiqué et exercé la pharmacie. Toutefois, il sera loisible aux élèves de réduire ce noviciat à une durée de trois ans. Les aspirants devront exhiber des certificats d'inscriptions constatant qu'ils ont suivi les cours institués spécialement pour eux dans les écoles de pharmacie; néanmoins il sera loisible à tout le monde de se présenter sans avoir jamais mis le pied à l'école. On est également apte dans tous les cas, et les professeurs ne doivent faire aucune distinction entre ces divers candidats.

Je trouve que cet article pouvait être conçu d'une manière beaucoup plus concise; il n'y avait qu'à copier la règle des Thélémites : *Fais ce que tu voudras.*

D'après les dispositions contenues dans le troisième titre, les examens doivent avoir lieu devant les professeurs de l'école de pharmacie, afin que les questions soient posées par des examinateurs expérimentés, et les réponses appréciées par des hommes que leur savoir et leur spécialité rendent tout à fait propres à juger la capacité du candidat.

Toutefois, comme un hommage indispensable à la loi suprême, la même loi décide que les dix-neuf vingtièmes au moins des candidats seront examinés par des juges improvisés et ramassés dans tous les coins de l'Amentie, qui n'auront jamais été professeurs, et dont plusieurs n'auront même jamais suivi les cours.

De plus, comme deux exceptions sont encore plus honorables qu'une, la même loi décide qu'aux juges spéciaux qu'elle désigne, il sera toujours, même dans les écoles de pharmacie, adjoint deux juges pris en dehors de la classe des pharmaciens, qui n'auront jamais étudié ni pratiqué la pharmacie, et qui poseront des questions et jugeront les réponses, sans avoir étudié les

TITRE III.

Art. 11. L'examen et la réception des pharmaciens seront faits, soit dans les six écoles de pharmacie, soit par les jurys établis dans chaque département pour la réception des officiers de santé, par l'article 16 de la loi du 19 ventôse an XI.

Art. 12. Aux examinateurs désignés par le gouvernement pour les examens dans les écoles de pharmacie, il sera adjoint, chaque année, deux docteurs en médecine ou en chirurgie, professeurs des écoles de médecine : le choix en sera fait par les professeurs de ces écoles.

Art. 13. Pour la réception des pharmaciens par les jurys de médecine, il sera adjoint à ces jurys, par le préfet de chaque département, quatre pharmaciens légalement reçus, qui seront nommés pour cinq ans et qui pourront être continués. A la troisième formation des jurys, les pharmaciens qui en feront partie ne pourront être pris que parmi ceux qui auront été reçus dans l'une des six écoles de pharmacie créées par la présente loi.

premières, et sans comprendre les secondes.

Un paragraphe de ce chapitre énonce formellement que les examens seront les mêmes devant les professeurs ou les juges improvisés. Partant, il reconnaît un égal mérite aux candidats des deux catégories. Aussi jouissent-ils également les uns et les autres du droit d'exercice public de la pharmacie, sans distinction ni réserve aucune en ce qui touche le service des malades, sans que rien annonce au dehors la différence de mérite et de capacité; mais, pour ne laisser passer aucune circonstance sans témoigner du plus profond respect pour la charte, il est convenu qu'il y aura quelques exceptions : 1° les lauréats reçus par les juges improvisés ne pourront pas le devenir à leur tour ; 2° si quelque place est ouverte au concours, fussent-ils les plus habiles, ils sont exclus de la lice; 3° les pharmaciens reçus par les professeurs auront la permission exceptionnelle et énormément avantageuse de courir tout le pays d'Amentie avec leur pharmacie à leur suite, tandis que ceux reçus par le jury improvisé resteront internés dans le département où il aura tenu ses séances.

La loi générale exige, pour que les pharmaciens apportent à l'exercice de leur profession toute la sagesse nécessaire, qu'ils soient âgés de vingt-cinq ans au moins : mais le vizir, jaloux de prouver sa vénération pour la charte, rend de temps en temps des lois temporaires qui réduisent cet âge de deux ou trois ans. Aux termes de la même loi, le pharmacien doit présenter son diplôme au chef de la tribu au milieu de laquelle il doit se fixer, et prêter serment d'exercer son art avec délicatesse et probité; mais le fanatisme pour la charte du pays engage un grand nombre de pharmaciens à faire exception, et les chefs de tribu n'ont garde d'affaiblir ce juste sentiment de déférence à la charte d'Amentie.

Les pharmaciens, comme nous l'avons vu plus haut, subissent, aux termes de la loi, les mêmes examens devant l'une ou l'autre espèce de juges : le nombre des examinateurs est le même dans les deux colléges. Les frais à payer par les candidats sont fixés

Art. 16. Pour être reçu, l'aspirant, âgé au moins de vingt-cinq ans accomplis, devra réunir les deux tiers des suffrages des examinateurs. Il recevra, des écoles ou des jurys, un diplôme qu'il présentera, à Paris, au préfet de police, et dans les autres villes, au préfet du département; devant lequel il prêtera le serment d'exercer son art avec probité et fidélité. Le préfet lui délivrera, sur son diplôme, l'acte de prestation de serment.

Art. 17. Les frais d'examen sont fixés à 900 francs dans les écoles de pharmacie, à 200 francs pour les jurys. Les aspirants seront tenus de faire en outre les dépenses des opérations et des démonstrations qui devront avoir lieu dans leur dernier examen.

DES APOTHICAIRES.

TITRE IV.
Police de la Pharmacie.

Art. 21. Dans le délai de trois mois après la publication de la présente loi, tout pharmacien ayant officine ouverte, sera tenu d'adresser copie légalisée de son titre, à Paris, au préfet de police, et dans les autres villes, au préfet de département.

Art. 22. Ce titre sera également produit par les pharmaciens, et sous les délais indiqués, aux greffes des tribunaux de première instance dans le ressort desquels se trouve placé le lieu où ces pharmaciens sont établis.

Art. 25. Nul ne pourra obtenir de patente pour exercer la profession de pharmacien, ouvrir une officine de pharmacie, préparer, vendre ou débiter aucun

à 180 thalaris; et pour prouver que cette règle est bonne, on y ajoute une exception qui réduit à 40 thalaris les frais à payer devant les juges improvisés.

Le premier article du quatrième chapitre renouvelle pour tous les pharmaciens l'injonction d'adresser au chef de la tribu une copie de leur titre, et cela s'exécute, sauf un nombre assez considérable d'exceptions destinées à confirmer la règle.

Une semblable injonction est faite à tous les pharmaciens pour produire leur titre aux greffes des tribunaux, et rien ne démontre mieux à la fois le respect pour les lois et pour la charte que la manière dont les pharmaciens l'observent. Quelques-uns obéissent pour prouver qu'il y a règle, d'autres n'en font rien pour rendre la règle bonne par exception; quant aux greffiers, ils ne prennent jamais l'initiative, parce qu'ils sont tenus de professer une soumission plus complète à la charte d'Amentie.

Un autre paragraphe interdit, de la manière la plus formelle, à quiconque n'a pas été reçu pharmacien, la préparation, la vente et même simplement le débit d'aucun médicament, s'il n'a été reçu suivant les formes voulues jusqu'à ce jour, ou s'il ne l'est dans l'une des écoles de pharmacie, ou par l'un des jurys, suivant celles qui sont établies par la présente loi, et après avoir rempli toutes les formalités qui y sont prescrites.

Cet article est le frein le plus utile contre les empiètements de tout genre qui pourraient déshonorer une si respectable profession, et contre les dangers infiniment graves qui pourraient compromettre la santé publique, si la préparation et le débit des remèdes venaient à être usurpés par des gens sans instruction. Aussi, de peur qu'une disposition si précieuse ne manquât de toute la considération nécessaire, et ne fût même frappée de nullité si elle était privée de ce qui constitue les bonnes règles selon la charte, elle est suivie d'un autre article qui confère, par exception, le droit d'exercice de la pharmacie à tout individu qui, sans l'avoir étudiée, sans l'avoir pratiquée, sans avoir suivi de cours spéciaux et sans avoir été assujetti à aucun examen, aura, pendant six ans, accompagné dans ses visites un individu qui ne professe, ne pratique ni ne sait la pharmacie.

Pour rendre la surveillance des pharmaciens facile et complète, la loi porte que les chefs des tribus dresseront annuelle-

Art. 27. Les officiers de santé établis dans les bourgs, villages ou communes où il n'y aurait pas de pharmaciens ayant officine ouverte, pourront, nonobstant les deux articles précédents, fournir des médicaments simples ou composés aux personnes près desquelles ils seront appelés, mais sans avoir le droit de tenir une officine ouverte.

Art. 28. Les préfets feront imprimer et afficher, chaque année, les listes des pharmaciens établis dans les différentes villes de leur département; ces listes contiendront les noms, prénoms des pharmaciens, les dates de leur réception, et le lieu de leur résidence.

Art. 29. A Paris, et dans les villes où seront placées les nouvelles écoles de pharmacie, deux docteurs et professeurs des écoles de médecine, accompagnés des membres des écoles de pharmacie, et assistés d'un commissaire de police, visiteront, au moins une fois l'an, les officines et magasins des pharmaciens et droguistes, pour vérifier la bonne qualité des drogues et médicaments simples et composés. Les pharmaciens et droguistes seront tenus de représenter les drogues et compositions qu'ils auront dans leurs magasins, officines et laboratoires. Les drogues mal préparées ou détériorées, seront saisies à l'instant par le commissaire de police; et il sera procédé ensuite conformément aux lois et règlements actuellement existants.

Art. 31. Dans les autres villes et communes, les visites indiquées ci-dessus seront faites par les membres des jurys de médecine, réunis aux quatre pharmaciens qui

ment la liste des pharmaciens, avec l'indication de leur titre; mais les chefs de tribu, plus jaloux de montrer leur respect pour la charte que pour la loi, multiplient à qui mieux mieux les exceptions, et laissent écouler jusqu'à vingt ans sans s'occuper des listes.

Vient enfin un article qui offre la plus sûre de toutes les garanties à la loyauté d'exercice si importante chez le pharmacien. En vertu de cet article, des commissions sont instituées avec le mandat d'inspecter, au moins une fois l'an, les officines des pharmaciens; mais, dans le plus grand nombre de tribus, il paraît, tous les ans, une loi *éphémère* qui rend cette visite impossible, toujours pour rendre hommage à cette loi suprême : *Il n'y a pas de bonne règle sans exception.*

Une loi aussi complète ne pouvait manquer de contenir des dispositions relatives au maintien de la dignité de pharmacien.

Elle défend d'une manière expresse de vendre aucun remède secret, et interdit aux pharmaciens tout autre commerce que celui des préparations médicinales; mais il eût été compromettant d'avoir un article de loi qui, contrairement à la charte d'Amen!ic, n'aurait pas eu quelques exceptions : aussi le gouvernement tolère-t-il, et même jusqu'à un certain point, encourage-t-il la vente des remèdes secrets en mettant un prix et un privilége à ce délit. Il lui a suffi, pour cela, de faire une loi *transitoire*, d'autant plus louable qu'elle constituait une exception tout à fait exorbitante, ce qui prouve d'autant sa fidélité à la loi suprême.

Quant à la défense du cumul de plusieurs industries, ni la loi générale, ni aucune loi exiguë n'ayant songé à pourvoir à une exception, bon nombre de pharmaciens, dans l'excès de leur dévouement à la charte, y ont pourvu d'eux-mêmes : l'un vend le poivre et la chandelle, l'autre donne des bains; celui-là tient un estaminet, et ainsi de suite; au moyen de quoi la loi se trouve à l'abri de tout reproche, puisqu'elle est loin de manquer d'exceptions.

L'article suivant confère le monopole des préparations pharmaceutiques aux pharmaciens, et interdit la vente des remèdes leur sont adjoints par l'article 13.

Art. 32. Les pharmaciens ne pourront livrer et débiter des préparations médicinales, ou drogues composées quelconques, que d'après la prescription qui en sera faite par des docteurs en médecine ou en chirurgie, ou par des officiers de santé, et sur leur signature.

Ils ne pourront vendre aucun remède secret.

. . . . Ils ne pourront faire, dans les mêmes lieux ou officines, aucun autre commerce ou débit que celui des drogues et préparations médicinales.

Art. 33. Les épiciers et droguistes ne pourront vendre aucune composition ou préparation pharmaceutique, sous peine de 500 francs d'amende. Ils pourront continuer de faire le commerce en gros des drogues simples, sans pouvoir néanmoins en débiter aucune au poids médicinal.

Art. 36. Tout débit au poids médicinal, toute distribution de drogues et préparations médicamenteuses sur des théâtres ou étalages, dans les places publiques, foires et marchés, toute annonce et affiche imprimée qui indiquerait des remèdes secrets, sous quelque dénomination qu'ils soient présentés, sont sévèrement prohibés. Les individus qui se rendraient coupables de ce délit seront poursuivis par mesure de police correctionnelle, et punis conformément à l'article 183 et suivants du code des délits et des peines.

à tous autres. Ici encore la loi suprême courait grand risque d'être méconnue, puisque la loi ne contenait aucune exception; mais, grâce aux épiciers, droguistes et confiseurs, il n'y a plus rien à craindre à cet égard. On pourrait plutôt s'attendre à voir la loi étouffée par les exceptions.

Enfin, après avoir pourvu à tout ce qui concernait la pharmacie, la loi a songé aux intérêts généraux de la population, et elle a voulu la mettre à l'abri de toute escroquerie et la protéger contre sa propre crédulité. Elle a sévèrement prohibé toute distribution de drogues sur des théâtres ou étalages, dans les places publiques, foires ou marchés, ainsi que toutes annonces ou affiches imprimées qui indiqueraient des remèdes secrets, sous quelque dénomination qu'ils soient présentés.

A l'abri de ces précautions, le peuple ne saurait plus être abusé ou trompé. Il fallait seulement que cette loi précieuse ne fût pas incomplète, selon l'esprit de la charte, et on a eu le soin d'y apporter assez d'exceptions pour lui assurer une grande excellence. Aussi une foule de gens sans aveu, sans titre, sans instruction, parcourent-ils la plupart des villes du royaume pour vendre et débiter des remèdes dans les foires et marchés, sur des tréteaux, théâtres ou étalages. On a soin, pour cela, de rendre dans chaque ville une loi *infime* en leur faveur.

Et d'autre part, les murs des mairies, tribunaux, préfectures et autres établissements publics sont soigneusement et élégamment tapissés, en mille couleurs variées, des plus pompeuses annonces de remèdes secrets avec approbation du gouvernement.

Rien ne saurait donner une juste idée de ce pharmacien Amentais me déroulant avec naïveté les pitoyables institutions pharmaceutiques de son pays. Pour moi, je n'ai pas besoin de dire que si je n'avais été retenu, d'une part, par un juste sentiment de convenance, de l'autre, par ma curiosité qui aurait pu n'être qu'incomplétement satisfaite si je m'étais abandonné à quelque manifestation ironique, je l'aurais cent fois arrêté dans son récit pour lui faire sentir tout ce qu'il y avait de ridicule, d'inconséquent et de contradictoire dans une telle législation. »

Cette loi du 21 germinal an xi, dont je viens de faire ressortir les imperfections avec le secours d'une plume spirituelle et railleuse, a subi, dans le cours du demi-siècle qui vient de s'écouler depuis sa promulgation, quelques modifications réglementaires qui l'ont améliorée, sinon complétée.

Les lois et les règlements concernant l'administration des écoles de pharmacie, et les rapports des écoles avec les élèves et les pharmaciens exerçants, sont :

1° L'arrêté réglementaire du 25 thermidor an XI (13 août 1803), sur l'organisation de la pharmacie;

2° L'ordonnance royale du 27 septembre 1840 sur les écoles de pharmacie;

3° L'ordonnance royale du 13 octobre 1841 sur les écoles préparatoires de médecine et de pharmacie;

4° Le règlement de finances du 27 novembre 1841, relatif aux écoles de pharmacie;

5° L'arrêté ministériel du 15 octobre 1847 sur les examens semestriels dans les écoles de pharmacie.

Quant aux lois et règlements se rapportant exclusivement à l'exercice de la pharmacie, ce sont :

1° Le décret du 25 prairial an XIII, relatif à la vente de certains remèdes;

2° Le décret du 18 août 1810, concernant les remèdes secrets;

3° Le décret du 26 décembre 1810, prorogeant le délai fixé par le décret précédent;

4° L'avis du conseil d'État du 9 avril 1811;

5° La circulaire ministérielle du 19 avril 1828 concernant les remèdes secrets;

6° L'ordonnance de police du 21 juin 1828;

7° La lettre du ministre du commerce et des travaux publics du 22 août 1831, concernant les remèdes secrets autorisés;

8° La loi du 5 juillet 1844, sur les brevets d'invention;

9° Le décret du 3 mai 1850, sur les remèdes nouveaux;

10° La circulaire ministérielle du 2 novembre 1850, relative à l'exécution du décret précédent ;

11° La loi du 19 juillet 1845, sur la vente des substances vénéneuses ;

12° L'ordonnance du 29 octobre 1846, portant règlement sur la vente des substances vénéneuses ;

13° Le décret du 8 juillet 1850, modifiant le tableau annexé à l'ordonnance du 29 octobre 1846 ;

14° La loi du 1ᵉʳ avril 1851, pour la répression des fraudes dans la vente des marchandises [1].

Il n'entrait pas dans mon plan, quoique j'eusse pu aisément le faire, de donner *in extenso* les lois, décrets et ordonnances que je viens de mentionner ; mon rôle d'historien consistait seulement à les indiquer d'une manière complète, et à les signaler comme formant la base sur laquelle repose la législation qui régit aujourd'hui l'enseignement et l'exercice de la pharmacie en France.

Le XVIIIᵉ siècle a été d'une fécondité exubérante au point de vue des pharmacopées ; il en a vu éclore, dans les différentes contrées de l'Europe, un nombre considérable, dont je reproduis la liste donnée, il y a quelques années, par MM. Henri et Guibourt.

1701. *Pharmacopœa extemporanea*, de Fuller, à Londres. Théodore Baron en a donné une édition en 1768.

1702. *Pharmacopée de Bruxelles.*

1705. *Pharmacopœa Suecica.*

1718. *Dispensaire anglais du Collége des médecins de Londres, par John Quincy*, traduit en français par Clousier, en 1745.

1722. *Pharmacopœa Edinburgensis.*

---

[1] Guibourt, Manuel légal des Pharmaciens, 1852.

1725. *Pharmacopœa* Argentoratensis.
1726. — Ratisbonensis.
1738. — Lagana (La Haye).
1738. — Madritensis.
1741. — Leodiensis (Liége).
1747. James. *Pharmacopœa universalis. Londini.*
1750. *Pharmacopœa* Wirtenbergica. Ouvrage estimé pour sa matière médicale.
1751. *Pharmacopœa Leidensis.*
1752. Jean-Frédéric Cartheuser. *Tabulæ formularum prescriptioni inservientes* : Franccfurti, ed. secunda.
1754. William Lewis. *Nouveau Dispensaire*, contenant : 1° la chimie pharmaceutique; 2° les noms et qualités des médicaments simples; 3° les préparations et compositions des pharmacopées de Londres et d'Édimbourg ; 4° les formules des médecins les plus célèbres; traduit de l'anglais en français, en 1803.

1762. *Éléments de pharmacie théorique et pratique*, par Antoine Baumé, né à Senlis, en 1728.

Cet ouvrage est, sans contredit, un des meilleurs traités de pharmacie pratique qui aient paru. Baumé était de l'Académie des Sciences, et si ses discussions avec Fourcroy ne l'ont pas empêché d'être associé à l'Institut, elles ont nui à sa réputation comme chimiste, et ont empêché qu'on appréciât assez un autre ouvrage non moins important qu'il avait publié en 1773 sous le titre de *Chimie expérimentale et raisonnée.* Baumé est mort à Paris le 3 octobre 1804, âgé de 77 ans.

1764. *Dispensatorium pharmaceuticum universale*, de Daniel-Guillaume Triller. Francfort-sur-le-Mein.

1766. *Richard de Hautesierck. Formulæ medicamentorum nosodochiis militaribus adaptæ. Parisiis.*

1771. *Pharmacopœa helvetica.*

1772. — *Danica.*

1780. — *Genevensis, ad usum nosocomiorum.*

1782. *Pharmacopœa Rossica.*

1782. *Plenck. Pharmacologia chirurgicalis. Viennæ.*

1782. *Pharmacia rationalis eruditorum examini subjecta*, par *Philippe-Jacob Piderit.*

1782. *Dispensatorium Brandenburgicum.*

1783. *Spielmann. Pharmacopœa generalis. Argentorati.*

1786. *Dispensatorium universale à Christ. Frider. Reuss.*

1788. *Pharmacopeia Coll. regal. medicorum Londinensis.*

1788. *Manuel du Pharmacien*, par *Jacques Demachy*, membre de l'Académie des Sciences, chef de la Pharmacie centrale des hôpitaux de Paris.

1799. *Pharmacopœa Borussica.*

CHAPITRE XIII.

ÉCOLE DE PHARMACIE DE PARIS.

Origine de l'École de Pharmacie de Paris. — Nicolas Houël, maître apothicaire-épicier. — Le palais des Tournelles. — Les *Enfants rouges* du Marais. — La maison de la *Charité chrétienne*. — Édit de Henri III. — L'hôpital de l'Ourcine ou de Saint-Marcel, fondé par Marguerite de Provence, veuve de saint Louis. — Il devient la propriété de Guillaume de Chanac, évêque de Paris. — Charles Audens, successeur de Nicolas Houël. — Ses tribulations. — La maison de Sainte-Valère convertie en hôtel des invalides sous Henri IV. — Elle est rendue à sa première destination en 1606. — Usurpation de l'Université de Paris. — Arrêt de 1624. — Prétentions et cupidité des chapelains. — Résignation des apothicaires. — Les *vieux fossés*. — La rue de l'Arbalète. — Mauvaise foi des épiciers. — Vives contestations. — Édit de 1777. — Description architecturale inédite de l'École de Pharmacie, par M. Guibourt. — Liste des professeurs nommés depuis la création de l'École. — Dates de leur promotion. — Personnel et enseignement actuels. — Costume des professeurs. — Sceau de l'École.

L'histoire de l'école de pharmacie de Paris se trouve disséminée dans Félibien, L'Étoile, Dulaure, dans les lettres patentes de Henri III et de Henri IV, et dans le plaidoyer de Babille. Ces différents fragments, que j'ai compulsés et patiemment collationnés, ont été recueillis et coordonnés avec un soin si scrupuleux par les auteurs des *Pandectes*, que je crois ne pouvoir mieux faire que d'en extraire les principaux passages.

Lorsque florissaient les corporations, celle des épiciers-apothicaires avait, comme toutes les autres, une chambre commune qui était, pour ainsi dire, le chef-lieu de la corporation. La maison située rue de l'Arbalète, qui, avec ses dépendances, forme aujourd'hui la propriété de l'école de pharmacie de Paris, ne fut jamais le *bureau* de la corporation, mais seulement une fondation pieuse, faite d'abord par un membre de la corporation, et entretenue, plus tard, par tous les apothicaires réunis. Cette maison devint, au dix-huitième siècle, l'occasion de longs débats et de violentes récriminations contre les pharmaciens qu'on accusait d'avoir envahi le bien des pauvres.

J'appelle toute l'attention du lecteur sur l'origine de cette maison si intéressante à plus d'un titre.

Nicolas Houël, épicier et reçu maître apothicaire en 1548, sous Henri II, un des hommes les plus recommandables de son siècle, lorsque la contagion du fanatisme dévorait une partie de la population de Paris [1], s'était acquis, par son étude et ses talents, une immense réputation [2]. Parvenu en 1576 à un âge avancé, sans enfants, et n'ayant aucuns parents dans le besoin, il conçut le dessein de fonder un établissement charitable qui pût porter son nom. En conséquence, il présenta à Henri III une requête [3] tendant à obtenir licence pour la fondation d'une *maison de charité* dont l'objet principal serait de *nourrir et instituer* des enfants orphelins *à* la *piété, aux bonnes lettres et en l'art d'apothicairerie,* et où seraient préparés et fournis aux pauvres honteux de Paris tous

---

[1] Dulaure, Hist. de Paris, t. IV, p. 182.

[2] Nicolas Houël était un pharmacien instruit et lettré ; il a exercé la charge de garde de l'apothicairerie en 1548. Il a publié en 1571 un ouvrage intitulé *Pharmaceutices libri duo*, et, en 1573, un *Traité de la Thériaque et du Mithridate.* On cite encore de lui un *Traité de la Peste,* une *Histoire des François,* et un manuscrit appartenant à la Bibliothèque nationale, ayant pour titre : *Histoire de la royne Artemise,* et destiné à Catherine de Médicis. (Guibourt, *œuvre inédite.*)

[3] Félibien, Hist. de Paris, t. III, p. 721.

médicaments convenables dans leurs maladies ; et pour le lieu de cet établissement, il demandait au roi qu'il lui plût *donner à Dieu et aux pauvres* ce qui restait à vendre du palais des Tournelles, abandonné et détruit depuis la mort de Henri II.

Cette requête fut d'abord renvoyée par le roi aux trésoriers de France, et ensuite aux présidents, avocats et procureurs généraux des cours souveraines, pour en avoir les avis.

La demande d'un emplacement sur le terrain du palais des Tournelles ne réussit pas ; mais l'avis de MM. du parlement fut, en applaudissant au projet de Nicolas Houël, que, *pour inciter, par un prompt établissement, les personnes charitables à y aumôner ou élargir de leurs biens, comme aussi pour sauver une grande partie de la dépense, on se pourroit aider et accommoder de la maison des Enfants-Rouges* (au Marais), laquelle, par bonne visitation qui en avait été faite, se trouvait assez commode, capable et spacieuse. Ce fut en conformité de cet avis des premier président, procureur et avocats généraux du parlement que, par son édit donné à Paris au mois d'octobre 1576, Henri III approuva et autorisa la fondation d'Houël, pour instruire les enfants en l'art de pharmacie, et ordonna que *ladite maison de charité seroit fondée et instituée en la maison des Enfants-Rouges*, comme trouvée commode et spacieuse, et que là certain nombre d'enfants orphelins ou pauvres seraient *instruits et enseignés* à piété, service divin et aux bonnes lettres, et par après *en l'art d'apothicairerie*, et qu'y seraient préparés, fournis et administrés toutes sortes de médicaments et remèdes convenables aux pauvres honteux de Paris en leurs infirmités et maladies.

Par le même édit, le roi donna à Houël tous les deniers qui proviendraient de la recherche des comptes des hôtels-Dieu, maladreries et léproseries du royaume, et des malversations de leurs gouverneurs.

Cet édit fut enregistré au parlement le 18 décembre de la même année. Cependant les difficultés que suscitèrent à Houël les administrateurs de l'hôpital des Enfants-Rouges le forcèrent de chercher un autre terrain. Il eut recours au parlement qui avait enregistré l'édit de sa formation.

« Le procureur général du roy, est-il dit dans l'arrêt, « ayant remontré à la cour que le roy avait institué une « maison de charité pour faire de l'apothicairerie... qu'il « avait établie *en la maison et hôpital des Enfants-Rou-* « *ges*, pour la conduite de laquelle maison de charité « Nicolas Houël, *inventeur de l'œuvre*, avoit été nom- « mé, etc.; et comme il étoit nécessaire d'avoir un autre « endroit de la ville et faubourg..... s'étoit trouvé un « *hôpital de l'Ourcine*, au faubourg Saint-Marcel, *désert* « *et abandonné* par mauvaise conduite, *tout ruiné, les* « *pauvres non logés, le service divin non dit ni célébré.* »

Toutefois l'évêque de Paris et un nommé Marie Roussel, se disant titulaires de cet hôpital Saint-Marcel, s'opposaient à ce que la maison chrétienne de Nicolas Houël y fût transférée.

L'arrêt du 29 août ordonna qu'ils seraient appelés, et le 2 janvier 1578, intervint arrêt définitif, en conformité duquel Nicolas Houël, déjà nommé, par lettres patentes données à Blois le 20 janvier de l'année précédente, *à la superintendance tant de ladite maison, chapelle, apothicairerie et jardin des simples*, que pour l'instruction des enfants, fut installé par des commissaires du parlement le 21 avril 1578, dans l'ancien hôpital de l'Ourcine ou de Saint-Marcel.

Quel était cet établissement? C'était un ancien hôpital qui avait été fondé, vers la fin du treizième siècle, par

Marguerite de Provence, veuve de saint Louis. Au quatorzième siècle, il avait appartenu à Guillaume de Chanac, évêque de Paris et patriarche d'Alexandrie; l'hospitalité n'y était plus exercée; ses bâtiments, en 1559, étaient occupés par Pierre Galand, et, par arrêt du parlement du 25 septembre de cette même année, ils avaient été mis en la main du roi pour être employés à y loger, nourrir, médicamenter les pauvres atteints de la maladie vénérienne, dont le grand nombre causait beaucoup d'infection à l'Hôtel-Dieu et ailleurs [1]. Cet hôpital était situé rue de l'Oursine, presque à l'entrée, à main gauche, en arrivant par la rue Mouffetard, et son enclos assez vaste s'étendait en pente par derrière jusque sur le bord de la rivière de Bièvre. En 1768, époque où il fut détruit, il s'appelait la *maison de Sainte-Valère* [2].

Houël ne perdit pas un moment à remettre en bon état et à ses frais, autant qu'il était en lui, les édifices et clôtures ruinés de cet hôpital; mais bientôt une inondation de la Bièvre détruisit tous les travaux: « La nuit du mercredi 1er avril 1579, la rivière fut à la hauteur de quatorze à quinze pieds, abattit plusieurs murailles, moulins et maisons, noya plusieurs personnes surprises en leur lit, et fit un mal infini. L'eau fut si haute qu'elle se répandit dans l'église et jusqu'au grand-autel des Cordeliers de Saint-Marceau, ce qui dura trente heures [3]. » Houël réédifia les bâtiments dans l'endroit le plus élevé de son terrain, vers la rue de l'Oursine, et y *dépensa de ses propres deniers plus de 2,000 écus sol*, ce qui formait à cette époque une somme considérable.

La générosité d'Houël ne se borna pas à réparer et à mettre en bon état les bâtiments, la chapelle et le grand

---

[1] Dulaure, t. IV.
[2] Les Pandectes pharm., p. 700.
[3] Mémoires de L'Estoile, t. I, p. 106.

enclos de l'hôpital Saint-Marcel, nommé depuis lui *Maison de la Charité chrétienne*, tel qu'il s'étendait entre la rue de l'Oursine et la rivière de Bièvre ; *il acheta encore une place tout devant, de l'autre côté de la rue,* anciennement appelée *les Fossés*, pour défricher ce terrain et en faire un jardin botanique à l'instar du jardin de Padoue : c'est le premier qui fut créé en France.

Houël, affligé de voir que sa fortune, dont il faisait un entier sacrifice à sa *Maison de la Charité chrétienne*, lui serait insuffisante pour remplir son dessein, découragé en outre par la révocation qu'avait faite Henri III, en août 1585, de la recherche et rentrée (jusque-là infructueuse) des reliquats de compte des *hôtels-Dieu et léproseries* du royaume, que ce prince lui avait aumônés pour toute dot par son premier édit d'octobre 1576, surchargé de pauvres et de travail, tomba malade de chagrin et succomba en 1587.

Après le décès d'Houël, Charles Audens, aussi maître apothicaire, son successeur, et Catherine Vallée (veuve Houël) qu'il épousa, éprouvèrent bien d'autres traverses dans leur administration : la Maison de la *Charité chrétienne* de Houël changea elle-même d'objet et d'institut pendant les années de troubles qui agitèrent Paris et les autres villes du royaume.

On voit que le 6 mai 1597 il fut rendu arrêt au conseil privé, suivi en octobre de lettres-patentes qui portaient que les pauvres gentilshommes et soldats blessés pendant les guerres seraient reçus, pansés et médicamentés dans cette maison. Ce fut le premier établissement des invalides, fondé par Henri IV. Louis XIII ayant transféré ces invalides au château de Bicêtre, la *Maison de la Charité chrétienne* fut vacante. Diverses communautés l'occupèrent, et elle eut pour propriétaire l'Ordre de Saint-Lazare, auquel furent réunis les biens des hôpitaux

abandonnés. On la retira bientôt après des mains de cet
Ordre pour la donner à l'évêque de Paris, qui la céda à
l'Hôtel-Dieu [1].

A l'époque où Henri IV érigea la *Maison de la Charité chrétienne* en hôtel des invalides, Simon Lemusnier, prenant le titre de *procureur général* de ces soldats
estropiés, fut établi procureur et receveur des deniers et
revenus de la maison. L'administration d'Audens demeura réduite à la fonction *d'apothicaire de cette maison, pour y servir et avoir aux dépens d'icelle une apothicairerie pour le secours desdits soldats* [2]. Il est bien
croyable que la culture des plantes et l'instruction de la
jeunesse en souffrirent d'autant plus que les débris de la
fortune de Houël suffisaient à peine pour soutenir Audens et sa femme.

D'autres lettres-patentes de Henri IV, de 1600, 1604
et 1606, confirmèrent, en faveur des officiers et soldats
invalides, le droit d'être logés et pansés dans cette maison. Le roi lui rendit même à cet effet le recouvrement
(purement idéal) des anciens comptes des hôpitaux et
maladreries; mais une maison de charité qui n'avait ni
bâtiments ni revenus convenables à d'aussi grands objets, ne pouvait les remplir.

Alors la fondation de Houël parut être rendue à sa
première destination : *Instruction de jeunes gens en l'art
d'apothicairerie; puis après composition et distribution
gratuite de drogues et médicaments aux pauvres malades :* tel est l'objet de l'édit d'octobre 1576.

Pendant l'administration du sieur Lemusnier en qualité de procureur-général des Invalides, les bâtiments de
la maison, son apothicairerie, la culture de son enclos,

---

[1] Dulaure.

[2] Arrêt du 6 mai 1597. — Lettres-patentes de Henri IV. — Félibien,
Pièces justificat., t. III, p. 730 et suiv.

tout avait été étrangement négligé. Depuis, le mal ne fit qu'augmenter : chaque chapelain, chaque administrateur, tout le monde enfin, prétendait être maître; trois ou quatre apothicaires se disputèrent même le titre d'administrateur, et comme le véritable objet de la fondation de Houël en 1566 était l'*instruction* des jeunes gens aux bonnes lettres et en l'*art d'apothicairerie*, on vit jusqu'aux *maîtres des petites écoles* du faubourg Saint-Marcel se présenter au procès pour revendiquer cette *instruction* dans la maison de l'hôpital.

Mais les concurrents les plus redoutables furent les *recteur, doyen et suppôts* de l'Université, et encore mieux les docteurs de la Faculté de médecine qui, en requérant que la *fondation* de Houël, de l'an 1576, *fût entretenue* audit hôpital, demandaient à être *reçus*, suivant leurs offres, à INSTRUIRE les *pauvres enfants en l'art d'apothicairerie audit hôpital; y faire la composition des remèdes et médicaments des pauvres malades, et que le jardin leur fût adjugé pour le semer et planter de toutes sortes de simples et d'herbes nécessaires, tant pour l'instruction desdits enfants que composition desdits remèdes.*

Mais toutes ces requêtes étaient contraires à la teneur de la fondation dont l'Université et la Faculté de médecine demandaient l'exécution.

La fondation de Nicolas Houël, et l'édit approbatif de 1576 dûment enregistrés, portaient clairement : Que ce serait un maître apothicaire de Paris, résidant dans la maison même, qui y ferait l'*instruction* des jeunes étudiants en *apothicairerie*, la composition des drogues, leur distribution gratuite aux pauvres malades, et qui aurait soin de cultiver le jardin en plantes médicinales.

Aussi, l'arrêt du 10 septembre 1624, rendu sur toutes ces contestations, décida que *la fondation de 1576 seroit entretenue,* et qu'à cet effet le revenu de l'hôpital serait mis en bail judiciaire ; ordonna qu'*à cette fin les maîtres et gardes de la communauté des apothicaires présenteroient, de trois en trois ans, trois maîtres d'entre eux, dont l'un seroit pourvu et établi dans l'hôpital, pour y résider, exercer sa commission pendant trois ans, et distribuer gratuitement aux pauvres nécessiteux les drogues et médicaments*, pour l'achat desquels les deniers du bail judiciaire lui seraient remis, à la charge *par ledit apothicaire* d'en rendre compte.

Au surplus, l'arrêt porte que : *à la diligence des maîtres et gardes apothicaires*, suivant leurs offres, *le grand clos et jardin sera planté* de toutes sortes de simples et herbes nécessaires, et *la maison entretenue en bon état*, dans laquelle sera établie une boutique fournie de médicaments nécessaires pour être distribués aux pauvres malades par l'apothicaire à ce commis.

Et, *sur les autres instances*, c'est-à-dire sur les demandes de l'Université et des médecins, sur lesquelles, jusque-là, l'arrêt n'avait rien prononcé, les parties sont mises hors de cour et de procès.

En exécution de cet arrêt, par lettres du roi du mois d'octobre suivant, Jacques Grégoire, maître apothicaire, fut nommé pour résider dans l'hôpital et distribuer les médicaments aux pauvres; mais cette nomination demeura vaine et inutile, car le bail judiciaire ordonné, du profit duquel ces médicaments devaient être achetés, ne fut jamais fait, et d'ailleurs les revenus de cette ferme auraient été trop minimes pour subvenir à toutes les dépenses nécessaires. D'autre part, les chapelains qui devaient prélever d'abord sur le prix du bail une somme de 120 livres, c'est-à-dire la partie la plus claire des revenus, fatiguaient tellement les apothicaires de leurs exigences, qu'ils finirent par s'emparer *du tout*, comme bien de leur bénéfice. Bâtiments de l'hôpital, chapelle, jardin, enclos, revenus, depuis 1624, ils regardèrent le tout comme leur patrimoine, et s'y maintinrent jusqu'aux lettres d'union, faites en 1700, de cet hôpital à l'Hôtel-Dieu de Paris.

Cependant le conseil du roi avait pris à cœur l'utile fondation de Houël; les apothicaires eux-mêmes se firent un point d'honneur de l'entretenir, et même de la transformer en un grand et durable établissement. Si les chapelains retenaient les titres de l'hôpital de l'Oursine, et ne voulaient abandonner aux apothicaires qu'une misérable masure tombant en ruines, on ne pouvait contester à ceux-ci la possession du grand enclos acheté par Houël.

Ils abandonnèrent donc entièrement tout le matériel de cet hôpital, édifices, chapelle, cour, enclos; ils ne gardèrent rien de tout ce qui, depuis la fondation de la reine Marguerite de Provence jusqu'à l'entrée de Houël, en avait formé tout l'emplacement entre la rue et la rivière.

Le seul terrain dans la jouissance duquel les apothicaires entrèrent fut cette petite langue de terre vaine et vague, appelée anciennement *Vieux Fossés*, étant de l'autre côté de la rue de l'Oursine, et remontant en équerre jusqu'à l'alignement de la rue des Postes.

Ce fut à cette portion de terrain que les apothicaires firent adaptation de leurs offres, agréées par l'arrêt et par les lettres du roi de septembre et d'octobre 1624, de semer et planter un jardin botanique pour l'instruction des étudiants; mais ce jardin eût été trop resserré, étant destiné à l'utilité publique d'une aussi grande ville; il fallait, d'ailleurs, un bâtiment convenable pour l'instruction des élèves, et pour faire les compositions pharmaceutiques, notamment celle de la thériaque, qu'on avait jusque-là fait venir à grands frais des pays étrangers :

on voulut enfin, par honneur, suppléer au défaut de tout l'emplacement de l'ancien hôpital dont on était privé.

Pour réaliser à leurs dépens un projet aussi louable, le corps des apothicaires, les 13 mai et 20 juin 1626, fit acquisition, des sieurs Jacques Petit-Deslandes et Gabriel Hinselin, de plusieurs maisons et jardins s'entre-tenant, situés au faubourg Saint-Marcel, rue de l'Arbalète, aboutissant par devant sur cette rue, et par derrière à maître Petit-Jean, procureur, et au terrain vague acquis précédemment par Houël, et dont il a été question plus haut ; le tout étant en la censive de l'abbaye de Sainte-Geneviève, où les contrats en furent ensaisinés le 11 février 1627 ; et pour les droits d'indemnité dus à cause de leur entrée en mainmorte, il fut constitué à cette abbaye 40 livres de rente.

Aussitôt ces acquisitions consommées, les apothicaires firent semer et planter. Ils avaient, dès 1626, établi un jardinier-concierge ; les deux années suivantes, 1627 et 1628, ils s'occupèrent de la bâtisse d'un principal corps d'hôtel et autres commodités nécessaires, entre cour et jardin, avec une grande entrée par la rue de l'Arbalète. « Et leur ont conseillé d'y faire venir des eaux ; et en effet ils traitèrent avec le prévôt des marchands et échevins de cette ville de Paris, pour six lignes d'eau qui leur fut accordée à tirer du grand tuyau qui vient des fontaines de Rungis, comme en effet il se trouve dans ce jardin des eaux à suffire pour l'arroser, ayant fait faire un fort beau bassin qui jette à toute heure de l'eau, et un grand réservoir sur le haut du côté de la rue de l'Arbalète, pour y enfermer lesdites eaux [1]. »

On sentira aisément que le corps des apothicaires n'é-

---
[1] Les Pandectes, p. 706.

tait pas en état de subvenir, avec ses propres fonds, à des dépenses d'achat, de plantation et de bâtisse aussi considérables. Le paiement d'une partie en avait été fait avec des deniers pris à constitution, dont, en 1632 et en 1640, il était encore dû 240 livres de rente en trois parties, dont deux de 100 livres chacune, créées au profit de Mathurin Montcheny, le 31 mars 1629, et de Louis Courtois, le 22 juin suivant ; la troisième, de 40 livres, était celle créée à l'abbaye de Sainte-Geneviève pour ses droits d'indemnité. Le surplus avait été acquitté des sommes que chaque maître avait volontairement données *de suo*, pour participer à la bonne œuvre commune ; tous s'étaient hâtés à l'envi d'y contribuer.

Bientôt de vives querelles s'élevèrent ; les épiciers, refusant de contribuer aux dépenses nécessaires à l'entretien de ce jardin, accusèrent les apothicaires d'avoir envahi le bien des pauvres : tout ce qui précède démontre cependant leurs droits à la possession légitime du jardin et de la maison. Ce fut là l'objet de longues contestations que la transaction de 1640 finit par assoupir. A cette époque, il fut décidé que « tous les deniers qui proviendroient, tant des compositions qui se font avec les aspirants auxdites maîtrises de la marchandise d'épicerie-apothicairerie et épicerie, qu'autrement, seroient communs, et apportés de bonne foi par les conducteurs des aspirants entre les mains du garde-receveur de ladite communauté ; desquels deniers il seroit pris ce qui conviendroit pour l'entretènement, augmentation, réfection et réparations utiles et nécessaires, grosses et menues, de leur bureau et chambre commune ; ensemble ce qu'il conviendroit pour l'entretènement et réparations grosses et menues de ladite maison de Saint-Marcel, jardin d'icelle, achat de plantes, gages du jardinier, que fournissement des drogues et médicaments dudit hôpital ; comme pareillement pour le principal des rentes de 240 livres tournois, dues par lesdits apothicaires, pour le fait de ladite maison et jardin et arrérage d'icelles, échus depuis et qui écherront jusques au rachat qui s'en fera lorsqu'il y aura fonds suffisants pour cet effet; *et toutes autres charges généralement quelconques, sans exception, qui seront dues par lesdites communautés,* sans néanmoins, en conséquence de ce, que lesdits épiciers puissent prétendre aucun droit en ladite maison et jardin, qui sera et demeurera à l'avenir, comme par le passé, propre auxdits apothicaires, suivant et conformément audit arrêt du vingt-septième jour de novembre 1632; et néanmoins a été accordé entre lesdites parties, que lesdits gardes-épiciers qui seront en charge, et les anciens qui auront été en charge de gardes, auront et leur sera donné *par honneur* chacun une clef de ladite maison et jardin ; et seront tous lesdits deniers nécessaires pour le fait de ladite maison et jardin, gages du jardinier, achats de plantes, fournissement de drogues audit hôpital, et paiement de rentes jusqu'au rachat d'icelles, fournis par ledit garde-receveur, par l'avis de cinq autres gardes; et pour plus grande sûreté et autorité du présent traité et accord, ont lesdites parties consenti et accordé qu'il soit homologué en ladite Cour du parlement. » Suit l'homologation faite le 29 mars 1640.

Cette transaction fut exécutée jusqu'en 1768, époque où les épiciers s'avisèrent d'en refuser l'observation. Cette nouvelle contestation donna lieu, dans le sein de la communauté, à de longs débats, auxquels l'édit du 10 avril 1777 mit fin, en détruisant l'union forcée des deux professions. Les apothicaires, constitués en collége de pharmacie, eurent une organisation particulière que j'ai fait connaître. Dès ce moment, la maison de la rue de l'Arbalète devint le seul et unique chef-lieu de l'école, ayant son administration qui régit la propriété commune, veille aux dépenses et aux recettes, à l'entretien de la maison et du jardin botanique; enfin, son personnel de professeurs, qui, comme les écoles de Droit et de Médecine, la Sorbonne, le Collége de France et le Jardin du Roi, font des cours sur toutes les branches de l'art pharmaceutique.

Par cet enseignement, l'école répond à l'intention de la fondation primitive de Houël, comme le porte l'édit de Henri III : *dans ladite maison, des enfants seroient instruits en l'art d'apothicairerie.*

Ainsi, depuis la fin du seizième siècle et surtout depuis le commencement du dix-septième, époque où le corps tout entier des apothicaires accepta la fondation particulière de Houël, des leçons furent données d'abord rue de l'Oursine, puis rue de l'Arbalète, avec l'autorisation royale. Cependant les pharmaciens furent plus d'une fois arrêtés dans leurs vues bienfaisantes par l'opposition de la Faculté de médecine, qui voulut suspendre et fermer ces cours publics, où le talent et la réputation des professeurs attiraient une foule nombreuse; mais, grâce à leurs constants efforts, les pharmaciens ont su conquérir une noble indépendance, et leur école rivalise aujourd'hui avec les plus célèbres établissements universitaires du royaume; comme eux, il a la science; mais il a de plus que beaucoup d'entre eux l'utilité pratique immédiate, car l'art pharmaceutique n'a pas, comme bien d'autres, le seul attrait de la curiosité scientifique : c'est le point de rencontre de la théorie et de la pratique, c'est l'application de toutes les découvertes des sciences chimiques et naturelles au soulagement des misères humaines.

M. Guibourt, dont l'obligeance pour moi n'a pas eu de limites, m'a communiqué un opuscule inédit ayant pour titre : *Exposé historique sur l'origine et les augmentations successives de l'immeuble affecté à l'École de Pharmacie de Paris.* Je le transcris littéralement pour compléter l'histoire de cet établissement.

Voici l'exposé de ce savant professeur :

« Notre opinion, quant à l'origine du premier de tous les terrains qui appartiennent à l'École de Pharmacie, est contraire à celle émise dans un certain nombre de mémoires ou ouvrages modernes, et notamment dans un mémoire rédigé en 1770 pour les maîtres et gardes apothicaires-épiciers ; dans un autre *Mémoire sur la propriété des bâtiments et jardins du Collége de Pharmacie*, écrit en 1791 dans le but de soustraire cet immeuble aux dispositions du décret du 23 octobre 1790 qui prescrivait la vente de tous les biens appartenant aux colléges, hôpitaux, maisons de charité, etc. ; enfin, dans l'*Histoire de Paris*, de Dulaure, et dans les *Pandectes pharmaceutiques* de M. A. Laugier : dans tous ces écrits, il est dit que le terrain primitif de l'école, celui qui se nommait les *Vieux Fossés*, et qui allait de la rue de l'Oursine à la rue de l'Arbalète, avait été acquis par Houël, de ses propres deniers ; de sorte que, dans cette supposition, la totalité du terrain occupé par l'école proviendrait d'acquisitions faites par les apothicaires, et aucune partie, de dotation royale. La vérité est que le terrain primitif de l'école, qui équivaut au tiers de sa propriété actuelle, était une dépendance et appartenance de l'Hôtel-Dieu de Saint-Marcel [1], dont la fondation remonte à Marguerite de Provence, veuve de saint Louis.

[1] Suivant les titres de propriété conservés à l'école, le terrain primitif provenant de l'hôpital de la Charité chrétienne présente une contenance de. . . . . 1,086 toises,
le jardin de Jacques Petit. . . 540 »
le jardin de Gabriel Hinselin. 1,200 »
le jardin Mariage. . . . . 357 »

Total. . . . 3,183 toises, équivalant à 120 ares 91 cen-

Après avoir établi quelle a été l'origine des terrains qui forment la propriété de l'École de Pharmacie, il me reste à dire quelles sont les augmentations ou améliorations successives éprouvées par cet établissement depuis la construction du bâtiment principal, qui eut lieu dans le courant des années 1628 et 1629 ; mais le peu d'intérêt qu'il y aurait à rechercher en quoi ont pu consister ces augmentations jusqu'à l'époque de 1789, me fait prendre pour point de départ deux pièces authentiques de cette époque ; la première est un *état de la maison et jardin appelés le collége de pharmacie*, dressé en 1788, en présence des prévôts du collége ; la seconde est une expertise faite à la date du 4 avril 1792, par M. Mangin, architecte.

Voici ce qui résulte de ces deux pièces :

L'établissement du collége de pharmacie est fermé sur la rue de l'Arbalète par un mur percé d'une grande baie pour porte cochère, et d'une porte cavalière à gauche. Le principal corps de bâtiment est séparé de la rue par une grande cour ; il est simple en profondeur, percé de huit croisées de face, avec porte au milieu, tant sur la cour que sur le jardin. Il est composé d'un étage demi-souterrain du côté de la cour, formant rez-de-chaussée du côté du jardin, d'un étage carré en dessus, et d'un second étage lambrissé avec grenier au-dessus. Au devant de la porte du milieu, sur chaque face, se trouve un perron en pierre à deux rampes.

---

tiares. En 1846, sous le ministère de M. de Salvandy, l'école fut autorisée à traiter de l'acquisition de quatre propriétés formant enclave sur elle, sur une partie desquelles on aurait construit un laboratoire pour les manipulations de l'école pratique, et dont le reste aurait servi à l'agrandissement de l'école de botanique. Une seule de ces acquisitions a pu être terminée, et a été définitivement approuvée par arrêté du Président de la République en date du 27 mars 1849 ; l'immeuble a été soldé, mais l'école n'en aura la jouissance qu'en 1856.

L'étage demi-souterrain présente au milieu, un passage allant au jardin ; à droite, une orangerie ; à gauche, un escalier en pierre, et ensuite une cuisine, aux dépens de laquelle a été pratiquée une serre. Le tout est voûté.

Le rez-de-chaussée sur la cour, formant premier étage sur le jardin, est composé, au milieu, d'un vestibule ; à droite, se trouve une grande salle d'assemblée, éclairée par trois fenêtres sur la cour, trois fenêtres sur le jardin et deux fenêtres au fond. A gauche du vestibule se trouve l'escalier, et au-delà un grand laboratoire servant aux démonstrations et aux cours publics.

L'étage lambrissé supérieur comprend, à la droite du bâtiment, un corridor sur lequel s'ouvrent deux chambres éclairées sur le jardin, et au fond une grande pièce à cheminée servant de magasin à la société de la Thériaque ; à la gauche du bâtiment et au delà de l'escalier, se trouvent une grande pièce à cheminée servant de bureau, et une petite pièce pour les archives, pratiquée en retour derrière l'antichambre.

A droite de la cour, on trouve en aile un petit corps de bâtiment, simple en profondeur, et éclairé par cinq croisées de face ; il est élevé d'un rez-de-chaussée formant deux pièces et servant de logement au concierge, et d'un étage carré en dessus, formant une seule pièce qui sert de cabinet d'histoire naturelle.

Le côté gauche de la grande cour présente, adossé au grand bâtiment, un appentis en planches, couvert en ardoises ; en deçà, une entrée à une seconde cour, et contre la rue, le pignon d'un petit bâtiment, lequel est suivi d'un autre longeant la rue de l'Arbalète, et éclairé au midi sur la seconde cour ; tous deux servent de logement au jardinier.

Cette seconde cour est bornée, du côté du jardin, par

un mur, en partie à hauteur d'appui, qui la sépare d'une autre cour basse ou petit jardin, auquel on entre par la cuisine souterraine du grand bâtiment. Dans le petit jardin se trouve un réservoir en charpente, élevé sur piliers en pierre et doublé de plomb.

À la suite, et formant le derrière de tous les bâtiments, se trouve le jardin de botanique, avec bassin au milieu, clos de murs de tous côtés. Au-delà est un bois de forme très-irrégulière, s'étendant à gauche derrière les propriétés voisines, jusqu'à la rue de l'Arbalète où il débouche par une porte charretière, ouvrant en face de la rue des Postes. En revenant vers l'autre extrémité du bois, à l'opposite du jardin de botanique, est un mur à hauteur d'appui, avec baie et escalier en pierre, par lequel on descend à un dernier jardin de forme carrée, clos de murs en tous sens et ayant issue sur la rue de l'Oursine [1].

L'emplacement de ladite maison, cours, jardin et dépendances, contient 2,371 toises de superficie [2], dont 118 en bâtiments, le tout estimé valoir 140,550 livres.

Suivant la déclaration faite à la même époque à la municipalité de Paris, par les prévôts du collége de pharmacie, cet établissement possédait, en outre de l'immeuble ci-dessus, tant en une somme de 34,000 fr. prêtée au gouvernement, qu'en arrérages de rentes sur les États de Bourgogne, sur les aides et gabelles, en créances sur divers et en mobilier, une valeur de 59,302 livres; le

---

[1] Le bois irrégulier dont il vient d'être parlé, aboutissant à la rue de l'Arbalète, et le jardin d'en bas situé sur la rue de l'Oursine, forment ensemble le terrain vague dit *les Vieux-Fossés*, mentionné dans les anciens titres de l'hôpital de la Charité chrétienne. Le jardin de botanique et les bâtiments ont été établis sur les deux jardins réunis de Jacques Petit et de Gabriel Hinselin.

[2] Cette appréciation est évidemment fautive, et bien au dessous de la vérité.

tout ensemble constituait au collége de pharmacie, au 5 avril 1792, un avoir de plus de 200,000 livres.

Nous allons exposer maintenant ce que l'immeuble est devenu : car, pour ce qui est des 34,000 livres prêtées au roi en 1782, des rentes sur les aides et gabelles et sur les États de Bourgogne, et des créances sur divers, le tout a été englouti dans la tourmente révolutionnaire, et le collége, après six années de réclamations inutiles, a renoncé à en poursuivre le recouvrement.

Nos pères aimaient à se réunir à table ; non-seulement les élections, les visites et les réceptions se terminaient par des repas, mais les membres de la communauté tenaient à honneur de faire leurs noces ou autres grandes réunions de famille dans la grande salle du collége; aussi la cuisine était-elle une partie importante de l'établissement, et la voyons-nous occuper, pendant cent quatre-vingts ans, la grande pièce située à gauche du passage souterrain. Cependant la facilité de disposer ainsi d'un local consacré à l'instruction, pour une chose si étrangère au but de son institution, ayant donné lieu à beaucoup d'abus, il fut décidé, le 15 juin 1781, « que désormais la jouissance de la grande salle et du jardin ne pourra être accordée à qui que ce soit pour y faire *nopces et festins*, pas même aux maîtres du collége, non plus qu'à leurs parents ou amis, excepté toutefois aux membres du corps municipal pour les deux cas d'usage. Arrête cependant *que les repas d'usage que les aspirants donnent au jour de leur réception* auront lieu dans la salle du collége, *et non ailleurs, pour tenir toujours réunis ceux qui doivent les présenter.*

Excellente raison ! mais avec de pareilles restrictions, la cuisine devait rester une pièce très-utile. Elle subsista donc jusqu'en 1814, où l'École décida qu'elle serait remplacée par un laboratoire destiné aux manipulations des aspirants [1]. Cette destination n'a pas changé depuis.

En 1831, la grande pièce qui se trouve de l'autre côté du passage, et qui servait d'orangerie, a pareillement été transformée en un laboratoire à l'usage de l'École pratique.

Les deux pièces du *premier étage*, à droite et à gauche du vestibule, ont gardé leur première destination, et presque entièrement leur forme et leur décoration. Celle de droite sert toujours aux actes publics et conserve encore la vaste cheminée ornée d'un bon tableau de *Simon Vouët*. Suivant l'inventaire fait en 1788, ce tableau représente l'arrivée d'Hélène et de Ménelas en Égypte, et le don fait à Hélène par Polydamna, reine d'Égypte, du *nepenthès*. Ce remède, qui procurait aux plus affligés l'oubli de tous leurs maux, paraît être le hatchich, pâte enivrante et hilarante, faite avec le chanvre, dont l'usage est répandu de temps immémorial en Orient, et que nos relations modernes avec l'Égypte nous ont fait connaître de nouveau. Suivant une explication plus simple, inspirée par la vue du tableau, il représenterait, sous la forme de deux reines, la *Pharmacie* et la *Botanique* offrant les secours de leur art à deux guerriers.

Le plafond de cette salle montre toujours ses poutres carrées et ses solives, et le pourtour des murs est orné des portraits qui ont pu être conservés de tous les prévôts et démonstrateurs qui se sont succédé depuis la fondation de l'établissement; seulement, le tableau au-dessus de la porte d'entrée, qui représentait Louis XIV donnant à la communauté des apothicaires et épiciers de Paris le droit d'étalonnage sur les poids et mesures, ayant été

---

[1] Pareille décision avait déjà été prise par l'assemblée du collége, le 5 ventôse an x, mais elle n'avait pas été mise à exécution.

détruit en 1792, il a été remplacé par *Houël fondant le Collége de Pharmacie;* juste hommage rendu à l'homme instruit et charitable qui, ayant essayé sur une partie du terrain que nous occupons, et aux dépens de toute sa fortune, de créer un établissement pour instruire des enfants orphelins dans l'art de la pharmacie, doit être, en effet, considéré comme le premier fondateur de l'école.

Dans la construction primitive, l'entrée de l'amphithéâtre, à gauche du vestibule et de l'escalier, se trouvait au bas de l'escalier, du côté de la cour, et était suivie d'un couloir longeant les fenêtres du même côté, et conduisant jusqu'à la place réservée aux démonstrateurs. L'escalier, compris entre le vestibule et l'amphithéâtre, était en bois de chêne, avec balustrades et lourds piliers à jour. En 1827, l'entrée latérale fut remplacée par une grande baie cintrée pratiquée au milieu du vestibule ; l'escalier, commençant à gauche, s'élevait, en tournant, jusqu'à un palier faisant face à la baie, et donnant une nouvelle entrée à l'amphithéâtre; de là, il reprit, en tournant, jusqu'à un autre palier soutenu au milieu de l'espace, et formant l'entrée d'un nouveau vestibule établi au second étage. Tous ces changements donnèrent au nouvel escalier un style architectural aussi développé que pouvait le permettre l'étroit espace dans lequel il fallait se renfermer.

C'est à la même époque, de 1826 à 1828, que se rapporte le principal changement opéré au second étage; auparavant, cet étage était lambrissé et composé, à gauche, d'une antichambre, d'un cabinet aux archives et d'une grande pièce qui avait été disposée en 1781 pour servir à la fois de salle de délibérations et de bibliothèque. La partie de droite était occupée par un couloir du côté de la cour, deux cabinets éclairés sur le jardin, et, au fond, par une grande pièce dont la jouissance était anciennement abandonnée à la *Société de la Thériaque*, mais dans laquelle on avait établi, en 1805, un petit amphithéâtre pour les démonstrations de botanique et d'histoire naturelle. En 1826, les murs du bâtiment furent surélevés d'un étage; les trois pièces de gauche conservèrent leur distribution, sauf que l'escalier conduisant aux combles fut pris aux dépens du cabinet aux archives, qui fut converti en bureau. Quant à la partie de droite, à l'exception du premier cabinet qui servit à faire le vestibule, tout le reste fut converti en une seule et belle salle entourée d'armoires et munie de montres vitrées, qui furent garnies d'une grande et unique collection de matière médicale, et d'une collection de minéraux.

Après 1830, les améliorations de l'école, loin de se ralentir, prirent une progression plus rapide; le perron sur la cour fut reconstruit, et la porte principale agrandie et embellie; le vieux mur de clôture, sur la rue de l'Arbalète, fut remplacé par un mur en meulière, avec soubassement, pilastres et attique en pierre, plateforme et vases à fleurs au-dessus; l'ancienne porte en bois fit place à une grille élégante; enfin, les deux petits bâtiments latéraux furent reconstruits au delà des pignons du bâtiment principal, lequel fut lui-même augmenté de deux pavillons extrêmes qui portèrent sa longueur totale à 46 mètres.

L'étage inférieur du nouveau pavillon de droite fut consacré à un laboratoire à l'usage des candidats qui, indépendamment des neuf compositions prescrites par la loi, désirent terminer leur réception en soutenant une thèse, fruit de recherches spéciales, dont l'école supporte les frais. La pièce du premier étage, faisant suite à la salle des examens, fut d'abord occupée par le cabinet de physique, mais renferme aujourd'hui une collection de zoologie; celle du second étage a été consacrée à une bibliothèque, dans laquelle on remarque, indépendamment des ouvrages anciens et nouveaux sur les différentes sciences nécessaires aux pharmaciens, de curieuses archives concernant les anciennes corporations des marchands-bourgeois de Paris, et plus spécialement sur celle des *apothicaires épiciers*, dont les discussions ont été si fréquentes, tant entre les deux corps d'état qui la composaient, qu'avec les autres états et les membres de la Faculté.

Quant au pavillon de gauche, l'étage inférieur forme une serre pour les plantes d'orangerie ; l'étage intermédiaire, partagé en deux, comprend un cabinet avec laboratoire de pharmacie, et un cabinet de produits chimiques. L'étage supérieur est consacré à une salle d'assemblée pour les professeurs, en remplacement de l'ancienne salle, devenue une dépendance du bureau, et récemment garnie d'armoires vitrées, occupées par une partie des instruments de physique, et par des modèles d'instruments ou d'appareils de pharmacie.

Telles étaient les améliorations que l'école avait su tirer de ses propres ressources, lorsqu'en 1840 la nécessité d'un second amphithéâtre pour remplacer celui qui avait été converti en cabinet d'histoire naturelle, et celle d'un cabinet de physique plus vaste, se faisant sentir de plus en plus, on commença la construction, prise sur le jardin, d'un bâtiment adossé à l'ancien, contenant un amphithéâtre pour la chimie avec toutes ses dépendances, une grande salle d'attente pour les élèves, un nouveau cabinet de physique, et au-dessus, encore, une pièce pour l'herbier. L'école fit aussi placer une horloge à la partie supérieure du bâtiment principal et construire une serre-chaude. Ces constructions complètent, à peu près, celles qui sont nécessaires à l'instruction des élèves. Voici cependant ce que l'école peut encore désirer :

1° Un autre emplacement pour *l'École pratique*, ou cours de manipulations, qu'on a été forcé d'établir dans une ancienne orangerie, voûtée, et sans courant d'air, pouvant devenir préjudiciable à la santé des élèves, lorsque leurs opérations donnent lieu à des vapeurs dangereuses;

2° Un agrandissement du terrain occupé par *l'École de Botanique*, sur lequel on a pris l'emplacement du grand amphithéâtre. L'espace en est tellement limité aujourd'hui, que c'est à peine si on peut y placer des arbustes, et que beaucoup de plantes herbacées se confondent les unes avec les autres, ou s'étouffent réciproquement.

L'école aurait trouvé les moyens de parfaire ces améliorations dans l'acquisition de plusieurs propriétés faisant enclave sur son terrain, et dont l'achat avait été précédemment autorisé; mais, ainsi qu'il a été dit plus haut, une seule de ces propriétés, dont l'école n'aura la jouissance qu'en 1856, a pu être définitivement acquise, et les dernières améliorations réclamées se trouvent ajournées quant à présent. »

Après le curieux travail de M. Guibourt, il ne me reste plus qu'à faire connaître l'ordre chronologique dans lequel les nominations des professeurs ont été faites.

Le 15 vendémiaire an XII, Bonaparte, à Saint-Cloud, nomme :

Pour la chimie : le citoyen Bouillon-Lagrange.

— le citoyen Henri, professeur adjoint.

Pour la pharmacie : le citoyen Brongniart.

— le citoyen Bourriat, professeur adjoint.

Pour l'histoire naturelle des médicaments : le citoyen Laugier.
le citoyen Vallée, professeur adjoint.

Pour la botanique : le citoyen Guyart père.
— le citoyen Guyart, fils, professeur adjoint.

Le 15 germinal an XII, Bonaparte nomme le citoyen Nachet professeur de pharmacie, en remplacement du citoyen Brongniart, décédé.

Le 28 germinal an XII, le ministre de l'intérieur adresse au citoyen Vauquelin, directeur de l'école de pharmacie, l'arrêté de nomination du citoyen Nachet à la place du citoyen Brongniart.

Le 29 mars 1811, Napoléon nomme M. Laugier, l'un des professeurs de l'école de pharmacie, directeur adjoint de cette école, en remplacement du sieur Trusson, décédé.

Le 12 juin 1811, Napoléon, à Saint-Cloud, nomme le sieur Vallée, professeur suppléant à l'école de pharmacie de Paris, au titre de professeur titulaire pour la chaire d'histoire naturelle de la même école, en remplacement du sieur Laugier, appelé à d'autres fonctions.

Le 30 août 1811, Napoléon, à Compiègne, nomme le sieur Robiquet professeur adjoint d'histoire naturelle à l'école de pharmacie de Paris, en remplacement du sieur Vallée, appelé à d'autres fonctions.

Louis XVIII, le 25 janvier 1815, nomme le sieur Pelletier professeur adjoint d'histoire naturelle, en remplacement du sieur Robiquet, appelé aux fonctions de professeur titulaire de la même chaire.

Louis XVIII, aux Tuileries, le 2 février 1816, confirme la réélection du sieur Vauquelin à la place de directeur de l'école de pharmacie, et celle du sieur Chéradame à celle de trésorier de la même école.

Le 30 juillet 1818, envoi de l'ampliation d'une ordonnance royale qui nomme professeur de botanique M. Guiart fils, en remplacement de M. Guiart père, décédé.

Par ordonnance du 23 décembre 1818, Louis XVIII nomme le sieur Clarion, docteur en médecine et pharmacien ordinaire de Sa Majesté, à la place de professeur adjoint de botanique.

Par arrêté ministériel, M. Robiquet, professeur d'histoire naturelle, est nommé trésorier de l'école de pharmacie, en remplacement du sieur Chéradame.

Par une ordonnance du 10 mars 1825, Charles X nomme M. Pelletier, professeur adjoint, à la chaire de professeur titulaire d'histoire naturelle, en remplacement du sieur Robiquet, appelé à d'autres fonctions.

Par ordonnance du 8 juin 1825, Charles X nomme le sieur Guilbert, pharmacien à Paris, professeur adjoint à l'école de pharmacie, en remplacement du sieur Pelletier, nommé professeur titulaire.

Par ordonnance royale du 11 avril 1826, Charles X nomme M. Bussy professeur adjoint de chimie, en remplacement de M. Henri, démissionnaire.

Par une lettre du 19 juin 1826, le ministre de l'intérieur annonce qu'il ne peut, malgré son désir d'acquiescer à la demande qui lui en a été adressée, nommer professeur honoraire de l'école de Paris M. Henri, qui n'a pas été professeur titulaire.

Par arrêté ministériel du 17 décembre 1829, M. Laugier, professeur de chimie et administrateur du Muséum d'histoire naturelle, est nommé directeur de l'école de pharmacie, en remplacement de M. Vauquelin, décédé, et M. Bouillon-Lagrange, docteur en médecine et professeur de chimie, est nommé directeur adjoint en remplacement de M. Laugier.

Par ordonnance royale du 13 avril 1830, Charles X nomme M. Bussy, professeur adjoint, à la chaire de professeur titulaire de chimie, en remplacement de M. Bouillon-Lagrange.

Par ordonnance royale, rendue à Saint-Cloud, le 18 juillet 1830, Charles X nomme professeur adjoint M. Caventou, en remplacement de M. Bussy, appelé aux fonctions de professeur de chimie.

Le 12 octobre 1830, M. Guizot, ministre de l'intérieur, délègue le directeur de l'école pour recevoir le serment prescrit par la loi du 31 août 1830, des administrateurs de l'école.

Par arrêté du ministre du commerce et des travaux publics, en date du 31 mai 1832, M. Bouillon-Lagrange, directeur adjoint, est nommé directeur de l'école.

Par arrêté du ministre du commerce et des travaux publics, à la date du 4 juillet 1832, M. Pelletier, professeur d'histoire naturelle, est nommé directeur adjoint, en remplacement de M. Bouillon-Lagrange, nommé directeur.

Lettre du ministre du commerce et des travaux publics, à la date du 14 juillet 1832, donnant avis de la nomination de M. Le Canu, de préférence à M. Bourriat, à la place de professeur adjoint.

Par ordonnance de Louis-Philippe, en date du 7 octobre 1832, M. Guibourt, pharmacien, est nommé professeur d'histoire naturelle, en remplacement de M. Pelletier, nommé directeur adjoint.

Par ordonnance du 24 décembre 1832, Louis-Philippe nomme M. Le Canu, professeur adjoint à l'école de pharmacie, professeur titulaire de pharmacie, en remplacement de M. Nachet, décédé.

Par ordonnance du 22 février 1833, M. Soubeiran est nommé professeur adjoint, en remplacement de M. Le Canu, nommé professeur titulaire.

Par son ordonnance du 7 janvier 1834, Louis-Philippe autorise l'ouverture de deux nouveaux cours, 1° de physique élémentaire appliquée à la pharmacie; 2° de toxicologie, confiés, jusqu'à nouvel ordre, à deux des professeurs ou adjoints actuellement attachés à l'école de pharmacie.

Louis-Philippe, par ordonnance du 19 octobre 1834, nomme MM. Soubeiran et Caventou, professeurs adjoints, le premier, professeur titulaire de physique élémentaire, et le second, professeur titulaire de toxicologie.

Par ordonnance du 4 mars 1835, Louis-Philippe nomme MM. Gaultier de Claubry et Chevallier professeurs adjoints, le premier pour la chaire de chimie, et le second pour la chaire de pharmacie.

Par arrêté du ministre de l'instruction publique, du 6 juin 1840, M. Bussy, professeur de chimie, est nommé aux fonctions d'administrateur trésorier, vacantes par la mort de M. Robiquet.

Par son arrêté du 28 octobre 1840, le même ministre nomme M. Bussy secrétaire agent comptable.

M. Villemain, ministre de l'instruction publique, informe, par sa lettre du 26 janvier 1842, qu'il a nommé MM. Chatin et Gobley agrégés près de l'école de pharmacie.

Par une autre lettre, il annonce qu'il a nommé M. Buignet agrégé près ladite école; ce qui porte le nombre des agrégés à quatre, nombre qui peut être élevé à cinq, d'après l'ordonnance du 27 septembre 1840.

Le ministre de l'instruction publique complète le nombre de cinq agrégés par la nomination de M. Henri, comme agrégé près l'école de pharmacie, à la date du 21 avril 1842.

Par arrêté ministériel du 3 septembre 1834, M. Bussy, professeur titulaire de chimie à l'école de pharmacie, est nommé directeur de ladite école, en remplacement de M. Bouillon-Lagrange, décédé; et M. Guibourt, professeur d'histoire naturelle, secrétaire agent comptable de l'école, en remplacement de M. Bussy, appelé aux fonctions de directeur.

MM. Ducom (Louis-Catherine-Marguerite), Lhermite (Michel), Grassy (Jules-Auguste-Casimir), ont été nommés agrégés, par arrêté du 1er novembre 1847, et M. Chatin, professeur titulaire, le 13 juin 1848.

Le personnel et l'enseignement actuels de l'école de pharmacie de Paris sont réglés ainsi qu'il suit :

Semestre d'hiver, commençant au 1er novembre.

Chimie générale : M. Bussy, directeur et professeur.
Histoire naturelle des médicaments (végétaux) : M. Guibourt, professeur et agent comptable.
Physique : M. Soubeiran, professeur.
Pharmacie : M. Chevallier, professeur.
Histoire naturelle des médicaments (animaux) : M. Guilbert, professeur.

Semestre d'été, commençant au 1er avril.

Pharmacie : M. Le Canu, professeur.
Toxicologie : M. Caventou, professeur.
Chimie organique : M. Gaultier de Claubry, professeur.
Histoire naturelle (minéraux) : M. Guibourt.
Cours de manipulations : M. Gaultier de Claubry.
Botanique (organographie, physiologie) : M. Chatin, professeur.
Botanique rurale (herborisations) : M. Chatin.

Agrégés en exercice pouvant suppléer les professeurs :

MM. Ducom, pour la pharmacie.
     Grassy, pour la physique.
     Lhermite, pour la chimie.

Agrégés honoraires :

MM. Boudet, Buignet, Gobley, Henri.

Secrétaire de l'administration :

M. Chapelle.

En vertu d'un décret impérial du 22 fructidor an XII, les professeurs, dans l'exercice de leurs fonctions, portent un costume qui se compose, 1° d'un habit noir à la française; 2° d'une robe noire d'étamine avec les devants de soie couleur rouge foncé; 3° d'une toque en soie, même couleur, et d'une cravate de batiste tombante.

Après avoir fait en sorte de relater tout ce que présente d'intéressant l'histoire de l'école de pharmacie de Paris, je ne puis terminer plus heureusement mes recherches qu'en offrant aux lecteurs la reproduction fidèle du *sceau* de cette école. Je n'accompagne la vignette ci-dessous d'aucune explication, persuadé que le dessin qui en a été fait par l'obligeant crayon de M. Michel en dira plus que tous les commentaires.

CHAPITRE XIV.

ÉCOLES DE PHARMACIE DE MONTPELLIER ET DE STRASBOURG.

MONTPELLIER. — Le berceau de l'École de Montpellier n'a pas été agité par les tempêtes comme celui de l'École de Paris. — Collège de Pharmacie et École de Santé de cette ville. — Arrêté du 29 vendémiaire an XII. — Décret du 11 messidor de la même année. — Format des Thèses. — Permission de Chaptal, ministre de l'intérieur, du 20 messidor. — Vœux de cette École restés à l'état de lettre morte. — L'article VIII de la loi de 1825. — Retrait de cette loi. — En 1831 l'École de Montpellier réforme des abus inhérents au troisième examen. — Autorisation ministérielle du 11 octobre 1831 qui rend les Thèses facultatives. — L'École change de local. — Son riche mobilier. — Innovations et réformes capitales. — Noms des professeurs institués depuis l'arrêté du 25 vendémiaire an XII. — Personnel et enseignement actuels.

STRASBOURG. — État de la Pharmacie en Alsace avant 1789. — Priviléges et droit de bourgeoisie. — Droits seigneuriaux de la ville de Strasbourg. — Juridictions et régences des princes allemands. — Commissions nommées par les administrations départementales. — Sept professeurs. — Minimité de leur traitement. — En 1835, rapport de M. Guizot, ministre de l'instruction publique. — Réorganisation de l'École. — En 1840, ouverture d'un nouveau local. — Organisation des Cours. — Personnel actuel. — Enseignement.

École de Montpellier. — L'École de Pharmacie de Montpellier n'a pas eu à essuyer les tribulations ni à passer par toutes les vicissitudes de l'École de Pharmacie de Paris. Je me bornerai donc à signaler seulement quelques événements qui s'y sont succédé, et à esquisser les principaux traits de la physionomie méridionale.

Sous l'ancien régime, Montpellier possédait un collége de pharmacie pour la réception des pharmaciens ; la révolution le détruisit comme beaucoup d'autres établissements scientifiques, et l'école de santé, élevée sur les débris de l'école de médecine et de ce collége, délivra des diplômes *provisoires* pour l'exercice de cet art.

La loi du 21 germinal xi, qui dota Paris et Strasbourg d'une école de pharmacie, créa en même temps l'école de Montpellier.

Par son arrêté du 29 vendémiaire an xii, le gouvernement avait accordé à cette école, pour y ouvrir ses cours, le bâtiment dit de Saint-Côme, autrefois consacré à l'enseignement de la chirurgie. Comme ce local n'avait pas de jardin, elle sollicita un autre emplacement qui fût plus en harmonie avec sa destination. Chaptal, alors ministre de l'intérieur, lui fit obtenir, par un décret impérial du 11 messidor an xii, l'ancien bâtiment de l'Université de médecine, qu'elle continue toujours à occuper.

Au mois de frimaire an xii, en attendant que le nouveau local accordé eût reçu toutes les améliorations désirables, elle commença à faire, dans le laboratoire de l'École de Médecine, les réceptions des pharmaciens, en se conformant aux prescriptions de l'article 15 de la loi de germinal an xi ; seulement, avec l'approbation du ministre de l'intérieur, elle introduisit dans le quatrième examen une modification qui obligeait le récipiendaire à soutenir une thèse imprimée dans le format in-4°.

Cet état de choses, qui subsista jusqu'en 1831, fit éclore une foule de thèses chimiques et pharmaceutiques d'un haut intérêt, qui ont eu l'honneur d'être approuvées par Chaptal et Fourcroy.

Le 20 messidor an xii, le ministre de l'intérieur permit à l'école d'accorder des diplômes définitifs en échange des certificats délivrés provisoirement par les écoles de santé avant la promulgation de la loi du 21 germinal; c'était étendre à la pharmacie les bienfaits dont jouissait déjà la médecine. Cet échange se faisait moyennant une somme de 450 francs.

Frappée des vices et de l'imperfection de la loi qui régit encore aujourd'hui l'exercice et l'enseignement de la pharmacie, l'école demanda en 1812, par l'intervention de Chaptal qui lui accordait toute sa bienveillance, 1° qu'on déshéritât les jurys de médecine du droit de recevoir les pharmaciens; 2° que, pour être reçus pharmaciens, les élèves fussent obligés de constater, par des inscriptions prises de trois mois en trois mois, qu'ils avaient suivi les cours au moins pendant deux années.

Cette demande, reproduite sous tous les ministres de l'intérieur qui se sont succédé, est toujours restée une lettre morte, et n'a jamais reçu de réponse favorable.

En 1825, la Chambre des Députés décida, par l'article 8 d'une loi sur les écoles secondaires de médecine, que les Facultés auraient le droit de recevoir les pharmaciens de deuxième classe pour toute l'étendue du royaume. Cette loi, qui froissait la raison et blessait l'équité, devait porter un coup fatal aux écoles de pharmacie : aussi, pour conjurer le danger qu'elle eût couru si cette disposition législative eût été sanctionnée, l'école de Montpellier invoqua la puissante intervention de Chaptal, et le pria d'être le protecteur des intérêts des écoles de pharmacie près de la Chambre des Pairs; mais cette démarche fut inutile, car le gouvernement retira la loi avant de la présenter à la chambre haute.

En 1831, l'école réforma quelques abus inhérents au troisième examen.

Il était bien reconnu que les préparations de pharmacie et de chimie n'étaient que très-rarement manipulées par les candidats qui se les procuraient ailleurs, et que beaucoup d'entre eux empruntaient une plume étrangère pour la rédaction de leur thèse.

En conséquence, l'école demanda au ministre de l'intérieur, 1° que le récipiendaire fût contraint de faire les neuf opérations de l'examen pratique dans le laboratoire de l'école et sous les yeux d'un professeur qui ne serait pas toujours le même, qui veillerait à leur exécution, et qui ferait à l'école un rapport sur le savoir et la capacité des candidats; 2° que la thèse cessât d'être exigible et devînt facultative.

Cette autorisation fut accordée par arrêté ministériel du 11 octobre 1831.

Le local qu'elle avait créé et acquis à ses frais devenait alors insuffisant, et les changements introduits dans la nature et le mode d'examen pratique nécessitaient des laboratoires plus spacieux et un mobilier mieux assorti. Aussi s'empressa-t-elle de faire l'acquisition d'une vaste maison qui lui était contiguë, et s'enrichit-elle d'un mobilier important qui lui était devenu indispensable, et qui ne laisse aujourd'hui presque plus rien à désirer.

Les frais de ces utiles changements, qui ne réalisent encore qu'incomplétement ses vœux, ont pu être couverts par le nombre toujours croissant des récipiendaires, dont le chiffre s'était élevé, dans les premières années de sa création, autant à cause de la cessation des réceptions qui avaient duré pendant la période de l'école de santé, que parce que les candidats étaient animés de l'espoir que le titre de pharmacien reçu dans les écoles les grandirait aux yeux du public, et leur assurerait des succès. Mais bientôt à ces espérances légitimes succédèrent d'amères déceptions, et l'on ne tarda pas à voir les jeunes gens déserter l'école pour aller demander aux jurys médicaux la collation d'un titre plus facile et moins dispendieux.

Jusqu'en 1821, l'École de Pharmacie de Montpellier s'était bornée à visiter les pharmacies de la ville; mais, en 1829, elle sentit la nécessité de procéder à ces visites dans toute l'étendue de la circonscription assignée par la loi, et demanda à l'autorité supérieure une somme nécessaire à cette opération, et à prendre sur les fonds du département. Le conseil général de l'Hérault, sur la proposition du préfet, était sur le point de voter 2,000 fr., quand, interprétant la loi d'une manière tout à fait inattendue, M. de Corbière, alors ministre de l'intérieur, décida que les dépenses nécessitées par les visites devaient être supportées par les écoles.

Toutefois, l'école ne se découragea pas, et, dans le courant de l'année 1831, elle commença l'inspection des officines, depuis si longtemps méditée, et appela l'attention de l'autorité sur des abus invétérés et nombreux, qu'elle voit tous les jours peu à peu disparaître.

De plus, pour réparer un oubli de la loi, et pour combler une lacune regrettable, elle poursuivit ses investigations jusque chez les officiers de santé, dont elle contrôla sévèrement les pharmacies défaillantes et négligées, et fit de ces visites l'objet d'un rapport qui obtint l'approbation du ministre compétent.

Enfin, l'école de Montpellier ayant remarqué, dans sa première tournée d'inspection, l'inobservance de l'article 6 de la loi du 21 germinal, et ayant constaté que les secrétariats des mairies ne possédaient pas le registre destiné à l'inscription des élèves en pharmacie, se hâta d'instruire le ministre de cette dérogation, qui pouvait avoir pour résultat la délivrance de certificats de complaisance.

Une circulaire ministérielle du 31 janvier 1832 confirma l'article précité de la loi, et, appréciant l'importance et la gravité des révélations de l'école, elle exigea que cet article fût à l'avenir sévèrement observé.

Ainsi, l'École de Pharmacie de Montpellier peut être fière des améliorations qu'elle a semées dans ses inspections, et doit s'enorgueillir d'avoir déraciné de nombreux abus qui souillaient l'exercice de la pharmacie, comme d'avoir fermé des officines illégalement ouvertes, d'avoir aboli des prête-noms défendus par la loi, et puni des officiers de santé livrant des médicaments dans les localités où exercent des pharmaciens légalement reçus. Tels sont les titres qu'elle s'est acquis à la reconnaissance publique; elle en conquerra encore d'autres si elle parvient à exécuter des projets qu'elle médite depuis longtemps pour les progrès de la science [1].

Je dois à l'obligeance de M. *Duportal*, directeur de cette école, les renseignements suivants sur le personnel dont elle se compose.

Formé par arrêté du 25 vendémiaire an XII, ce personnel resta constitué ainsi qu'il suit pendant un bon nombre d'années :

MM. *Virenque*, directeur, sans enseignement.

Figuier, professeur de chimie.

Rey, professeur de pharmacie.

Pouzin, professeur d'histoire naturelle, de médicaments et de botanique.

Reboul, } professeurs adjoints, sans enseigne-
Blanc, } ment.

Depuis cette époque, l'école a perdu en entier ce personnel, et dans l'ordre suivant :

MM. *Reboul*, décédé le 12 juillet 1804, âgé de 60 ans.

Figuier, décédé le 27 mars 1817, âgé de 53 ans.

---

[1] Extrait analytique des Pandectes.

MM. *Pouzin*, décédé le 15 avril 1822, âgé de 55 ans.

Rey, décédé le 12 mai 1826, âgé de 69 ans.

Blanc, décédé le 20 avril 1828, âgé de 65 ans, déjà démissionnaire.

Virenque, décédé le 17 janvier 1829, âgé de 70 ans.

La nomination des successeurs de ces professeurs a été faite dans l'ordre suivant :

M. *Bérard* a succédé à M. *Figuier*, le 3 septembre 1817.

M. *Duportal* a succédé d'abord à M. *Reboul*, le 18 février 1818, comme professeur adjoint, ensuite à M. *Pouzin* comme professeur titulaire, le 26 juin 1822, et à M. *Virenque*, dans les fonctions de directeur, le 6 avril 1829.

M. *Pouzin* fils a succédé d'abord à M. *Blanc*, comme professeur adjoint, le 4 septembre 1822 ; ensuite à M. *Rey*, comme professeur titulaire, en décembre 1826. Il est aussi trésorier.

M. *Gay* fut nommé professeur adjoint en remplacement de M. *Pouzin* fils, le 13 octobre 1824.

M. *Balard* fut nommé professeur-adjoint, le 2 décembre 1829, en remplacement de M. *Duportal*, qui depuis longtemps avait cessé de l'être, étant devenu titulaire.

M. *Cauvy* fut nommé professeur adjoint, le 2 février 1843, en remplacement de M. *Balard*, nommé professeur à la Faculté des Sciences de Paris.

L'ordonnance royale du 3 septembre 1829 ayant créé une chaire de physique et une autre de chimie organique et de toxicologie, son personnel et son enseignement actuels sont établis de la manière suivante :

MM. *Duportal*, directeur, professeur d'histoire naturelle des médicaments et de botanique.

MM. *Bérard,* professeur de chimie inorganique,

Pouzin, professeur de chimie organique et de toxicologie,

Gay, professeur adjoint de pharmacie,

Cauvy, professeur adjoint de physique [1].

École de Strasbourg. Avant 1789, on ne pouvait ouvrir d'officine en Alsace sans un privilége spécial. Ce privilége, ceux-là seuls pouvaient l'obtenir qui avaient droit de bourgeoisie et qui justifiaient d'ailleurs du titre de maître en pharmacie. Ce titre était délivré pour Strasbourg et les villes sur lesquelles elle exerçait des droits seigneuriaux, par un collége de médecine que le magistrat réunissait à cet effet.

Dans les villes soumises à la juridiction des princes étrangers, à Bouxwiller et à Ribeauviller, par exemple, des commissions spéciales étaient créées, dans le même but, par les régences des princes.

Partout ailleurs, un inspecteur général des hôpitaux procédait, dans une tournée qu'il faisait annuellement, à l'examen des candidats en pharmacie.

Plus tard, les réceptions eurent lieu, soit par des commissions nommées par les administrations départementales ou autres, soit par les jurys médicaux, jusqu'à l'époque de la création des écoles de pharmacie.

Fondée par la loi du 21 germinal an XI, l'Ecole de Pharmacie de Strasbourg se composait de sept membres, savoir :

MM. *Macquart,* directeur, décédé en 1808.

Spielmann, trésorier, décédé en 1811.

---

[1] Extrait analytique des Pandectes.

Trois professeurs titulaires, qui étaient :

MM. *Hammer*, que diverses raisons engagèrent à se retirer en 1830 ;

L. *Hecht*, encore existant,

Et *Nestler*, décédé en 1824.

Deux professeurs adjoints :

MM. Ant. *Oberlin*,

Lefèvre, secrétaire,

qui cessèrent d'en faire partie, le premier en l'an XIII, et le second peu de temps après.

Dès son origine, l'École de Pharmacie de Strasbourg fit, pour pouvoir donner l'enseignement, des efforts et des démarches que le manque de local et de fonds nécessaires pour subvenir aux frais des cours paralysèrent complétement. Elle dut donc, bien malgré elle, se borner à recevoir des pharmaciens et à veiller au maintien des lois et règlements sur l'exercice de la pharmacie; ajoutons que les honoraires de ses professeurs titulaires étaient plus que modestes, puisque chacun d'eux recevait 500 francs prélevés sur les frais de réception.

En 1811, M. Chrétien *Nestler*, fils aîné du précédent, fut nommé en même temps aux fonctions de professeur adjoint et de trésorier, en remplacement de M. *Spielmann*, décédé; et, réduite, soit par les démissions, soit par les décès, à deux membres, les mêmes MM. Ch. *Nestler* et L. *Hecht*, l'école dut, en 1831, le 9 novembre, se faire adjoindre provisoirement, pour les examens, M. Ch.-Fréd. *Spielmann*, fils du précédent, en qualité de professeur titulaire, et M. Aug. *Nestler*, frère cadet de Chrétien *Nestler*, en qualité de professeur adjoint et de trésorier.

En 1832, en conformité d'un arrêté du ministre de

l'intérieur, en date du 18 janvier, l'école, M. *Nestler* père étant décédé, se trouva composée ainsi qu'il suit :

MM. *Hecht,* directeur,
Nestler fils aîné, trésorier, } titulaires.
Spielmann, secrétaire,

Aug. Nestler cadet, adjoint trésorier, professeur titulaire.

Kirschleger, professeur titulaire.

Oppermann,
Oberlin, } professeurs adjoints.

La réorganisation de l'École de Strasbourg, qui ne vivait que dans le provisoire, ne date, à proprement parler, que de 1835. Cette réorganisation a eu lieu sur un rapport présenté au roi par M. Guizot, ministre de l'instruction publique. C'est alors que l'école parvint enfin à trouver un local et à organiser ses cours. M. *Persoz* fut chargé de l'enseignement de la chimie ; M. *Nestler,* de celui de la pharmacie ; M. *Kirschleger,* de celui de la botanique ; M. *Oppermann,* de celui de la toxicologie, et M. *Oberlin,* de celui de la matière médicale.

En 1840, les efforts de l'administration de l'école pour se procurer un bâtiment spécial furent couronnés d'un plein succès ; alors les études reçurent une extension désirable, et les élèves se présentèrent en plus grand nombre. Deux agrégés furent nommés, ce sont : MM. Émile *Hecht,* fils du directeur honoraire, et M. *Schaeuffelle.*

En 1846, M. *Oppermann* fut nommé professeur titulaire et chargé du cours de pharmacie, en remplacement de M. Aug. *Nestler,* démissionnaire, et M. Émile *Kopp* lui succéda dans les fonctions de professeur adjoint. En 1849, à ce dernier nommé représentant du peuple, succéda M. *Loir,* agrégé à l'école de Paris.

En 1851, M. *Béchamp* fut nommé agrégé à la suite d'un concours.

Voici donc quelle est la constitution actuelle de l'école :

MM. *Persoz*, directeur, suppléé par M. *Oppermann*, professeur de pharmacie, dans la direction de l'école, et dans la chaire de chimie, par M. *Loir*.

Kirschleger, professeur titulaire, chargé de l'enseignement de la botanique.

Oberlin, professeur adjoint, chargé de l'enseignement de la matière médicale.

Loir, professeur adjoint, chargé de l'enseignement de la toxicologie et de la physique.

Béchamp, agrégé.

Tous les services, largement installés, grâce à la munificence de la ville, dans le bâtiment qui vient d'être élevé tout exprès pour elle, n'ont plus rien à désirer. A l'enseignement théorique est jointe la pratique indispensable au pharmacien. Pendant tout le cours de l'été, les jeunes gens admis à l'*École pratique* s'exercent, sous la direction de M. Oppermann, aux diverses manipulations de chimie, d'analyse chimique et de pharmacie. Un concours ouvre les portes de cette école, dont les travaux sont couronnés, à la fin de l'année, par un autre concours à la suite duquel sont décernées les récompenses spécifiées par les règlements et ordonnances [1].

M. Oppermann, à la bienveillance duquel je suis redevable des détails qu'on vient de lire, a été nommé récemment directeur titulaire de cette école.

Les pharmacopées et les autres ouvrages pharmacologiques qui ont reçu le jour dans le XIX° siècle sont :

1800. François Carbonnell, *Elementa pharmaciæ*,

---

[1] Lettre de M. Oppermann à l'auteur.

Barcenonæ; ouvrage traduit en français, en 1802, par Poncet, médecin.

1803. Jean-Barthélemi Tromsdorff, le Nestor des pharmaciens allemands; on lui doit un grand nombre d'ouvrages, au nombre desquels on distingue : *l'École du pharmacien, ou Essai d'une exposition en tableaux de toute la pharmacie,* traduit en français, en 1807, par Leschevin, et une *Nouvelle Pharmacopée,* publiée en 1808.

1803. *Code pharmaceutique à l'usage des hôpitaux civils,* par Antoine-Augustin Parmentier, membre de l'Institut, et l'un des inspecteurs généraux du service de santé des armées.

1803. Swédiaur. *Pharmacopeia medici practici universalis.*

1803. *Cours théorique et pratique de pharmacie chimique,* par Simon Morelot, professeur au collége de pharmacie de Paris.

1803. *The Edinburgh new Dispensatory,* par le docteur André Duncan; réimprimé douze fois de 1803 à 1830. La dixième édition a été traduite en français par M. Pelouze, et annotée par MM. Robiquet et Chéreau.

1805. *Pharmacopœa Batava.* En 1823, le docteur Niemann en a donné une seconde édition enrichie de notes pleines d'érudition.

1808. *Pharmacopœa rationalis seu borussica.*

1811. *Pharmacopée générale de Brugnatelli,* traduite de l'italien et enrichie de notes par M. Planche.

1811. *Traité de pharmacie théorique et pratique,* par Virey.

1821. *Formulaire à l'usage des hôpitaux militaires,* par Laubert.

1828. *Pharmacopée universelle*, ou Conspectus des pharmacopées d'Amsterdam, Anvers, Dublin, etc., etc.; par Jourdan, docteur-médecin.

1834. Deuxième édition de la *Pharmacopée raisonnée* de MM. Henri et Guibourt, corrigée et considérablement augmentée par ce dernier.

Je dois citer encore l'*Officine* de M. Dorvault, ouvrage du plus grand mérite, ainsi que la *Revue pharmaceutique* du même auteur.

Indépendamment des traités et des pharmacopées dont je viens de donner la nomenclature abrégée, je dois encore mentionner, en l'honneur de l'art pharmaceutique, dont les progrès actuels sont loin de se ralentir, plusieurs recueils périodiques, tels que le *Journal des pharmaciens*, qui a paru pendant les années v, vi et vii de la république; le *Bulletin et le Journal de pharmacie*, commencés en 1809 et continués avec succès jusqu'à ce jour; le *Journal de chimie médicale* et plusieurs *Manuels de Pharmacie* dus à MM. Caventou, Chevallier, Soubeiran, Bouchardat, etc.

En descendant le cours des âges, depuis les temps les plus reculés jusqu'à nos jours, j'ai passé en revue les diverses juridictions auxquelles la profession d'apothicaire a été soumise.

Pour ne citer que la France, j'ai fait voir que, depuis le treizième siècle, les statuts et les règlements avaient été modifiés, selon les progrès et l'influence de chaque époque, par les successeurs de Philippe-le-Bel. Dans cette longue odyssée j'ai recueilli, avec un patient et consciencieux labeur, tout ce que les annales historiques pouvaient m'offrir d'intéressant. Sans doute, cette prolixe exposition de faits et de dates a pu paraître aride et fastidieuse au lecteur ; mais les exigences de l'histoire la rendaient nécessaire, et j'ai la conviction qu'elle ne sera pas tout à fait stérile, puisqu'elle aura servi à mettre en relief la sollicitude paternelle des souverains pour la santé de leurs sujets, et la vigilance des hauts pouvoirs publics relativement au bien-être des populations.

CHAPITRE XV.

PHARMACIE SACRÉE. — PHARMACIENS ILLUSTRES.

Pharmacie sacrée. — Les parfums sont employés dans tous les cultes. — La Myrrhe de la Bible. — Le *Boswellia thurifera* et le *Chloroxylum dupada* de l'Indoustan. — L'*Abies religiosa* et le *Cupressus thurifera* de l'Amérique méridionale. — Le *Juniperus* de la Virginie. — L'*Icica* de Cayenne. — Le Benjoin des mosquées et des églises. — Le Saint-Chrême. — Les bois odorants des temples chinois et japonais. — L'eau bénite des lamas et des prêtres bouddhistes. — Le Cinnamome des Égyptiens. — Les bûchers funéraires. — Le Gaïac du temple du Soleil à Cusco. — Herbes narcotiques des prophètes, des devins et des sibylles. — Plantes enivrantes des Malais, des bonzes et des fakirs. — Plantes saintes. — Le Figuier des pagodes. — Le *Palæsa*. — Le *Butta frondosa*. — Le Gui des druides. — La Verveine des Romains. — Le *Lotus* du Gange et le *Lotus* du Nil.

Pharmaciens illustres. — Le Dante, médecin et apothicaire. — Illustrations pharmaceutiques d'Italie, d'Allemagne, d'Angleterre, d'Irlande, de Prusse, de Russie, de France, etc., au XVIe et au XVIIe siècle. — Célébrités du XVIIIe siècle. — Splendeur de la fin du XVIIIe et du commencement du XIXe siècle. — Services éminents. — Découvertes immortelles. — Progrès gigantesques des arts et de l'industrie.

« Il y a plusieurs végétaux affectés au culte de la Divinité, ceux qui fournissent des parfums dans les temples, et ceux que la superstition emploie à certains rites, soit pour les rattacher à quelques dévotions, soit même pour porter le trouble dans les intelligences.

Parfums consacrés au culte divin. Il est manifeste que, de tout temps, les grandes réunions d'hommes dans les temples viciant l'air par des émanations plus ou moins fétides, on a recouru à l'emploi des parfums dans presque tous les cultes.

Personne n'ignore que l'encens fut d'abord l'un des plus usités ; l'arbre indien d'où il se tire aujourd'hui est le *boswellia thurifera* ; une autre térébinthacée, le *chloroxylum dupada*, procure également une résine odorante servant, à la manière de l'oliban, dans les pagodes de l'Indoustan ; les résines de *dammara* et de *canarium* y remplacent, au besoin, l'encens, comme on fait aussi un encens vulgaire avec les résines d'arbres conifères, et surtout des pins, pour le culte de nos églises, principalement dans les contrées du nord de l'Europe.

C'est par la même rareté du véritable encens d'Arabie que, dans l'Amérique méridionale, les peuples recueillent de l'*abies religiosa*, ou du *cupressus thurifera*, des résines assez suaves par la combustion, dans les Andes du Pérou et de Quito.

Plusieurs *juniperus*, soit de l'Amérique septentrionale et de la Virginie, soit de l'Ancien monde, fournissent pareillement des résines odorantes, usitées seules ou mêlées à de l'encens, et consacrées, à ce titre, au culte divin. On leur attribue par là des vertus occultes pour expulser les démons.

On obtient également de plusieurs *icica*, à Cayenne et dans d'autres lieux de l'Amérique équinoxiale, des résines très-aromatiques usitées, en place d'encens, pour le culte.

La myrrhe, chez les anciens Orientaux et les Éthiopiens, a même été employée comme aromate sacré, ainsi qu'on le voit par le texte même de la Bible.

La gomme-résine de l'olivier a pu être substituée à l'oliban dans le midi de l'Europe ; mais c'est le benjoin qu'on mêle le plus souvent par petits fragments dans la plupart des parfums sacrés, soit des églises, soit des mosquées, soit des temples d'Asie. C'est aussi au benjoin qu'est due l'odeur balsamique de l'huile du saint-chrême, dans laquelle on en a fait dissoudre.

Bois. Après les résines, l'emploi des bois odorants est le plus recherché, dans les temples de l'Asie orientale surtout. C'est ainsi que les chapelles des temples chinois et japonais sont presque continuellement remplies de la fumée de petits bâtons brûlants et exhalant une vapeur agréable; ces bâtons ont la grosseur du doigt et sont d'une couleur brune; il y en a de minces comme une plume et d'une teinte fauve; ils sont formés de sciure de bois unie au moyen d'un mucilage; cette sciure vient du bois de santal, ou du calambac ou bois d'aigle. Selon le rapport d'Horace Haymann, de Wilson et de Roxburgh, ce bois (*aquilaria agallochium*) éloigne, par son parfum, les charmes et les sortiléges malfaisants.

De même l'eau bénite des lamas et des prêtres bouddhistes, dans les temples du culte lamaïque, se compose avec la cannelle, le girofle et plusieurs aromates; elle est donnée en boisson aux dévots, comme fortifiante, stomachique et tonique.

Les prêtres de l'ancienne Égypte brûlaient dans les temples le cinnamome ainsi que le *cassia lignea*, substances déjà célèbres par leur parfum également rare et recherché : c'est ainsi que le phénix, emblème du soleil, ressuscitait des cendres de son nid formé de ces écorces parfumées; et l'apothéose des princes et des héros de l'antiquité avait lieu, aux regards du peuple, du sein de leur bûcher funéraire, où se consumaient ces bois odorants; il en est encore à peu près de même à présent dans la Chine, aux funérailles des grands de l'empire.

Chez les premiers Américains, à l'époque de leur conquête, le gaïac, qui exhale en brûlant une odeur suave, était employé comme parfum, dans le temple du Soleil, à Cusco. De là vient le nom de bois saint qu'il a retenu des Espagnols, et non pas à cause de ses vertus anti-syphilitiques : les dieux l'aimaient comme Apollon aimait le laurier.

Herbes narcotiques. Parmi les anciens mystères des initiations et les prestiges des divinations sibyllines, les interprètes de la divinité, les prophètes, les devins, les prêtresses s'enivraient d'odeurs narcotiques qui les inspiraient d'un vrai désir ; ils se croyaient d'autant plus profondément instruits des secrets de l'avenir, qu'ils devenaient plus fous. C'est ainsi que le *hatschich*, dans tout l'Orient, ou les feuilles de ce chanvre, dont on respire la fumée, excitent une ivresse sacrée pour les vrais croyants de l'islamisme, et les font courir au martyre. On sait que de ce terme *hatschich* est venu le mot *assassin*, parce que des fanatiques, exaltés par les vapeurs de ce chanvre brûlé, se dévouaient à la mort pour soutenir leur religion, en poignardant ses ennemis.

De même, chez les peuples malais et autres de l'Asie orientale, le *bangue*, ou *boudje*, *cannabis indica*, seul ou mêlé à l'opium, sert encore à exciter des extases sacrées et des actes fanatiques parmi les bonzes, les fakirs et autres moines ou religieux, dans leurs contemplations ascétiques, afin de les détacher du monde, et, pour ainsi dire, de les lancer dans les cieux.

On peut rappeler également que chez les anciens l'art de la divination exigeait l'emploi d'herbes stupéfiantes de la famille des solanées, comme les *physaëlis*, les *datura*. La jusquiame, la mandragore sont usitées encore en certains lieux par de prétendus magiciens ou enchanteurs, pour faire aller au sabbat, et avoir commerce avec la divinité. De même, chez les sauvages du nord de l'Amérique le tabac fut d'abord employé par les jongleurs, pour chasser les esprits malfaisants et les maladies. On pourrait dire que, sur toute la terre, les fumeurs de tabac ne sont que les descendants de ces sorciers qui n'étaient, le plus souvent, que de féroces anthropophages.

Plantes saintes. L'une des plus anciennement célèbres en ce genre est le fameux figuier des pagodes, *ficus religiosa*, qui courbe ses branches vers la terre; celles-ci, y reprenant des racines, forment ainsi des arceaux naturels de feuillage, sous lesquels sont abrités les innocents brahmines qui vivent uniquement de végétaux; ils ont horreur de répandre le sang des animaux, autant que celui des hommes.

La Genèse, qui dit que Dieu couvrit la nudité d'Adam par des vêtements de feuilles de figuier, fait allusion à cette vie antique dans les forêts de l'Inde, premier berceau du genre humain. De même, les bananiers, *musa paradisiaca*, *musa sapientium*, par leurs régimes de fruits sacrés et leur vert feuillage en parasol, ont toujours été vénérés comme des dons sacrés de la divinité pour l'espèce humaine, dont ils protégent si utilement l'existence oisive et fortunée.

Les Védas et autres poëmes sanscrits d'une haute antiquité célèbrent pareillement le *palasa* de l'Indoustan, qui sert de principal ornement à certaines divinités du Japon, comme étant saint, et qui répand par les blessures de son écorce un suc gommeux, rouge comme du sang. On cite encore la *butta frondosa*, grand arbre de la famille des légumineuses, à longues fleurs sanglantes; ce qui intimide les doux peuples de l'Inde, et leur fait croire que cet arbre souffre lorsqu'on le frappe de la hache; son suc rouge astringent est une sorte de kino ou de cachou stomachique, aujourd'hui importé en Angleterre pour colorer les vins.

Suivant les Brahmes, la nymphe *Tulosi* a été métamorphosée en l'espèce de plante du genre des basilics odorants qui porte ce nom dans l'Inde; l'histoire merveilleuse en a été racontée, comme celle de Daphné changée en laurier l'a été dans la mythologie; mais nos daphnés sont âcres ou vésicants, au lieu que le basilic sacré est dédié à Vishnou, et les Brahmes, ses adorateurs, mâchent chaque jour les feuilles stomachiques de cette labiée, pour faciliter la digestion des végétaux et du riz, dont ils font leur nourriture.

Nous pouvons rappeler ici que les Celtes et les Gaulois, nos ancêtres, possédaient également des herbes consacrées et magiques. Les druides et leurs acolytes recueillaient, dans la sombre horreur des forêts de l'Armorique, le gui sacré; la verveine servait aux lustrations, et dissipait les maléfices. Virgile dit (Eclog. VIII, v. 65):

Verbenas..... pingues et mascula thura.

et (Géorg. IV) :

Lilia verbenasque premens........

Enfin, la fleur sacrée par excellence, chez les anciens Égyptiens, comme parmi les Hindous, est celle du *lotus* aquatique, sur laquelle la puissance créatrice a pris naissance selon ces peuples.

On sait, d'après des recherches modernes de savants botanistes, que c'est la fleur d'un nénuphar, désigné d'abord par Linné sous le nom de *nymphæa lotus*, mais qui depuis a été reconnu, sous le terme de *nelumbo*, former un genre distinct avec le nom de *nelumbinum speciosum*. Ces fleurs sont de deux espèces : les rouges, qui resplendissent dans les eaux du Gange, sous le berceau de la divinité fécondante de la nature : *Spiritus Dei ferebatur super aquas*, dit la Genèse. De leur sein émane la puissance génératrice, comme Vénus sortit jadis du sein des ondes, aux regards du soleil; l'autre *lotus*, celui du Nil, est le *nymphæa cœrulea*, si souvent représenté sur les monuments du culte égyptien, et qui ornait la tête d'Osiris, ou était tressé en couronne sur le front des rois et des prêtres, ou bien encore brillait, comme une rose bleue, dans la main de leurs divinités. Des semences nourrissantes, des racines offrant leurs qualités tempérantes en même temps qu'elles alimentaient, ont rendu cette plante encore plus vénérable à ces peuples [1]. »

Tant que la pharmacie se traîna dans l'ornière de la routine, elle n'enfanta rien de sérieux pour la science; mais, à partir du moment où elle se dégagea des langes de l'alchimie, et où elle secoua les rêveries du mysticisme, une ère nouvelle s'ouvrit pour elle. La première étincelle qui jaillit du creuset de la chimie, en pénétrant dans le chaos de la pharmaceutique, se répandit dans toute l'Europe, et l'illumina.

Je regrette de ne pouvoir citer ici tous les hommes qui préparèrent les matériaux de cet édifice glorieux élevé de nos jours; heureusement l'histoire a déjà recueilli les noms, désormais impérissables, de ces minéralogistes, de ces botanistes, de ces zoologistes et de ces chimistes éminents.

En recommençant la revue, déjà faite par M. Dorvault, de ces architectes laborieux de la science, et notamment des pharmaciens, j'ajouterai à cette nomenclature quelques noms oubliés par ce savant, et je les classerai, d'après la Biographie de Michaud, selon l'ordre chronologique et national. Mais avant, qu'il me soit permis d'insérer quelques lignes qui sont loin d'être étrangères

---

[1] Φαρμάκων ἱερόν, ou Pharmaceutique sacrée. — Virey, Journal de Pharmacie, XVIII, p. 188.

à mon sujet, et que j'ai empruntées à M. Ferdinand Denis[1] :

« Il y a, dit ce savant et spirituel écrivain, dans l'histoire du Dante, un fait bien humble et qui néanmoins n'a pas été assez remarqué : c'est que le plus grand poëte des temps modernes était inscrit sur le registre des médecins et des apothicaires de Florence, et qu'un érudit célèbre a cru devoir lui accorder presque autant d'honneur pour ses connaissances médicales qu'on lui en rendit jadis pour son poëme immortel..... »

A partir du XVIe siècle, il faut citer Béguin, disciple fidèle et ardent du fougueux Paracelse ; il exerçait la pharmacie à Bâle, et florissait sous le règne de Henri IV ; en Italie, Mercurialis, de Forli ; en Allemagne, Schneider, de Nékœping ; Valérius Cordus ; Jean de Vigo, de Gênes ; Fracastor, de Vérone, l'inventeur du diascordium ; le Suisse Paracelse ; Sylvius, d'Amiens ; Mathiole, de Sienne, et Duchêne, de la province d'Armagnac.

Au XVIIe siècle, on voit briller Rudius, de Bellune ; Libavius, auteur de la découverte du chlorure d'étain ; Mindérerus, d'Augsbourg ; Potérius, Brice-Bauderon, Wédelius, Demeufve, Pénicher, l'Anglais Shaw, Quincy, Fuller, Neumann, de Breslaw ; Sthal, Schultz, Klein, de Kœnigsberg ; Retzius, Paërner, de la Salle ; Marysellus, de Venise ; Zwelfer, du Palatinat ; Charras, d'Uzès, l'un des professeurs les plus distingués du Jardin des Plantes de Paris ; Lémery, de Rouen, simple apothicaire, dont la chaire était entourée d'auditeurs de tous les pays, et Tachénius, qui étudia les potasses avec tant d'avantages pour l'industrie.

Le XVIIIe siècle vit naître, à la gloire de l'Europe,

---

[1] *Le Monde enchanté*, chap. III, page 48.

savoir : à Leipsick, Michaëlis; Lewis; Spielman, de Strasbourg; Bucholz, à Bernbourg; Geoffroy, à Paris; Margraff, de Berlin, à qui l'on doit la découverte du sucre de betterave; Klaproth, son compatriote, qui créa l'art d'imiter les pierres précieuses; Rouelle, le maître de Lavoisier; Demachy, de Paris; Diesbach, de Prague, qui découvrit le bleu de Prusse; Wenzel, son compatriote, qui sema les premiers germes de la philosophie chimique; Scheele, né à Stralsund et mort à Kœping, apothicaire, gérant la pharmacie d'une veuve; c'est lui qui découvrit le chlore, le manganèse, le tungstène, la baryte, les acides cyanhydrique, citrique, tartrique, oxalique, fluorhydrique et la glycerine; Priestley, de Leeds, et l'Irlandais Kirvan. J'ajouterai, pour clore la glorieuse liste des pharmaciens chimistes du dix-huitième siècle, Bayen, de Châlons-sur-Marne, qui prépara le piédestal du haut duquel Lavoisier dicta au monde les lois de la chimie.

Au déclin du dix-huitième siècle et à la naissance du dix-neuvième, nous trouvons des successeurs non moins illustres; ce sont : Baumé, le fondateur de l'aréométrie; Cadet; Parmentier, ce nouveau bienfaiteur de l'humanité, qui introduisit en Europe la culture de la pomme de terre, et qui perfectionna l'art de la meunerie et de la boulangerie; l'Anglais Davy; Déyeux, qui améliora la fabrication des fromages; B. Pelletier; Figuier, de Montpellier, qui, avec Lowitz, pharmacien russe, découvrit les propriétés désinfectantes et décolorantes du charbon; Proust, rival de Berthollet, et qui trouva le sucre de raisin; Vauquelin, qui, de simple garçon de laboratoire, s'éleva aux hautes fonctions de directeur de l'école de pharmacie de Paris, découvrit le chrôme, et laissa d'importants travaux sur le désuintage des laines; Courtois, qui trouva l'iode, sans lequel la daguerréotypie ne serait pas née; Fourcroy, le Chrysostome de la chimie, Robiquet et Bouillon-Lagrange, qui surprit dans l'amidon torréfié une substance que d'autres pharmaciens, par des élaborations savantes, firent passer à l'état de glucose et de dextrine. J'en omets encore sans doute, et à mon grand regret, sans compter les pharmaciens de nos jours, que leur modestie, compagne de leur éminent savoir, m'interdit de nommer.

Telle est la savante phalange que notre première république trouva, quand, dans sa profonde détresse et alors qu'elle lançait ses armées sur l'Europe entière coalisée, elle invoqua les secours de la science; tels sont ceux qui, quand le blocus continental fermait nos ports aux arrivages étrangers, trouvèrent dans notre sol des matériaux propres à suppléer les produits exotiques [1].

Les pharmaciens, non contents de perfectionner l'art qu'ils exercent, ont encore concouru et continuent à concourir à l'amélioration des autres parties de l'art médical.

Qui ne sait que si, de nos jours, la médecine tend de plus en plus à prendre une direction positive en s'appuyant sur les sciences naturelles et physiques; si l'analyse chimique a jeté le plus grand jour sur la physiologie, en faisant connaître la nature, la composition et le mode de formation des fluides et des solides de l'organisme, et les changements qu'ils subissent par le travail de la vie; si les produits et les secrétions morbides; si les altérations pathologiques des humeurs, des viscères et des tissus de l'économie animale sont aujourd'hui mieux connus, c'est, en grande partie, aux analyses chimiques et aux recherches des pharmaciens qu'on en est redevable?

[1] Extrait de Dorvault, dans l'Union médicale.

Mais c'est surtout à la thérapeutique qu'ils ont rendu les services les plus signalés. Si le nombre des médicaments utiles s'est considérablement accru; si la composition des médicaments est aujourd'hui mieux connue, et en a amené l'application plus rationnelle; si, par la découverte et l'extraction des principes actifs des drogues végétales et animales, l'administration des remèdes est devenue plus facile et plus efficace, il est juste de reconnaître que ce sont les pharmaciens qui ont le plus contribué à tous ces perfectionnements. Quelles améliorations n'ont-ils pas apportées à tout ce qui touche à l'hygiène et à la salubrité publiques! N'est-ce pas à leurs lumières qu'on a recours, lorsqu'il s'agit d'assainir les lieux insalubres, de désinfecter des matières imprégnées de miasmes léthifères, de purifier l'air rendu irrespirable par le mélange de gaz méphitiques?

N'est-ce pas à eux que le public s'adresse, lorsqu'il soupçonne l'altération ou la sophistication des aliments et des boissons? N'est-ce pas aussi à eux qu'on doit la découverte de la plupart des adultérations que des hommes ignorants et cupides font subir aux denrées de première nécessité, en y introduisant des substances dangereuses?

Lorsqu'une épidémie meurtrière vient semer dans les populations l'épouvante et la mort, ne voit-on pas, alors que le fléau sévit avec le plus de fureur, les pharmaciens offrir leurs services à l'autorité, affronter les dangers de la contagion, et mettre tout en œuvre pour enrayer la marche du mal, et lui arracher quelques victimes?

Leur intervention ne devient-elle pas indispensable lorsqu'une main criminelle a introduit dans le corps de l'homme une de ces substances toxiques capables de détruire la santé, et même d'anéantir la vie? Ne sont-ce pas eux qui éclairent du flambeau de la science les combinaisons les plus ténébreuses, qui vont chercher dans les entrailles de la victime les atomes les plus fugitifs d'un poison subtil, et qui contribuent, par leurs savantes investigations, à faire rendre l'honneur à l'innocent, ou à faire tomber sur le coupable le glaive vengeur de la loi?

Je n'entreprendrai pas d'énumérer les perfectionnements dont les pharmaciens chimistes ont doté les arts et l'industrie : il me suffira de dire qu'il n'y a peut-être pas une seule amélioration à laquelle ils n'aient participé. Qu'on lise les ouvrages de technologie, qu'on parcoure les journaux consacrés aux arts industriels et agricoles, à chaque page on trouvera les pharmaciens mentionnés, tantôt à l'occasion d'une invention, d'un procédé ou d'un instrument nouveau, tantôt à propos d'une simplification ou d'un perfectionnement apporté aux procédés et aux instruments existants. Aussi plusieurs d'entre eux ont vu leurs talents et leurs efforts glorieusement récompensés, et se sont conquis une place distinguée dans la hiérarchie scientifique. Les sociétés savantes et les académies les plus illustres en comptent un grand nombre dans leur sein, et beaucoup, comme nous l'avons vu, se sont fait une réputation européenne, et ont attaché leur nom à des travaux et à des découvertes qui passeront à la postérité la plus reculée [1].

[1] Considérations sur la Législation pharmaceutique belge, par Pypers, 1844.

CHAPITRE XVI.

LES PHARMACO-POETES.

Parnasse pharmaceutique. — La boutique des apothicaires devenue le temple des Muses. — Nicandre. — Andromaque. — Emilius Macer. — Rufus. — Philon de Tarse. — Sulpitia, dame romaine. — Serenus Samonicus. — Eudème. — Ode d'Aratus. — Héliodore d'Athènes. — Damocrate. — Palémon. — Marcellus. — Félix Capella. — Jean de Milan. — Gilles de Corbeil. — Le *Promptuaire* de Thibault Lespleigney. — L'*Ars purgandi* de Gervasius. — Paul Contant. — Le *Dispensary* de Samuel Garth's. — Abraham Cowley. — La *Theriaque françoise* de Paul Maginet, apothicaire à Salins. — La *Thériacade* et la *Diabotonogamie* de Girault. — Demachy. — Guiart, le rival d'Ausone et l'émule de Santeul. — Épigramme sanglante contre un pharmaco-poëte.

     Ne sutor ultra crepidam,
     Nec pharmacopœus ultra pyxidem.
      (*Joh. Antonio Lodetto Bergomate.*)

    Pour *eux* Phébus est sourd, et Pégase est rétif.
      Boileau, *Art poétique*, ch. I, v. 6.

    Soyez plutôt maçon si c'est votre talent,
    Ouvrier estimé dans un art nécessaire,
    Qu'écrivain du commun, et poëte vulgaire.
      Ibid., ch. IV, v. 26, 27 et 28.

En remontant à l'origine de la pharmaceutique, nous l'avons vue passer des mains des héros et des demi-dieux dans celles des souverains, des prêtres et des législateurs; plus tard, nous l'avons trouvée élevée au rang des sciences, honorée de la protection et des travaux personnels des plus puissants monarques; nous devons maintenant placer après les rois pharmaceutes les pharmacopoëies, qui ne jugèrent pas indignes de leurs talents et du langage des dieux les détails qui se rapportent à un art destiné à soulager les souffrances, à conserver la santé, et à prolonger la durée de la vie des hommes.

Déjà, dans les temps les plus reculés, Hésiode, Orphée, Musée, avaient chanté la nature et les grands phénomènes qu'elle présente; Pythagore et Empédocle, Parménide et Épicharme, avaient appliqué la poésie aux détails de la philosophie et des hautes sciences[1] : enfin, l'Aveugle de Méonie et le Cygne de Mantoue ont aussi donné, dans leurs immortels poëmes, des aperçus pharmaceutiques en vers qui ne manquent pas d'intérêt[2].

Les apothicaires ne pouvaient donc guère rester étrangers aux Muses; aussi voit-on, dès la plus haute antiquité, leur verve poétique s'exercer à décrire plusieurs objets de leur profession, tels que les poids, les mesures, les pilons, les vases, les fourneaux, les drogues; ces sujets vulgaires sont chantés assez harmonieusement par les rapsodes pharmaceutiques de la Grèce et de Rome.

La langue française elle-même, si rétive de sa nature, s'est quelquefois prêtée, avec une docile complaisance, aux lyriques accents de nos pharmaco-poëtes : néanmoins, je conseille à nos apothicaires de déposer le luth de la poésie, de déserter le Sacré Vallon, et de ne plus essayer de gravir la pente glissante du Parnasse, afin de s'épargner des chutes lourdes et douloureuses.

Il faut pourtant reconnaître qu'en raison de leur alliance avec la médecine, les apothicaires avaient quelques droits de se regarder, depuis longtemps, comme appartenant à la famille d'Apollon. Parodiant la fable de Daphné, le poëte Dassoucy fait dire à Phébus :

[1] Cap, Bulletin de Pharmacie.
[2] Bulletin de Pharm., t. II, p. 5.

« Je suis le dieu qui tout éclaire
Bon chanteur, *bon apothicaire.* »

Et Dumeustier, dans le même sujet, s'exprime ainsi :

« Je suis le bâtard de Jupin,
Je suis poëte et médecin,
Apothicaire et botaniste [1]. »

En conséquence, la boutique des apothicaires est devenue le temple des Neuf Sœurs, et la lyre d'Apollon a souvent résonné sous des doigts destinés à manier un autre instrument.

Parmi les pharmaco-poëtes qui ont conquis quelque illustration dans le domaine littéraire, je citerai Nicandre [2], qui, dans un ouvrage dont j'ai nommé les traducteurs [3], a chanté, cent quarante ans avant Jésus-Christ, les poisons qu'on peut convertir en médicaments; Andromaque, qui a dédié à Néron, son féroce client, un poëme élégiaque sur la thériaque, poëme qui a été traduit, en 1660, par Charras. Emilius Macer, de Vérone, ami d'Ovide, de Tibulle, et contemporain de l'empereur Auguste, est l'auteur d'un poëme sur les propriétés des plantes; Rufus, dans un livre dont il nous reste quelques fragments, a célébré les vertus héroïques de certaines plantes; Philon, de Tarse, contemporain de Thémison, mit en vers la composition de son électuaire, connu sous le nom de *philonium*, et dans lequel entraient le safran, le pyrèthre, l'euphorbe, le poivre blanc, la jusquiame et le miel attique [4].

Sous Domitien, des détails thérapeutiques ont été mis

---

[1] Bullet. de Pharmacie, t. II, p. 5-10. — 1810.
[2] Dissertation sur les deux poëmes de Nicandre, par Cadet. (Bulletin de Pharmacie, t. II, p. 337-355.)
[3] Gorris, sous Charles IX, et Grévius, sous Louis XIV.
[4] Cap, Bull. de Pharmacie.

en vers par Sulpitia, dame romaine, dont Martial cite avec éloge les productions[1]. Serenus Samonicus, qui vivait sous l'empereur Caracalla, a écrit un poëme latin intitulé : *De Medicina, præcepta saluberrima*, dont j'extrais quelques vers qui ne sont pas sans intérêt :

CAPITI MEDENDO.

« *Balsama si geminis instillans auribus addas,*
Tum poteris alacrem capitis reparare vigorem.
Vel quæ septenis censentur gramina nodis,
Utiliter nectes, vel corno ex arbore sertum.
Pulegiumve potens una super aure locabis,
Aut illud misto recoquens clementer aceto,
Cauta nare trahes, seu visco lintea nexo
Induces fronti, seu tritæ gramina menthæ.
Spongia cum tepidis annexa liquoribus imbris
Profuit, aut hedera ex oleo decocta vetusto.
Profuit et cochleis frontem tractare minutis.
Si nocuit cerebro violentia solis aperto,
Sæpe chelidonia ex acido perducta liquore
Sanavit ; prosunt et amica papavera somno,
Si prius in lento madefacta coquantur olivo. »

Galien raconte qu'un certain pharmacopole, du nom d'Eudème, a aussi mis en vers la composition d'une espèce de thériaque, dont l'auteur était Antiochus Philométor ; qu'Aratus a consacré une ode à la véritable thériaque ; qu'Héliodore, d'Athènes, a donné sur le rhythme poétique, comme Nicandre, la description des contrepoisons. Le médecin de Pergame cite encore Damocrate comme auteur de poëmes sur les recettes et formules de plusieurs médicaments. Ce même Damocrate a emprunté aussi le langage des muses, pour vanter les vertus de l'électuaire du roi de Pont (le mithridate); il a dit encore l'antidote de Charmis, et celui dont l'empereur Tibère

---

[1] Bull. de Pharm., 2ᵉ année. — Note de M. F. de St.-V....

faisait usage ; enfin il a chanté les divers remèdes contre la morsure des serpents et des chiens enragés ; différents dentifrices ont exercé sa verve poétique, et il n'est pas jusqu'à des liniments dont il n'ait versifié les formules, de même que celles des emplâtres discussifs, attractifs, et même du diachylon [1]. C'est peu : il consacra encore dans ses vers la préparation de plusieurs *malagmata* et épithèmes calmants assez efficaces, ainsi que la composition de divers *acopes* ou liniments toniques propres à dissiper la lassitude. Damocrate avait guéri la fille du consul Servilius en lui faisant prendre le lait d'une chèvre nourrie avec les feuilles de lentisque, mode de traitement ingénieux renouvelé par les praticiens modernes, et mis souvent en usage avec un remarquable succès [2].

Comme dans ces fragments poétiques la confection des médicaments est textuellement décrite, il en résulte que les instruments du pharmacien y ont aussi leur place : ainsi l'on voit que les poids, les mesures, les mortiers, les pilons, les vases et les fourneaux ne paraissent nullement discordants dans la bouche des muses ; mais il faut convenir que la langue grecque se prête mieux à la peinture des tableaux poétiques de la pharmacie que la langue latine et surtout que la langue française :

> .... *Graiis dedit ore rotundo*
> *Musa loqui* ....

Sous le règne de l'empereur Claude, Palémon, versificateur distingué, écrivit un ouvrage sur les poids et les mesures, qu'il appela : *Carmen de ponderibus et mensuris*.

---

[1] Duval, Observ. littéraires sur les Poëtes pharmaciens, Bulletin de Pharmacie, n° IV, avril 1840.
[2] Cap, Journal de Pharmacie, t. XII.

Sous l'empereur Théodose, un nommé Marcellus (Empiricus, selon certains historiens) fit paraître un poëme ayant pour titre : *Marcelli, de Medicina carmen;* ce n'est guère qu'une nomenclature sèche et froide de médicaments, comme le prouvent les vers suivants :

> *Istic repperies per nomina, perque medelas,*
> *Descriptas species et pondera ....*
> *.............. natura salubres*
> *Suggerit impensas ponto et tellure creatas,*
> *Angue, fera, pecude, et fruge, alite, murice, pisce,*
> *Lacte, mero, pomis, lymphis, sale, melle, et olivo,*
> *Succis, unguinibus, tædis, pice, sulfure, cera,*
> *Polline, farre, fabis, lino, scobe, vellere, cornu,*
> *Buccis, et balanis, lignis, carbone, favilla;*
> *Floribus et variis herbis, etc. ....*

L'an 490 de notre ère, Félix Capella, de Carthage, a imposé la dénomination de *septem artes liberales* à un poëme qui est rempli de détails piquants sur la matière médicale; de plus, il a fait paraître le poëme *De Nuptiis physiologiæ et mercurii.*

En 1100, Jean de Milan écrivit *l'École de Salerne* en douze cent trente-neuf vers, dont trois cent soixante-douze seulement sont parvenus jusqu'à nous. En 1180, Gilles de Corbeil, médecin de Philippe-Auguste, poétisa les vertus des médicaments composés.

En 1484, sous le règne de Charles VIII, on vit éclore les œuvres de César Scaliger; en 1488, Lopez de Villalobos, en Espagne, publia en vers, à l'âge de dix-neuf ans, un traité rimé des minoratifs, des purgatifs, des onguents et des emplâtres; en 1544, sous François Ier, parut le *Promptuaire* des médicaments, écrit en rhythme joyeux et dû à la plume de Thibault Lespleigney.

Nous devons à Paul Contant, apothicaire de Poitiers, qui vivait à la fin du règne de Henri IV, deux poëmes, dont l'un est intitulé : *le Jardin poétique*, et l'autre, *le Second Eden*. En voici un extrait :

> « Je chante les beautés de la terre nouvelle,
> Les émaux printanniers dont sa robe étincelle ;
> Je chante les vertus des plus aimables fleurs
> Que l'aube au teint vermeil arrose de ses pleurs ;
> Je chante un beau jardin qui ne craint la froidure
> Des aquilons glacés, le temps ni son injure,
> Mais qui, tout verd, tout gai, tout riant et tout beau
> S'éternise en mes vers en dépit du tombeau [1]. »

Un peu auparavant, Jean Clément, qui professait la médecine et la pharmacie, composa diverses poésies qui jouirent d'une grande faveur en Angleterre.

Au dix-septième siècle, on imprima l'*Ars purgandi, carmine heroico scripta*, de N. Gervasius; à Londres, sous Guillaume III, Samuel Garth's publia, à la fin de ce même siècle, le *Dispensary*, poëme que l'on compare au *Lutrin* pour sa forme épique et sa finesse satirique ; Voltaire a traduit, ou mieux, a paraphrasé, ainsi qu'il suit, les premiers vers de l'exorde :

> « Muse, raconte-moi les débats salutaires
> Des médecins de Londre et des apothicaires
> Contre le genre humain si longtemps réunis,
> Quel dieu, pour nous sauver, les rendit ennemis ?
> Comment laissèrent-ils respirer leurs malades
> Pour frapper à grands coups sur leurs chers camarades ?
> Comment changèrent-ils leur coiffure en armet,
> La seringue en canon, la pilule en boulet ?
> Ils connurent la gloire : acharnés l'un sur l'autre,
> Ils prodiguoient leur vie et nous laissaient la nôtre. »

Ce poëme, dont je vais indiquer la source, eut un succès prodigieux : c'est un combat acharné entre les médecins et les apothicaires ; on y trouve de l'imagination, un tour élégant, de la vivacité, de la naïveté et un

---

[1] Duval, idem in ibid.

savoir qui y est peut-être même trop prodigué[1]. Samuel Garth's, de la province d'York, se distingua par ses talents poétiques et par son habileté dans sa profession ; il sut mériter la faveur de son souverain par des louanges données avec esprit, et profita de son crédit pour fonder, dans le collége de médecine, une pharmacie publique connue sous le nom de *Dispensary ;* les pauvres y recevaient des médicaments au-dessous du prix ordinaire ; les autres pharmaciens employèrent tous les moyens imaginables pour s'opposer à cet établissement ; c'est alors que Garth's prit la plume pour les ridiculiser dans le poëme dont il est question.

Un contemporain de S. Garth's, Abraham Cowley, a chanté, en vers latins, les plantes et leurs propriétés ; la pensée y est très-poétiquement et très-spirituellement exprimée.

La plus curieuse des œuvres pharmaco-poétiques du dix-septième siècle est la suivante.

En 1623, Pierre Maginet, apothicaire à Salins, publia en vers la thériaque *avec les vertus et propriétez d'icelle selon Galien*. Ce poëme a pour titre : *la Thériaque françoise*. Je crois devoir en reproduire une partie, parce qu'il est, sauf quelques passages paraphrasés, la traduction assez fidèle de celui du médecin de Néron, l'inventeur du médicament, et surtout parce qu'il met en lumière les éléments proportionnels et l'infernale préparation de cette composition monstrueuse, toutes choses inconnues de beaucoup de personnes :

THERIACA ANDROMACHI SENIORIS.

. . . .
Avant toute œuvre il faut curieux à loisir
Chasque drogue à part et peser et choisir,

---

[1] Bulletin de Pharmacie, t. II.

DES APOTHICAIRES. 301

C'est pourquoy dans ces vers, par ordre je te note
Tous les ingrediens de ce riche antidote.
Advise donc, je prend pour le commencement
La vipere, qui est la base, et fondement
De nostre Theriaque, et qu'ainsi l'on appelle,
Comme fait de serpent, et prenant le nom d'elle.
De ses trochisques faits à cela tout exprès
Comme l'art et l'escrit te monstreront aprés,
Prend six onces à part, douze once de pastilles,
Artistement dressez de farine et de scylles,
Du jaune hedicroum, et de ce poyvre-là
Qui long comme Chattons se treuve en Bengala,
Et le suc du pavot qui ses larmes distille
En esté, dans le sein de la Thebe fertile,
De chascun de ses trois, tu prendras seulement
Six onces qu'il te faut peser également :
A cela tu joindras la fille de Thaumante,
Iris, qui de sa fleur l'arc-en-Ciel represente :
La roze qui estoit sans espines avant
Que Dieu maudist la terre à cause du serpent ;
Ulysse la treuva pour son mal secourable
Quand devant Ilyon il gisoit sur le sable.
Le suc de Regalisse en consistance cuit,
Mais il faut de celuy que l'Espagne produit.
La graine de Naveau, le cultivé doit estre
En cecy supprimé, pour choisir le champestre ;
Le Scorde que produit la Crete, ou bien celuy
Que le chaud Languedoc nous apporte aujourd'huy :
Du baulme du Levant la liqueur Syriaque,
L'un des beaux ornements de nostre Theriaque,
L'escorce bazané de Cynamome franc
Ne prend pas celuy-là de l'Amérique blanc :
L'Agaric blanc, leger, friable, et te contente
De choisir du meilleur qu'on apporte de Trante ;
Le Coste blanc et net, et faits s'il est moyen
Que tu monstre que c'est de l'Achemenien :
Les espics de ce Nard, que l'Inde Orientale
Prodigue de ses biens aux magasins estale,
Du Dictame sacré les blanches sommitez
Que le cerf va cherchant en ses extremitez,
Le jaune Rhapontic, qui en forme, et en goust
Du Rhabarbe commun ne differe du tout,
De nostre quinte-feuille encore la racine,
Qui contre le serpent est la vray medecine,
Des Moluques aussi tu prendras quant et quant

Le Zygembre, qui soit recent, blanc, et picquant,
Le Marrube, duquel les fueilles quoyque verdes
Semblables au porreau sont de neige couvertes,
Le Stœchas Arabic, mais il n'est ja besoin
Si la Gaule en produit, que tu alles si loing,
Du Schœnante le jonc, qui vient en Nabbathée
Des Arabes heureux la corne d'Amalthée,
La greine de Persil vrayment Macedonic,
Tant odorant au nez, qu'au goust aromatic,
La chaude Nepetha, ou bien la Calamente
Montagnere, qui est fort semblable à la Menthe,
La Casse, (ce n'est pas ceste liqueur icy,
Que nature enferma dans un canon noircy,)
Mais l'escorce de bois, que tantost l'on appelle
Du nom de Cynamome et tantost de Cannelle,
Le Saffran, dont l'Aurore a coustume jaunir
Sa chevelure, alors que le jour veut venir :
De l'inceste Myrrha et sa tige blessée
L'humeur qu'amairement pleurant elle a versée :
Le poyvre blanc et noir, l'un et l'autre produit,
Ainsy comme la vigne et la fueille et le fruit;
L'Ensens qui va coulant de ceste arbre sacrée
Dont l'odeur Sabean les celestes recrée :
Le Bijon de Chio, ravallant la couleur
Du plus luysant crystal, et des fleuves l'Azur :
Je veux que de chascun, à part tu me dispense,
Douze dragmes au stil d'une juste Balance :
Mais pour continuer ton ouvrage entrepris
Tu joindras à cela que tu as desja pris,
La racine qui croist au Salinois finage
Gentius le premier a treuvé son usage,
Et celle du Mehu qu'on dit Athamantic
Simple selon le Grec grandement hysteric,
La Canne du Lyban, ou du marais Indique
Qui pour sa bonne odeur est dite aromatique,
De la Valeriane, elle porte la fleur
Qui n'est pas saine moins, qu'aggreable en couleur,
La Tige seulement de ceste herbe Celtique
Dont foisonne à souhait la plage Lygurique,
L'Amome qui est fort à la grappe voisin
Dont le fruit ne differe en guere de raisin;
Le vert Chamœpythis qui se treuve vulgaire
Aux sillons sablonneux, qu'on ne cultive guere,
La fleur d'Hypericon dont le fueillage vert
Semble au jour exposé de mille trous ouvert,

La greine d'Ameos, blanche, forte, et de semblable
(Son nom le dit ainsi) aux petits grains de sable,
Celle-là du Thlaspy, qui brise, et qui dissoult
Le calcul dans les reins et le ronge du tout,
Lanis et le fenoüil, c'est une chose rare
Si dans un recipe l'un de l'autre s'esgare :
Nostre Sezeleos chassant l'arrière-faix
De la biche aussitost que ses faons sont faits ;
Le fueillage Indien qui le laurier ressemble,
Et qui sent le geroffle, et la Cannelle ensemble :
Le Polium gentil de Mercure facond,
Remede du bestail, et qui le rend fecond :
Du Cardamome vray sa semence menuë
Dans un petit gousson est acre retenuë,
Le Chamœdre, lequel de tant de noms cognu
De l'arbre de Juppin a le nom retenu,
Le fruit de l'arbre sainct dont le baulme dégoute
S'il se treuve aujourd'huy, aye-le quoy qu'il couste,
L'Hypocyste, qui soit ny par trop espoissy,
Ny trop peu en sa vray'consistance endurcy,
L'Acacie d'Ægypte, et la gomme luisante
Qu'avoir eu de tout temps l'Arabie se vante,
Le Storax Calamyt, ces trois points sont requis
L'armeux net, odorant, pour estre de l'exquis,
La motte Armenienne, et la terre sellée
De l'Isle de Lemnos qui jadis fut bruslée,
Le Calcyte qui sort des veines de Cypris
Des autres mineraux il emporte le prix,
De la gomme laquelle ainsi que le pain flaire
Tu prendras quant et quant la larme salutaire :
Or faits que rien ne soit carieux ou moisi,
Mets à part chasque point que tu auras chosi,
Empoigne ta balance et pese à la mesme heure
Une once de chascun avec une main seure :
Puis prend la Sarrasine, et choisis seulement
Celle qui la racine a comme filament,
Les purpurines fleurs que Chyron le Centaure
A jadis enseygné au serpent d'Epydaure :
Le Daucus, qui du goust parvist acre et caustic
Il te faut si tu veux le meilleur le Cretic,
La larme du Pana qui vient d'Alexandrie
Son nom dit qu'elle sert à mainte maladie :
La larme du Galban pur et Cylicien
De l'homme effeminé le symbole ancien,
Le Bytume du lac de la terre maudite

Où Dieu punit jadis le vilain Sodomite,
La drogue du Castor my-chair et my-poisson
Qu'il voudroit au pescheur octroyer pour rançon :
C'est fait, pése à part de chascune ces choses
Demy once, et les tiens separément encloses,
Et pour mesler le tout, prend ce qu'il faut de miel
Blanc, pur, et doux ainsi que la manne du ciel :
Pour tes gommes dissoudre, aye la Malvoisie,
L'œuvre meriteroit mesme de l'ambroisie.

TROCISCI VIPERINI.

Voicy de ton labeur la base et le subjet
La colomne, l'appuy, l'ornement et l'object :
Voyez le pied-d'estail qui doit porter l'ouvrage
Digne de son ouvrier, digne de nostre ouvrage :
Voicy cest animal mortifere, qui peut
Nous oster et donner la vie quand il veut,
Mais je te veux apprendre à choisir la vipere,
Comme il faut discerner la femelle du pere,
Comme il la faut cognoistre entre tous les serpents,
Et autres animaux sur la terre rempants ?

Nam basiliscus bellua sufflava, et triplici frontis apice munita, venis etiam solum, conspectuque, ut aiunt, et sibilo homines perimit. Atque ex aliis animantibus si quod illud extinctum attingit, et ipsum subito interit. (Gal. de Thib. ad pis.)

Ne prend le basilic qui venimeux te darde,
Son poison par les yeux alors qu'il te regarde :
Et qui peut choleré, par son seul sifflement
Te faire respirer un souffle pestilent,
Si tu touche son corps, quoyque mort je t'asseure
Il faut qu'empoisonné sans remede tu meure.

. . . .
Le maistre qui veut estre au Theriaque expert
De la femelle seule en cest acte se sert,
Alors qu'au renouveau sortant de sa tanniere,
Elle viendra gouster la saison printannière,
Qu'elle ne portera des petits en ses flancs,
Et qu'elle aye les yeux de rouge estincelants,
Qu'elle estède son col gresle, et qu'elle ayt la queuë,
Qui ne soit point trop longue, et soit assez pointuë,
Qu'elle ayt la teste large et platte ; car j'entend
Que la vipere ainsi differe du serpent :

Celle-là qui se prend proche de l'eau salée,
Par les maistres n'est pas aux bonnes égallée :
Aussitost qu'elle est prise il la faut preparer,
Je ne puis celle-là que l'on garde asseurer.
Il faut premierement que la beste on agite
A coup de verge, affin que son venin s'excite,
Que pleine de cholere elle jette dedans
Sa gorge, et au profond de ses meurtrieres dents,
Puis couppe quatre doigts au joignant de sa teste,
Et autant de la queuë, et te garde le reste :
Que si ayant couppé les deux extremitez,
Les tronçons ne sont plus sur la table agitez,
S'ils sont sans mouvement, s'ils ne jettent du sang,
Declare l'animal sans effaict sur le rang :
Mais celle qui couppée en trois pieces tressaute,
Et saigne longuement, c'est la bonne sans faute.
Or ainsi preparez, prend ce que tu voudras,
Que tu escorcheras, vuideras, laveras,
Et cuiras dedans l'eau jusqu'à ce que l'espine
Qui est dedans la chair libre se desracine,
Y adjoustant le sel et l'aneth : mais combien ?
C'est à discretion, le maistre le sçait bien.
Lors donc que ceste chair est parfaictement cuitte,
Affin qu'elle puisse estre en sa masse reduitte,
Bat-la dans un mortier de marbre, puis y met
La quantité du pain que l'ouvrage permet :
Qu'il soit blanc, qu'il soit sec, et en poudre subtile,
Si tu mets plus du tiers la paste est moins utile.

Maginet, invoquant ensuite l'indulgence et l'assistance des médecins, leur adresse ces vers élogieux :

Ainsi faut-il, Messieurs, avoir vostre presence,
En si noble sujet, et par vostre science
Voir si l'Apoticaire asseurément cognoist
Les drogues que choisir au Theriaque il doit,
Et s'il en vient à chef, qu'il ayt pour recompense
Le tiltre seulement d'homme d'experience.
Touchez, goustez, flairez, car tout est disposé,
Pour estre au jugement de vostre œil exposé ;
Rien n'y manque, Messieurs, la recepte y est toute,
L'on n'en retranche rien, et rien l'on n'y adjouste,
L'on ne s'est arresté sur les livres divers,
L'on suit tant seulement d'*Andromache* les vers ;
Et que le spagiric, pour luy plaire ne pense

> Des viperes avoir, ou le sel, ou l'essence :
> Celuy soit estimé sacrilege et maudit,
> Qui veut de Gallien adjouster à l'escrit,
> Mesprisé baffoué, comme le temeraire,
> Qui poussé d'un desir outrecuidé de faire,
> Adjouster pour hanter à sa mode un bourdon,
> A la lyre, qui tient l'image d'Apollon;
> Messieurs, n'ayez esgard que ce soit peu de chose,
> Ne vous arrestez pas à la petite dose,
> Il suffit qu'il soit bien : le statuaire ancien
> Avant qu'il eust dressé son grand Olympien,
> Son navire tailla si petit et si fresle,
> Qu'une mouche pouvoit l'ombrager de son aisle;
> C'est en attendant mieux, l'on dit communément,
> Qu'à toute chose il faut donner commencement.
> Va donc petit livret, attendant que ma plume
> De quelque autre sujet grosisse ce volume.

Enfin Maginet passe en revue toutes les vertus attribuées par Galien à la thériaque; les vers français sont tantôt la paraphrase, tantôt la traduction littérale du texte latin de la lettre de Galien à Pison, avec laquelle nous l'avons collationnée. Je ne suivrai pas plus longtemps le poëte salinois; les fragments qui précèdent suffiront, et au delà, pour donner une idée de sa valeur poétique. Après avoir fait une longue et complaisante énumération des qualités que doit avoir l'apothicaire, Maginet termine en disant :

> Car qui de tout cela, couhard ne se soucie,
> Soit indigne à jamais de nostre Pharmacie.

Au commencement de l'année 1626, François Nesme, maître apothicaire à Lyon, publia la pièce suivante, que j'ai retrouvée dans les œuvres pharmaceutiques de Jean de Renou :

> Qui Pharmacie m'a nommé
> D'un traict de plume il a donné
> Un monde infini de richesse,
> Dont je fais aux humains largesse;

Mais par un mot assez couvert,
Qui ne met pas au descouvert
Ce que je suis, ce que je serre,
Des biens, et de Mer et de Terre,
Dans le pourpris de mon thresor,
Plus cher que toute mine d'Or.
Au pied de mon nom, pour Gregeoise
On me prendroit, ou pour Bourgeoise
d'Athènes, Corynthe, ou d'Argos;
Mais ce n'est qu'un poinct de mon los.
Qui par des mots bien ne l'exprime
Celuy qui son Esprit n'estime
Je tiens les raretez de l'Est;
De l'Ouest, du Sud, du Nord est;
Tous les secrets des personnages
Les plus doctes et les plus sages
De tous les vieux siecles passez
En tous les arts les mieux versez,
Qui en speculant les sciences
En ont fait les experiences.

En 1769, Girault fit paraître la *Thériacade* et la *Diabotonogamie*. Ces deux ouvrages sont écrits en prose, il est vrai, mais en prose empreinte d'un pur parfum de poésie. Ils sont divisés en plusieurs chants.

Dans la salle des exercices de l'École de Pharmacie de Paris, on voit, parmi les portraits des apothicaires, celui de Juliot, qui porte pour inscription : Juliot *pharmacopoeta*. M. F. de Saint-V..., médecin de Montpellier, a écrit dans le *Bulletin de Pharmacie* que le mot *pharmacopoeta* ne signifiait pas pharmacien-poëte, mais qu'il venait du verbe grec ποιεῖν (faire des médicaments). Il ne m'appartient pas de résoudre ce point litigieux. Quoi qu'il en soit, les vers de Juliot ne sont pas arrivés jusqu'à nous; ceux de Demachy sont dans la mémoire et dans la bibliothèque de tous les gens de goût, bien que Demachy soit beaucoup plus connu comme excellent pharmacien que comme littérateur [1].

[1] *Bulletin de Pharm.*, année 1810. — Cadet.

Le Collége de Pharmacie de Paris comptait parmi ses professeurs le vénérable et lyrique Guiart, qui charma sa vieillesse par le commerce des Muses latines, et qui se montra tantôt le rival d'Ausone, tantôt l'émule de Santeul.

J'aurais pu aisément grossir la liste des apothicaires poëtes et littérateurs, mais j'ai voulu me borner exclusivement à l'énumération de ceux dont le nom est honorablement inscrit dans les pages de l'histoire. Je sais encore qu'il y a çà et là, dans la province, des muses ignorées et modestes qui se dérobent au jour éblouissant et périlleux de la publicité. Que la paix soit avec elles, ce n'est pas nous qui troublerons leur calme retraite !

En terminant l'histoire de la littérature pharmaceutique, je ne dois pas oublier de faire connaître une épigramme décochée par un aristarque anonyme contre l'un des directeurs du *Journal de Paris*, le sieur Cadet, qui était apothicaire. Cette épigramme incisive et sanglante est tirée des *Mémoires secrets pour servir à l'histoire de la république des lettres en France, par Bachaumont*. Londres, 1778. La voici :

> « On lisoit au sacré vallon
> Un nouveau journal littéraire :
> Quelle drogue ! dit Apollon.
> Rien d'étonnant, répond Fréron,
> Il sort de chez l'apothicaire. »

Cette facétie, qui n'eût été que bouffonne en finissant là, a été gâtée de la manière suivante :

> « Quoi, dit Linguet, sur son haut ton,
> Un ministre de la canule
> Voudroit devenir notre émule !
> Oui, dit La Harpe, que veux-tu ?
> Cet homme ayant toujours vécu
> Pour le service du derrière,
> Doit compléter son ministère
> En nous donnant un torche-c.. »

Malgré cette insolente sortie, je suis loin de prétendre que les apothicaires doivent renoncer complétement au culte des muses; mais il faut convenir que leurs froides fonctions, et que les prosaïques travaux du laboratoire ne sont guère de nature à allumer en eux le feu sacré. Je pense donc, surtout en contemplant le tableau que je viens de dérouler dans ce chapitre, que la poésie doit être pour eux secondaire et seulement accessoire. Si les grandes vérités de la physique, si les phénomènes de la chimie enflamment leur imagination, eh bien! qu'ils les retracent dans un style élevé, élégant et correct, semblable à celui de Buffon, de Fourcroy ou de Cuvier; qu'ils les colorent par les tons chauds d'une diction pittoresque et animée; mais qu'ils abandonnent désormais la versification aux génies spéciaux ou aux poëtes d'élite, et qu'à l'avenir ils ne montent Pégase que par désœuvrement.

J'ai visité le Parnasse des dames, je l'ai trouvé très-illustre, mais il y manque une pharmacienne.

CHAPITRE XVII.

Portrait en buste de l'apothicaire moderne, peint par M. de Labédollière, retouché et mis en pied par l'auteur. — Sortie du collége. — Projet de départ pour Paris. — Obstacles. — Les deux manières. — Noviciat. — L'apothicaire en herbe. — Le galérien, le chien d'attache et la femme de ménage. — Vingt-cinq ans. — Les épreuves. — Le diplôme. — Que faire ? — Acquisition d'une officine. — La fille du patron. — Le mariage. — La femme de l'apothicaire au dernier siècle. — La femme de l'apothicaire en Angleterre, en Allemagne et en Russie. — Ses attributions en France, son rôle. — Elle est le vicaire de son mari. — Fausse position. — Bibliothèque de l'apothicaire. — L'apothicaire s'émancipe. — L'aiguillon de l'envie et le démon de l'ambition. — Officine féerique. — Prisme trompeur. — Légions d'inutilités. — L'apothicaire bandagiste, parfumeur, confiseur et épicier. — Le traquenard de quelques apothicaires de Paris. — Les cabinets de consultations. — Guet-apens. — Les Robert Macaire. — L'apothicaire amoureux de Vénus. — L'apothicaire médecin et vétérinaire. — L'apothicaire à la recherche de la fortune. — Laborieux enfantement d'un spécifique. — Prospectus monstres. — Réclames gigantesques. — *Le vol à l'apothicaire.* — *L'auri sacra fames.* — L'apothicaire, caméléon politique. — Les nourrices, les femmes de chambre, les messagers, les cadeaux sacrés. — Les *qui-pro-quo*. — Le fer brûlant de Gui Patin. — L'amour des saisons. — Idolâtrie des épidémies. — L'apothicaire israélite. — *Parties* ou mémoires d'apothicaire. — Un mémoire de 20,000 fr. — La comédie du *Malade imaginaire* de Molière. — Monsieur Retz, ou les drogues après la mort. — Jean de Renou. — L'apothicaire de Mantoue, de Shakespeare. — *Malesuada fames.* — Devoirs de l'apothicaire extraits des Pères de l'Église. — Acte de contrition d'un apothicaire italien. — *La Mort et l'Apothicaire*, dialogue en vers du chanoine Jacques Jacques, d'Embrun. — *Ab uno non disce omnes.*

> Si iniquitates observaveris, Domine, Domine, quis sustinebit?
> Psaume 129, v. 3.

> Ab insidiis diaboli libera nos, Domine.
> (*Litanies.*)

Qu'est-ce, aujourd'hui, qu'un apothicaire, ou, si l'on aime mieux, qu'est-ce qu'un pharmacien? C'est quelquefois un savant, jamais un poëte et toujours un marchand : ce sera sous ce dernier point de vue que je l'étudierai, et pour cela je veux le suivre depuis son état embryonaire jusqu'à sa dernière évolution sociale.

Un jeune homme adresse ses adieux au collége, où il a fait de plus ou moins brillantes humanités; mais il ne sait comment trouver sa place dans la société, déjà si pleine et si engorgée. Il tâche donc de s'orienter; à cet effet, il jette la paille au vent, joue à pile ou face, et voilà sa vocation inébranlablement arrêtée; il ne rêve plus que Paris, cette Babylone impure, où l'attirent, comme un aimant, le Prado, la Closerie des Lilas, Mabille, le Château-Rouge, Asnières, la société paillarde de l'insouciant carabin, l'agaçante et voluptueuse grisette, et le punch aux flammes azurées de quelques estaminets enfumés du tortueux quartier Latin.

Songes dorés d'un enivrant printemps, vous réaliserez-vous? Hélas! *non licet omnibus ire Corinthum*, l'escarcelle paternelle sonne le vide. Voilà donc l'Eldorado parisien fermé à notre adolescent; et puis, il peut encore surgir d'autres obstacles contre lesquels ses impétueux désirs viendront se briser : ce sera un vieux père, blanchi dans le laboratoire, qui a besoin d'un aide pour alléger le poids de ses années, ou une mère éplorée qui ne veut pas jeter dans la corruption parisienne un fils, son unique consolation, à qui elle désire conserver, comme un inappréciable trésor, un nom sans tache, une santé robuste et des mœurs d'une irréprochable pureté. Ainsi notre jeune homme va rester fixé à la glèbe provinciale pendant huit années. A l'expiration de cette longue période, il aura l'option de se faire recevoir dans une école de pharmacie (Paris, Montpellier ou Strasbourg); et alors, moyennant une rétribution assez ronde, il sera autorisé à répandre les bienfaits de son art sur toute l'étendue du territoire français, ou bien il se présentera devant un jury médical de province, qui ne lui conférera que le droit d'exercer dans un département dont il ne pourra jamais franchir la lisière, et où il restera fatalement enchaîné, comme un forçat libéré au ban qu'on lui a assigné.

Telle est l'inflexible contrainte qui résulte des dispositions de la loi du 21 germinal an XI, dont les vices, que je n'ai pas à discuter ici, n'ont pu être encore extirpés par aucun ministre de l'instruction publique, ni par M. de Corbière, qui s'en est vivement préoccupé en 1825 et en 1828, ni par M. Guizot, qui les a sérieusement médités en 1838, ni par M. de Salvandy, qui a tenté de réorganiser la pharmacie en 1839. Un déluge de pétitions a inondé la tribune nationale; la presse a fait entendre sa voix puissante; de féconds discours ont retenti sous les voûtes des deux chambres; de volumineux rapports ont été rédigés par d'habiles plumes; des légions de mémoires ont pénétré dans le sanctuaire de l'Académie de Médecine, et envahi la Société de Pharmacie; bref, tout le monde a reconnu l'impérieux et pressant besoin d'une réforme, et pourtant cette réforme, si impatiemment attendue et si ardemment convoitée, n'est pas encore sortie de ce ténébreux et inextricable chaos.

Je sais bien que le regret que j'exprime n'est pas universellement partagé, et que le déplorable *statu quo* dont je viens de parler est assez du goût de beaucoup de ceux qui, voulant aborder l'étude de la pharmacie, ne peuvent pas, pour divers motifs, aller s'éclairer aux rayons des grands foyers d'instruction. En effet, sans les défectuosités de la loi, avec des exigences plus austères, en présence d'un horizon qui ne lui donnerait pour perspective que d'infranchissables obstacles et des épreuves insurmontables, le jeune aspirant se verrait condamné à rester sous le chaume paternel, il serait laboureur, vigneron, ou bien il se ferait épicier, serrurier, et peut-être ne s'en trouverait-il pas plus mal.

Enfin la loi maintient encore les deux catégories. Mais arrivons au stage. Hélas! quel métier que celui-là! Pour moi, l'apprenti, le garçon, ou, pour employer une dénomination moins blessante, l'élève en pharmacie, est un composé qui tient tout à la fois de la femme de ménage, du galérien et du chien d'attache. Levé dès les premières lueurs matinales, il revêt le tablier de serge, de lustrine ou de coutil noir, passe la chaînette ou le plomb dans les bouteilles pour les décrasser, frotte les bassines et les alambics, époussette les bocaux et les rayons, cire les comptoirs, allume les fourneaux et le poêle; puis, le soir, il regagne sa mansarde, et, pour se reposer de sa besogneuse et prosaïque journée, il étudie, à la clarté incertaine et vacillante d'une baveuse chandelle ou d'une lampe fumeuse, quelques chapitres de la *Chimie* de Thénard, de Dumas, de Berzélius, de la *Pharmacie* de Virey, d'Henri et Guibourt, ou de tout autre, et s'endort sur les pages égrillardes d'un roman de *Pigault-Lebrun* ou de *Paul de Kock*.

Toujours plongé dans l'atmosphère sans nom composée des mille émanations de l'officine, il ne quitte le boulet qu'une fois à peu près par mois pour aller respirer l'air des champs, et revient, après quelques heures, infortuné paria, reprendre le joug de sa dure captivité.

D'après ce tableau, je pense qu'on reconnaîtra avec moi que l'amour de la liberté a dû avoir pour premier foyer le cœur de l'étudiant en pharmacie.

Il résulte de ce qui précède qu'avec une intelligence moyenne celui-ci sait tout juste, au bout de deux ou trois ans, broyer des herbes, triturer des sels, affubler une fiole d'une coiffe de papier coquettement festonnée, et graver, avec le cachet de la pharmacie, le nom de son patron sur la cire rouge bouillonnante, répandue sur le bouchon.

Mais voici le cinquième lustre qui va sonner à l'horloge du temps. C'est l'âge prescrit par le législateur. Le jeune adepte va avoir à faire les preuves de son savoir, et à les exposer devant un tribunal diversement composé, selon qu'il s'agit d'une école de pharmacie ou d'un jury de province. Les règlements veulent qu'il soumette à l'aréopage neuf préparations de sa composition. S'il n'a pas confiance en lui, il les prend, je me trompe, il les achète chez son maître. Il est d'usage que l'une de ces préparations rentre un peu dans l'art du confiseur ; c'est ordinairement un bonbon (pastilles de chocolat, etc.), qu'une antique tradition, venue d'Allemagne, exige que l'on offre, comme collation, aux juges examinateurs.

Le mode ou l'histoire de ces préparations sont imprimés dans ce que, par un étrange abus de notre langue, on veut bien appeler une thèse. Cette prétendue thèse est précédée d'une dédicace quelconque, comme par exemple celle-ci : *A mon père et à ma mère, hommage de piété filiale ; à ma sœur bien-aimée, à mon oncle, à mon cousin*, ou à tout autre membre pris dans la généalogie directe ou collatérale de la famille ; *à M. X., mon savant maître, témoignage de ma sincère reconnaissance*. On le voit, personne n'est oublié : il faudrait être bien difficile pour ne pas trouver cela charmant.

On sait que les juges, dont la friandise a adouci l'âpreté officielle, prononcent presque toujours le *dignus intrare*, et octroient le diplôme au récipiendaire.

Je veux bien croire qu'en descendant de la sellette, le nouveau pharmacien est chargé de science, mais, ce qui est beaucoup plus certain, il est léger d'argent.

Enfin, bardé de son diplôme, le voilà libre d'exercer son art divin. Mais il lui faut une officine; celles qu'on lui propose ne peuvent être cédées à moins de 25 ou 30,000 francs. Comment solder une somme aussi colossale, quand Plutus s'est montré avare de ses faveurs, et qu'on n'a pas écumé les paillettes du Pactole, ou tamisé le sable du Sacramento? Pour sortir d'embarras, il y a un moyen vulgaire et connu depuis qu'il y a deux sexes et de l'argent sur la terre, c'est le mariage; et comme beaucoup de filles de médecins, de cultivateurs, d'épiciers, de merciers ou de marchands de rouenneries, sont convaincues que la profession d'apothicaire est *comme il faut* (ce que je suis loin de nier), il n'en est guère qui hésitent à accorder leur main et leur cœur au pharmacopole. Souvent même celui-ci n'a qu'à prendre, et, au lieu de se marier par correspondance à quelque héritière lointaine, il épouse la *demoiselle du patron*, qui a su le charmer par l'angélique expression de son regard, ses doux et pudiques entretiens, ou par l'harmonie de son piano. Dire qu'il n'entre pas parfois, dans ce contrat, quelque peu de l'esprit de spéculation, et que les beaux yeux de l'officine n'ont pas autant d'attraits que ceux de son héritière, c'est une question que je ne me permettrai pas de trancher. Au demeurant, l'heureux fiancé promet de servir au beau-père une pension pour prix de l'officine convertie en dot, et tout va pour le mieux.

Ainsi, voilà donc le pharmacien arrivé, comme on l'a dit avec trop de causticité, au paradis de l'officine par le purgatoire du mariage. Je blâme cette méchanceté, toute spirituelle qu'elle puisse paraître, parce qu'elle est imméritée. La femme de l'apothicaire est une femme d'intérieur, modeste et irréprochable; elle possède des talents de ménage, fait les reprises dans la perfection, brode, festonne, trame de la tapisserie et chante la romance en s'accompagnant de la guitare; elle savoure avec délices les feuilletons de la *Presse* et les articles du *Journal des Femmes*; elle va plus loin, car, avec le temps, elle finit par traduire d'instinct l'argot latin des ordonnances médicales; elle étiquette élégamment, prépare fidèlement un looch; bref, elle est le vicaire de son mari, pendant que celui-ci se livre aux doux passe-temps de la vie; elle trône, dans une tenue parfaite [1], et avec grâce, sur le fauteuil de velours du comptoir; accueille les clients avec une décente et sérieuse affabilité; et quand, avec le tact et le discernement qui ne sont propres qu'à son sexe, elle a lu sur leurs traits les maladies dont ils sont victimes, et dont le nom n'a jamais souillé ses chastes lèvres, elle les ajourne avec une exquise urbanité, et les prie de repasser lorsque son mari sera de retour. Je connais des censeurs assez sévères pour soutenir qu'une femme est déplacée dans le comptoir d'une pharmacie; on ne peut demander, disent-ils, certains remèdes, sans avouer en même temps certaines maladies dont on ne peut faire confidence à une dame, sans l'exposer à baisser les yeux. En Allemagne, en Angleterre, en Russie, il est très-rare de voir une femme dans une pharmacie : ce lieu les expose trop, sans doute, à cause du peu de retenue des clients de ces contrées. Cette exclusion n'est pas d'usage en France, où les lois des convenances sont mieux observées. Plusieurs de nos pharmaciens n'ont qu'à s'applaudir d'avoir confié à leurs épouses le soin des détails commerciaux de leurs maisons, et le public ne rend pas un moindre hommage à leur aménité bienveillante. Généralement, elles s'abstiennent de donner aux malades des conseils thérapeutiques, et ne

---

[1] A Paris, il y a soixante ans, les femmes des pharmaciens qui tenaient le comptoir étaient constamment vêtues de noir, et avaient le costume austère d'une religieuse qui aurait déposé son voile (Bull. de Pharm.).

prennent aucune part aux travaux sérieux de l'officine et du laboratoire. Il est pourtant beaucoup de préparations d'agrément qui n'exigent que de la délicatesse, de l'adresse et de la propreté. Ce sont celles qui consistent à soigner les fleurs, à festonner des étiquettes, à rouler des cornets, à coiffer des fioles, à préparer des bandes de linge pour les sparadraps, etc. Ces occupations conviennent aux femmes, et c'est à ces faciles préparations qu'elles doivent borner leurs travaux de pharmacie pratique [1].

Au comble de ses vœux, le pharmacien va (au moins c'est un projet qu'il roule depuis longtemps dans sa tête) se dédommager de la servitude sous laquelle il a été courbé pendant les huit années de son noviciat, en s'occupant, comme il le dit, de littérature. Sa bibliothèque, jusqu'alors meublée exclusivement d'un Lémery, d'un Baumé, et de quelques autres pharmacopées, d'un Orfila, d'un Soubeiran, d'un Bouchardat, d'un Foix et d'un Dorvault, va s'enrichir des productions contemporaines : George Sand, V. Hugo, Lamartine, tous les princes de la littérature moderne enfin, vont s'aligner côte à côte avec les œuvres pharmaceutiques. Il ne les ouvrira peut-être pas souvent, c'est possible ; mais peu importe, il passera sa journée à se prélasser dans son comptoir, et recevra, avec un superbe dédain, les formules des médecins, pour les commenter et les censurer..., l'ingrat !

Maintenant que l'apothicaire est arrivé au septième ciel, et que toutes les félicités lui sont conquises, goûtera-t-il en paix les douceurs d'une tranquille existence ? Non, car il va laisser surprendre son cœur par le démon

---

[1] Cadet, Analyse d'une Lettre à une dame qui prétendait au titre de pharmacien.

de l'ambition; honteux de l'humble officine de son prédécesseur, il va la métamorphoser. D'abord, et d'après l'avis de l'architecte, la pharmacie aura la forme d'un hémicycle, c'est le goût du jour. Des glaces, placées à droite et à gauche, répéteront fidèlement les traits de tous les chalands; des comptoirs, en marbre de Carrare, renfermeront les coquetteries et les inutilités mensongères de la pharmaceutique; des balances basculant sur un pivot; des bocaux de porcelaine fine, aux couvercles verts, cerclés d'or, portant des abréviations hiéroglyphiques, capables de mettre en échec la science des Champollion; un lustre aux clartés gerboyantes; des baguettes dorées séparant les compartiments; des cariatides, aux contours mythologiques, appliquées aux pilastres et supportant des corniches d'ordre ionique ou corinthien; des bustes antiques; des vases toscans, peints sur les panneaux, étalant des fleurs médicinales, et montrant, sur leurs flancs, des inscriptions en lettres d'or; les têtes chenues d'Esculape et d'Hippocrate surmontant la porte de l'arrière-boutique, etc. Voilà les splendeurs artistiques de l'intérieur.

La devanture de ce boudoir pharmaceutique sera peinte en blanc mat, avec filets d'or; le soubassement sera construit en marbre turquin ou de Paros; enfin, des glaces de la plus pure diaphanéité remplaceront le vitrage terne et vulgaire.

Maintenant, s'il vous arrive de passer le soir près de ce temple, vous serez éblouis par l'éclat du gaz qui illumine toutes ces magnificences; et pourtant vous distinguerez, à côté des vases remplis d'eaux rendues vertes ou rouges par la solution de sulfate de cuivre ou l'infusion de coquelicot, des bas anti-variqueux en caoutchouc, des pessaires de toutes les formes, des bandages herniaires, des clysoirs, des clyso-pompes, des clyso-poches, des irrigateurs, des bougies en gomme élastique ou en gutta-percha ; le biberon Darbo ; des chapelets de pois d'iris, d'orange, ou d'ivoire ; les compresses et le taffetas Le Perdriel, le papier d'Albespeyres, les pâtes de Regnault, de nafé, de mou de veau, de lichen, de jujube; des piles à triple étage de chocolat au lactate de fer, des paquets de gluten, de racahout, de kaïffa, d'arrow-root ; le sirop de Flon, le sirop à l'iodure d'amidon, de colimaçon, de Deharambure, de Lamouroux; des flacons de parfumerie, enfin les mille et un dépôts du charlatanisme : le tout (et j'en passe) enchâssé entre une couleuvre de Java, qui serpente en spirale dans un bocal d'alcool, des embryons à tous les termes de la vie utérine, un enfant à deux têtes, ou toute autre monstruosité humaine.

Tout ce luxe sera déployé avec tant d'art, et votre vue en sera fascinée au point que vous vous souhaiterez une maladie pour avoir un motif de pénétrer dans ce palais féerique; vous pourrez même y être attiré par ce tourbillon d'émanations complexes, mélange innommé de vapeurs d'éther, d'ammoniaque, de musc, de chloroforme, de camphre, qui donnent des hallucinations semblables à celles du hatschisch, et qui vous feront tomber dans le piége. *Sed ne nos inducas in tentationem.*

Avec d'aussi admirables conditions de succès, le pharmacien prospérera-t-il? Oh! attendez; les moyens que je viens de faire connaître ne sont pas les seuls qu'il possède, pour se concilier les faveurs de l'aveugle déesse. J'en ai encore beaucoup d'autres à raconter, et ils sont tellement nombreux, que je crains que ma mémoire ne puisse pas les reproduire tous.

Il existe à Paris, et dans plusieurs autres grands centres de population, une association équivoque, assez peu connue, et dont je vais sans pitié déchirer le voile.

Voici comment les choses se passent :

Un pharmacien a une arrière-boutique; c'est un véritable cabinet de consultations. Là, tous les jours, un homme, qu'on devrait publiquement dépouiller de son titre, vient s'embusquer et prostituer son auguste et sacré ministère; c'est, *proh pudor!* un médecin, que le client, dans son ingénuité, décore du nom de bienfaiteur de l'humanité, et qui donne, en apparence gratuitement, ses conseils; mais en repassant dans l'officine, la dupe présente au pharmacien l'ordonnance du compère; le coup est fait, et le guet-apens est consommé : les deux complices se partagent ensuite les bénéfices. Ce n'est pas assez, on enlèvera au malheureux sa dernière obole par le plus infernal et le plus honteux machiavélisme. Le malade qui a payé, du prix de ses sueurs, des drogues inertes, revient se plaindre de l'inefficacité du remède; alors les deux flibustiers le consolent et le rassurent à peu près dans ces termes : « Il y a d'effrontés charlatans qui se vantent d'enlever toute espèce de maladie à son début, nous méprisons ces gens-là; méfiez-vous de leur trompeuse promesse : le mal n'est que refoulé, il n'est pas atteint, il produira inévitablement des ravages qui ruineront votre constitution, et vous porterez en vous un ennemi qui, tôt ou tard, vous tuera. Mieux vaut le combattre plus longtemps, et agir avec une sage lenteur. Croyez bien que nous vous parlons en toute sincérité; ce que nous voulons, c'est vous guérir. Après tout, les médicaments que nous ne vous vendrons pas seront pour d'autres... Parbleu! »

Comment trouvez-vous cela? Dites-moi si Robert-Macaire et son ami Bertrand sont de taille à se mesurer avec ces gens-là.

Je reconnais qu'à part quelques rares exceptions, la province, trop transparente, est restée jusqu'alors vierge de ces turpitudes.

Mais si le pharmacien de province n'use pas de la complicité coupable d'un médecin, c'est, d'abord, parce qu'il n'existe dans la profession médicale personne d'assez indigne pour accepter un pareil rôle; ensuite, parce qu'il veut être médecin lui-même, et garder tout pour lui. C'est un médecin marron.

Je reprocherai toujours au pharmacien cette usurpation du domaine de la médecine, car c'est une illégalité, et de plus, un larcin. Le malade qui court chez l'apothicaire a la persuasion qu'il économise le prix d'une consultation; c'est une très-fausse supputation : il ne sortira jamais de ce traquenard sans y laisser quelques-unes de ses plumes, et, au lieu de donner 2 francs au médecin pour honoraires d'un avis sage et motivé, il versera le double et quelquefois plus encore à l'apothicaire, pour payer un remède souvent inutile, ou même pernicieux.

Généralement, l'apothicaire a le monopole des cuisantes maladies de Vénus : c'est sa poule aux œufs d'or, et Dieu sait s'il la nourrit bien. Il exploite encore, et non moins lucrativement, cette foule d'affections contre lesquelles tous les efforts de la science viennent se briser, et les combat avec les remèdes, non pas les plus efficaces, mais toujours les plus dispendieux. Comme sa conscience, avec laquelle il sait capituler, est de la nature du caoutchouc, il ne manque pas de prétextes pour colorer son usurpation d'une teinte humanitaire et s'administrer l'absolution : ainsi il accuse le médecin de négliger le malade; quelquefois même, il ne se fait pas scrupule de le baptiser de quelques épithètes inciviles, ou de saupoudrer sa réputation d'un sel peu attique; car, qu'on ne l'oublie pas, l'apothicaire n'a de sympathie que pour un seul médecin, celui qui lui envoie le plus d'ordonnances. De par lui, ce médecin est le plus habile; il le reçoit quelquefois à sa table : c'est logique, et c'est bien le moins qu'il puisse faire.

L'apothicaire n'exploite pas seulement le domaine de la médecine humaine, il aime à se fourrer un peu partout, et il porte sans scrupule son pied jusque dans le champ de la médecine vétérinaire. Un matou a-t-il une oreille fendue ou une lèvre déchirée dans ses aventureuses et nocturnes pérégrinations; est-il agonisant sous la multiplicité de ses exploits de gouttière, le pharmacien est consulté, et délivre le remède réparateur. Il traite aussi la race canine avec le même succès.

Comment le lucre qu'il recueille de son habile savoir-faire ne conduit-il pas l'apothicaire à la fortune? Ah! il va vous le dire : c'est la concurrence qui lui en ferme le chemin. Cette concurrence, qui l'égorge, est de trois sortes : celle de ses confrères, qui est inévitable, celle des droguistes et des herboristes, et celle des épiciers, ses anciens rivaux. Comment écraser cette trinité homicide? comment en triompher? Qu'on ne s'inquiète pas, l'apothicaire n'est pas en carence d'expédients, et il a plus d'une flèche à son arc. Si je composais un électuaire anthelmintique? se dit-il, en se caressant le menton avec sa main gauche. Mais non, il me faut un spécifique plus tranché, plus éblouissant; malheureusement je sens qu'en pharmaceutique comme en littérature il est bien douteux de trouver quelque chose d'inédit. Que le Saint-Esprit m'inonde donc de ses lumières! et dans un sombre monologue il passe en revue la créosote, l'essence de pyrèthre, le paraguay-Roux, la poudre du Pérou, le dentifrice philodontique, l'allataïm des odalisques, le racahout, le palamoud et le haremsou, toutes préparations plus ou moins orientales et usées; il déroule, sous ses yeux attristés, le tableau des capsules soi-disant gélatineuses, destinées à déguiser la nauséeuse saveur des remèdes honteux ; tous les spécifiques inventés contre les cors par les bottiers; les liniments anti-goutteux, l'essence brésilienne, l'interminable litanie des pâtes pectorales, les travestissements infinis subis par la fécule de pomme de terre pour la restauration des vieillards, des anémiques, des valétudinaires, des convalescents, et des femmes vaporeuses et débilitées ; puis, chassant sur la propriété des coiffeurs, il gémit d'avoir été devancé par ces artistes dans la découverte de la pommade mélaïnocome, de la pommade du lion, du chameau, et dans l'invention des eaux propres à fertiliser le bulbe des cheveux, et à prévenir la calvitie et leur chute, malgré *des ans l'irréparable outrage*. Enfin, arrivé au bas de l'échelle sur les degrés de laquelle sont étagées toutes les compositions mensongères enfantées par l'industrialisme moderne, il se frappe le front et finit, nouveau Jupiter, par accoucher d'une drogue. Alors, bondissant de joie, il répand à profusion, sur toute la surface du territoire, des prospectus-monstres, pour annoncer sa panacée; la presse, sa complice stipendiée, proclame, par ses cent bouches, les miracles du nouvel arcane ; des avalanches de réclames se succèdent à de courts intervalles et descendent jusque dans les estaminets du plus bas étage; de pompeuses affiches, aux lettres colossales, arrêtent le passant à l'angle de chaque rue; la France est sillonnée par des milliers de commis-voyageurs, qui placent des dépôts avec des remises de 40 ou 50 pour 100, citant effrontément cent cas de guérisons, et donnant audacieusement les noms supposés des personnes guéries.

. . . . . Quid non mortalia pectora cogis,
Auri sacra fames!

C'est par ce cynique mercantilisme, c'est par ces sordides spéculations, que le malade crédule et aveugle est attiré vers l'abîme où il s'engloutit avec son dernier écu.

Ah! il faut avoir le courage de le dire bien haut, le sanctuaire de la pharmacie est profané, de nos jours, par quelques hommes que je ne crains pas d'assimiler à ces misérables qui viennent étaler leurs guenilles dorées au soleil de la place publique. Cupides spoliateurs du denier du pauvre, ce sont eux qui ont créé cette industrie qu'on peut, à bon droit, appeler le *vol à l'apothicaire*. La science a gagné en progrès, cela n'est pas douteux; mais qu'importe, si elle a perdu en moralité!

La soif du gain a souvent entraîné l'apothicaire à déguiser ses convictions politiques, et à voiler sa véritable opinion sous la robe du caméléon. A l'époque où la puissante Compagnie de Jésus couvrait la France de son réseau, on a vu des apothicaires se faire jésuites de robe courte, entrer dans la camarilla, et briguer l'honneur, toujours intéressé, de servir l'évêché, les couvents, le clergé et les établissements religieux. Sous le règne de la légitimité, les maisons féodales ne s'adressaient qu'à l'apothicaire qui portait leur couleur. Quand l'opposition démocratique leva la tête, quelques pharmaciens coiffèrent le bonnet phrygien, et descendirent avec elle dans la rue. Tout cela était moins le résultat d'une conviction profonde et sincère, que d'un étroit et vil calcul; car, pressés entre deux partis adverses, ils disaient aux uns, comme la chauve-souris de la fable : « Je suis souris, vivent les rats! » et aux autres : « Je suis oiseau, voyez mes ailes, » et criaient devant celui-ci : « Vive le roi! » et devant celui-là : « Vive la Ligue! »

Pour s'attacher la clientèle d'une maison, il n'y a pas de basses flatteries auxquelles l'apothicaire ne descende : une boîte de pastilles de chocolat offerte à la nourrice, de la jujube à la garde-malade, de la pâte de nafé à la femme de chambre, telles sont les galanteries masquées qui font un dieu de l'apothicaire, et qui lui valent les bonnes grâces des maîtres auxquels appartient la valetaille dont il s'agit.

Il faut voir, surtout les jours de foire ou de marché, alors qu'il expédie aux officiers de santé de la banlieue des bourriches de drogues, des colis de sirops, avec quelle persévérance il fait sa cour aux messagers! C'est un pour-boire glissé dans la main de l'un, un verre d'élixir de Garus offert à l'autre, une demi-bouteille de sirop de Lamouroux donnée à un troisième dont l'enfant a la coqueluche ; présents intéressés qui rapportent au centuple leur valeur réelle, et qui font, dans l'arrondissement, une réputation d'homme charitable à celui qui en est le dispensateur. *Qui vult decipi, decipiatur!*

L'apothicaire est constamment en quête de tous les moyens capables de grossir sa clientèle ; il avait juré, au nom de la sainte confraternité, de ne vendre qu'au prix du tarif arrêté de concert avec ses confrères ; eh bien! il se parjurera, et vous le verrez livrer à meilleur marché qu'eux, pour se faire un renom d'homme désintéressé : profit moral, profit matériel, cela n'est pas maladroit.

Il a encore quelques petits tours de passe-passe qu'un voile épais et mystérieux dérobe aux yeux de la foule ignorante : c'est la substitution, ou l'art de suppléer une drogue d'un prix élevé, par une autre d'une valeur inférieure, et qu'il fait payer au même prix. Ce dol s'appelle, dans l'ancien vocabulaire, faire des *quiproquo*. Née dans les temps les plus reculés, comme nous l'avons déjà dit, cette manœuvre a traversé les âges pour arriver jusqu'à nous, et il est probable qu'elle vivra jusqu'à la consommation des siècles : elle est doublement fatale, à la bourse d'abord, puis à la santé du malade, qui se trouve ainsi deux fois victime. Gui Patin avait donc quelque raison de dire de l'apothicaire : *Organa pharmaciæ, organa fallaciæ.* Pourtant, à ce propos, je dois dire qu'il y a en pharmacie des substitutions moins dommageables. Ainsi de bénoîtes personnes ont la naïveté de croire que la pâte de jujube est composée avec le fruit de ce nom, et la pâte de guimauve avec une décoction de cette malvacée. Qu'on se garde bien de croire cela! la première n'est que de la gomme et du sucre; et l'autre, que du sucre, de l'amidon et du blanc d'œuf. De même le sirop de chicorée est fait avec de la rhubarbe. Dans toutes ces compositions, le médicament n'est que nominal, et son absence n'est qu'une fraude innocente et un préjudice.

L'apothicaire est l'ami de la nature le plus passionné qu'on puisse trouver. Il n'y a personne qui n'ait une préférence pour une saison de l'année; lui, il les aime toutes, pourquoi? parce qu'elles sont toutes ses tributaires. Il aime le printemps, non pas pour saluer le réveil de la nature, pour fouler le tapis émaillé des prairies verdoyantes, ou pour écouter les mélodieux accents du chantre des nuits, mais parce qu'il espère que les vicissitudes inclémentes de l'atmosphère lui enverront une myriade de maladies. L'automne lui sourit, mais il ne le poétise pas davantage; peu lui importent la pêche et son incarnat velouté, la venaison et sa chair savoureuse, les vendanges et leurs gais refrains, et les troupeaux luxuriants sur la pente des collines au son de la flûte bocagère : son amour est moins pastoral; il ne voit dans cette saison que la dyssenterie et les fièvres intermittentes. L'hiver n'a pas plus de charmes; ce n'est pas pour lui le temps des veillées passées à la tiède chaleur du foyer, des réunions joyeuses de famille : c'est celui des catarrhes, des rhumes, des fluxions de poitrine. Voilà tout, c'est bien prosaïque; oui, sans doute, mais c'est lucratif, et l'apothicaire, qui ne vit que du malade, n'en demande pas davantage.

Si quelques-uns de ces fléaux meurtriers qui, au moyen âge, sont venus semer l'épouvante et l'effroi dans le sein des populations, éclataient de nouveau parmi nous, ils trouveraient, je n'en doute pas, un culte fervent chez l'apothicaire. Non que celui-ci n'aime pas son prochain en santé, mais il l'adore quand il est malade. Le règne funèbre du choléra n'a-t-il pas été le temps des opimes moissons? Dans ces jours de deuil, non-seulement on médicamentait la souffrance, mais on droguait aussi la peur : c'était l'ère des riches aubaines :

« Cet heureux temps n'est plus, tout a changé de face. »

L'apothicaire répète sans cesse, d'un ton piteux et larmoyant, qu'il ne gagne rien. Mais voyons donc! Qu'on passe en revue toutes les industries, et je défie d'en trouver une qu'on puisse comparer à celle du marchand de drogues. Ses bénéfices sont monstrueusement usuraires : un looch qu'il vend 1 fr. 50 c. ne lui revient peut-être pas à 35 centimes; la livre d'émétique, qu'il achète 2 f., lui rapporte 900 et tant de francs. C'est encore plus exorbitant pour le sel de nitre. Maintenant, je demande s'il y a quelque part de pareils exemples, même dans la nation israélite, et si les banquiers à la petite semaine peuvent entrer en comparaison.

Je n'entreprendrai pas de narrer tout ce que j'ai recueilli dans les chroniques scandaleuses relativement à ce qu'on appelait jadis les *parties*, et qu'on nomme aujourd'hui les mémoires d'apothicaires; je n'en finirais pas; et puis d'ailleurs la charité m'ordonne de couvrir d'un voile chrétien les gros péchés de ces messieurs. Cependant je ne puis résister au chatouilleux désir de donner un échantillon de leur savoir-faire.

Gui Patin, ce Juvénal des apothicaires, hors de lui à la vue de ce qui se passait de son temps, a défini ceux-ci : « *Animal fourbissimum, bene faciens partes et lucrans mirabiliter;* je serai plus miséricordieux, et je me contenterai de citer un passage de la comédie du *Malade Imaginaire* de Molière, auquel j'ajouterai, comme supplément curieux et nécessaire, un fragment emprunté à l'Histoire d'Angleterre. Ce sera tout.

ARGAN, assis, une table devant lui, comptant avec des jetons les parties de son apothicaire.

. . . . Plus, du vingt-quatrième, un petit clystère insinuatif, préparatif et rémollient, pour amollir, humecter et rafraîchir les entrailles de monsieur, trente sols.

Plus, dudit jour, un bon clystère détersif, composé avec catholicon double, rhubarbe, miel rosat, et autres, suivant l'ordonnance, pour balayer, laver et nettoyer le bas-ventre de monsieur, trente sols.

Plus, dudit jour, le soir, un julep hépatique, soporatif et somnifère, composé pour faire dormir monsieur, trente-cinq sols.

Plus, du vingt-cinquième, une bonne médecine purgative et corroborative, composée de casse récente avec séné levantin, et autres, suivant l'ordonnance de monsieur Purgon, pour expulser et évacuer la bile de monsieur, quatre livres.

Plus, dudit jour, une potion anodine et astringente, pour faire reposer monsieur, trente sols.

Plus, du vingt-sixième, un clystère carminatif, pour chasser les vents de monsieur, trente sols.

Plus, le clystère de monsieur, réitéré le soir, comme dessus, trente sols.

Plus, du vingt-septième, une bonne médecine, composée pour hâter d'aller, et chasser dehors les mauvaises humeurs de monsieur, trois livres.

Plus, du vingt-huitième, une prise de petit-lait clarifié et dulcoré, pour adoucir, lénifier, tempérer, et rafraîchir le sang de monsieur, vingt sols.

Plus, une potion cordiale et préservative, composée avec douze grains de bézoard, sirop de limon et grenades, et autres, suivant l'ordonnance, cinq livres [1].

Tel est le mémoire de M. *Fleurant*. Il est de quatorze livres cinq sols, ce qui, eu égard à l'époque, n'est pas trop mal pour quatre jours.

Voici mieux. M. Retz, dans ses *Nouvelles Instructives bibliographiques, historiques et critiques sur la médecine et la pharmacie*, après avoir vitupéré l'insouciance avec laquelle les apothicaires de son temps abandonnaient la préparation des remèdes à leurs femmes ou à leurs servantes, parle d'un certain apothicaire qu'on était venu chercher pour une femme frappée d'apoplexie. Celui-ci emporte avec lui un émétique, du sirop, un looch, un lavement purgatif et une émulsion; quelques instants après, la malheureuse expire. N'importe; l'apothicaire renvoie le même soir un second lavement et un apozème purgatif qui deviennent sans emploi auprès des restes inanimés de la défunte, dont la famille fut obligée de payer le traitement posthume. *Risum teneatis*.

Je n'ai pas fini. Un procès jugé à Londres en 1827 prouve qu'il n'y a rien d'exagéré dans la conception du *Malade Imaginaire* de Molière. Voici le fait:

Un riche célibataire anglais, complétement de l'humeur de M. Argan, avait fait une ample consommation de drogues; voulant régler ses affaires et juger de tout ce qui lui était entré dans le corps pour le bien de sa santé, il demande le mémoire à son apothicaire; celui-ci lui apporte un état dont le petit montant ne s'élevait qu'à 500 livres sterling

---

[1] Acte I, scène 1re.

(19,200 fr. de notre monnaie). Le malade se récria sur ce total exorbitant. « Comment! dit le pharmacien ; mais pour l'article des pilules seul, vous en avez consommé vingt et un mille, et le reste à l'avenant. — C'est vrai, reprit le malade ; je ne me plains ni de la qualité, ni de la quantité des médicaments ; mes réclamations ne portent que sur le prix. — Le prix est modéré, et je n'en rabattrai pas une obole. — Eh bien! c'est ce que nous verrons. » Survint un procès ; deux médecins, appelés comme experts par les juges, interrogent le malade, et voici sa réponse :

« Tous les jours, à deux heures et demie du matin, je prends deux cuillerées de jalap avec une certaine quantité d'élixir ; je dors ensuite paisiblement jusqu'à sept heures ; alors on m'apporte une nouvelle dose de jalap ou d'élixir.

A neuf heures, j'avale quatorze petites et onze grosses pilules pour me fortifier l'estomac et m'aiguiser l'appétit.

A onze heures, je prends une composition d'acide et d'alcali, plus tard un bol.

A neuf heures du soir, je finis par avaler une autre composition anodine, et je vais me coucher. »

Ce singulier traitement surprit les médecins et les juges ; on discuta le mémoire de l'apothicaire, et, à sa grande satisfaction, sans nul doute, il ne fut réduit que de moitié [1].

Les apothicaires de nos jours, hélas! sont des pécheurs endurcis qui veulent mourir dans l'impénitence finale. Les révélations accusatrices de Symphorien Champier et de Lisset Bénancio n'ont pu leur faire monter la rougeur au visage, et leur front est resté d'airain devant les pénétrantes objurgations de Jean de Renou, que je

---

[1] Le livre des Singularités, par G.-P. Philomneste (Gabriel Peignot), auteur des Amusements philologiques, p. 181-182.

vais rapporter. Je ne sache qu'un seul des leurs qui ait fait un acte sincère de contrition : c'est un apothicaire italien qui avait médité le Traité des devoirs des apothicaires, tiré des Pères de l'Église.

« Or, il est certain que celuy qui veut estre honnoré du nom de vray pharmacien, dit Jean de Renou, doit estre doué d'une probité de mœurs pareille à celle d'un philosophe; car il tient en ses mains la maladie et la santé, la vie et la mort des hommes. Mais ce n'est pas tout, car il doit encore estre doué de la crainte de Dieu, doit avoir bon jugement et bien rassis; doit estre infatigable au travail, doit estre bon grammairien, et quelque peu humaniste; doit vivre sans envie, sans avarice et chicheté; et là où un apoticaire se trouve sans ces vertus, muni de vices contraires, tout va mal; car l'atheisme le conduict au mespris de son Createur et de son art; la folie le rend plus capable de nuire que de profiter à ses malades; la paresse et la cupidité le portent souvent à faire des *qui-pro-quo;* l'ignorance le rend impudent et temeraire; l'envie est capable de le faire attenter à la vie de ses compagnons; l'avarice faict qu'il n'aime personne, non pas mesme soy-mesme, et la pauvreté (*male-suada fames*) est suffisante pour le pousser à estre empoisonneur pour s'acquerir des moyens au peril de sa vie, de son honneur et de son âme[1]. »

[1] Tout le monde connaît la première scène du cinquième acte de la tragédie de Shakespeare, *Romeo and Juliet*, et cette scène où le créateur du théâtre anglais nous représente un pauvre apothicaire de Mantoue, pressé par Roméo de vendre le poison au moyen duquel celui-ci veut mettre fin à ses jours : il refuse une première fois; il voudrait résister aux sollicitations pressantes de Roméo; mais la pauvreté le détermine; il cède malgré la peine de mort dont les lois frappent celui qui se rend coupable de vente de poison; il cède, en transigeant avec sa conscience, et en disant pour s'excuser :

« *My poverty, but not my will, consents.* »

(Note de l'auteur.)

« Par quoy, je dis que ceux qui sont esclaves de tels vices sont indignes d'estre appelés apoticaires, comme aussi tous bateleurs, charlatans, bateurs de pavé, taverniers, yvrongnes, gourmands, imposteurs, vendeurs de fumée, et toutes sortes de gens semblables desquels les villes de ce royaume ne sont que trop pleines à la honte et à la cõfusion de ceux qui les tolerent, qui ne sont propres qu'à mentir, qu'à tromper le pauvre peuple, qu'à espuiser leur bourse et ruiner leurs corps.

« Quant au subject de cet art, il est certain que comme le corps humain est le subject de la medecine, qu'aussi pareillement il l'est de la pharmacie, en tant que ledict corps est susceptible de santé ou de maladie, et par ainsi le medecin et le pharmacien ont beaucoup de choses communes ensemble, comme la prudence, la probité, la diligence à servir les malades, et la cognoissance des medicaments ; *mais parce que la pharmacie est inferieure à la medecine, comme la chambriere à la maîtresse,* et est subjecte à icelle, en tant que la pharmacie n'a pour son object autre chose que le medicament, et pour son but autre chose que la deue mixtion et forme d'iceluy. C'est pourquoy toutes fois et quantes qu'il arrivera qu'un apoticaire se voudra emanciper de franchir les bornes de son art et de sa cognoissance, et se promettre des montagnes dorées de science, il merite et doit estre tenu pour temeraire, triacleur et charlatan.

« Quant à moi je connois beaucoup de semblables charlatans-apoticaires és beaucoup de provinces, villes et villages de ce royaume, lesquels sont si impudents qu'ils ne font difficulté de seduire les femmelettes en leur arrachant insensiblement leurs petits thresors sous promesse de leur donner quelque pommade pour les faire paroistre belles, ou à leurs marys ou à leurs amants, ou de les guerir de leurs infirmitez, comme de la sterilité, de l'yvrongnerie et autres sēblablés; mais ne pouvant pas tenir ce qu'ils leur promettent, après avoir arraché d'elles le plus beau et le meilleur qu'elles ayent, se moquent d'elles et leur font la moue. Outre ceux-ci il y en a d'autres qui surpassent ceux-ci en impudence de plus que de l'espesseur d'une feuille de papier, lesquels s'attachent tant seulement aux personnes relevées, comme les cantharides aux belles fleurs; voire, j'ose dire, aux magistrats les plus eminens en grade, pour les seduire et escumer leur bourse, leur promettant, au prealable, de les guerir de toutes leurs maladies, sans l'assistance d'aucun medecin, et pour mieux vendre leur fumée; voulans imiter, comme singes, les actions des vrays medecins dogmatiques, leur tastent le pouls, regardent leurs urines, discourent comme ils peuvent et à bastons rompus des signes diagnostiques et prognostiques de la guerison de leur maladie, et ainsi jettans impudemment leurs faucilles rouillées dans une moisson estrangère et trop relevée pour eux, foulent aux pieds l'excellence de la medecine et se moquent de ceux qui se plaisent à estre trompez; il y en a d'autres encore qui n'ont pas atteint ce degré d'impudence, comme les premiers et les seconds, mais qui toutefois sont des suffisans et qui tuent beaucoup de gens à petit bruit, donnant indifferemment et sans conseil à toute sorte de personnes et de tout aage, de tout sexe et pour toute sorte de maladies, des medicamens purgatifs, qu'ils appellent, pour ouy dire, benins et lenitifs, et qui, en effet, sentent l'antimoine de cent pas, et par ainsy despeuplent bien souvent les familles de leur chef, les republiques de leurs citoyens, et les princes de leurs subjects.

« Que les princes doncques et les magistrats tiennent la main pour faire chastier et chasser telle sorte de gens de leurs estats et ressorts de peur que le juste courroux de Dieu ne se prenne à eux pour venger la mort de ceux qui perissent innocemment de la main de ces bourreaux.

« Au reste, pour conclure ce chapitre, je dis que le devoir du vray apoticaire est de se mesler tant seulement de sa boutique et de la cognoissance, preparation et mixtion des medicamens qui sont en icelle pour estre employez par ordonnance de medecin à la santé des malades qu'ils servent. »

Au IVe siècle saint Augustin, et au XIIIe saint Thomas, avaient déjà défini les devoirs des apothicaires. Les maximes posées par ces deux Pères de l'Église ont été rappelées en 1670 par Pierre Tressan de La Vergne, qui les a appliquées à l'ordonnance d'Henri III, dite ordonnance de Blois [1].

« 1° Si pour faire des remèdes (*les apothicaires*) ont employé des drogues, eaux, herbes, et autres choses trop vieilles et qui ont perdu leur vertu et leur qualité, ou des drogues qu'ils ne doivent employer sans l'ordre et la permission des medecins, et c'est pour empescher un si grand mal que les ordonnances enjoignent aux medecins de visiter, deux fois l'an, les boutiques des apoticaires. » (*Unde si hujusmodi vitia sint occulta, et ipse non detegat, erit illicita et dolosa venditio, et tenetur venditor ad damni recompensationem.* S. Thom., 2, 2, q., art. 3, *in corp.*)

« 2° S'ils ont fidellement exécuté les ordonnances des medecins sans y ajouter ou diminuer quelque chose à leur fantaisie, ou s'ils se sont ingerez de dresser de leur propre chef des ordonnances, sans bien connoistre le

---

[1] Examen général de tous les états et conditions et des péchez que l'on y peut commettre, tiré de l'Écriture sainte, des Conciles et des Pères de l'Église, chap. XXI.

mal ni l'effet des remèdes. » (*Quicumque facit contra debitum justitiæ, mortaliter peccat.* S. Thom., 2, 2, q. 69, art. 1, *in corp.* — *Dare alicui occasionem periculi semper est illicitum.* S. Thom., *supra,* q. 77.)

« 3° S'ils ont décrié quelque medecin ou chirurgien par aversion, par jalousie, ou pour obliger quelqu'un de leurs amis. » (*Animus perditus atque a justitiæ lumine alienus, malis artibus sibi aditum molitur ad famam.* S. August., *in psal.* 9. — *Tenetur ad restitutionem famæ sicut ad restitutionem cujuslibet rei substractæ.* S. Thom., *supra,* q. 73, art. 2.)

« 4° S'ils ont vendu du poison sans les precautions necessaires, ou s'ils en ont donné à des femmes ou à des filles qui craignent d'être enceintes, pour faire perdre leur fruit, s'estant rendus coupables de l'homicide qui a suivi leurs remèdes. » (*Si aliquis causa explendæ libidinis, vel odii meditatione, homini aut mulieri aliquid fecerit, vel ad potandum dederit ut non possit generare aut concipere, vel nasci soboles, ut homicida tenetur.* S. August., lib. 1, *de nuptiis,* c. 15. — S. Thom., *in supplem.,* 3, p., q. 6, art. 1.)

« 5° S'ils ont vendu leurs drogues plus qu'elles ne valent et ne se sont pas contentez d'un gain honneste, particulièrement à l'endroit des pauvres qui en avoient besoin dans leurs maladies. » (*Si autem per improbitatem aliquid immoderate extorqueant, peccant contra justitiam. Unde Augustinus dicit ad Macedonium quod ab iis extorta per immoderatam improbitatem repeti solent, data per tolerabilem consuetudinem non solent.* S. Thom., *sup.* q. 71, art. 4, *in corp.*)

Frappé par ces autorités éminentes, et renversé par les foudres de l'Église, un apothicaire italien fit amende honorable. C'est de lui qu'il est question dans le « *Dialogus de fraudibus pharmacopœorum nonnullorum, authore*

Joh. Antonio Bergomate, latinitate donatus et editus ex musœo Thomœ Bartholini; » ouvrage rarissime, et qui a disparu entièrement du commerce de la librairie.

Ce dialogue a lieu entre un médecin et un apothicaire italien. Celui-ci, poursuivi par les terreurs de sa conscience, et déchiré par les plus cuisants remords, veut se réconcilier avec Dieu, et reproduit près du médecin les aveux qu'il a faits à son confesseur avant de s'approcher de la sainte Table; il lui déclare qu'il a tué plus de deux cents personnes; il se frappe la poitrine, et, dans la crainte de l'enfer qu'il entrevoit dans un prochain avenir, il fait vœu de renoncer à une profession qui doit le damner; puis, le front prosterné contre terre, il énumère les fraudes dont il s'est rendu coupable à l'imitation de ses confrères; cite la casse remplacée par le sirop violat ou le diagrède, le faux tamarin, composé de dattes fermentées et de substances avariées, un mélange d'amidon et de cassonade vendu pour de la manne, l'ellébore blanc et l'euphorbe prenant la place de la scammonée; il accuse ses confrères d'avoir pour complices certains prêtres, dont ils recevaient des primes pour multiplier les funérailles et réaliser des gains criminels. Il raconte la substitution du corail blanc aux perles d'Orient, qu'on faisait acheter à très haut prix par les malades auxquels on les dérobait sous prétexte de les faire entrer dans des préparations pharmaceutiques; il dénonce les contraventions que ces quiproquoqueurs commettaient à l'égard des ordonnances des médecins, qui toutes subissaient une frauduleuse métamorphose; il déplore, en pécheur qui revient à résipiscence, les vols et les homicides consommés, et appelle la colère du ciel sur les apothicaires de Milan, de Florence, de Ferrare et de Brescia qui, au lieu de préparer la poudre cordiale avec le saphir, l'émeraude et le rubis du Levant, employaient les pierres de leurs montagnes qu'ils broyaient dans des mortiers de cuivre, de manière à ajouter encore à leurs qualités nuisibles.

Bref, dit-il en terminant, si je vous racontais toutes les turpitudes de notre art, le plus long jour de l'année ne suffirait pas. *Si tibi enarrarem fraudes et omnia furta, non sufficeret etiam longissimus anni dies.*

Habemus confitentem reum, et bien qu'on puisse dire, d'après ce qui précède, qu'on n'est jamais trahi que par les siens, il ne résulte pas moins de toutes ces révélations que les apothicaires exerçaient le brigandage le plus éhonté. Ne sont-ce pas aussi ces mêmes exactions qui, au XVIIe siècle, ont excité l'indignation de *Jacques Jacques*, chanoine de l'Église métropolitaine d'Embrun, dans le dialogue suivant entre *la Mort et l'Apothicaire*, dialogue inséré dans un poëme en vers burlesques, imprimé à Rouen, en 1695, sous ce titre : Le *Faut mourir et les excuses inutiles que l'on apporte à cette nécessité*.

La Mort.

Venez, Monsieur l'Apoticaire,
Je vous veux donner un clistere,
Qui vous menera bien, mais bien fort,
Car il vous doit mener à mort.
Mes drogues n'ont point de pareilles,
Je leur faits faire des merveilles :
Mais elles ne font justement
Que selon mon commandement :
De tout ce que je vous avance
Vous en ferez l'experience :
Cela veut dire dans un mot,
Vous n'avez pas besoin du pot
Pour y cuire vôtre potage ;
Car je vous dis sans tricotage,
Qu'avant que finisse la nuit
Vôtre potage sera cuit,
En paroles encor plus claires,
Donnez prompt ordre à affaires
Car il faut songer à mourir.

L'Apoticaire.

Qu'on me vienne donc secourir,
Moy mourir ? Et quelle apparence ?
J'ay des drogues en abondance
Qui vous feront clairement voir
Quelle est leur force et leur pouvoir.
J'en ay beaucoup et des plus fines
D'où je feray des Medecines
Si bonnes que par leur moyen
Elles vous empêcheront bien
D'exercer sur moy vôtre rage.

La Mort.

Mon maistre, vous n'êtes pas sage
De tenir semblables discours.

L'Apoticaire.

Mes drogues venez au secours ;
Çà venez-moy toutes défendre
De la mort qui me veut surprendre ?

Qu'on fasse des décoctions,
Pour venir aux purgations :
Rhubarbe, Tamarins et Casse,
Agaric, Séné, sus de grace
Montrez icy vôtre pouvoir :
Cher Diaphente faites voir
Ce que pour moy vous sçavez faire.

La Mort.

Tout beau, Monsieur l'Apothi-
chaire, (*sic*)
Vous excedez remettez-vous.

L'Apoticaire.

Si ces remedes sont trop doux
Pour un si necessaire usage,
J'en ay qui feront davantage,
Et qui se montreront plus forts
Pour s'opposer à vos efforts.
Sus vitement donc qu'on m'apporte
Des pillules de toutes sortes ;
Syrop de Nerprun, avancez,
Joignez à vous et ramassez
Le Jalap et la Scamonée,
Et que la chasse soit donnée,
A cette importune de mort :
Mecoacan vous avez tort
Si vous ne luy faites paroistre
Que vous pouvez être son maistre ;
Gutta-Gamba presentez-vous
Et defendez-moi de ses coups.

La Mort.

Hola, Monsieur l'Apoticaire
Ne vous mettez pas en colere,
Car vous n'avancez du tout rien.

L'Apoticaire.

Tout beau : je vous montreray bien
Qu'il me reste des medecines
Plus violentes et plus fines,
Pour vous ranger dans le devoir.

La Mort.

Je n'en crois rien faites-le voir.

L'Apoticaire.

Aussi feray-je à vôtre honte,
Vous n'y verrez pas vôtre compte :
Çà donc Mercure, Sublimé,
Et fleur d'Antimoine cremé !
De Roland la bonne eau benite,
A ce coup tous je vous invite
De me secourir dans mon mal,
Où toy mon Turbith mineral,
Où toy ma poudre Cornachime !
Par ta vertu toute divine
Montre-moy ta fidelité ?
Cher Mercure precipité,
Mon cher precipité Mercure ;
Panchimagoge, je vous jure
Que vous me pouvez obliger.

La Mort.

C'est sottise que d'y songer,
Croyez, Monsieur l'Apoticaire,
Qu'aucun d'eux ne vous peut rien
faire.

L'Apoticaire.

Ha poltrons, lasches purgatifs
Vous n'êtes pas assez actifs,
Pour garder un Apoticaire,
Des griffes de cette megere ?
Sa blesseure fort bien je sens,
Et je vous vois tous languissans
Pour y donner quelque remede,
Quoy ? faudra-t-il que je lui cede ?
Et que j'obéisse à ses lois ?
Poltrons encor une autre fois :
Car vous n'avez pas le courage
De me défendre de sa rage,
Allez-vous-en, retirez-vous :
Tost, tost qu'on me les jette tous
Au courant de quelque rivière :
Je ne veux en nulle maniere
Qu'ils se presentent devant moy.

La Mort.

Vous entrez dans un grand émoy,
Et quoy, Monsieur l'Apoticaire,
Vous deviez des merveilles faire
Avec tous vos medicamens ?
Vous me deviez montrer les dents ?
Par vos discours je viens d'apprendre
Que vous commencez de vous rendre.

L'Apoticaire.

De me rendre! bien loin de là,
Ho, ho, qui vous a dit cela?
Je n'ay pas vuidé ma boutique.
Je vous feray bientost la nique :
Vous n'êtes pas où vous pensez,
Sus donc Liniments, avancez,
Cataplasmes, venez de grace.
Fomentations prenez-y place
Avec les onguents oignez-vous,
Et faites si bien entre tous
Que cette cruelle inhumaine
En mon endroit perde sa peine.
Alteratifs, aperitifs :
Suppliez donc aux purgatifs :
Syrops, Juleps, Lochs et Tablettes,
Apozemes, hors de boettes
Pour me guarantir du trépas.

La Mort.

Sçachez qu'ils ne le seront pas,
Et qu'ils seront tous inutiles,
Ils ne sont pas assez habiles
Pour vous secourir en ce point,
Et pour de force ils n'en ont point,
Pour vous guerir de ma blessure.

L'Apoticaire.

Je vous feray voir, je vous jure,
Que j'ay de bons preservatifs
Pour suppléer aux purgatifs
Et j'employerai pour ces affaires
Mais asseurez Alexiteres :
Vous connoistrez à peu de frais
Ce qu'ils peuvent contre nos traits.
  Ma Theriaque bien aimée,
Montrez la vertu consommée
De ces effets prodigieux
(Ou miracles pour dire mieux)
Qu'autrefois je vous ay vû faire :
Cette cruelle est en colere
Et m'a très vivement blessé.
C'en est fait je suis fricassé,
Si je ne reçois assistance
  Mithidat, je te prie avance;
Faites si bien qu'entre vous deux
Je ne meure pas malheureux
Dedans cette extréme misere,
Vous n'en voulez doncques rien faire
Vos effets point je ne ressens,
Tout au contraire tous mes sens,
Et mes forces se débilitent.

La Mort.

Vos drogues de rien ne profitent
Vous êtes vivement blessé,
Dans peu, vous serez trepassé ;
Helas! vous perdrez vôtre peine ;
Cochons, nous n'avons plus d'avoine,
Il faut mourir, tu le vois bien.

L'Apoticaire.

Par la mort je n'en feray rien,
Car je tiens encor de reserve
De bons amis que je conserve
Pour me servir à mon besoin,
Et qui vous chasseront bien loin.
  C'est maintenant dans ce rencontre
Que tu dois faire belle montre
De tes vertus, Orvietan?
Je te conjure donc vien-t'en.
Vien-t'en mon cher Alexitere,
Me secourir dans ma misere :
Travaille si bien aujourd'huy
Que je ressente ton appuy ;
C'est à toi que je me confie
Car je t'ay vû sauver la vie
A deux cens chiens, et bien souvent :
J'espere donc que maintenant
Tu me rendras ce bon office,
Sans permettre que je finisse
Ma course par ton seul defaut.
  Sus donc, agy, courage ! il faut
Chasser bien loing cette importune :
Quel desastre! quelle infortune!
Je n'en ressents aucun effet!
Helas! je suis mort, c'en est fait :
Helas! je ne dois plus pretendre
Contre la mort de me défendre.
Je ne puis dans ces derniers maux
Que recourir aux Cordiaux,
S'ils ne font rien, la chose est faite.
  Qu'on m'apporte un peu d'eau clairette,
Eau de Canelle et d'Ambre gris,
Qu'on me donne du Rossolis
Vitement qu'on me fasse faire
De perles un bon magistere ;

Et faites donc vos fonctions
Precieuses confections,
Et d'Alchermes et d'Hyacinte,
Mieux que n'a fait la Colloquinte.

Mon cher amy cher Bezoard,
Et serez-vous aussi coüard,
Aussi poltron que tout le reste?
Je vous ay vû pendant la peste,
En d'autres temps bien dangereux,
Faire des coups du tout heureux,
Faites pour me sauver la vie
De ces prodiges je vous prie :
Que si vous ne le faites pas,
Je m'en vay tout droit au trépas,
Soyez-moy doncques favorables.

La Mort.

Hé, vous oubliez l'or potable,
C'est un fort bon Medicament,
Qu'on vous en donne vitement,
Il me pourroit donner la chasse.

L'apoticaire.

Certes, c'est en vain qu'on pour-
 chasse
Des remedes contre la mort,
Je le confesse, j'ay grand tort
Que d'avoir voulu l'entreprendre
Car je vois bien qu'il se faut rendre,
La mort triomphera de tous.

La Mort.

Ah! ah! que vous filez bien doux!
Où sont donc ces rodomontades,
Ces menaces et ces bravades
Que tout maintenant vous faisiez?
N'est-il pas vray que vous disiez
Que vous me donneriez la chasse?
Que je vous quitterois la place?
Quoy donc ce grand nombre d'amis
Que font-ils? ils sont endormis
Je dis ces drogues precieuses
Que des choses prodigieuses
Devoient faire à vôtre faveur?
Je ne vois plus cette ferveur
Qui vous échauffoit la cervelle
Pour soûtenir vôtre querelle :
Je puis bien dire maintenant
Que vous n'avez fait que du vent :
Asseurément mon bon compere
Vous êtes plus qu'Apoticaire :
Je vous dis naïfvement :
Car on dit ordinairement
Qu'ils sont sujets à fantaisie,
Vous passez à la frenesie ;
Jusqu'où vous vous êtes plongé,
Quand vous vous êtes engagé
Par vôtre folle procedure
De trouver dedans la nature
Des medicamens assez forts
Pour resister à mes efforts.

Sçachez que selon le proverbe
Il n'est point de plante ny d'herbe
Qui puisse jamais secourir
Ceux que je veux faire mourir ;
N'avez-vous jamais oüy dire,
Ou pouvez-vous y contredire,
Qu'en latin (*contra vim mortis
Non est Medicamen in hortis?*)
En françois ; que nulle racine
N'a contre moy de medecine?
Et que ceux-là sont des badins
Qui pensent dedans les jardins
Rencontre des Alexiteres,
Et des remedes salutaires :
Contre les assauts de la mort,
C'est en quoy vous avez grand tort.

Vôtre fortune est toute égale
A celle du pauvre Tantale,
Qui dedans les eaux engagé,
Et jusqu'aux levres plongé
Nonobstant leur source abondante
Souffroit une soif trés ardente,
C'étoit être bien malheureux!
Tout de même dire je veux
Que vous êtes bien miserable ;
Pauvre Homme le mal vous accable
Vous êtes vivement blessé,
Et par mes blessures percé,
Je vous tourmente, je vous picque
Au milieu de vôtre boutique,
Parmi tant de medicamens,
De breuvage, de lavemens,
Et nonobstant leur ordonnance
Vous êtes dedans leur indigence
Ny tout le baume du Peru,
Toutes les drogues du Pegu,
Ny des Indes, ny de la Chine
Ne feroient pas la Medecine
Pour garantir de la mort.

DES APOTHICAIRES.

L'Apoticaire.

C'est en quoy je connois mon tort :
J'avois connu dans ma pratique
Que les drogues de ma boutique
Faisoient des operations;
Des effets et des actions,
Qui sembloient être nompareilles,
Je m'en promettoient des merveilles,
Et croyois que par leur moyen
Avec moy vous ne seriez rien,
Je vois que j'ay perdu mes peines,
Que mes esperances sont vaines,
Et que je me suis morfondu,
Puisque j'ay tout mon temps perdu.

La Mort.

Qu'on verroit de belles affaires
Si Messieurs les Apoticaires
N'étoient pas sujets à mourir
Pour dedans un tombeau pourrir,
Il est évident et notoire
Que les plus grands tireroient gloire
De faire ce brave métier.
Et les Presidens au Mortier,
Nous feroient bravement connoistre,
Qu'ils seroient bien aises de mettre
Un pilon dedans leur mortier.
Pour dire qu'ils sont du métier
  Les plus grands n'auroient autre envie
Que d'exercer la Pharmacie
S'ils pouvoient éviter mon dard
Dans l'exercice de cet art.
Et les Princes le voudroient faire?
Puisqu'ils en auroient tant affaire :
Pour passer plus outre, je crois
Que les Monarques et les Roys,
Dont le pouvoir de tout ordonne
Entre leur Sceptre et leur Couronne
Une Seringue logeroient
Car par ce moyen ils seroient
Exempts de cette loy severe,
Qui les oblige de me faire
De leur vie un forcé present.
  Mais cela seroit messeant
De voir des gens de cette sorte
Exercer ce métier; (n'importe)
Car ces gens là feroient si bien,
Qu'ils trouveroient quelque moyen
Pour le rendre autant honorable
Que le métier de Connestable :
On ne verroit que les plus grands
Qui pussent être pretendans
Pour le métier d'Apoticaire :
Car eux tous seuls le voudroient faire,
Ainsy tout le peuple y perdroit,
Car quand il leur arriveroit
Quelque fâcheuse maladie,
En danger de perdre leur vie,
Helas! ils ne songeroient pas
Même à vouloir faire un seul pas
Pour aller voir l'Apoticaire,
Car ils verroient que son salaire,
Avecque son medicament,
Seroit vendu si cherement
Qu'ils ne pourroient pas entreprendre,
Etans si chers d'en aller prendre,
Ainsi donc leurs medicamens
Ne seroient que pour les plus grands
Pour le peuple (comme je pense)
La seule huile de patience
Seroit le remede à tous maux;
Et par ainsi de grands travaux
Ils souffroient dans leur misère.
  Il vaut mieux que l'Apoticaire,
Pour éviter un si grand tort,
Soit sujet aux lois de la mort,
Ce grand Dieu par sa providence
A fait cette belle ordonnance,
Contre tous il a prononcé :
Et bien qu'avez-vous avancé
Avecque vos rodomontades,
Vos impertinentes boutades,
Puisqu'il faut à la fin marcher?

L'Apoticaire.

  La vie est un tresor si cher
Que je ne crois pas assez sage
Celuy qui n'a pas le courage,
Et qui ne fait tout ce qu'il peut
Pour se défendre quand on veut
La luy ravir de vive force;
J'estime un Homme qui s'efforce,
Et se picque pour faire voir
Que quand sa vie on veut avoir,
Sans resistance il ne demeure,
Mais montre bien avant qu'il meure
Qu'il étoit Homme courageux.

Si contre vos traits orageux
Je me suis donc mis en defense,
Que cela point ne vous offense :
Au moins je me suis satisfait,
Et s'il faut que je sois défait,
Je ne meurs pas sans me défendre.

La Mort.

Je n'en devois pas moins attendre,
Et j'avois bien ainsi prévû,
Car depuis long temps j'avois vû
Des preuves de vôtre courage,
Autant que d'Homme de vôtre âge,
Combien de fois vôtre canon
Vous a-t-il acquis le renom
De me faire lever le siege,
Et tendre sans effet le piege
Que je dressois pour attrapper
Celuy que je voulois happer ?
Peut être à dix mille rencontres,
Ne sont-ce pas de belles montres
D'un Homme vrayement genereux,
Et d'un courage valeureux :
Me l'ayant ainsi fait paroistre,
Je crois maintenant que peut être
Vous en partirez plus content.

L'Apoticaire.

Mais plûtost vous allez comptant
Sans l'hôte, inexorable hôtesse,
Je pars accablé de tristesse.

La Mort.

Afin de vous desennuyer,
Je vay bientost vous envoyer,
Un Chirurgien de cette ville ;
Car bien qu'en son art fort habile,
Pourtant il ne laissera pas
De vous talonner pas à pas.

L'Apoticaire.

J'attendray donc la compagnie.

La Mort.

Non, sans tant de ceremonie,
Qu'il faut laisser aux gens de Cour,
Attendant qu'il vienne à son tour,
Passez le premier selon l'ordre
Dont vous ne voulez pas démordre
Car vous avez le cœur trop grand,
Pour quitter ainsi vôtre rang :
Comme un Medecin vous precede,
Aussi qu'un Chirurgien vous cede,
C'est un droit par vous pretendu,
Je veux que cela vous soit dû,
C'est aussi ce que je regarde,
Et le rang qu'entre vous je garde ;
J'ay mis le Medecin devant,
Il faut que vous l'alliez suivant.

L'Apoticaire.

Je vois bien qu'il se faut resoudre,
Que ce corps se reduise en poudre,
Que mon Ame le doit quitter,
Je ne le sçaurois éviter,
Mais avant que cela se fasse,
Par une speciale grace
Accordez moi quelque delay,
Et la raison je vous diray,
Qui fait que je vous le demande,
Elle me paroist assez grande.
Sçachez donc que depuis long temps
Par plusieurs et diverses gens
Dans ma boutique ont été prises
Plusieurs diverses marchandises,
Dont je n'ay pas été payé :
Mais après avoir dilayé
Le terme pour quelques années,
Les promesses me sont données
Que je seray bien satisfait
Sa parcelle à chacun j'ay fait :
Si pendant que je suis en vie,
Devant qu'elle me soit ravie,
Tous ces comptes ne se font pas,
Mes enfans après mon trépas
Y recevront un grand dommage.

La Mort.

Je ne puis souffrir ce ramage ;
Dieu ! quel étrange aveuglement,
Quel profond assoupissement
Où l'on voit la pluspart des Hommes
Dans ce maudit siecle où nous sommes
Quand on leur parle de la mort.
Il semble qu'on leur fait grand tort,
C'est une chose nouvelle
Quand ils entendent parler d'elle,
Et la pluspart ne songent pas
Quand il faudroit franchir ce pas

De songer à leur conscience :
Cet Apoticaire ne pense
En ce moment si precieux,
Auquel il doit fermer les yeux,
Qu'à liquider quelque parcelle
Qui n'est rien qu'une bagatelle,
Qu'un fol, un vain amusement,
Sans songer à ce grand moment
Auquel un jour il doit paroistre,
Devant son Dieu, devant son Maistre,
Pour recevoir le jugement :
Ou bien d'un éternel tourment
Ou bien d'une gloire éternelle
  C'est cette importante parcelle,
Monsieur qu'il falloit bien dresser ;
C'est à quoy vous deviez penser :
Mais il est vray qu'elle est dressée,
Et vous l'allez voir balancée.
On vous fera voir clairement
Si vous avez fidèllement
Exercé vôtre Pharmacie :
Vos yeux n'auront pas la chassie
Qui de voir les puisse empêcher,
Et rien ne pourra leur cacher
Ny vos bontez ny vos malices,
Dignes de gloire ou de supplices ;
Tout alors sera découvert,
Et vous serez bien pris sans verd,
A vôtre dam et vôtre honte
A moins d'avoir fait vôtre conte ;
Si pour guerir le patient
Vous avez à bon escient,
Fidellement et sans paresse
Employé toute vôtre adresse,
Et vos drogues vous mettiez
Quand ce bon Homme vous traitiez
Le contenu de l'ordonnance,
Vous tiendrez bonne contenance ;
Mais si par un mauvais écho
Vous avez fait des *qui pro quo*
Ou traité le malade en traistre,
Sçachez asseurément mon maistre
Que chastié vous en serez
Aussi bien que quand vous aurez
Par une grande outrecuidance
Glosé contre toute évidence
Le recipe du Medecin
En voulant trop faire le fin :
C'est ainsi que l'Apoticaire

A souvent coûtume de faire,
Pour paroistre ou pour decevoir,
En s'oubliant de son devoir.
Tantost diminuer il ose,
Et tantost augmenter la chose,
Ou changer l'ordre et la façon
Dont on luy prescrit la leçon
Se gouvernant par son caprice,
Ou contenant son avarice,
Au Medecin il contredit,
En s'attribuant ce credit,
Pour avoir trop de confiance
En son acquise experience :
Mais souventes fois en faisant
De l'expert et du suffisant
Faute de prendre sa mesure,
A ses malades il procure
La mort plûtost que la santé ;
Gardez que vous n'ayez été
Un si mauvais Apoticaire :
Car si vous avez voulu faire
Du Medecin, comme cela,
Je vous promets que vous voila
Dedans un bien triste équipage.
  Ce pauvre mort à son langage
Dit que vous luy fistes grand tort
Et crie à Dieu que de sa mort
Il luy plaise tirer vengeance,
Pensez donc avec diligence
A prevenir ce mauvais pas
A l'heure de vôtre trépas.
  De *qui pro quo* d'Apoticaire
Et d'*et cætera* de Notaire,
Dieu (dit-on) nous vueille garder
C'est à vous d'y bien regarder,
Tous porterez la folle enchere
Si pour une drogue trop chere
Quelque *bolus* vous avez pris
Qui se trouvoit de moindre prix,
Ou quelqu'autre drogue gâtée,
Au lieu d'une bien apprêtée :
Ces *qui pro quo* sont dangereux,
Pour rendre un homme malheureux ;
Mais c'est bien pis quand par malice,
Ou par une infame avarice,
Deliberément ils sont faits :
Car etans de plus grands forfaits,
Dieu plus fortement ils irritent,
Et plus grievement meritent

Qu'il se resolve à s'en venger,
C'est à quoy vous deviez songer.
 Des autres à toute occurrence
Font des *qui pro quo* d'ignorance,
Et tant moindre en est leur peché
Où Dieu contr'eux tant moins fâché,
Vû que l'erreur qui les abuse
Leur sert aucunement d'excuse.
 Il ne faut pas dire pourtant
Que pour ne me faire pas tant
Ils soient du tout exempts de blâme;
Souvent telles gens dans la flame
Seront à jamais condamnez,
Pour ne s'être pas adonnez
A s'instruire avec diligence
Au métier de cette importance :
Et si tel vous avez été,
Ma foy, je vous voy maltraité.
 D'autres font des grandes parcelles
Pour des petites bagatelles,
Ils reçoivent beaucoup d'argent
Pour des choses qui bien souvent
Dans les prez se sont ramassées
Car quand elles sont ajancées,
Le monde ne les connoit point,
Et cela leur vient tout à point,
Car quand il le pourroit connoistre
On leur verroit vendre peut être
Cent écus le quintal de foin.
 On donnera bien sur le groin,
A ceux qui vendent à cet usage
Si cher le foin et d'autre herbage :
Si vous avez été d'iceux,
Vous en partirez avec eux,
De cela je vous asseure
Sans qu'on vous fasse aucune injure :
Afin de le sçavoir à point,
Vous ne me repliquerez point [1].

Si j'ai démasqué les faux prêtres de la pharmacie, et si je les ai traînés sur la claie au grand jour de la publicité, mon intention, qu'on le retienne bien, n'a pas été de comprendre dans cet anathème toute la grande famille pharmaceutique ; l'équité et la reconnaissance, au contraire, me font un devoir bien doux à remplir d'affranchir de ma proscription ces probes esclaves de l'officine, artisans consciencieux de leur modeste fortune, ces patients manipulateurs qui allient à la passion de leur science l'amour pieux et sacré de l'humanité. Heureusement ceux-là, hâtons-nous de le proclamer, sont nombreux sur le sol de notre belle France, dont ils font l'honneur et l'ornement.

[1] Ce dialogue a été *littéralement* emprunté au poëme de Jacques Jacques, Le *Faut mourir* (édition de Rouen, 1695), et j'ai conservé le plus qu'il m'a été possible à ce curieux extrait, son orthographe, sa ponctuation et sa physionomie premières.

CHAPITRE XVIII.

DE LA PHARMACIE EN CHINE, EN PERSE, EN TURQUIE, EN GRÈCE ET EN ÉGYPTE.

Chine. — Simplicité des pharmacies chinoises. — Absence d'ornementation. — Les médicaments différents de ceux d'Europe. — L'opium, si employé chez les Chinois, n'occupe qu'un rang secondaire dans les pharmacies. — Médicaments héroïques. — Drogues miraculeuses. — Format et caractères des ordonnances. — Enveloppes rouges et blanches. — Volume monstrueux des pilules. — Le *Giuseng*. — Pharmacopée chinoise.

Perse. — Traduction de la pharmacopée persane, par le R. Père Ange de La Brosse. — Les neuf choses immondes. — Les onze cent dix prescriptions du dispensaire persan. — Les soixante espèces de pilules. — Les collyres de fiels d'animaux. — Le *Cahiva*. — Les noms pharmaceutiques persans. — Leur métamorphose française.

Turquie. — M. Géorginoff. — Lettre du prince de Callimachi, ambassadeur de la Porte ottomane, à l'auteur. — Le *Madjoun* de l'ambassadeur Ghalib-Effendi. — Les Masch'allah. — Le *Ténasoukh*. — Les *Médressés*. — Programme des études pharmaceutiques. — Discipline austère. — Révolution dans l'enseignement pharmaceutique.

Grèce. — Lettre de M. Costi, membre du congrès sanitaire international, à l'auteur. — Études préliminaires. — Le gymnase. — L'Université. — *L'examen rigoureux*. — L'examen pratique. — Age requis pour l'exercice de la pharmacie. — Un pharmacien sur quatre mille habitants. — Sévérités du code pénal. — Tarif du conseil médical. — Visites semestrielles des officines.

Égypte. — Génie de Mohammed-Aly. — Le docteur Clot. — M. Hamon. — M. Destouches. — Fondation de l'école d'Abou-Zabel. — Les Égyptiens à Paris. — M. Jomard. — Hussein-Ganem-el-Rachidi. — Musée médical. — Collection d'échantillons. — M. F. Boudet.

Chine. — Les pharmacies chinoises sont vastes et disposées d'une manière commode. Elles sont garnies d'un grand nombre de tiroirs et de pots rangés comme dans les officines anglaises. Les vases de verre y sont très-rares; chaque classe de médicaments occupe un casier différent; chaque médicament est maintenu avec le plus grand soin à la place qui lui appartient, et leur ensemble offre un caractère d'ordre et de régularité qui ferait honneur à une pharmacie européenne.

Les pharmaciens chinois ne cherchent pas à faire remarquer leurs magasins au moyen de flacons bigarrés de diverses couleurs, ou de ces signes cabalistiques qui jouent un si grand rôle sur les devantures de quelques marchands de drogues en Angleterre. Leurs établissements sont d'une extrême simplicité, et n'offrent que les dispositions strictement nécessaires pour les faire reconnaître.

En examinant le contenu des tiroirs et des boîtes, on y trouve peu de médicaments semblables à ceux qui sont employés en Europe.

Le camphre, la rhubarbe, la réglisse, se remarquent en première ligne; mais on ne trouve nulle part les sels purgatifs, le calomel, les teintures, qui sont d'un emploi si familier dans nos contrées; l'opium lui-même, l'opium, dont les Chinois font un usage si passionné, ne semble pas faire partie de leur matière médicale, du moins on ne l'aperçoit sous aucune forme dans les magasins des droguistes. Le cinabre, ou une substance qui lui ressemble beaucoup, est le remède favori dans un grand nombre de maladies externes : aussi est-il l'article le plus apparent dans chaque collection.

Sur les comptoirs sont placées de grandes boîtes garnies de préparations vraiment miraculeuses : l'une arrête instantanément le choléra, une autre donne immédiatement des forces, une troisième infuse le courage, d'autres excitent l'amour et donnent la faculté d'être aimé ; il y en a, enfin, de quoi satisfaire les besoins et les désirs de chacun.

En Chine, les panacées, les mixtures héroïques, les philtres et les breuvages composés dans les laboratoires des pharmaciens, passent pour être parfaitement inoffensifs. Le médecin chinois, lorsqu'il est appelé auprès d'un malade, examine l'état de son pouls, lui témoigne beaucoup d'empressement et un vif désir de le soulager, s'efforce de le convaincre qu'il a une profonde connaissance de sa maladie, et enfin écrit une formule d'une apparence si imposante, que l'ordonnance la plus soignée, la plus attentivement rédigée d'un professeur européen ne saurait soutenir avec elle la moindre comparaison. Elle occupe ordinairement une large feuille de papier; souvent elle est ornée de caractères rouges, disséminés au milieu des caractères noirs, et toujours elle offre l'aspect d'une œuvre savante et laborieuse. Cependant, le croirait-on? pour tant de soins, les honoraires du docteur ne s'élèvent pas à un schelling (24 sols de France).

L'ordonnance portée chez le pharmacien, celui-ci l'étale sur son comptoir, l'examine avec attention, et s'occupe de l'exécuter selon l'art. Le nombre des articles prescrits est rarement au-dessous de huit à dix; ce sont le plus souvent des poudres, des racines incisées, ou d'autres substances séchées, car ce n'est que par exception, en quelque sorte, que l'on voit des médicaments liquides sortir d'une pharmacie chinoise. Chaque préparation est enveloppée avec symétrie d'un morceau de papier blanc ou rouge. Le papier blanc s'emploie pour les drogues les plus communes; le papier rouge est réservé pour celles dont l'efficacité est la plus grande et la valeur la plus considérable, pour le *giuseng*, par exemple.

Les *surgeons* (chirurgiens) préparent leurs prescriptions eux-mêmes, appliquent les topiques, et font, autant qu'ils peuvent, la médecine auprès des personnes qui réclament leur assistance. Ils remplissent à peu près les fonctions attribuées en Angleterre au praticien général (général practitionner), mais leurs magasins sont, d'ordinaire, assez pauvrement garnis, et leurs bénéfices sont, comme leurs fonctions, d'une médiocre importance. La profession de droguiste est plus lucrative que celle de *surgeon*, car le peuple chinois a un goût bien prononcé pour la médecine, et les droguistes n'ayant aucune envie de contrarier cette disposition, ne négligent aucune occasion de faire prendre des médicaments et même à des doses considérables. Les pilules sont d'un volume énorme, et égalent presque celui de nos billes de marbre. La pharmacopée chinoise est un livre qui n'a pas moins de 1300 pages in-8°.

Le *giuseng* est, par excellence, le garant de la santé et le moyen de prolonger la vie; on lui attribue le prodigieux pouvoir, non-seulement d'entretenir, mais même de régénérer toutes les parties du corps humain, et il inspire un degré d'admiration qui ressemble vraiment à un culte.

Il n'y a jamais de cas désespéré pour celui qui peut se procurer en abondance ce remède si précieux, ce véritable aliment de la vie; mais il est d'un prix si élevé que le plus grand nombre des malades ne peut y atteindre. En général, excepté pour de petites quantités, il est l'objet d'un commerce spécial et exclusif, et on ne le trouve pas dans toutes les maisons de droguerie. On n'aperçoit dans la boutique du marchand qui l'exploite qu'un rempart de comptoirs, derrière lesquels sont rangées des boîtes très-solidement construites; c'est dans ces boîtes que le *giuseng* est rigoureusement renfermé : il est distribué dans de petits flacons qui en contiennent chacun environ un gramme. Un étranger bien recommandé, ou une personne dont le caractère offre toute garantie, peut être admise à le regarder, mais elle ne pourrait pas y toucher avant d'en avoir payé la valeur. Proverbialement, on dit qu'il vaut plus que son poids d'or, et l'usage confirme pleinement ce dicton populaire, car on le vend à raison de 25 dollars ou environ 120 francs l'once. (*Extrait des Observat. médic. sur la Chine*; *Pharmaceutical Journal*, of Jacob Bell, trad. par F. Boudet [1].)

Perse. Tout ce que les voyageurs modernes ont dit de la médecine en Perse, donne à penser que cette science, ainsi que la pharmacie, y sont peu avancées quoique fort cultivées. On y fait grand cas des médecins étrangers, et ce titre, appuyé des recommandations diplomatiques, y fait obtenir sûreté, crédit et protection.

Nachet et Cadet disent qu'il y a une pharmacopée persane assez considérable, publiée en latin, en 1681, par le R. P. Ange de La Brosse de Saint-Joseph, carme déchaussé, natif de Toulouse, et missionnaire apostolique en Orient. Ce religieux dit l'avoir traduite de la langue persane vulgaire. Le docteur Hyde, savant commentateur anglais, prétend que cette traduction est l'ouvrage du P. Mathieu, religieux du même Ordre [2].

Quoi qu'il en soit, l'éditeur de la *Pharmacopée persane* établit d'abord que les Persans regardent neuf choses comme immondes, savoir : l'urine, les excréments, le sang, le cadavre, le vin, l'alcool, le cochon, le chien et l'infidèle ; mais, parmi ces choses immondes, celle qui leur inspire le plus d'horreur est la dernière, qu'ils nomment *kafer*, mot qui, dans leur langue, signifie traître et chrétien. Une telle aversion pour

---

[1] Journ. de Pharm., t. x. 1846. — Observ. médic. du Dr Wilson, sur la Chine.
[2] Bull. de Pharm., IV, p. 545.

les adorateurs du Christ a mis pendant longtemps de grands obstacles aux communications que les Européens, et surtout les prêtres catholiques, voulaient avoir avec eux. Mais en leur offrant les secours de la médecine et de la pharmacie, les missionnaires parvinrent à diminuer leur crainte, à vaincre leurs scrupules, et, comme l'avoue le carme traducteur, souvent, par une pieuse fraude, ces religieux ont fait des conversions en simulant de ne s'occuper que d'une cure. Il est probable que le P. Ange de La Brosse a composé la pharmacopée persane avec d'anciennes pharmacopées françaises, et qu'il y a inséré toutes les prescriptions arabes et égyptiennes qu'il connaissait, avec quelques formules conservées chez les Persans par tradition.

Examinons le dispensaire du P. Ange, puisque c'est le seul qui puisse nous donner une idée de la pharmacie persane.

Ce dispensaire contient onze cent dix prescriptions; elles ne sont pas rangées par ordre naturel, chimique ou pharmaceutique, mais bien groupées par chapitre. Chaque chapitre contient les formules des médicaments propres à combattre un certain nombre de maladies plus ou moins analogues, et l'on y trouve pêle-mêle des poudres, des sirops, des électuaires. Le miel est toujours l'excipient conseillé, ce qui tend à prouver l'ancienneté de cette pharmacopée : les sirops y sont indiqués sous le nom de vins. Les Persans font un grand usage de drogues chaudes, telles que le gingembre, le macis, le myrobolan, le poivre, le cardamome, le safran, la cannelle. On les retrouve dans toutes leurs préparations. Les confections et les électuaires sont au nombre de soixante : la thériaque d'Andromaque, le diatessaron, le mithridate, sont les mêmes que les nôtres; le diascordium de Fracastor s'y trouve sous la dénomination de *thériaque contre la diar-*

rhée ; il en est de même de plusieurs médicaments conseillés par Galien et Logadius, médecin de Memphis. On y rencontre trois confections anacardines, composées, à quelques additions près, des mêmes substances que celles qu'inventa Avicennes, et que corrigea Mésué. Le *philomium romanum* et l'électuaire de baies de laurier ne diffèrent pas sensiblement de ceux que nous préparons dans nos contrées.

Les loochs ou éclegmes sont de deux sortes : les uns ne sont que des sirops composés et rapprochés en consistance de looch, les autres sont formés d'émulsions de toute espèce de semences huileuses, ou sont des mélanges de décoctions avec de l'huile d'amandes douces, le tout épaissi avec la gomme arabique ou adragant.

Il y a peu de poudres purgatives.

On y trouve les trochisques scillitiques d'hédicroï, d'alkekenge et de myrrhe, avec quelques drogues de plus que chez nous. Il y a aussi les trochisques de vipère imités de ceux du médecin Andromaque.

Les pilules, au nombre de soixante espèces, sont presque toutes purgatives.

On compte vingt-quatre espèces d'huiles composées, employées à l'extérieur pour calmer les douleurs ou stimuler quelques parties. La pharmacopée du P. de La Brosse mentionne aussi l'onguent égyptiac, tout à fait semblable au nôtre; les emplâtres qui diffèrent entièrement de ceux que nous préparons, et qui ne sont que des espèces de cataplasmes composés de poudres, de pulpes, incorporées dans divers véhicules.

Ce dispensaire renferme enfin des formules de décoctions, d'apozèmes, de collyres, de lavements.

Parmi les collyres, on en remarque un qui témoigne du charlatanisme et de la superstition dont cet empire est infecté. Il est composé de fiel de grue, de perdrix, de loup, de bouc, d'onagre, de pigeon, de cigogne, de cochon, de renard, de lièvre, de chevreau et de poisson, le tout délayé dans l'eau de fenouil.

La pharmacopée persane mentionne aussi dix-sept espèces de pessaires, parmi lesquels il en est de calmants, de stimulants, de toniques et d'astringents.

Quoique les Persans fassent un usage immodéré de l'opium, le livre du P. de La Brosse garde le silence sur ce médicament; mais il parle du *cahiva*, dont la propriété anti-aphrodisiaque tarit la fécondité des époux. C'est la décoction d'un fruit apporté d'Égypte.

Je termine cette notice par la nomenclature des noms persans correspondant à nos dénominations pharmaceutiques latines :

Confectio — anguardiai ou giovaresch; *collyrium* — bézoud, ou schiaf ou koubel; *theriaca* — tériaq; *pilulæ* habb ou bénadouq; *clysterium* — hoqench; *tinctura* — c-hezzab; *medicamentum* — daroui; *pulvis* — dzerour ou sefouf; *oleum* — rougan; *syrupus* — sekengebin; *errhinum* — saouti; *dentifricium* — senouni; *vinum* — scharab, lotio-sabghi; *emplastrum* — zzemad; *linimentum* — teloni; *gargarisma* — ghergherch; *electuarium* — feirouz ou magi-oun; *pessarium* — ferougek; *trochisci* — quours; *eclegma* — laouq; *ptisana* — ma-el-assoul; *apozema* — matboug; *unguentum* — marham; *infusio* — nequoueh; *embrocatio* — netouli; *remedium* — veg-iouri; *sternutatorium* — atousi; *decoctio* — tebichi; *suppositorium* — schiaf.

Turquie. — Je vais faire connaître les différentes phases que l'art pharmaceutique a subies en Turquie depuis 1804; cet examen est tiré d'une lettre de M. Géorginoff, négociant grec, adressée à Cadet [1], et ne s'étend

---

[1] Bull. de Pharm., t. VI, p. 558.

que jusqu'à l'année 1828; les renseignements postérieurs à cette époque m'ont été communiqués, en janvier 1852, par M. le prince de Callimachi, ambassadeur de la Porte ottomane.

Dans les premières années de ce siècle, la chimie n'était pas encore cultivée à Constantinople; ce n'est qu'en 1804 qu'on y vit pénétrer la Philosophie chimique de Fourcroy. La bibliothèque de Sainte-Sophie ne renfermait que les livres arabes de Hiaber, de Géber, de Rhazès, et un traité manuscrit des médicaments chimiques attribué à un auteur du nom de Taïlissy. La chimie, chez les Musulmans, s'appelle encore *elsiè*, et c'est de ce nom qu'on a fait élixir, dont la traduction est : breuvage chimique.

Plusieurs électuaires jouissent de la plus grande faveur en Turquie; ce sont : 1° le *madjoum*. Le *madjoum* ordinaire est l'opium purifié auquel on ajoute divers aromates, tels que la cannelle, la poudre d'aloës, le safran et le girofle; on en forme des pilules appelées *habb*, dont on fait une prodigieuse consommation. Le *madjoum* des riches est composé d'ambre gris, de poudre de perles, de rubis, d'émeraudes, de corail, de cochenille; il porte le nom de *djewahir-madjoum*; le prix du pot est de 400 piastres (près de 1,000 fr.) : aussi n'est-il réservé qu'au Sultan, aux princesses du sang et aux grands de la cour. C'est celui dont l'ambassadeur Ghalib-Effendi faisait usage à la cour de France. 2° Le *tenasoukh*. Le *tenasoukh* est une pâte odorante composée avec du musc, de l'aloës, de l'ambre gris, de la poudre de perles et de l'essence de roses; on en mêle de petites portions dans le café pour s'exciter aux voluptés, et on en forme des pastilles appelées *masch'allah*.

Tous les ans, vers l'équinoxe du printemps, le *hechimbaschi* ou premier médecin, le *djerrah-baschi* ou premier chirurgien de Sa Hautesse, sont tenus d'envoyer du *tenasoukh* ou du *madjoum*, dont ils ont le monopole, et reçoivent en échange de magnifiques présents de la cour.

Les Arabes (comme nous l'avons dit), du temps de leurs califes, et surtout sous les Abassides et les Fatimites, avaient établi à la Mecque, à Médine, à Kiaffé, à Damas, à Bagdad, des colléges où l'on enseignait la pharmacie ; mais les *médressés* ou colléges turcs n'enseignent jamais cette science, et ce n'est guère que par tradition, chez les médecins, dans les bibliothèques et dans les livres arabes, presque tous manuscrits, d'Avicennes, d'Avenzoar, de Rhazès, d'Albucasis, d'Aaaron al Raschild, de Mesué, de Sérapion et d'Averrhoës, que les Turcs s'instruisirent, jusqu'en 1830, de la science des médicaments.

Depuis que le Sultan est entré d'un pas ferme et progressif dans des voies de réforme, une de ses premières sollicitudes a été de réglementer et d'organiser à l'européenne l'art de guérir et ses annexes, qu'il a considérés, à très-juste titre, comme l'instrument le plus puissant de la civilisation. Avant cette époque, l'art pharmaceutique était un véritable fléau entre les mains de quelques ignobles charlatans, et faisait la honte de l'Orient.

« Il y a vingt ans environ que le Grand-Turc a créé dans la capitale de son empire une Faculté de médecine tout-à-fait sur le pied de celle de Paris, comprenant dans son domaine l'enseignement spécial de la pharmacie en langue française, devenue depuis lors la langue scientifique du pays, et dans les auteurs français les plus accrédités. En sorte qu'aujourd'hui cet enseignement est en Turquie à peu près ce qu'il est en France, et que l'exercice de cet art est soumis à des conditions absolument et littéralement les mêmes, et aussi rigoureusement observées que celles qui sont prescrites par les lois françaises [1]. »

Ainsi, en Turquie, en dehors des études générales et préliminaires, les sciences spécialement exigées de celui qui se destine à la pharmacie sont :

1° La *chimie*, la *botanique*, la *matière médicale* et la *pharmacologie*.

2° La durée des études en pharmacie est de quatre ans.

3° Il n'y a pas un âge requis et déterminé pour commencer l'exercice de cette profession, il suffit d'en avoir les titres.

4° Le nombre des pharmaciens n'est pas limité.

5° Il y a des peines sévères infligées par les lois contre les différentes contraventions.

6° Il est expressément défendu aux pharmaciens d'exercer la médecine, *de quelque manière que cela soit*, et de mêler à leur profession quelque trafic étranger capable de la déshonorer.

Grèce. — M. Costi, membre du Congrès sanitaire international, et médecin de Sa Majesté le roi de Grèce, a eu l'obligeance de m'adresser, à la date du 21 janvier 1852, au moment où il allait quitter Paris, les documents suivants sur plusieurs points relatifs aux études pharmaceutiques et à l'exercice de la pharmacie.

Selon M. Costi, le jeune homme qui se destine à l'étude de la pharmacie doit être âgé de dix-huit ans au moins ; il est obligé de produire un certificat de bonnes mœurs, indiquant de plus qu'il possède des moyens pécuniaires suffisants pour faire face aux dépenses de ses études pharmaceutiques et de son entretien ; en outre, il

---

[1] Lettre du prince Callimachi, ambassadeur de la Porte ottomane, à l'auteur.

faut qu'il fournisse une attestation portant qu'il a fréquenté le gymnase jusqu'à la quatrième classe inclusivement, c'est-à-dire qu'il est en état de comprendre bien le grec ancien, le latin, l'arithmétique et l'histoire.

A ces conditions, il est inscrit comme élève.

D'abord il doit rester dans une pharmacie au moins pendant trois ans, afin d'acquérir des connaissances pratiques; ensuite il faut qu'il étudie pendant deux ans et demi, dans une école spéciale, la chimie, la physique, l'histoire naturelle, la botanique, la pharmacologie, la posologie, la médecine légale et l'art des manipulations.

Ses études terminées, il subit, à l'université, un examen dit *rigoureux*; s'il réussit, il obtient un diplôme avec lequel il se présente au conseil supérieur des médecins attaché au ministère de l'intérieur, pour se soumettre à un second et dernier examen, appelé *pratique*, à l'issue duquel, s'il est vainqueur, on lui accorde la permission d'exercer, en lui assignant toutefois le lieu de sa résidence.

On ne peut commencer l'exercice de la profession d'apothicaire qu'à l'âge de vingt et un ans.

En Grèce, le nombre des pharmaciens n'est pas limité; il y en a à peu près un sur quatre mille habitants.

Le Code pénal leur défend sévèrement d'avoir des relations pécuniaires avec les médecins, et de mettre des capitaux dans leurs entreprises respectives. Ils jouissent d'une grande considération; mais la loi leur inflige de fortes peines lorsqu'ils commettent même la plus légère contravention aux règlements, et surtout quand ils sont convaincus d'avoir empiété sur la profession médicale. Aussi ce délit est-il presque entièrement inconnu en Grèce.

Les médicaments sont vendus d'après un tarif fixé par le conseil médical supérieur, et la moindre dérogation est punie d'une peine sévère.

Tous les six mois une commission de médecins et de chimistes fait la visite des pharmacies, pour constater la quantité et la qualité des médicaments, l'état de l'officine, des vases, des autres ustensiles, et pour vérifier les poids et les mesures.

Enfin, les pharmaciens étrangers, pourvu qu'ils produisent un diplôme de leur pays, sont reçus et peuvent exercer, toutefois après avoir subi un examen préalable.

Égypte. — Je donne un extrait de la notice insérée par M. Félix Boudet, en 1835, dans le *Journal de Pharmacie*, sur l'état de la pharmacie en Égypte [1]. Cette notice a été rédigée d'après les documents transmis à son auteur par M. Destouches, le docteur Clot-Bey et Hussein-Gànem-el-Rachidi :

« Un des traits les plus remarquables de notre époque est sans contredit ce mouvement rapide qui porte vers l'Orient la science et l'industrie de l'Europe.

L'Égypte, fécondée par le génie de Bonaparte, s'est réveillée de son long sommeil. Poussée par la main vigoureuse de Mohammed-Aly, elle s'avance, d'un pas assuré, dans les voies de la civilisation. Élevé au rang suprême par le seul ascendant de son grand caractère et de son irrésistible volonté, Mohammed-Aly est l'un des hommes les plus extraordinaires de notre siècle; simple caporal, il ne savait ni lire ni écrire, et cependant il a osé entreprendre de régénérer l'ancien berceau des connaissances humaines. Ses vastes projets, conçus aux souvenirs de l'occupation française et fécondés par notre consul, avaient besoin, pour être exécutés, de ce même peuple auquel il en devait l'inspiration. Aussi, c'est surtout l'activité française et notre génie civilisateur qu'il a voulu appeler en aide à l'accomplissement de sa glo-

---

[1] Journal de Pharm., XXI, p. 684.

rieuse entreprise. En toutes choses, c'est en France qu'il prit ses modèles, dans toutes les branches de la vaste organisation scientifique de son royaume. Ainsi, c'est au docteur Clot, à M. Hamon, qu'il confia l'organisation de l'enseignement médical et vétérinaire, et à M. Destouches, la direction de l'enseignement pharmaceutique.

En 1827, il fonda le grand hôpital et l'école de médecine d'Abou-Zabel, près le village de ce nom, situé à quatre lieues du Caire. Plus tard, et toujours par ses soins, une école de pharmacie, une école vétérinaire, une école d'accouchement et une maternité furent réunies à l'établissement primitif, qui présente aujourd'hui le plus vaste ensemble d'enseignement médical qui ait encore existé.

Non content d'avoir ainsi créé les moyens de répandre dans ses États les sciences médicales, Mohammed-Aly voulut que de jeunes Egyptiens vinssent à Paris puiser à la Faculté de médecine l'instruction nécessaire pour remplacer dans les chaires de ses écoles les professeurs étrangers qu'il avait dû appeler d'abord à les occuper.

Déjà une première mission, partie en 1826 et confiée, en France, à l'active direction et à la généreuse sollicitude de M. Jomard, avait répondu aux espérances qu'on avait fondées sur elle. Le docteur Clot fut chargé, en 1832, d'en organiser une seconde qu'il amena lui-même à Paris.

Parmi les élèves qui composaient cette mission, se trouvait Hussein-Gânem-el-Rachidi. Ce jeune homme, destiné d'abord à la médecine, se sentit bientôt entraîné vers les sciences pharmaceutiques, et se consacra tout entier à leur étude.

Après avoir suivi pendant deux ans les cours de l'école de médecine, de la Faculté des sciences et de l'école de pharmacie, il fut placé par M. Jomard dans l'officine de

M. F. Boudet, pour y être exercé aux manipulations de la pharmacie pratique.

Pendant que le jeune Hussein venait puiser en France des connaissances pharmaceutiques, un ancien pharmacien de Paris, M. Destouches, était appelé à perfectionner en Egypte l'exercice et l'enseignement de la pharmacie. Arrivé en Egypte au commencement de 1834, M. Destouches a dignement répondu à la confiance de Mohammed. Sous son influence, l'école de pharmacie d'Abou-Zabel s'est animée d'une nouvelle vie; l'enseignement a été dirigé avec plus d'ensemble et d'activité; des appareils de laboratoire, des produits chimiques de toute espèce ont été demandés en France, et une collection de 830 échantillons de matière médicale, préparés par M. F. Boudet, ornent aujourd'hui le musée médical de ce magnifique et incomparable établissement. »

Il résulte de ce qui précède que si, avant l'expédition de Napoléon, l'Egypte, au point de vue pharmaceutique, était plongée dans le chaos de la barbarie, elle s'est placée, depuis cette glorieuse époque, au même rang que la France, qu'elle a fidèlement copiée.

CHAPITRE XIX.

DE L'ART PHARMACEUTIQUE EN RUSSIE, EN SUÈDE, EN DANEMARK ET EN NORWÉGE.

Russie. — M. Siller. — Répertoire de pharmacie de Buchner. — *Pharmacopœus auxiliarius.* — *Pharmacopœus substitutus.* — *Pharmacopœus.* — Quatre années d'humanités. — Trois années de stage. — Minéralogie. — Botanique. — Zoologie. — Physique. — Chimie. — Pharmacognosie. — Pharmacologie. — Le grade de proviseur. — Dispositions pénales sévères. — Statistique des pharmaciens russes. *Suède, Norwège et Danemark.* — Lettre de M. le comte de Lœvenhielm, ambassadeur de Suède, à l'auteur. — Apprentissage. — Éducation religieuse. — Humanités. — Sciences. — Procès-verbal de l'examen au titre d'aspirant. — Titre de proviseur. — Chimie. — Pharmacie, histoire naturelle, botanique médicale, nomenclature pharmaceutique, choix, préparation, conservation des médicaments. — Licence et privilége du roi. — Considération des apothicaires suédois. — Discipline bénigne. — Bénéfices considérables. — Probité professionnelle des apothicaires. — M. Ch. Martins. — Les pharmacies limitées en Norwège. — Énormité de leur prix. — Privilége. — Tarif. — Cent vingt-huit pour %. — Hambourg. — Schomberg. — Magdebourg. — Les trois catégories des drogues simples. — La médecine homœopathique. — Rabais. — Taxe. — Amendes. — Absence de charlatanisme. — Simplicité des pharmacies. — Description d'une pharmacie. — Études pharmaceutiques. — Le *Lehrbrief.* — Loi du 4 décembre 1672. — Les aides. — Les trois épreuves. — Le règlement du château de Stockholm de 1837. — Sévérité des examens. — Leur complication. — Les *tâches.* — L'*attestat.* — Les réceptions des pharmaciens sont gratuites. — Les apothicaires marchands de vin et de comestibles, épiciers, boulangers, brasseurs et savonniers.

Russie. — Ce n'est qu'au XVIe siècle que le premier règlement touchant l'enseignement et l'exercice de la pharmacie parut à Moscou.

Un ukase, confirmé par l'empereur le 28 décembre

1838, et promulgué par le sénat dirigeant le 25 janvier 1839, a réglé en Russie tout ce qui intéresse la profession médicale. Ce règlement ayant été traduit et publié en allemand, par M. Siller, dans le *Répertoire de pharmacie* de Buchner, nous avons pensé qu'il serait intéressant d'en faire connaître les principales dispositions, du moins en ce qui touche particulièrement la pharmacie [1].

En Russie, les pharmaciens sont considerés comme employés du gouvernement, ce qui leur donne une haute importance dans la hiérarchie sociale.

Les examens des employés médicaux, des pharmaciens, et en général de toutes les personnes qui exercent une profession médicale quelconque, se font par les académies ou universités impériales de médecine et de chirurgie.

L'examen a lieu en assemblée plénière de la conférence ou faculté de médecine.

Chaque professeur est examinateur pour la partie de la science qu'il professe ; il peut être remplacé par un adjoint. En l'absence de tous deux, la Faculté désigne un autre professeur pour procéder à l'examen. Toutefois, chaque professeur a le droit de poser des questions sur tous les sujets de l'examen.

Nulle personne, sujet russe ou étranger, ne peut administrer une pharmacie sans être munie d'un diplôme émané d'une académie ou université impériale de médecine ou de chirurgie.

Il y a trois degrés d'examen relatifs à la pharmacie, savoir :

1° Celui d'aide-pharmacien (*pharmacopœus auxiliarius*) ;

2° Celui de proviseur (*pharmacopœus substitutus*) ;

---

[1] Bull. de Pharm., 26. — Cadet.

3° Celui de pharmacien (*pharmacopœus*).

Les aides-pharmaciens et les proviseurs sont divisés en deux ordres, relativement à l'étendue de leurs connaissances, et ne passent d'un ordre à l'autre qu'après de nouveaux examens.

Pour être admis aux examens relatifs au grade d'aide-pharmacien, il faut : 1° justifier de connaissances suffisantes dans les matières qui font l'objet de l'enseignement des quatre premières classes dans les colléges ; 2° avoir fait un apprentissage de trois ans au moins dans une pharmacie de la couronne, ou dans une pharmacie libre.

Les examens reposent sur les objets suivants :

1° Dans la minéralogie, les principaux systèmes, la terminologie, et principalement les minéraux qui intéressent la pharmacie ;

2° Dans la botanique, la terminologie et les principaux systèmes ;

3° Dans la zoologie, les divers systèmes, et principalement les animaux dont certaines parties sont employées en médecine ;

4° Dans la physique, les propriétés générales des corps ;

5° Dans la chimie, les corps simples non métalliques, les métaux, les principaux oxydes, acides, sels et produits employés en médecine ;

6° Dans la pharmacognosie, les substances les plus employées, leur dénomination, leur origine, leurs caractères distinctifs ;

7° Dans la pharmacie générale (il faut traduire de la pharmacopée latine un passage indiqué par le professeur) ;

8° Dans la pharmacologie (on est tenu d'indiquer les doses ordinaires des médicaments d'une activité violente).

Enfin, le candidat doit faire preuve de connaissances pratiques en exécutant, sous les yeux de l'examinateur, quatre préparations qui lui sont désignées.

L'aide-pharmacien qui veut obtenir le grade de proviseur doit, s'il est du premier ordre, avoir séjourné deux ans de plus, et trois ans, s'il est en second ordre, dans une pharmacie de la couronne, ou une pharmacie particulière; il doit, en outre, prouver par certificat, qu'il a suivi, dans une académie ou université, un cours complet de chacune des sciences sur lesquelles doivent porter les examens.

Les examens reposent sur les mêmes sciences que les précédents, mais ils sont poussés plus loin.

Le candidat au grade de proviseur doit, en outre, savoir appliquer les principaux moyens dans les maladies qui réclament des secours momentanés, et qui sont désignées dans un règlement spécial.

L'examen théorique étant terminé, le candidat exécute deux préparations pharmaceutiques et deux opérations de chimie sous la surveillance d'un examinateur.

Pour être admis aux examens relatifs au grade de pharmacien, il faut : 1° posséder le grade de proviseur; 2° avoir exercé en cette qualité pendant deux ou trois ans, suivant l'ordre, ou bien avoir administré une pharmacie pendant le même espace de temps.

Les examens portent sur les mêmes sujets que pour le grade précédent, mais on exige du candidat les connaissances les plus étendues en théorie comme en pratique. Il doit se montrer capable d'exécuter différentes recherches ou analyses chimiques, prouver qu'il possède la tenue des livres et les connaissances commerciales nécessaires pour administrer un établissement. Enfin, dans une dernière épreuve, il doit exécuter trois préparations pharmaceutiques des plus importantes, toujours sous la surveillance de l'un des examinateurs.

Des proviseurs du premier ordre, connus par la bonne administration d'une pharmacie, ou qui ont publié des ouvrages sur la pharmacie, la chimie ou les sciences naturelles, honorablement accueillis par le monde savant, peuvent obtenir le grade de pharmacien sans être assujettis aux examens.

Par une disposition générale, il est interdit aux pharmaciens d'écrire des ordonnances et de s'occuper du traitement des maladies, si ce n'est dans le cas d'un danger subit de la vie, tel que : empoisonnement, évanouissement, hémorrhagie, brûlure, etc., lorsque le secours immédiat est urgent, et en attendant l'arrivée du médecin. (*Bulletin de Pharm.*, n° 26.)

Ce règlement, qui comprend des mesures fort judicieuses, est une nouvelle preuve de l'importance que les nations du Nord attachent à la profession de pharmacien. Ajoutons que si les dispositions précédentes exigent du pharmacien russe de larges garanties de savoir, elles lui assurent en même temps le digne prix de ses services, une place distinguée dans la hiérarchie sociale, et la considération qu'a droit d'ambitionner quiconque se voue à l'exercice d'une profession libérale et scientifique.

Voici maintenant la statistique des pharmaciens en Russie.

Au 1er janvier 1850, on comptait, dans l'empire, 714 pharmaciens autorisés à vendre des médicaments, 77 dans les capitales, 150 dans les villes du gouvernement, 487 dans les districts. On a compté ce que ces pharmaciens ont reçu d'ordonnances et de recettes dans le courant de l'année, et voici les chiffres curieux qui ont été publiés à cet égard : 692 pharmaciens ont reçu, dans l'année, 3,024,021 recettes; ce qui donne une moyenne par pharmacie, de 15,171 dans les capitales, 6,174 dans les villes de gouvernement, et 1,843 pour les districts. Évidemment, la pharmacie est plus heureuse en Russie qu'en France.

Suède. — Voici les renseignements que m'a transmis, à la date du 23 mars 1852, l'Académie royale de médecine de Stockholm, par l'organe de M. le comte de Lœvenhjelm, ministre de Suède et de Norwége à Paris, sur la législation de la pharmacie en Suède.

« Le règlement actuellement en vigueur pour les pharmaciens et pour l'enseignement de la pharmacie, est du 11 août 1819. Il y a dix ans qu'une commission, par ordre du roi, a fait la révision de ce règlement; mais, par quelque raison que nous ignorons, le ministre n'a pas encore présenté ce projet très-complet et d'accord avec le temps, à l'approbation du roi.

D'après les lois existantes, un jeune homme qui se destine à la pharmacie, doit prendre des arrangements avec un maître apothicaire quelconque, pour entrer comme apprenti dans son officine.

Pour qu'il puisse être reçu, il doit être âgé de quinze ans, produire un certificat d'éducation religieuse, de bonnes vie et mœurs, d'assiduité et d'application au travail.

En outre, il doit avoir une belle main, savoir l'arithmétique, et être pourvu de connaissances suffisantes pour traduire un auteur latin facile en suédois.

L'élève reste chez le maître depuis trois ans jusqu'à six ans en apprentissage. Ce temps écoulé, le maître fait une demande au conseil royal de salubrité publique à Stockholm, pour que l'aspirant soit admis à la première épreuve, celle d'étudiant en pharmacie.

Cet examen se fait à Stockholm, en présence d'un

membre du conseil, et dans les contrées, devant le médecin principal de la province. L'élève est interrogé sur les principes de la chimie, et sur l'application de ces principes aux opérations simples de la pharmacie, sur les plantes et les drogues simples tirées des trois règnes de la nature, sur la manière de préparer les différents onguents et emplâtres ; il fait quelques préparations pharmaceutiques, en décrit les procédés et les résultats ; enfin il doit donner des preuves suffisantes de connaissances dans les langues modernes.

Le procès-verbal de cet examen est remis au conseil, qui prononce sur l'aptitude de l'aspirant ; puis, s'il est admis, il est tenu de prêter serment de fidélité au roi et à l'État, devant le magistrat en province, et si c'est à Stockholm, devant le conseil.

Après cette épreuve, l'étudiant doit rester encore chez l'apothicaire pendant un an. Alors il est payé ; mais si le maître ne veut pas qu'il reste à cause de son inhabileté, il peut le congédier ou le garder pour son apprentissage ultérieur : dans ce cas, il ne lui accorde pas de salaire.

Quand les années d'apprentissage sont terminées, l'aspirant doit indispensablement se présenter à l'École royale de pharmacie, à Stockholm, pour se faire inscrire. Là, il est admis aux cours réguliers, et quand les professeurs de l'école l'ont trouvé assez instruit, il est admis à l'examen, comme *proviseur*.

Pour atteindre ce degré, il doit se soumettre à une épreuve rigoureuse que lui font subir deux professeurs de l'école et deux maîtres pharmaciens de la capitale qui leur sont adjoints. Cette épreuve embrasse la chimie entière, la pharmacie, l'histoire naturelle, la botanique médicale, la nomenclature pharmaceutique, le choix, la préparation, la conservation, le débit médicinal des substances, et la manière de reconnaître leur sophistication.

Approuvé comme proviseur, il a le droit d'ouvrir une officine pharmaceutique pour lui-même, ou de diriger celle d'un autre.

Le droit de tenir une officine dépend d'une licence ou privilége que le roi seul peut accorder. On se procure cette officine par l'achat d'une ancienne officine privilégiée, avec approbation du roi, ou on en ouvre une directement par la grâce de Sa Majesté, sur la demande et la proposition du conseil de salubrité publique.

En Suède, les peines infligées aux apothicaires pour contraventions aux lois et aux règlements sont, comme toutes les peines décrétées par la législation du pays, très-peu sévères. Pourtant, les dommages et intérêts peuvent, dans certaines circonstances, s'élever à des sommes considérables.

Les apothicaires sont généralement très-honorés. Dans les petites villes, ils tiennent le même rang social que le maire et le curé.

Quant à leurs bénéfices, la taxe à laquelle ils sont soumis est réglée de manière à leur donner un revenu de cent pour cent quand ils vendent en détail, et de soixante-six deux tiers pour cent quand ils vendent en gros, au-dessus de la valeur des drogues simples, conformément au tarif de Hambourg et d'Amsterdam; sur quoi il faut faire figurer tous les faux frais. Quoi qu'il en soit, ce bénéfice est très-considérable dans les grandes villes où la clientèle est nombreuse, et rendrait bientôt les apothicaires très-opulents, s'ils n'avaient à payer à leurs prédécesseurs des sommes énormes pour l'achat du privilége et de l'officine.

Depuis une trentaine d'années, les apothicaires suédois n'associent plus à leur profession aucun commerce capable de la discréditer; ils n'exercent jamais frauduleusement la médecine : ce n'est qu'exceptionnellement, et quand on ne peut se procurer à temps, dans un cas grave et urgent, le secours du médecin, qu'ils se substituent à lui ; mais ils s'acquittent toujours de cet office bénévole et forcé avec la plus sage discrétion. »

Norwège et Danemark. — J'emprunte à un rapport de M. Ch. Martins, adressé à M. le ministre de l'Instruction publique, les détails les plus circonstanciés sur l'organisation de la pharmacie en Norwège [1], et je les fais suivre de documents récents qui m'ont été communiqués par M. le comte de Lœwenhielm :

« Pour éviter une concurrence également funeste au pharmacien, qu'elle met souvent dans l'impossibilité de vivre honorablement par l'exercice de sa profession, et aux malades qui ne peuvent plus compter sur la bonne qualité des médicaments qui lui sont fournis, le nombre des officines est limité en Norwège.

On a établi en principe qu'une seule pharmacie peut desservir une population de dix mille âmes. La Norwège étant très-peu peuplée relativement à son étendue, il n'y a que 35 pharmaciens dans le royaume ; 8 sont dans les villes de Christiania, Bergen et Christiansand, et les autres dans les petites villes ou villages.

Le privilége d'une pharmacie, une fois accordé par l'État, ne saurait être retiré sous aucun prétexte ; il devient la propriété du titulaire. Cependant si ce dernier commet quelque fraude, s'il vend des drogues sophistiquées, ou s'il se rend indigne d'exercer sa profession, alors le privilége peut lui être retiré par un jugement des tribunaux compétents ; mais le privilége n'en subsiste pas moins, et doit être immédiatement conféré à un autre pharmacien qui présente toutes les conditions de capacité exigées par la loi. Sauf ces cas exceptionnels,

---

[1] Bulletin de Pharm., xxv, p. 274.

qui se présentent rarement, le titulaire transmet son privilége à un de ses élèves, à un de ses enfants ou à un étranger.

Le nombre des pharmacies étant peu considérable [1], leur valeur est très-grande ; elle varie entre 50,000 et 100,000 fr., la maison et le matériel pharmaceutique y compris. Les paiements se font à terme ; et comme l'acquéreur est certain de prospérer, on voit souvent un jeune homme sans fortune se rendre propriétaire d'une officine à un prix aussi élevé. Si le possesseur a un enfant destiné à lui succéder, il a le droit, en cas de mort, de faire administrer sa pharmacie par un titulaire provisoire, qui rend l'établissement entre les mains du fils, lorsque celui-ci a passé son examen de capacité.

Ce privilége donnerait lieu à un abus intolérable, s'il était loisible aux pharmaciens de fixer eux-mêmes le prix de leurs médicaments; mais on a cherché à obtenir, par l'établissement d'un tarif, les avantages qui résultent de la concurrence, tout en évitant ses nombreux inconvénients. Ce tarif suit les oscillations du prix des drogues simples, et accorde aux pharmaciens un bénéfice de 128 pour cent. Ce bénéfice ne paraîtra pas exagéré si l'on songe qu'en Norwège la navigation étant interrompue pendant huit mois de l'année, le pharmacien est forcé de préparer, dans son laboratoire, une foule de substances que le pharmacien français achète toutes faites chez les fabricants de produits chimiques.

La loi dit positivement que le pharmacien doit préparer lui-même les substances chimiques, par exemple, les sels qu'il emploie. Cette injonction est sage; car, pour que la responsabilité ne soit pas une fiction, il faut qu'il

---

[1] Il y a vingt ans on n'en comptait encore que 3 à Christiania, 2 à Christiansand, à Bergen et à Drontheim, et 1 dans chaque bourg ou district rural.

ait procédé lui-même à la préparation des médicaments : il faut ajouter à cela que toutes ces manipulations contribuent puissamment à l'instruction des élèves en pharmacie.

Malheureusement, depuis quelques années, les pharmaciens, en Norwège, commencent à faire venir les produits tout faits de Hambourg, ou de la manufacture de produits chimiques de Schombeck, près de Magdebourg. Le gouvernement lui-même a amené ce résultat sans le vouloir, en prenant pour base du prix des médicaments le cours de la place de Hambourg. Or, il est évident que le pharmacien ne saurait fabriquer lui-même au même prix que le fabricant de produits chimiques.

L'existence d'un tarif me paraît un fait important et caractéristique de l'organisation pharmaceutique norwégienne. Il semble, au premier coup d'œil, d'une application si difficile, qu'il est nécessaire d'entrer dans des détails peut-être minutieux, mais dont les praticiens reconnaîtront l'utilité.

C'est à l'époque où la Norwège était encore réunie au Danemarck, et en vertu d'une ordonnance datée du 28 avril 1813, que le bénéfice des pharmaciens, sur toutes les drogues, fut fixé à 128 pour cent. On avait admis, pour établir ce chiffre, que chaque pharmacie rapportait en moyenne et annuellement la somme de 40,000 fr.; les charges des pharmaciens avaient été établies de la manière suivante :

Loyer et ustensiles de la pharmacie .	6,000 francs.
Entretien de la pharmacie	1,000 »
Trois élèves	2,500 »
Gages des manœuvres, garçons, etc.	4,500 »
Éclairage et chauffage.	1,000 »
Perte sur les marchandises	500 »
Idem sur effets mobiliers.	500 »
Impôts.	1,000 »

Appointements du pharmacien . . . 6,000 francs.
Achat de médicaments . . . . . 17,000 »

Total . . 40,000 francs.

Pour répartir convenablement ce bénéfice, les différentes substances qui se trouvent dans une pharmacie ont été divisées en drogues simples et en médicaments composés. Les drogues simples ont été classées en trois catégories : 1° les drogues qui se trouvent dans le pays en quantité suffisante; 2° les produits indigènes de la Norwège ; 3° les drogues ou marchandises exotiques qu'on est forcé de faire venir de Hambourg, de Londres ou d'Amsterdam. Le tarif des médicaments de la première catégorie est fixé par leur prix courant à Christiania, et on ajoute à ce prix 128 pour cent. Ainsi, ce qui coûte 7 fr. est vendu 16 fr.

La seconde catégorie comprend les herbes, les racines, les écorces indigènes; on prend pour base leur prix au moment de la récolte, et on ajoute la perte résultant de la dessiccation.

Le prix courant des médicaments exotiques (3ᵉ catégorie) se règle d'après celui de Hambourg ; on compte 33 pour cent pour frais de transport, d'emballage, de douane et d'assurance, auxquels on ajoute les 128 pour cent.

L'apparition de la médecine homéopathique, en diminuant notablement, pendant quelques années, la quantité des médicaments débités par les pharmaciens, nécessita dans le règlement une modification qui fut mise en vigueur le 13 septembre 1830. On ajouta 16 pour cent aux déboursés présumés des pharmaciens ; de manière qu'un médicament qui coûte à Hambourg 100 fr. se vendit 335 fr. en Norwège.

Quoique l'ensemble de ces dispositions concilie les intérêts du public et ceux des pharmaciens, elles donnent cependant lieu à quelques graves abus : 1° le prix des substances chères, telles que le musc et l'opium, se trouve encore élevé outre mesure par le bénéfice que la loi accorde au pharmacien : il en résulte que les marchands en font venir des quantités énormes ; 2° le prix des substances qui sont à bon marché se trouve finalement réduit à rien. Aussi est-on très-disposé à adopter prochainement le tarif prussien. Tous les médicaments, dans ce tarif, sont rangés suivant leur valeur et leur usage plus ou moins fréquent en médecine. Sur tous les produits qui sont peu chers ou employés à petites doses, le pharmacien perçoit un bénéfice considérable; il est, au contraire, très-minime pour les substances chères. L'intérêt du pharmacien et celui du malade tendront ainsi également à faire préférer les médicaments peu coûteux dans tous les cas où des substances chères peuvent être remplacées par d'autres d'un prix moins élevé.

Les pharmaciens jouissent en Norwège de quelques priviléges qui compensent en partie les charges qui leur sont imposées; ils ont seuls le droit de fournir, avec 20 pour cent de rabais, des médicaments aux médecins qui habitent des villages écartés et sont, par conséquent, forcés de les tenir eux-mêmes; ils fournissent aussi les hôpitaux et hospices au prix du tarif et sans aucun rabais. On a pensé que, puisque l'accroissement des hôpitaux diminuait nécessairement le nombre des malades qui se font traiter chez eux, il était juste que les intérêts du pharmacien ne fussent pas lésés.

La taxe, telle qu'elle est établie en Norwège, est à la fois une garantie pour le public et pour le pharmacien; celui-ci est sûr de vivre honorablement du produit d'une industrie qui nécessite tant de savoir et de probité. Le médecin et le malade peuvent compter sur la bonne qualité du médicament. Sans doute quelques abus existent là, comme ailleurs; mais qu'ils sont minimes en comparaison de ceux dont nous gémissons en France!

Les pharmacies sont régulièrement inspectées, et toute drogue reconnue avariée ou de mauvaise qualité est jetée à l'instant même. Si une ordonnance est mal exécutée, le pharmacien est passible d'une amende. La première fois cette amende est de 500 fr.; la seconde, de 1,000 fr. Il lui est interdit de vendre des remèdes secrets et de les afficher : aussi ne voit-on nulle part, en Norwège, de ces honteux placards, piéges tendus à la crédulité de la classe indigente.

Tout individu qui vend des remèdes sans posséder une pharmacie est puni, pour la première fois, d'un emprisonnement d'un mois à six semaines, et condamné à payer les frais du procès. Une conséquence de cette sage organisation, c'est que tout pharmacien est sûr d'arriver à une honnête aisance après une carrière laborieuse, et toutefois il s'efforce de mériter la confiance du public afin de l'emporter sur ses confrères; mais la concurrence n'étant pas trop nombreuse, ce n'est que par des moyens honorables qu'il cherche à l'obtenir. Aussi les deux pharmacies de Bergen sont-elles frappantes par leur simplicité; on n'y voit ni peinture sur les murs, ni vases fastueux, rien, en un mot, d'un luxe ruineux.

Si on entre dans une maison portant l'inscription qui indique sa destination, on trouve une grande salle entourée de simples bocaux de faïence, où les élèves sont occupés derrière un comptoir de noyer; le patron, généralement très-aimable, fait les honneurs d'une vaste bibliothèque, et justifie en tous points la réputation de savoir et d'instruction de ces pharmaciens du Nord, qui comptent parmi eux Schèele, Tromsdorff, Buchner, Bucholz, Gmelin, etc.

Si l'organisation de la pharmacie présente en Norwège un haut degré de perfection, il n'en est pas de même des études pharmaceutiques. Elles ont été régies, pendant longtemps, par la loi du 4 décembre 1672, dont je vais, à titre de monument historique, rappeler les principales dispositions.

Les élèves doivent être choisis parmi ceux qui ont fait des études dans les écoles secondaires, et qui, par conséquent, savent le latin ; ils entrent dans une officine, et on leur fait connaître d'abord la taxe des médicaments, les éléments de la pharmacopée ; au bout d'un certain temps, ils sont admis à lire et à exécuter des ordonnances sous la surveillance des aides.

Lorsqu'ils ont acquis une instruction pratique suffisante, le pharmacien leur délivre une attestation appelée *lehrbrief*. Munis de cette pièce, ils vont subir un examen auprès du médecin du district, qui leur en donne certificat et les déclare capables d'exercer les fonctions d'*aides* dans une pharmacie. Cette disposition est évidemment vicieuse, car le médecin, bon juge en médecine, ne l'est souvent pas en chimie, en histoire naturelle et en pharmacie, et le pharmacien auquel on enlève le droit de juger de la capacité de son élève, n'y prend plus le même intérêt.

Cependant, après cette première épreuve, l'élève entre dans diverses pharmacies et y travaille aussi longtemps qu'il le croit nécessaire à son instruction : puis il se rend à Christiania pour y suivre des cours spéciaux. Il se présente ensuite devant le jury d'examen avec ses divers certificats. L'examen se compose de trois épreuves : l'une écrite, l'autre orale, la troisième pratique.

L'épreuve écrite est la description d'une ou de plusieurs préparations, avec l'histoire des phénomènes qui les accompagnent et leur analyse. Si cette épreuve n'est pas satisfaisante, l'élève est renvoyé à un terme plus ou moins éloigné.

L'examen verbal roule sur la botanique, la zoologie, la minéralogie, la chimie, la pharmacie, les lois qui les régissent, l'achat et la conservation des médicaments. Dans cette épreuve, on présente au candidat des drogues simples qu'il doit nommer à leur simple inspection.

L'épreuve pratique consiste dans la préparation d'une substance, et dans l'analyse chimique d'un corps composé [1]. »

Pour compléter ce qui précède, je crois ne pouvoir mieux faire que de transcrire, *in extenso*, le règlement relatif à l'examen pharmaceutique, daté du château de Stockholm, le 19 décembre 1837, et dont je dois la traduction à l'obligeance de M. le docteur Méding, médecin allemand, résidant à Paris. Ce règlement est applicable aux deux royaumes de Suède et de Norwége.

« Nous, Charles-Jean, par la grâce de Dieu, roi de Suède et Norwége, des Goths et des Vandales, faisons savoir que, vu la loi du 2 juin 1836, et conformément aux conclusions de notre conseil d'État, nous avons approuvé et arrêté le règlement suivant pour l'examen pharmaceutique.

§ 1. Dans cet examen, on demande au candidat les connaissances et la dextérité suivantes :

1° Les notions systématiques de l'histoire naturelle en général, et par conséquent une connaissance spéciale et exacte des corps naturels qui sont employés dans les pharmacies, savoir :

A. *Zoologie*, c'est-à-dire connaissance des animaux

---

[1] Bull. pharm., t. XXV.

employés ou entièrement ou en partie dans les pharmacies.

B. *Botanique.* Connaissance du règne végétal selon le système sexuel aussi bien que selon les familles naturelles. Le candidat doit surtout bien connaître toutes les plantes officinales qui lui sont soumises ou en totalité ou en partie.

C. *Minéralogie.* Connaissances générales du système chimique des minéraux, de la cristallographie; de telle façon que le candidat puisse assigner à chaque minéral sa place dans le système, et nommer ses parties essentielles constituantes.

2° *Physique.* Notions systématiques des parties de la physique mécanique nécessaires au pharmacien.

3° *Chimie.* Aperçu général du système chimique, surtout des notions approfondies sur la chimie pharmaceutique.

4° *Pharmacognosie.* Notions suffisantes des médicaments, leur nomenclature et leur physiographie.

5° Art de lire les ordonnances, de les traduire en suédois, et d'expliquer le formulaire d'une pharmacopée nationale ou étrangère en langue latine; enfin, de se rendre compte des abréviations et des signes chimiques plus ou moins en usage.

6° *Pharmacie spéciale.* La manière de récolter, de conserver, de préparer et distribuer les médicaments selon les prescriptions médicales; l'explication de ce qu'il y a de pratique, de manuel et de technique dans les opérations mécaniques, chimiques et pharmaceutiques. — Connaissance de l'organisation, de la distribution et des travaux d'une pharmacie.

7° Connaissance des drogues et du commerce pharmaceutique. Le candidat doit savoir de quelles villes et de quels pays se tirent certains médicaments; la manière dont on les trouve dans le commerce, d'en reconnaître la pureté et le bon aloi. Il doit posséder la connaissance des monnaies, des poids et mesures, et savoir manier les lettres de change, les comptes de change et la tenue des livres. Il doit également connaître la législation applicable aux pharmaciens.

8° Quant à la taxation des prescriptions, on exige la connaissance des principes de la taxe médicinale, combinée avec une habileté savante pour pouvoir calculer les prix des médicaments.

9° *Épreuve pratique.* Analyse qualitative de deux substances chimico-pharmaceutiques et composition d'un médicament, suivies d'une explication écrite sur la méthode choisie et sur les motifs de cette méthode.

§ 2. Serviront de base pour les examens, la pharmacopée et la taxe médicinale officielles. Quant aux médicaments et formules que ces dernières ne contiennent pas encore, on devra s'en tenir aux formules et médicaments en usage dans le royaume. Par conséquent la pharmacopée ne sera pas la limite absolument exclusive, surtout quant aux changements postérieurement introduits dans la science.

§ 3. La commission choisit dans son sein un président qui conserve ses fonctions pendant une année. Il tient un journal des affaires qui arrivent, rédige le procès-verbal des délibérations et celui des examens. Toutes ces pièces doivent être contresignées par les membres de la commission.

§ 4. Le président de la commission reçoit toutes les

demandes des candidats, et s'assure si elles sont dans les formes prescrites par la loi, savoir : si elles sont accompagnées du *curriculum vitæ*, de leur biographie, des certificats de confirmation et d'apprentissage, et du certificat du *physicien* (médecin) de la ville.

Dans le cas où tout se trouve en ordre, il inscrit les candidats sur son journal; ensuite, il en prévient ses collègues de la commission, et il propose le jour de l'examen. Il convoque les candidats par une circulaire qui doit leur arriver au moins trois jours à l'avance.

§ 5. On fixe l'épreuve écrite pour l'un des premiers jours des mois de juin ou de décembre. Les membres de la commission se réunissent la veille pour délibérer sur les épreuves, qui doivent être les mêmes pour tous les candidats qui se sont présentés en même temps. L'épreuve doit porter sur un sujet connu des candidats, mais qui ne doit point avoir été appris par cœur dans un livre quelconque.

§ 6. Au temps et à l'endroit fixés, se présente un membre de la commission pour dicter le sujet de l'épreuve, qui n'a dû être connu que des membres de la commission. La solution doit en être donnée en six heures, sans aide, et sous la surveillance incessante d'un membre de la commission. Les candidats remettent leur travail signé au membre chargé de l'inspection, qui l'envoie immédiatement au président. Celui-ci convoque alors tous les membres qui en délibèrent, en tenant compte, non-seulement du contenu de l'épreuve, mais aussi de la forme d'après laquelle elle a été subie.

§ 7. Les candidats qui ont obtenu un *bien*, sont admis à l'épreuve pratique. La veille du jour où elle doit avoir lieu, les membres de la commission les examinent sur deux *tâches* analytiques et une synthétique; elles sont les mêmes pour tous les candidats. Ces épreuves sont subies dans le laboratoire de l'Université, sous la surveillance incessante d'un membre de la commission et de personnes payées à cet effet. Le temps accordé aux candidats est réglé selon l'importance de la *tâche* imposée. Toutefois, on choisit cette tâche de manière que l'épreuve puisse être terminée en douze heures, réparties sur deux journées. Dans le cas où elle peut se terminer en un jour, elle ne dure que six heures, de 9 heures à 3 heures.

Le candidat remet la préparation et l'explication qui l'accompagne au membre présent de la commission, qui les conserve, après les avoir scellées de son cachet et de celui du candidat.

Si l'épreuve exige deux jours, le candidat travaillera, le premier jour de 9 à 3 heures, et le second, de 9 heures à midi, et de 3 heures à 6 heures.

Avant de quitter le laboratoire, le premier jour, le candidat remet sa préparation dans l'état où elle se trouve, en expliquant comment il a commencé son travail, et comment il pense le finir. Le membre de la commission y appose son nom. Le lendemain, le même membre rend au candidat sa préparation et son plan.

Si le candidat a obtenu la note *bien* pour les deux épreuves analytiques réunies et pour l'épreuve synthétique, alors il passe à l'épreuve orale, qui est publique et qui suit immédiatement.

Le candidat est examiné dans cette épreuve : 1° sur l'*histoire naturelle*, par le professeur d'histoire naturelle de l'Université ;

2° Sur la *physique et la chimie*, par le professeur de physique et de chimie ;

3° Sur la *pharmacognosie*, la pharmacie légale, par le professeur de pharmacognosie ;

4° Sur *la pharmacie, la connaissance des drogues et du commerce pharmaceutique*, par un pharmacien, de manière que le candidat ait fini en deux matinées et deux après-midi.

§ 8. Aucun des examinateurs ne peut interroger plus d'un candidat, et cet examen ne peut durer plus d'une heure. L'examinateur doit toujours être accompagné de deux membres de la commission pour arrêter la note à donner à la spécialité examinée.

§ 9. Pendant l'épreuve écrite, il est défendu au candidat de se servir d'un livre.

Pour l'analyse, la commission peut concéder l'usage d'un manuel systématique.

Pour la synthèse, on communique une formule complète, si la commission le juge convenable. En cas de contravention, le candidat est ajourné seulement pour cette fois.

§ 10. En cas d'empêchement de continuer son examen, le candidat recommencera, la fois suivante, tout l'examen; mais si l'empêchement est occasionné par une maladie ou par tout autre motif aussi valable, l'examen peut être repris là où il a été suspendu.

§ 11. Aussitôt qu'un candidat est admis à l'examen, le président inscrit un aperçu de la vie et des études de ce candidat dans le procès-verbal des examens; plus tard, il ajoute les notes spéciales et la note générale, conformément à la loi.

§ 12. L'examen passé, et le candidat pourvu d'une note générale, le président lui donne un certificat (*attestat*) signé par tous les membres de la commission et scellé du grand sceau. Le candidat n'acquitte que les frais du timbre.

§ 13. Dès qu'un examen est terminé, la commission envoie un rapport sur son issue à l'autorité du royaume de laquelle relèvent les affaires médicales.

Les pharmaciens suédois et norwégiens qui habitent les bourgs et les ports d'arrivage ont le droit de vendre des vins, de l'épicerie et des comestibles, ainsi que d'autres denrées. Avec l'autorisation du roi, ils exercent encore d'autres métiers, tels que la boulangerie, la brasserie, la savonnerie, etc.

CHAPITRE XX.

DE LA PHARMACIE EN ALLEMAGNE, EN AUTRICHE, EN PRUSSE ET DANS LES PAYS-BAS.

Allemagne. — De l'art pharmaceutique au xviie siècle. — Déluge de règlements. — Ordonnance des ducs de Saxe de 1607. — Tarif des villes d'Allemagne à cette époque. — Comité de médecins. — Législations diverses des trente-six États d'Allemagne. — Le *staats examen* en Bavière, dans le Wurtemberg, les deux Hesses et le grand-duché de Bade. — Limitation des apothicaires en Saxe. — *Filial apothekin.* Haute instruction et probité des apothicaires allemands. — Tarif général pour toute l'Allemagne. — Peines sévères. — Officine de 300,000 francs. — Priviléges *réels* et priviléges *personnels.* — Polypharmacie allemande. — Aperçu.

Autriche. — Coquetterie des pharmacies autrichiennes. — Élégance, luxe, splendeur. — Défectuosité des vases, des flacons, des mortiers et des autres ustensiles dans les pharmacies de Vienne. — Anciennes pharmacopées autrichiennes. — *Codex* de Vienne. — Absence des remèdes d'agrément.

Prusse. — Humanités. — Quatre ans de stage. — Huit années d'études. — L'autorisation du préfet de province. — Pénalité à l'égard des contraventions. — Amendes. — Clôture de l'officine. — La prison. — Prix des officines à Berlin. — Épicerie. — Concession de l'autorité supérieure. — Législation bizarre.

Pays-Bas. — Ordonnance des magistrats de Bruxelles de 1644 et de 1650. — Règlement de l'évêque et prince de Liége de 1699. — Ordonnance des magistrats de Malines de 1741 et des magistrats d'Anvers de 1746. — Loi de 1818. — Commission de révision de 1821. — Commissions provinciales. — États généraux. — Arrêté du 31 mai 1834. — Loi organique du 27 septembre 1835. — Fondation de l'académie royale de médecine en 1841. — Congrès de Bruxelles. — Loi organique du 15 juillet 1849. — Ses dispositions à l'égard de la pharmacie. — Programme des examens.

Allemagne. — A en juger d'après le nombre considérable de règlements, d'ordonnances et de projets de réforme concernant la pharmacie en Allemagne au XVII° siècle, on est porté à croire qu'on attachait, avec raison, une grande importance à l'exercice régulier et consciencieux de cet art.

Les ducs de Saxe promulguèrent, en 1607, une ordonnance destinée à régler l'exercice de la pharmacie dans leurs Etats; les villes de Fribourg et de Schweinfurt arrêtèrent, d'après le rapport de F. Cornarius, un tarif pour le débit des drogues.

Cet exemple fut suivi par beaucoup d'autres villes, comme Hambourg, Bâle, Strasbourg, Worms, Helmstadt, Lemberg et Spire. Le prince électeur émit, en 1606, des règlements qui devaient réformer la pharmacie, et soumettre à quelques restrictions les médecins, les chirurgiens, les barbiers et tous ceux qui se livraient à la pratique de la médecine.

A cette époque, il y avait, dans toute l'Allemagne, des comités de médecins institués pour inspecter l'exercice de la pharmacie. F.-Guillaume publia, à ce sujet, un règlement entre les médecins et les apothicaires. Thomas Bartholin ajouta un catalogue tarifé des médicaments les plus usités [1], et deux programmes sur la nécessité de visiter les pharmacies [2]. Enfin George Bussius, médecin du duc de Holstein, fit des efforts pour concilier la pharmacologie avec les progrès de la chimie [3].

Aujourd'hui encore les trente-six Etats indépendants qui composent l'Allemagne, royaumes, grands-duchés, duchés, principautés et villes libres, formant un total de plus de soixante millions d'habitants, sont régis par un nombre de législations diverses tellement considérable, que bien des volumes ne suffiraient pas pour les conte-

[1] Catalogos et taxa medicament. officin. Hafn., 1672.
[2] De visitatione pharmacopœorum, 1672 et 1673.
[3] Hœfer, Hist. de la Chimie.

nir : ne pouvant donc en tracer un tableau complet qui dépasserait, sans aucun profit, les bornes de ce livre, je me renfermerai dans des généralités qui résumeront toute la question.

L'Autriche, qui se compose de cinq Etats différents, a autant de systèmes d'organisation ; les conditions exigées de celui qui se destine à l'étude de la pharmacie y sont sévères, et la pharmacie y est privilégiée.

Comme la Prusse a une organisation à part, nous en traiterons dans un chapitre particulier.

En Bavière, dans le Wurtemberg, les deux Hesses, le grand duché de Bade, la Saxe, l'aspirant à l'étude de la pharmacie doit produire un certificat attestant qu'il a fait sa seconde dans un collége, et il ne peut subir ses examens qu'après avoir suivi, pendant une année, les cours des sciences naturelles dans une université du pays, et qu'après avoir fait un stage de huit ans; les examens y sont très-difficiles, surtout le *staats examen*, ou examen d'état. Mais cet examen, quand il a été subi victorieusement, classe le candidat au numéro le plus élevé. Le numéro premier confère des droits assez considérables au pharmacien; il assiste aux examens, et il est chargé de l'inspection des officines, qui est une mission de confiance dont le consciencieux accomplissement exige les connaissances les plus étendues.

Comme l'âge de majorité varie dans les Etats d'Allemagne, l'âge requis pour exercer n'est pas le même pour tous : c'est vingt-cinq ans dans certaines contrées, et vingt et un ans pour d'autres.

Le nombre des pharmaciens est limité d'une manière absolue en Saxe; mais dans d'autres pays de la Confédération germanique, il est réglé selon le chiffre de la population; il y a un pharmacien par quatre à cinq mille âmes dans les villes, et par sept mille habitants dans les campagnes; on permet quelquefois des annexes (*filial apothekin*). Les peines contre les contraventions commises par les pharmaciens allemands sont sévères : mais il est excessivement rare qu'on en fasse l'application, tant ils sont probes et consciencieux. Ils sont généralement fiers de leur profession ; presque tous possèdent une haute instruction ; ils sont fonctionnaires plutôt que marchands, et sont entourés de la considération et de l'estime publiques. Bref, en Allemagne, la pharmacie est une profession savante et honorée.

Un tarif légal et obligatoire est imposé par les pouvoirs publics ; il est le même pour toute l'Allemagne, et nul ne peut s'en écarter sans encourir une forte amende. Le tableau du prix des médicaments est imprimé et mis en vente ; de manière que les pharmaciens, contraints de s'y conformer, ne peuvent capter la multitude par un bon marché illusoire, ni fonder une augmentation de valeur sur une perfection supposée.

La médecine allemande étant devenue moins polypharmaque depuis quelques années, les bénéfices des pharmaciens ont considérablement baissé ; cette circonstance, ajoutée à celle du prix élevé des officines, qui va de 50 à 300,000 fr., rendrait la position des pharmaciens embarrassée, difficile et précaire, s'ils n'étaient pas riches de patrimoine. Il y a en Allemagne des *priviléges réels* et des *priviléges personnels;* les pharmaciens possesseurs de ces derniers ne peuvent vendre leur établissement au même taux que les possesseurs des priviléges réels ; à la mort du possesseur, l'établissement fait retour à l'État, qui en dispose librement.

La police médicale est tellement sévère, qu'aucun pharmacien n'usurpe le ministère du médecin ; ce délit est puni de la fermeture de l'officine et de la perte du privilége. Pour le même motif, il n'associe à sa profession aucun trafic capable de la déshonorer. Cependant, s'il est prouvé que son état est insuffisant pour le faire vivre, ainsi qu'on le voit dans quelques localités, le gouvernement accorde l'autorisation de joindre à l'industrie pharmaceutique un autre commerce, tel que celui de l'épicerie [1]. »

« La pharmacie allemande est beaucoup plus compliquée que la française, parce que les médecins y sont polypharmaques, et que les Allemands ne répugnent pas, comme nous, à prendre les médicaments les plus repoussants; les tisanes les plus ordinaires sont l'infusion de camomille et de fleurs de sureau. Les infusions et les décoctions y sont très-chargées; elles servent d'excipient dans les formules magistrales, et on y a recours pour délayer les robs, les extraits, les électuaires, les conserves, etc.

On rencontre dans les officines mille préparations qui ne sont pas connues en France, et qu'on prescrit communément en Allemagne.

On ne distille particulièrement dans ce pays que les plantes qui ont beaucoup d'arôme; l'eau distillée la plus usitée est celle de cerises. Les huiles aromatiques sont très-employées; les extraits sont, pour ainsi dire, le cheval de bataille de la médecine allemande; mais ils y sont, en général, mal préparés.

Les pharmaciens allemands l'emportent sur les nôtres pour les préparations qui sont du ressort de la pharmacie mécanique; leurs poudres sont toutes, pour ainsi dire, porphyrisées, grâce à leurs machines, qui sont dignes de fixer l'attention des bons pharmacopoles.

Les teintures alcooliques sont très-chargées en prin-

---

[1] Lettre de M. Oppermann, directeur de l'école de pharmacie de Strasbourg, à l'auteur.

cipes, et sont faites toujours à chaud; les alcools y sont moins bons qu'en France; les teintures aqueuses sont très-chargées aussi, et on y ajoute toujours de la potasse pour faciliter l'extraction des principes.

La pharmacie allemande s'éloigne encore beaucoup de la française quant aux préparations externes. Les oxydes de plomb sont en partie réduits dans les emplâtres; les cosmétiques des Allemands feraient pâlir nos jolies femmes, si elles étaient obligées d'employer leur pommade rose et leur lait virginal.

Les conserves sèches pèchent par leurs aromates, qui sont d'un mauvais goût. On ne sait pas masquer la repoussante saveur des drogues, afin de pouvoir médicamenter plus aisément les enfants.

On emploie beaucoup les éthers; le sulfurique et l'acétique sont les plus usités : mais l'éther sulfurique martial est celui qui jouit de la plus grande faveur.

En Allemagne comme en France, les meilleurs chimistes se sont formés dans les laboratoires de pharmacie. Ce pays peut se glorifier, à bon droit, d'avoir donné le jour à Scheele, Klaproth, Wertrumb, Tromsdorff, et à beaucoup d'autres encore [1]. »

Autriche. — « Ce n'est pas sans raison que les étrangers vantent la pharmacie autrichienne. Cette partie importante de l'art de guérir y jouit d'une bien plus grande considération que parmi nous. C'est à cette considération qu'on doit attribuer le soin que les pharmaciens mettent à tenir leurs officines avec tant de recherche et de propreté; cela est remarquable surtout dans les petites villes, dans les bourgs, dans les villages mêmes, où l'on

---

[1] Extrait d'une lettre de M. Bertrand, pharmacien major, maître en pharmacie de l'école de médecine de Strasbourg, à Parmentier. *Bulletin de Pharmacie*, t. 1, p. 49.

trouve des pharmacies richement décorées et mieux assorties que plusieurs boutiques de nos grandes villes. Les pharmaciens y sont les premiers notables, les hommes les mieux vus; leurs maisons se distinguent par l'élégance et la commodité; la peinture, la sculpture, la dorure y sont prodiguées. Après les autels du culte, pour lequel les Autrichiens étalent une grande magnificence, rien n'est plus brillant que le comptoir d'un riche apothicaire.

La première chose qui frappe un pharmacien français qui entre dans une pharmacie de Vienne, c'est la mauvaise forme et l'incommodité des vases; pas un flacon n'est bouché hermétiquement, pas un vase dont l'ouverture permette de verser un liquide sans le répandre; des mortiers faits comme des saladiers. On conserve les sirops dans des pots de faïence; les électuaires, dans des vases d'étain; les poudres odorantes, dans des boîtes de bois blanc cylindriques. Dans beaucoup d'officines, les étiquettes sont mobiles, ce qui peut occasionner des transpositions et des erreurs; les bouteilles ne suivent pas, dans leur capacité, une division relative aux quantités ordinaires des prescriptions médicinales; de manière que, toutes les fois que la préparation n'est pas d'une pinte, de la moitié ou du quart d'une pinte, la bouteille n'est pas pleine.

En Autriche, les filtres ne ressemblent pas aux nôtres, et la manière de préparer les paquets de poudre est beaucoup plus expéditive que chez nous.

Les anciennes pharmacopées autrichiennes sont très-volumineuses, très-compliquées; mais la pharmacopée moderne est réduite à une cinquantaine de pages. Cela peut étonner pour un pays où depuis des siècles la polypharmacie était de mode et d'habitude. Mais si la pharmacopée est abrégée, la plupart des médecins ont conservé leur ancien usage, et les préparations magistrales sont toujours très-compliquées.

Les plantes comprises dans la liste de leur formulaire sont réduites au nombre de 190, parmi lesquelles on est surpris de ne point rencontrer les plantes usuelles, telles que la pariétaire, la bourrache, la buglose, le fraisier.

Examinons les prescriptions du *Codex* de Vienne dans l'ordre de ce formulaire.

Aceta (vinaigres). On n'y trouve pas le vinaigre scillitique; pourtant la scille est employée par les médecins; mais ses préparations vineuses et acéteuses, son extrait et son miel, n'étant pas considérés comme susceptibles de conservation, sont rangés parmi les prescriptions magistrales.

Eaux. Sous ce nom sont classés plusieurs médicaments fort différents. Les uns sont de simples infusions aqueuses; les autres, des eaux spiritueuses dont les suivantes méritent d'être citées : eau aromatique spiritueuse, *balsamum embryonis*, eau carminative commune, eau de castor, eau anodine, eau angélique, eau laxative.

Baumes : de girofle, saxon, schavérien.

Électuaires. La pharmacopée viennoise renferme neuf électuaires, au nombre desquels on ne trouve pas l'électuaire d'*hierapicra*, l'orviétan, l'opiat de Salomon, la confection alkermès et la confection d'hyacinthe.

La thériaque, que les médecins autrichiens appellent électuaire anodin, ne ressemble nullement à la thériaque de Venise.

Il y a quatre électuaires inusités parmi nous, et dont on fait un grand usage : ce sont les électuaires anti-fébrile, vermifuge, pectoral et purgatif.

Emplâtres. On compte 21 formules d'emplâtres dans la pharmacopée d'Autriche. On y cherche en vain les emplâtres diapalme, de Vigo, de Nuremberg. Les médecins connaissent, sans en faire usage dans leur pratique, l'emplâtre *divin* et l'emplâtre de savon : leur emplâtre vésicatoire diffère du nôtre. Parmi les emplâtres que ne renferme pas notre Codex, on remarque l'emplâtre stomachique, l'emplâtre défensif rouge, et l'emplâtre *ad fonticulos*.

Elixirs. Les pharmaciens autrichiens ne préparent pas l'élixir *thériacal, viscéral,* d'*Hoffmann,* de *Garus,* de *longue-vie,* de Minsicht, et la pharmacopée de Vienne n'a conservé de notre Codex que l'*élixir de propriété*, auquel on a joint l'*élixir* anti-asthmatique et l'élixir de *vitriol anglais*.

Les *teintures* sont celles de *bois,* de *malate de fer,* de *mastic composé,* et la teinture *stomachique*.

Esprits. Les pharmaciens d'Autriche nomment *esprits* de simples infusions alcooliques ; ils ne se donnent pas la peine de distiller. Ainsi, chez eux, l'esprit de citron est simplement l'écorce de citron et d'orange infusée dans l'esprit de vin.

Sirops. On est étonné de ne pas trouver, dans la série des 35 espèces de sirops, le sirop *anti-scorbutique,* d'*armoise,* de *pommes,* de *Tolu,* d'*oranger,* de *grande consoude,* de *nymphœa,* de *fleurs de pêcher,* de *coings,* de *mou de veau*.

Onguents. On en compte 18, mais on n'y trouve pas l'onguent d'*Arcéus*.

L'onguent blanc camphré et celui de genièvre diffèrent des nôtres dans leur préparation.

Pilules officinales. On n'en compte que quatre espèces : les pilules *drastiques, mercurielles,* de *rufus,* de *styrax*.

Huiles. On doit mentionner celle de loutre.

La pharmacie d'agrément, les remèdes qui flattent le goût, et que l'on a inventés pour les enfants et les personnes délicates, les tablettes, les pastilles, les pâtes, se réduisent, dans les pharmacies de Vienne, aux tablettes de guimauve et de réglisse ; les pastilles d'ipécacuanha y sont inconnues [1]. »

Prusse. — Je transcris, en ce qui concerne la Prusse, les renseignements qui m'ont été envoyés, le 6 février 1852, par M. le docteur Hecker, l'un des plus savants et des plus célèbres médecins de Berlin.

Le jeune homme qui se destine à l'étude de la pharmacie doit subir un examen qui prouve qu'il est en état d'entrer dans la classe de seconde d'un collége royal.

La durée de l'apprentissage est de quatre années, après quoi il doit travailler comme *commis* (sic) pendant trois années dans une pharmacie prussienne, et il ne peut passer son grand examen de pharmacie qu'après avoir suivi, pendant une année, les cours des sciences naturelles dans une des universités du pays. Cela fait, par conséquent, huit années d'études tant pratiques que théoriques.

L'âge requis pour commencer l'exercice de la pharmacie n'est pas fixé par la loi, mais la durée des études fait que, généralement, le jeune étudiant a atteint sa vingt-cinquième année avant de se livrer à la pratique.

Le nombre des pharmaciens, en Prusse, est limité, en ce sens que la concession d'ouvrir une nouvelle pharmacie dépend d'une permission spéciale de la part du préfet de province.

La première contravention d'un pharmacien est punie d'une amende, qui est doublée en cas de récidive : cette rechute entraîne en outre la clôture de l'officine. Quand la vie d'un homme est mise en danger par la faute d'un pharmacien, ou que la mort en a été la conséquence, la peine s'élève à deux années de prison.

---

[1] Bull. de Pharmacie, n° 1, p. 446.

Les pharmaciens prussiens jouissent, comme dans le reste de l'Allemagne, d'une haute considération. Ils sont reçus chez les grands, et tiennent le milieu entre l'homme de lettres et le marchand.

La polypharmacie étant moins exagérée en Prusse que dans les autres États allemands, il en résulte que les bénéfices des pharmaciens ne sont pas en rapport avec le prix de leurs officines, qui s'élève, à Berlin, terme moyen, jusqu'à 350,000 francs.

La loi punit, avec la plus grande sévérité, les pharmaciens qui empiètent sur le domaine de la médecine. Ils ne doivent qu'exécuter les ordonnances médicales. Cependant ils vendent quelques drogues, telles que des poudres, des fleurs; mais il leur est positivement interdit de débiter des purgatifs et des émétiques.

Dans les bourgs et les villages, l'épicerie est souvent tenue par des pharmaciens; mais la loi exige que la boutique n'ait aucune communication avec la pharmacie.

D'après un règlement publié en 1850, celui qui veut fonder une nouvelle pharmacie, doit préalablement obtenir une concession de l'autorité supérieure, et avoir subi les épreuves de son art. Dans cette concession, le lieu et l'endroit où la profession doit être exercée sont désignés. On accorde la concession, si les pharmacies déjà établies ou celles que l'on veut fonder se trouvent dans des conditions d'existence suffisamment assurées. Si une pharmacie doit être établie, il en est donné connaissance par le premier président à l'autorité, avec une invitation, par les feuilles publiques, à tous ceux qui désirent obtenir cette concession, d'envoyer leur demande, en y joignant les pièces requises d'aptitude, dans l'espace de quatre semaines. En même temps, tous ceux qui auraient quelques oppositions à faire contre ce nouvel établissement sont priés de les envoyer au premier président dans le même laps de temps. Le délai écoulé, le premier président décide s'il y a lieu de fonder une nouvelle pharmacie, et si la concession doit être accordée. La concession est accordée à celui qui a le plus de mérite, et, à mérite égal, à celui qui offre la plus forte somme pour la délivrance de la concession. La somme offerte est payée au moment de la délivrance de la concession, argent comptant, ou en garanties hypothécaires sûres, et le montant en est employé, dans la province où la pharmacie est établie, à des actes de bienfaisance.

La concession pour la fondation d'une pharmacie n'a de valeur que pour la personne à laquelle elle est accordée, et n'est, en elle-même, susceptible d'aucune transmission, soit par vente, soit par héritage. Mais si une pharmacie est une fois fondée et ouverte, alors elle peut être vendue et transmise par héritage comme tout autre bien soumis à la libre disposition du propriétaire. Cependant la transmission ne peut avoir lieu, et ne peut être donnée qu'à un possesseur capable d'exercer lui-même la profession de pharmacien. Il n'est pas permis de louer ou de donner à ferme une pharmacie. Il est stipulé encore qu'une pharmacie nouvellement créée ne pourra être vendue que dix ans après la concession obtenue. Cependant le pouvoir spécial peut accorder la vente avant ce terme, dans le cas de maladie perpétuelle du propriétaire.

En vertu de ce même règlement, les héritiers d'une pharmacie en exercice sont incapables, par voie d'héritage, de posséder une pharmacie. Aussi faut-il qu'ils fassent administrer par un proviseur assermenté, et vendre dans le délai de dix-huit mois, qui commencent à courir du jour du décès du titulaire. Dans le cas contraire, la pharmacie est fermée, et, suivant les circonstances, une concession pour l'établissement d'une nouvelle pharmacie peut être accordée.

Tout nouveau possesseur d'une pharmacie est obligé, avant l'ouverture de sa pharmacie et avant d'exercer ses fonctions, d'obtenir pour son propre compte la permission des autorités compétentes, pour la gestion de cette pharmacie. Cette permission est accordée, pour le cas d'une nouvelle pharmacie, aussitôt que l'on a produit la concession du premier président pour la création de cette pharmacie, et qu'on a montré que cette pharmacie est établie selon les conditions générales existantes, et d'après les dispositions particulières contenues dans la concession. S'il s'agit de continuer l'exercice de la profession dans une pharmacie déjà existante, la permission est accordée aussitôt que le possesseur a prouvé : 1° qu'il a été approuvé selon les règles comme pharmacien; 2° qu'il a pratiqué l'exercice de l'art pharmaceutique au moins pendant une année sans interruption, en tant que cet espace de temps est déjà écoulé depuis que l'approbation lui a été accordée; 3° qu'il a acquis la pharmacie en propre, et qu'elle est établie d'après les ordonnances existantes.

Un pharmacien qui a vendu deux fois sa pharmacie ne peut obtenir une concession pour la fondation d'une nouvelle pharmacie, ni la permission de continuer sa profession dans une pharmacie déjà existante, que par une approbation spéciale du ministre des affaires médicales.

Pays-Bas. — Parmi les anciennes ordonnances qui ont régi l'exercice de la pharmacie dans les Pays-Bas, il faut citer celle des magistrats de Bruxelles de 1641, dont l'art. 7 portait défense aux apothicaires d'exercer la médecine et la chirurgie, et leur interdisait la vente des médicaments purgatifs violents, vomitifs, narcotiques, antimoniaux et mercuriels sans ordonnance de médecin.

Une autre ordonnance des magistrats de la même ville, à la date du 13 avril 1650, défend, par son article 40, aux apothicaires de vendre des drogues drastiques, et surtout la scammonée.

Un règlement de Joseph-Clément, évêque et prince de Liége, du 24 mars 1699, les somme de renoncer au traitement des maladies; mais, par les interprétations du 27 mai 1700, ils furent autorisés à donner des médicaments, et à visiter les malades deux ou trois fois [1].

Enfin, l'ordonnance des magistrats d'Anvers, du 7 mars 1786, porte, art. 1er, que nul ne sera excusable d'exercer la médecine, s'il n'est médecin.

Telle était la législation pharmaceutique belge, quand parut en France la loi du 21 germinal an XI, qui s'appliqua aussi au royaume des Pays-Bas. Bientôt on reconnut que cette loi laissait des lacunes, et portait avec elle des vices qu'il importait de détruire. En conséquence, le gouvernement des Pays-Bas promulgua, le 12 mars 1818, une loi dont je me borne à citer les articles relatifs à la pharmacie :

Art. 15. Aucune vente publique comprenant des drogues ou des préparations chimiques dont il n'est fait usage qu'en médecine, ne pourra avoir lieu sans une autorisation obtenue de l'administration locale, qui ne l'accordera qu'après avoir vu le rapport fait par une commission médicale de la province ou de la commune.

Art. 16. Il ne pourra être fourni aucunes substances vénéneuses ou soporifiques qu'en vertu d'une ordonnance écrite et dûment signée par un docteur en médecine, chirurgien ou accoucheur, pharmacien ou autre personne connue, et lorsque ces substances seront destinées à un usage connu, à peine d'une amende de 100 flo-

---

[1] Ordonnance des magistrats de Malines, du 24 mai 1744, article 17.

rins, qui sera doublée à chaque récidive ; et seront les vendeurs ou fournisseurs desdites substances vénéneuses ou soporifiques, tenus de conserver ces ordonnances pour leur responsabilité, à peine de 25 florins d'amende.

Art. 20. Aucun docteur en médecine ne pourra contracter avec un apothicaire quelque convention ou engagement, soit direct, soit indirect, tendant à se procurer quelque gain ou profit, directement ou indirectement, à peine de 200 florins d'amende ; en cas de récidive, l'amende sera doublée, et l'exercice de la médecine sera interdit au délinquant pour un espace de temps à fixer par le juge, mais dont la durée ne pourra être moindre de six mois, ni excéder deux années.

Art. 21. Il est défendu à tout apothicaire de faire aucun contrat avec un médecin pour la fourniture de médicaments, ou de s'entendre avec lui, pour cet effet, en aucune manière, ainsi qu'il est énoncé à l'article précédent, à peine de 200 florins d'amende.

En cas de récidive, l'amende sera doublée, et en outre le diplôme de l'apothicaire sera révoqué et supprimé pour un temps à fixer par le juge, suivant l'exigence du cas, mais qui ne pourra être moindre de six mois, ni excéder deux ans.

Art. 22. Toute contravention à l'une ou l'autre disposition de la présente loi, pour laquelle il n'est point statué de peines déterminées, sera punie d'une amende de 10 à 100 florins.

L'art. 2 de l'instruction pour les apothicaires, approuvée par arrêté royal du 31 mai 1818, dit : « Aucun apothicaire ne pourra, en cette qualité, et de quelque manière que ce soit, traiter des maladies, prescrire des *recipe*, ou faire prendre quelques médicaments aux malades, de son autorité, ni, en général, exercer son art d'une autre manière que celle à laquelle il est autorisé par la loi du 12 mars 1818, et par l'Instruction qui le concerne, sous peine d'encourir une amende de 25 florins pour la première contravention, de 50 florins pour la seconde, et d'être puni, la troisième fois, par la privation de sa patente pour un temps à déterminer par le juge, suivant la gravité du cas, mais qui ne pourra être moindre de six semaines, ni excéder un an. »

Peu de temps après la promulgation de la loi de 1818, l'expérience démontra tout ce qu'elle avait d'incomplet, d'insuffisant et de rétrograde. Aussi une commission fut-elle nommée en 1821 pour la reviser; cette commission rédigea un projet auquel il ne fut pas donné suite.

En 1828, les instances d'un grand nombre de commissions médicales déterminèrent le ministre de l'intérieur à faire usage de la faculté que lui accordaient les art. 11 et 12 de l'arrêté du 31 mai 1818, et à convoquer les présidents des commissions provinciales.

Le résultat des délibérations de cette assemblée fut présenté au ministre en 1829; un nouveau projet fut rédigé; mais, par suite des circonstances critiques dans lesquelles le pays se trouvait à cette époque, ce travail ne fut pas présenté aux états-généraux.

Après la révolution de 1830, le gouvernement belge s'occupa de la réorganisation de l'art médical, et nomma, par arrêté du 31 mai 1834, une commission chargée de la rédaction d'un nouveau projet.

Le 27 septembre 1835, parut une nouvelle loi organique sur l'instruction supérieure; mais cette loi ne fit pas mention de l'instruction ni de la réception des pharmaciens. Enfin, un arrêté royal, du 19 septembre 1841, ayant institué l'Académie royale de médecine, ce corps savant fut chargé de l'examen de différentes questions relatives à la législation pharmaceutique. Depuis ce temps, les hommes de l'art n'ont pas cessé d'élever la voix, et de faire parvenir au gouvernement et aux chambres de nombreuses pétitions pour demander, soit la présentation d'une nouvelle loi organique, soit l'amélioration des lois existantes.

Parmi les manifestations qui ont eu lieu dans ce but, on remarque surtout celle du congrès médical réuni à Bruxelles en 1834, le projet de loi émané de la commission nommée en 1839 par le corps médical de Bruxelles, et celui adopté l'année suivante dans l'assemblée générale des hommes de l'art de la province d'Anvers.

Tous ces projets, toutes ces commissions, toutes ces réclamations, qui démontraient combien le mal était réel et profond, sont restés longtemps sans résultat pour la pharmacie, et cette profession a continué, en Belgique et en Hollande, jusqu'en 1849, à être régie par la loi du 12 mars 1818, par l'arrêté royal du 31 mai de la même année, et par les instructions données à l'appui.

Le 15 juillet 1849, le gouvernement belge publia, sur l'enseignement supérieur, une loi organique qui abrogea l'article 4 de la loi du 12 mars 1818, concernant la réception des chirurgiens des villes et des campagnes, les oculistes, les accoucheurs et les pharmaciens, et qui les remplaça par ses articles 64 et 65, qui sont ainsi conçus :

Art. 64. Nul n'est admis aux fonctions qui exigent un grade, s'il n'a obtenu ce grade de la manière déterminée par la présente loi.

Art. 65. Nul ne peut exercer la profession de pharmacien, s'il n'a été reçu conformément aux dispositions suivantes :

Nul ne peut se présenter à l'examen de pharmacien, s'il n'a obtenu le grade de candidat en pharmacie.

Nul ne peut se présenter à l'examen de candidat en pharmacie, s'il n'a subi, devant le jury chargé d'accorder le grade universitaire, un examen sur les matières suivantes : le français, le latin, l'arithmétique, l'algèbre jusqu'aux équations du second degré inclusivement, les éléments de la géométrie, l'histoire de la Belgique.

L'examen de candidat en pharmacie comprend : les éléments de physique, la botanique descriptive et la physiologie végétale, la chimie inorganique et organique.

Il a lieu devant le jury de la candidature en sciences naturelles.

Aux termes de la loi du 12 mars 1818, l'examen prescrit pour obtenir le titre de pharmacien comprenait :

1º Le latin ; le candidat devait connaître assez cette langue pour pouvoir être interrogé sur toutes les parties de la pharmacie ;

2º La botanique descriptive ;

3º L'histoire des drogues et des médicaments, leurs altérations et leurs falsifications ;

4º La pharmacie théorique et pratique ;

5º La chimie.

6º Le récipiendaire était tenu de faire deux préparations pharmaceutiques, et une ou deux opérations chimiques.

D'après la loi du 15 juillet 1849, l'examen de pharmacien comprend : l'histoire des drogues et des médicaments, leurs altérations et leurs falsifications, les doses maxima auxquelles on peut les administrer, la pharmacie théorique et pratique. Il comprend, en outre, deux préparations pharmaceutiques, deux préparations chimiques, et une opération toxicologique.

Cet examen a lieu devant un jury spécial.

En se présentant pour le subir, le récipiendaire est tenu de justifier, par la production de certificats approuvés par une des commissions médicales provinciales, de deux années de stage officinal à partir de l'époque à laquelle il a obtenu le grade de candidat en pharmacie.

Le jury peut se dispenser de passer aux épreuves sur les procédés chimiques, pharmaceutiques et toxicologiques, s'il juge, après la première partie de l'examen, qu'il y a lieu de prononcer l'ajournement ou le rejet du candidat.

Les pharmaciens reçus conformément aux dispositions de cette loi peuvent obtenir le grade de docteur ès-sciences naturelles, en subissant l'examen requis pour ce grade. Ils sont dispensés de tout autre examen préparatoire.

Les candidats en sciences naturelles peuvent devenir pharmaciens en subissant seulement le dernier examen, dans lequel on comprend, pour ce cas spécial, la chimie inorganique et organique. Ils produisent, comme les candidats en pharmacie, le certificat de stage officinal [1].

---

[1] Extrait de plusieurs documents adressés par M. le président de l'académie de médecine de Bruxelles, à l'auteur.

CHAPITRE XXI.

DE LA PHARMACIE EN AMÉRIQUE ET EN ANGLETERRE.

Amérique. — Considérations générales sur la pharmacie aux États-Unis. — Son enfance. — Elle a été longtemps mêlée à de basses professions. — Création des colléges de pharmacie. — Fondation de chaires. — Le Journal du Collége de Pharmacie de Philadelphie. — MM. Ellis et Griffith. — Loi promulguée par les États de la Caroline méridionale. — Fondation du collége de Philadelphie (1820). — Ses richesses pharmaceutiques. — Sa bibliothèque. — Conditions pour obtenir le diplôme. — Fondation du collége de pharmacie de New-York (1831). — Sa charte. — Loi de l'État de New-York, de 1832.
Angleterre. — La législation et l'exercice de la pharmacie. — *Apothecarie's hall.* — *Pharmaceutical Society of Great Britain.* — Le jury d'examen, ou *Board of examiners.* — 1er examen (*classical examination*). — IIe examen (*minor examination*). — IIIe examen (*major examination*). — Les quatre classes d'apothicaires : 1° les pharmaciens proprement dits (*chemists and druggists*); 2° les pharmaciens-chirurgiens (*apothecarie's and surgeons*); 3° les droguistes (*wolesale druggists*); 4° les herboristes (*herbalists*). — Apothicaires-accoucheurs. — Réclamation d'une charte médicale. — Singulières et cupides prétentions. — Charlatanisme impudent. — Lettre de M. Sutherland, membre du congrès sanitaire international, à l'auteur. — *L'hôtel des Pilules.* — *Les trésors de santé.* — *Bains miraculeux.* — *Lits célestes.* — Cyniques promesses. — Richesse et élégance des boutiques des apothicaires d'Angleterre. — Description d'une officine anglaise. — Le *prescription department.* — Le *dispensing case.* — Pompes à feu. — Les Anglais consomment les médicaments sur place. — Les pharmacies-estaminets. — Improvisation d'une pharmacie.

Amérique. — « Jusqu'ici il n'y a eu, dans les États-Unis, qu'un très-petit nombre de lois pour contrôler et régler l'exercice de l'art pharmaceutique. Ainsi que dans toute autre branche d'industrie, les règlements de cette profession ont été abandonnés à la loyauté de ses membres et à l'influence de l'opinion publique, qui, dans ce pays, gouverne tout. Les améliorations récemment introduites dans la pharmacie sont dues principalement à cette dernière cause, dont la tendance naturelle à exciter l'émulation parmi les concurrents force chacun d'eux à redoubler d'efforts pour fixer et augmenter sa clientèle : de là une attention plus scrupuleuse dans le choix des médicaments, plus de soin, de propreté et d'élégance dans la manière de les préparer, et dans la tenue générale des magasins.

L'emploi du pharmacien se bornant exclusivement aux préparations et à la vente des médicaments, il en résulte que l'influence de la rivalité est bien plus directe aux États-Unis qu'elle ne le serait si, comme en Angleterre, les fonctions de la profession étaient plus étendues.

Mais quel qu'ait pu être le résultat de cette influence dans les réformes qui ont eu lieu, il n'en est pas moins vrai que l'art pharmaceutique est encore dans son enfance dans tous les États-Unis. La soif d'augmenter ses profits par l'achat d'articles inférieurs, et l'absence presque totale de lois répressives dans l'exercice de la pharmacie, sont autant d'obstacles qui empêchent cette partie des sciences médicales de s'élever au niveau des autres branches de la médecine.

Ce n'est que récemment que les médecins ont cessé, dans quelques endroits, de préparer eux-mêmes les médicaments qu'ils administraient à leurs malades. Naguère cette coutume était universelle dans le pays ; mais elle a été abandonnée dans les principales villes, où le besoin d'une division dans le travail s'est fait sentir, et qui, par cette raison, possèdent aujourd'hui des pharmaciens aussi instruits que peuvent le réclamer les exigences de leur profession. Il y a une quarantaine d'années, une pharmacie n'était encore qu'un magasin où le médecin allait faire ses emplettes de médicaments, qu'il préparait ensuite lui-même pour l'usage de ses malades; qu'une boutique où les couleurs, la verrerie et les vernis étaient vendus ensemble avec la rhubarbe, le calomel et la magnésie, et où la résine et la crème de tartre étaient remises au même individu, empaquetées de la même manière, sans marque distinctive ni étiquette qui pût faire reconnaître les caractères si différents de ces deux substances.

Depuis cette époque, un nouvel ordre de choses s'est établi; les prescriptions médicinales y sont remplies avec autant d'exactitude, d'habileté et de soin qu'elles peuvent l'être dans aucun autre pays du monde, et dans les meilleures pharmacies; rien n'est préparé, rien ne sort du magasin sans être pourvu d'une étiquette convenable. Une autre amélioration importante a également eu lieu : la pharmacie proprement dite a été séparée de la droguerie, et ces deux branches sont devenues tout à fait distinctes. Il est rare aujourd'hui que l'on voie dans un magasin de détail les couleurs, les vernis et autres marchandises; ces articles sont considérés comme incompatibles avec l'ordre, la propreté et les soins qu'on a reconnus nécessaires dans ces établissements pour fixer la confiance publique, et acquérir une réputation. Ces heureuses réformes, quoique en partie le résultat de la concurrence, ont été déterminées aussi par les efforts volontaires et dignes d'éloges des pharmaciens eux-mêmes, jaloux d'améliorer la condition de leur état, et de s'élever, dans l'estime publique, au rang des professions libérales.

Au nombre des moyens adoptés pour atteindre leur but, furent la création des colléges de pharmacie, et l'établissement de règlements pour la conduite des membres dans l'exercice de leur profession. Des chaires de chimie, de matière médicale et de botanique furent érigées pour l'instruction des élèves; et le degré de maître en pharmacie fut institué pour récompenser ceux qui se distingueraient dans leurs études, et comme témoignage de leur capacité dans l'exercice de leurs fonctions. Les thèses présentées par les élèves qui ont brigué les honneurs du diplôme, sont, en général, des productions remarquables; leurs auteurs y donnent des preuves de connaissance dans la chimie analytique, qu'on ne peut guère attendre de jeunes gens auxquels les occupations constantes et pénibles d'un apprentissage ne laissent que de rares moments à consacrer à l'étude et à la pratique de cette branche minutieuse et délicate des sciences chimiques.

Une autre cause importante, qui n'a pas peu contribué à cette œuvre de réforme, fut la publication, par le collége de pharmacie de Philadelphie, d'un journal destiné à l'insertion de mémoires originaux et de compilations choisies sur des sujets pharmaceutiques, ou d'autres branches collatérales. Le journal trimestriel, commencé en 1829, s'est honorablement soutenu, et sa liste d'abonnés n'a pas cessé d'augmenter. Il parut d'abord sous le titre de *Journal du collége de pharmacie de Philadelphie*. Mais, au commencement de la septième année, sa sphère s'agrandissant, son titre fut changé en celui de *Journal américain de pharmacie*. Quoiqu'il soit resté sous la direction du collége de Philadelphie, un caractère national lui a été imprimé par le choix qui a été fait, dans les principales villes, d'un certain nombre de correspondants collaborateurs, qui ont fourni à ses pages des communications intéressantes.

Ce journal, exclusivement dévoué à l'instruction pharmaceutique, a toujours été rempli de mémoires originaux et d'un choix de compilations tendant à éclairer l'homme de l'art dans ses travaux, et à dévoiler aux yeux du public les artifices et la cupidité des sophistiqueurs.

L'apparition de ce journal forme une époque mémorable dans les annales de la pharmacie américaine. Les effets salutaires qui en ont été la conséquence, et les résultats plus importants encore qu'on a lieu d'en attendre pour l'avancement de l'art pharmaceutique, sont incalculables. C'est, en un mot, un des principaux leviers dans la réforme qui s'opère progressivement dans le pays.

Le succès immense de ce journal est dû aux talents et aux lumières de ses premiers éditeurs, MM. Ellis et Griffith, et l'on ne doit pas craindre qu'il diminue et qu'il perde de son importance dans les mains de son nouveau directeur, M. Carson, dont la science est déjà bien connue.

Il n'y a qu'une seule loi promulguée par les États de la Caroline méridionale, de la Géorgie et de New-York, pour contrôler l'exercice de la pharmacie. Cette loi oblige ceux qui veulent acquérir une pharmacie à subir préalablement un examen devant un conseil de censeurs.

Mais cette loi n'a jamais été mise en vigueur. Chacun est donc réellement libre, dans ces États, d'établir un magasin, et de préparer et vendre des drogues où bon lui semble; mais il est impossible aujourd'hui, du moins dans les villes, d'obtenir des succès dans cette branche, sans y apporter une attention particulière et la plus grande loyauté. Il serait à désirer que le public, plus éclairé, s'attachât désormais à n'employer et à n'encourager que ceux qui se sont rendus dignes de sa confiance en obtenant le degré d'un des colléges; mais la majorité n'a point encore senti l'importance et la nécessité d'une étude appropriée à la profession. Cependant une nouvelle génération de pharmaciens instruits commence à se répandre dans le pays, et il est à croire qu'elle chassera devant elle une horde ignorante de marchands de drogues, qui, jusqu'à ce jour, se sont partagé les bénéfices de cette branche [1].

Le collège de Philadelphie fut institué en 1820 par une association volontaire des pharmaciens de cette ville; il comptait en 1839 quatre-vingt-dix membres résidants, vingt-neuf agrégés et trente membres honoraires, parmi lesquels figurent quelques-unes des célébrités scientifiques de tous les pays. Le nombre des élèves qui suivent habituellement les cours est d'environ quarante, et celui des candidats qui avaient obtenu leur admission en 1839 était de cinquante-cinq. Quand on réfléchit que ceux qui briguent cette preuve de capacité dans l'exercice de leur profession n'ont d'autre but que la noble ambition de posséder ce titre comme un simple témoignage de leurs talents, et que leur intérêt privé n'y est pour rien, puisqu'ils peuvent s'établir sans cela, l'on doit en conclure qu'avant peu les États-Unis posséderont un corps de pharmaciens distingués, animés d'une honorable émulation. Jusqu'alors ils n'ont pour eux que le sentiment intérieur de leur mérite de supériorité sur le reste de leurs confrères.

Le collège de Philadelphie possède un appareil de chimie complet, un cabinet d'échantillons de matière médicale, et une excellente bibliothèque composée d'ouvrages choisis sur la pharmacie et les sciences accessoires, à l'usage des membres et de leurs élèves. Les chaires de chimie et de matière médicale sont les seules qui soient remplies, car l'on n'a pu encore réussir à

---

[1] Esquisse des progrès et de l'état actuel de l'art pharmaceutique dans les États-Unis, par M. W. Fisher, membre du collége de pharmacie de Philadelphie, traduite par M. E. Durand (Bull. de Pharm., xxv, p. 170. — 1837).

former une classe suffisante pour défrayer celle de botanique. Il est à regretter que cette science, qui est d'une si grande importance dans la pratique et la profession, ne soit pas cultivée avec le même zèle que les autres sciences qui, comme elle, font partie de l'éducation pharmaceutique.

Les conditions exigées pour obtenir le diplôme du collége sont : que le candidat ait suivi au moins deux cours complets de chimie et de matière médicale; qu'il ait passé un examen devant les professeurs et un comité de directeurs du collége ; qu'il ait fait un apprentissage d'au moins quatre années chez un membre du collége, ou obtenu de son chef un certificat de bonnes mœurs, d'assiduité et d'intelligence. Aucun avantage ou privilége n'est d'ailleurs accordé par les lois aux membres et gradués. La concurrence est illimitée ; mais, heureusement pour la société, son influence s'est dirigée, depuis quelques années, sur l'amélioration des formules pharmaceutiques et le choix de qualités supérieures dans les médicaments, plutôt que vers son but ordinaire, la réduction des prix. Un grand nombre de formules de la pharmacopée nationale doivent leur origine ou quelques modifications importantes dans leur préparation, aux membres et gradués de ce collége.

Le collége de pharmacie de Philadelphie possède un édifice spacieux et élégant où les membres tiennent leurs séances, et un amphithéâtre pour les cours.

L'établissement du collége de New-York fut également le résultat d'un élan volontaire d'une association des pharmaciens de cette ville. Sa charte date de 1831; ses règlements sont calqués sur ceux de Philadelphie, ainsi que les conditions exigées pour obtenir le diplôme de gradué. Le nombre de ses membres est d'environ 80, celui des élèves de 35, et celui des gradués, jusqu'en

1835, a été de 15. Ce collége, en 1839, n'avait pas encore de local approprié; mais les fonds ont été formés pour l'érection d'un édifice convenable.

La loi de l'Etat de New-York, passée en 1832, prescrit qu'après le 1er janvier 1835, nul ne pourra exercer la profession de pharmacien sans avoir obtenu un diplôme du collége de pharmacie de New-York, d'un autre collége également constitué, ou d'une école de médecine, ou bien sans avoir subi un examen devant un conseil de censeurs d'une société médicale ou d'un des comités de l'Etat. Une autre loi défend au pharmacien de vendre de l'arsenic, de l'acide prussique, ou toute autre substance toxique, sans l'avoir revêtue d'une étiquette portant le mot *poison* en caractères très-lisibles; l'émétique est astreint à la même formalité. Ces lois, par l'effet de quelques défauts ou de difficultés dans leur exécution, n'ont pas plus été mises en vigueur que celles de la Caroline ou de la Géorgie : ce sont d'ailleurs les seules qui existent dans les États-Unis sur la police pharmaceutique.

Dans plusieurs cas de jurisprudence médicale, les gradués des colléges de Philadelphie et de New-York ont prouvé qu'ils n'étaient pas étrangers à la partie chimique de cette science, et qu'en tout ce qui regarde l'analyse et la manipulation, les interprètes des lois pouvaient avoir toute confiance en eux. On a vu avec plaisir des jeunes gens, qui avaient été appelés dans des cas d'empoisonnement, dissiper des doutes qui, auparavant, auraient embarrassé les tribunaux. En résumé, l'on peut dire que la profession pharmaceutique, comme toutes les autres branches scientifiques, marche à grands pas, aux Etats-Unis, dans la voie des améliorations, et que les générations futures pourront se louer de posséder une classe de pharmaciens instruits, capables de répondre à toutes les exigences de la société dans cette branche importante de l'économie sociale [1]. »

Angleterre. — Pour avoir une idée exacte de l'état de la pharmacie en Angleterre, il faut envisager cette profession sous les trois points de vue suivants : 1° sa législation ; 2° la manière dont elle est exercée, 3° et les hommes qui l'exercent.

Il n'y a aucune loi organique qui régisse l'enseignement et l'exercice de cet art dans ce pays, qui se dit l'un des plus civilisés du monde ; le pratique qui veut, sans qu'aucune condition soit exigée, ni par le gouvernement, ni par la corporation.

Il faut pourtant reconnaître qu'il y a quelques pharmaciens qui sont munis de diplômes. Ceux-là obtiennent leur certificat de capacité de deux institutions : 1° de l'*Apothecarie's hall*, qui est une sorte de pharmacie centrale ; 2° ou de la Société de pharmacie de Londres et de la Grande-Bretagne, *Pharmaceutical Society of Great-Britain* ; il y a là un laboratoire pour les manipulations chimiques et pharmaceutiques, un muséum d'histoire naturelle, un amphithéâtre et une bibliothèque.

Les professeurs de cette école sont des hommes éminents dans les sciences ; il suffit de citer M. Redwood, pour la chimie, la physique et la pharmacie ; M. Jonathan Péreira, pour la matière médicale ; M. Bentley, pour la botanique, pour qu'on reste convaincu de la vérité de notre assertion.

En France, l'école est distincte de la Société de pharmacie ; en Angleterre, l'école et la Société sont indivises.

---

[1] Extrait du Bull. de Pharm., t. XXIII, p. 173, 1839. — American journal of Pharmacie.

Voici quelle est la mission de la Société de pharmacie de Londres :

Elle nomme tous les ans un jury d'examen (*Board of examiners*) qui s'assemble tous les mois pour l'examen des candidats.

Il y a trois examens.

Le premier (*Classical examination*) s'applique aux élèves de la Société. Ceux qui habitent Londres ou la banlieue le passent devant la Société de pharmacie. Si le candidat demeure à une distance de plus de dix milles de cette capitale, il subit l'examen dans sa localité devant un délégué de la Société. Dans cette première épreuve, il doit traduire, du latin dans sa langue maternelle, la *Pharmacopée* et des formules magistrales; de plus, il doit répondre à quelques questions d'arithmétique élémentaire.

Le deuxième examen (*Minor examination*) est obligatoire pour tout candidat au titre d'associé de la Société de pharmacie. Cet examen se divise en deux parties : la première porte sur la traduction de prescriptions latines, l'interprétation des formules abréviatives, et le *modus operandi*; la seconde roule sur la matière médicale. Des substances non étiquetées sont étalées sur une table, et il faut que le récipiendaire les reconnaisse; qu'il en fasse connaître les propriétés, la source, et qu'il entre dans tous les détails relatifs à leur histoire naturelle. Les métaux, les terres, les alcalis, les acides, les sels, font aussi partie de cet examen. Des questions de chimie, la préparation des nombreux produits inscrits dans les pharmacopées, celle qu'ils subissent dans les fabriques, les caractères sous lesquels ils sont délivrés au public, la manière d'en découvrir la sophistication, ainsi que l'histoire de certains poisons, rentrent également dans le programme de cet examen.

Le troisième (*Major examination*) est subi par les candidats pour l'admission au titre de membre de la Société. Il a pour objet une partie des matières contenues dans le précédent, mais avec des développements plus étendus de l'analyse chimique et toxicologique; il comporte, en outre, des réponses écrites aux questions proposées : c'est l'examen le plus épineux, et c'est aussi celui qui donne le titre de pharmacien et de membre de la société [1].

Il y a donc en Angleterre des pharmaciens possesseurs de diplôme; mais ils forment l'exception. La plupart en sont dépourvus, et ignorent même les éléments de la science pharmaceutique : ce sont des marchands.

Les pharmaciens porteurs de diplôme ne sont astreints à aucunes conditions d'âge ni de stage.

Nous avons dit que ceux-ci formaient une catégorie à part, minime et tout à fait exceptionnelle.

En effet, des dix mille individus qui, dans les trois royaumes unis de la Grande-Bretagne, vendent des médicaments, les trois quarts, pour le moins, n'exercent que par l'insouciante tolérance du gouvernement.

Ils sont partagés en quatre classes :

1° Les pharmaciens proprement dits, *chemists, pharmaceutical chemists, chemists and druggists;*

2° Les pharmaciens-chirurgiens, *apothecarie's and surgeons;*

3° Les droguistes, *wholesale druggists;*

4° Les herboristes, *herbalists.*

Ces derniers sont peu nombreux. Les droguistes débitent la droguerie commune et vendent aux pharmaciens des préparations officinales.

Quant aux pharmaciens-chirurgiens, ils joignent l'exercice de la médecine à celui de la pharmacie. Ceux

---

[1] Dorvault, de la Pharmacie en Angleterre.

qui ont lu l'histoire de Clarisse Harlowe, doivent se rappeler que cette infortunée, dans les derniers jours de son existence, envoya querir un apothicaire pour lui tenir lieu de médecin.

Cette immixtion scandaleuse et anarchique donne aux mœurs anglaises une physionomie piquante et tout à fait comique. Ainsi, selon M. Dorvault, il n'est pas rare de voir dans les rues de Londres des enseignes portant : Un tel, apothicaire et chirurgien-accoucheur (*apothecary and surgeon midwife*), avec l'inscription suivante peinte sur les panneaux de la devanture : *midwiferi room, delivery room* (salle d'accouchement). On ne sait comment concilier cet effronté cynisme avec la chatouilleuse pudicité anglaise.

Ces pharmaciens-chirurgiens ne se contentent pas de traiter sur place; ils vont aussi visiter les malades de la ville, reviennent préparer les médicaments qu'ils jugent convenables, et les envoient à leurs clients avec le *modus administrandi*. Ils ont 5 shellings par visite : très-souvent ils n'acceptent rien, mais ils s'indemnisent sur les médicaments dont ils ont soin d'approvisionner largement le patient.

Jaloux de leurs prérogatives et humiliés de voir que les pharmaciens-chirurgiens empiétaient de plus en plus sur leur domaine, le 10 novembre 1812, le corps des pharmaciens de Londres, réuni à la taverne de la Couronne, adressa une pétition à la Société royale de Médecine de Londres, tendant à réclamer une *charte médicale*, pour faire cesser les abus que nous venons de signaler. En janvier 1814, il sollicita près du Parlement une loi pour que les apothicaires fussent autorisés : 1° à pratiquer la médecine et à se faire légalement recevoir; 2° à être admis à faire partie intégrante de l'art de guérir, lorsqu'après un apprentissage régulier de leur profession ils auraient suivi des cours dans les écoles ou dans les hôpitaux, et qu'ils auraient reçu des attestations et des certificats. Les apothicaires demandaient encore que le débit des médicaments ne fût permis qu'à eux; que le prix annuel de l'apprentissage fût fixé à 25 livres sterling, et que les visites des pharmaciens reçus fussent fixées, pour leur prix, proportionnellement aux rétributions des médecins.

Dans une autre résolution prise le 12 mai suivant, le corps pharmaceutique pria le Parlement britannique de s'occuper d'un bill pour reconnaître ses droits [1].

On voit, d'après ce qui précède, que les apothicaires, demandant l'abolition des pharmaciens-chirurgiens, voulaient non-seulement se substituer à eux, mais encore s'approprier exclusivement le monopole de leur art et de l'art médical.

Si l'on nous demande dans quel pays, dans quelle ville le charlatanisme pharmaceutique est le plus général, le plus impudent et le plus lucratif, nous répondrons, sans crainte d'être démenti, que c'est en Angleterre, et à Londres en particulier.

M. Sutherland, délégué de la Grande-Bretagne au Congrès sanitaire international, à Paris, à qui j'avais demandé des documents sur l'art pharmaceutique en Angleterre, me transmit, à la date du 12 janvier 1852, les renseignements suivants :

« Ce n'est qu'un chaos ténébreux, une confusion déplorable et une honteuse anarchie. Les colléges des médecins de Londres et d'Edimbourg peuvent exercer une *espèce* de surveillance sur les pharmaciens d'Angleterre et d'Écosse. Un pouvoir semblable existe, pour l'Irlande,

---

[1] Lettre de M. Gregory Saunders à M. Virey; Bull. pharm., t. VI, p. 467.

à Glascow et à Dublin, mais cette surveillance n'est que nominale et tout à fait illusoire.

« Il existe des lois et des chartes, mais qui sont inexécutables. On a essayé pendant longtemps d'extirper tous ces abus révoltants, mais on a toujours rencontré les plus insurmontables difficultés. Nous espérons pourtant arriver à une solution heureuse avant peu de temps [1]. »

Lorsqu'on parcourt les rues de Londres, on marche de surprise en surprise. On est d'abord étonné de la grande quantité de pharmacies, plus étonné encore de voir vendre par des merciers, des quincailliers, des orfèvres, quelques remèdes secrets comme chez les apothicaires; on est enfin stupéfait de trouver une maison portant pour inscription : *Hôtel des Pilules* (ce sont les pilules écossaises du docteur Anderson) ; de rencontrer sur les places publiques des colporteurs bizarrement costumés et se promenant avec des écriteaux, où l'on propose, en lettres colossales, des *trésors de santé*, tandis que des Juifs arméniens offrent, sur les trottoirs, de la rhubarbe dans de petites corbeilles [2].

Tel apothicaire a trouvé des bains *miraculeux;* tel autre proclame son cordial. Celui-ci vante un *lit céleste* qui rend la fécondité aux femmes stériles ; celui-là propose, avec un inqualifiable cynisme, un spécifique qui a la vertu de renouveler la virginité autant de fois qu'on le désire [3]; d'autres enfin étalent les prospectus les plus emphatiques et les plus élogieux relativement à des arcanes jouissant des propriétés les plus heroïques.

On pourrait croire, d'après le nombre immense de boutiques où l'on vend des drogues composées, qu'il y a beaucoup de chimistes à Londres : ce serait commettre

---

[1] Lettre de M. John Sutherland, à l'auteur.
[2] Lettre de Cadet à Pelletier. Londres, 9 mai 1817. T. III, p. 321.
[3] Id. in ibid.

une grande erreur. La Grande-Bretagne a donné le jour, en effet, à des hommes illustres dans la chimie. Davy, Chenevix, Cruikshank, Howard, Hatchett, Pepys, Pearson, Wollaston, Aikin, Accum, honoreront toujours l'Angleterre, et Thomson, Hoppe, Hall et Kermedi, le Vauquelin écossais, ne cesseront également d'être la gloire de l'Écosse ; mais sur les huit cents marchands de drogues qui se disent apothicaires, il n'y en a pas un seul peut-être qui connaisse les principes les plus élémentaires de la chimie ; les neuf dixièmes ne préparent même pas les médicaments qu'ils vendent. Il n'y a pas de laboratoire dans les pharmacies britanniques ; les apothicaires ne préparent même pas les plus simples médicaments, ils ne font que leur donner la forme pour la vente [1]. Il existe une société médicale et commerciale établie à Black-Frion-Hall, dirigée par des hommes instruits : cette société a deux magnifiques laboratoires, dans lesquels on fait en grand les préparations officinales, et c'est dans les magasins de cette société, ou encore dans quatre ou cinq pharmacies en gros de la ville, que se fournissent tous les apothicaires de Londres. Cette société pharmaceutique ressemblerait beaucoup à la pharmacie centrale de Paris, si le débit était plus grand dans celle-ci.

En examinant une pharmacie anglaise, on est d'abord frappé de la recherche extrême, de la symétrie avec lesquelles les objets de vente sont étalés, et du soin minutieux et parfois puéril que prennent les apothicaires d'attacher à chaque marchandise une annonce manuscrite des propriétés et des avantages qu'elle présente. Rien ne se vend sans prospectus. La moindre futilité est offerte aux acheteurs avec les épithètes de *parfaite, nouvelle, admirable, merveilleuse, exquise, incomparable.*

---

[1] Dorvault, Rev. pharm., 1851, p. 40.

On trouve dans toutes les pharmacies de la Grande-Bretagne, dans les plus renommées comme dans les plus obscures, cette inscription, peinte sur la devanture extérieure ou sur un panneau de l'intérieur : *One is respectfully acquainted that here the medical prescriptions are performed with the most scrupulous exactnes*, c'est-à-dire : On est respectueusement informé qu'ici les prescriptions médicales sont exécutées avec la plus scrupuleuse exactitude [1]. Je ne sache pas qu'aucun apothicaire français oublie jamais le respect qu'il se doit à lui-même, au point de laisser supposer au public qu'il y a plusieurs manières d'exécuter une formule magistrale. On est moins scrupuleux au-delà du détroit.

Les officines anglaises sont généralement d'une richesse et d'une élégance qui ne le cèdent pas aux boutiques des bijoutiers. On y voit plusieurs rangées de vases de cristal portés sur des pieds dorés, et renfermant des teintures tellement éclatantes, que leurs reflets combinés produisent, le soir, à l'aide de lumières bien placées, les effets brillants du spectre solaire. Sur ces vases sont peints, en or, des caractères chimiques, que le vulgaire prend pour des inscriptions hiéroglyphiques ou cabalistiques, ou des écussons blasonnés qui annoncent qu'un prince a pris l'officine sous sa protection. Sur un large comptoir et dans des cases vitrées, sont disposés, avec art et coquetterie, des brosses, des dentifrices, de la parfumerie, des groupes de flacons taillés, des boîtes de différentes formes, de petits pots bien enveloppés et cachetés, portant tous d'élégantes vignettes enluminées, et des imprimés qui annoncent que ces précieux spécifiques guérissent tous les maux et se vendent en vertu de patentes ou de brevets d'invention [2].

[1] Dorvault, p. 38.
[2] Lettre de Cadet.

Un comptoir, ordinairement celui du fond de l'officine, et tous les accessoires adjacents, sont spécialement destinés à la confection des médicaments magistraux : c'est le *prescription departement*. Une armoire vitrée (*dispensing case*), posée dans le voisinage de ce comptoir, sert à remiser les médicaments magistraux préparés avant qu'ils ne soient délivrés aux malades. Cette armoire devrait exister dans les officines françaises ; elle préviendrait bien des erreurs de la part de ceux qui souvent viennent prendre sur le comptoir un médicament qui est destiné à un autre [1].

Il y a quelques pharmacies dont les laboratoires sont munis d'une pompe à feu pour pulvériser et tamiser les poudres, qu'on obtient par le blutoir adapté à cette machine ; ces poudres sont porphyrisées pour ainsi dire, et présentent une ténuité bien supérieure à celle qu'on obtient par les tamis de soie, même les plus fins [2].

Il existe dans les mœurs anglaises une coutume qu'on ne retrouve en France que chez les pâtissiers et les marchands de petits-fours. Comme les Anglais sont très-polypharmaques, on les voit, au sortir d'un repas, courir chez l'apothicaire, s'asseoir à une table garnie de verres à boire et de cuillers, et consommer sur place toute espèce de médicaments.

Nous avons déjà dit que la pharmacie anglaise était toute dans l'officine. A part quelques rares extraits, quelques infusés composés (*compound infusions*), comme ceux d'écorce d'orange, de gentiane, de roses, de séné, tout se confectionne dans l'officine. Il y a peu de sirops, peu d'onguents, peu d'emplâtres chez les Anglais ; mais, par compensation, il existe une foule de médicaments

---

[1] Dorvault, p. 39.
[2] Lettre à Pelletier.

portatifs : pilules (*pills*), pastilles (*lozenges*), poudres (*powders*), sels (*salts*), gouttes (*drops*), taffetas emplastiques (*stichings plaisters*), tenus disposés d'avance en boîtes, flacons, pots de forme et d'enveloppes les plus variées, et exposés sous de coquettes vitrines.

En Angleterre, une pharmacie s'improvise en quelques jours. Celui qui veut en établir une s'adresse à un monteur (*shop fitter*), à qui il indique le local choisi, et avec lequel il fait marché pour le tout. Au temps convenu, l'officine s'ouvre sans que l'apothicaire ait eu à se préoccuper de la moindre chose. Le monteur a tout prévu et tout fourni, boiseries, vases, instruments, médicaments; l'apothicaire n'a plus qu'à vendre : et, ce qu'il y a d'extraordinaire, c'est que chez nos voisins d'outremer, où tout est cher, l'installation d'une pharmacie se fait à très-bas prix [1].

Enfin, je termine en répétant ce que M. Sutherland disait dans l'honorable épître qu'il m'a adressée, à savoir, que les apothicaires anglais ne jouissent d'aucune considération, et qu'ils sont assimilés aux plus obscurs boutiquiers.

---

[1] Dorvault, p. 39.

CHAPITRE XXII.

DE LA PHARMACIE EN ESPAGNE.

Quintin Chiarlone et Carlos Mallaina. — Histoire de la Pharmacie espagnole, depuis l'an 640 avant Jésus-Christ, jusqu'à nos jours. — M. Hœfer. — Les Arabes d'Espagne. — Écoles de Cordoue, de Séville, de Murcie et de Tolède. — Abenzoar. — Règne d'Alonzo. — Le *Liber secretorum*. — Mesures disciplinaires des *fueros* du XIVe siècle. — Poëme pharmaceutique de Lopez de Villalobas. — XVe siècle. — Julius Gutieris. — Pharmacopée de *Benedicto Matheo*. — Le *Compendium aromatorum* de Saladin d'Ascolo. — Amende de neuf mille ducats. — XVIe siècle. — Le collége des apothicaires de Barcelone. — La *Pharmacopœa Cæsar-Augustina*. — Le collége de pharmacie de Valence, de Sarragosse, de Pampelune, de Madrid et de Tarragone. — La *Pharmacopœa Valentina*. — Déclaration de Don Carlos, de l'année 1800. — Le *Real proto-medicato*. — Le *Protomedico*. — Le *Proto-cyrujano*. — Le *Proto-pharmaceutico*. — Les Alcades. — Pharmaciens espagnols célèbres. — La *Real junta superior gubernativa de la Facultad de farmacia*. — Organisation de la pharmacie depuis 1815. — Études préliminaires. — Durée des études pharmaceutiques. — Cérémonial des réceptions. — Le Padrino. — Symphonie musicale, anneau, gants blancs, épée. — Remise du *Codex*. — Allocution. — Rigueur des peines.

Espagne. — Les écrits des auteurs arabes d'Espagne ont été appréciés et souvent cités par un grand nombre d'écrivains, mais on était loin d'en avoir tiré ce qu'une étude plus patiente pouvait fournir. En effet, les écoles établies par les Arabes avaient laissé, en s'éteignant, une obscurité d'autant plus profonde, qu'elles avaient, avant de disparaître, brillé d'un plus vif éclat. Aussi, était-ce pour n'avoir pas eu le courage de s'ensevelir dans les bibliothèques, et de lire avec attention, que l'on n'avait pas connu tout ce qui est resté d'important et de véritablement digne d'intérêt dans les livres dont on ignorait jusqu'à l'existence. L'Espagne, sous ce rapport, était une mine nouvelle à explorer, et l'on doit savoir un gré infini à MM. Quintin, Chiarlone et Carlos Mallaïna d'avoir entrepris ce travail, dont l'analyse, faite par MM. Cap et Gaultier de Claubry, va être reproduite en partie.

MM. Chiarlone et Mallaïna partagent l'histoire de la pharmacie en Espagne en quatre époques : la première, qui s'étend de l'an 640 avant Jésus-Christ au IIIe siècle de notre ère; la seconde, du IXe au XVIe siècle ; la troisième, du XVIe au XIXe; la quatrième comprend le XIXe siècle.

Nous ne nous arrêterons pas sur la première époque ; les faits qu'elle renferme se rattachent à l'histoire générale des sciences, et ont été développés avec érudition, par M. Hœfer, relativement à la chimie, et par M. Cap, en ce qui touche la pharmacie proprement dite.

La seconde époque nous paraîtra d'autant plus intéressante, qu'elle fait mieux connaître l'histoire de l'art pharmaceutique chez les Arabes d'Espagne.

Une université juive établie à Sara, en Asie, dans le IXe siècle, produisit des hommes remarquables.

Dans les écoles arabes de Cordoue, Séville, Murcie, Tolède, on trouve de nombreux auteurs auxquels on doit des travaux qui méritent d'être distingués.

On sait qu'Abenzoar, qui vivait au XIIe siècle, étudia d'une manière particulière les sirops et les électuaires, la préparation des médicaments, les vertus des simples et les moyens de les mélanger.

Dès 1252, sous le règne d'Alonzo-le-Sage, diverses lois furent rendues relativement à l'exercice de la pharmacie.

Des visites étaient faites deux fois chaque année, dès le commencement du XIVe siècle. C'est vers le même temps que Bubacar publia un livre intitulé : *Liber secretorum*, dans lequel il parle du sel d'urine, et d'une substance obtenue en distillant l'urine avec de l'argile, de la chaux et des matières organiques charbonnées ; procédé qui a beaucoup d'analogie avec celui que Brandt suivit au XVIIe siècle pour obtenir le phosphore, que Bubacar avait peut-être connu. Les *fueros* des provinces apportaient nécessairement des différences dans les mesures disciplinaires à cette époque ; mais un système général d'organisation se manifeste déjà dans le cours de ce siècle.

En 1403, sous le règne de D. Martin, on établit des règles sévères relativement à la vente des préparations actives, et des punitions pour les cas d'accidents arrivés par leur usage.

Lopez de Villalobas rédigea, en vers, à dix-neuf ans, en 1488, un traité intitulé : *Sommaire de la Médecine*, dans lequel il consacre de nombreuses strophes aux minoratifs, aux purgatifs, à la thériaque, aux onguents et aux emplâtres. On doit à Julius Gutiéris, de Tolède, qui écrivait à la fin du XVe siècle, des observations intéressantes sur les sirops et les juleps. La première pharmacopée, publiée par un pharmacien, en 1457, est due à Benedicto Matheo, qui, comme on le voit, vivait cent cinquante-neuf ans avant Michel du Sceau, que plusieurs auteurs, et en particulier MM. Henri et Guibourt, regardent comme *le premier pharmacien qui ait écrit sur son art*.

En 1486, Saladin d'Ascolo écrivit son *Compendium aromatorum*, dans lequel il indique les conditions que doit remplir le lieu destiné à la conservation des médicaments. On y trouve l'histoire d'un pharmacien qui fut condamné à une amende de 9,000 ducats, et à la privation des droits civils pendant une année, pour avoir adultéré de la manne avec du sucre et de l'amidon.

La pharmacie espagnole présente, dans le XVIᵉ siècle, un mouvement particulier que la découverte du Nouveau-Monde a dû singulièrement accélérer. En 1535, le Collége des Apothicaires de Barcelone publia la *Concordia farmacopolarum Barchinonensium*, et celui de Sarragosse, en 1553, la *Concordia aromatorum*, et la *Farmacopœa Cæsar-Augustina*, traités complets de pharmacie qui embrassent toutes les parties de la science.

Une législation spéciale et très-étendue sur la pharmacie mérite d'être signalée par les remarquables prescriptions qu'elle renferme.

« Nous regrettons de ne pouvoir analyser la partie de l'ouvrage de Chiarlone et Mallaïna, relativement à l'état de la pharmacie en Espagne dans le cours de la troisième époque. Nous y trouverions de curieux et importants détails, dont la plupart sont complétement inconnus en France. C'est alors qu'on avait fait si peu d'attention à la littérature scientifique d'un peuple qui, sous tant d'autres rapports, avait fourni de si utiles documents : il fallait la réunion de conditions spéciales pour y puiser ce qu'elle pouvait offrir d'important pour l'histoire de la pharmacie. Chiarlone et Mallaïna se trouvaient dans les plus favorables qu'on pût désirer, et ils en ont largement profité. » (Cap et Gaultier.)

Le XVIIᵉ siècle offre encore, pour la pharmacie espagnole, de précieux documents, tant en ce qui touche les nombreux ouvrages publiés par un grand nombre de pharmaciens, que relativement à la législation sur la matière. Bien en avant de la France sous ce point de vue, l'Espagne n'était connue que d'une manière fort incomplète; l'éclat de ses conquêtes dans le Nouveau-Monde, l'importance de ses richesses attiraient l'attention générale, et ceux-là même que des études spéciales auraient dû conduire à connaître ce qui a rapport à ses règlements intérieurs sur la pharmacie, partagent l'opinion que l'on s'était faite sur l'état d'ignorance de la Péninsule.

Nous voyons se continuer, dans ce pays, au XVIIIe siècle, le mouvement précédemment imprimé aux sciences pharmaceutiques, et la législation se perfectionner sous beaucoup de points de vue, avec des variations qui expliquent parfaitement d'ailleurs la disposition des esprits à cette époque. Le nombre des ouvrages publiés, la nature des travaux auxquels ils se rapportent, se ressentent nécessairement du mouvement intellectuel qui appartient à ce siècle; et, sous ce rapport, l'Espagne ne reste pas en arrière des autres pays. Souvent on a fait à la France un reproche que, il faut l'avouer, on est en droit de lui adresser : c'est de ne pas s'occuper assez de ce qui se fait hors de son sein. La littérature allemande, celle de l'Angleterre même, sont beaucoup mieux au courant que la nôtre de ce qui se publie. Nous devons savoir gré à tous ceux qui s'efforcent de combler de semblables lacunes.

Un très-intéressant chapitre de l'ouvrage dont nous nous occupons termine l'histoire de la troisième époque; il a trait aux colléges de pharmacie de l'Espagne. Nous ne pouvons nous dispenser d'en parler avec quelque détail. Ces établissements, antérieurs à toutes les académies scientifiques de l'Europe, ont existé à Valence, à Barcelone, à Sarragosse, à Pampelune, à Madrid, à Séville, à Tolède, à Tarragone et dans quelques autres villes.

Le collége de Valence existait déjà, en 1327, sous le roi D. Alphonse, qui accorda aux apothicaires de cette ville le droit de recevoir tous ceux qui voulaient exercer cette profession dans le royaume.

En 1441, les apothicaires s'adressaient à la reine dona Maria d'Aragon pour obtenir de se réunir au collége sous forme de confrérie, et pour exercer la charité entre eux. Le privilége qui leur est accordé ordonne que tous les apothicaires se serviront de poids uniformes; il prohibe la vente, par ceux qui ne seraient pas reçus par le collége, de toute eau distillée, excepté celle des fleurs d'oranger, de rose et d'euphrosie, et règle une infinité de détails sur les réceptions.

En 1512, dans un chapitre général des apothicaires, il fut décidé que nul ne pourrait être reçu s'il n'avait pratiqué pendant huit ans, au lieu de six qui étaient antérieurement exigés, et l'on établit des règles relatives aux examens théoriques et pratiques que devaient subir les récipiendaires.

En 1609, le collége publia la *Farmacopœa Valentina*, dont une nouvelle édition a été faite en 1629.

Le collége de Barcelone existait en 1352, et il a publié une pharmacopée en 1525.

La quatrième époque de la pharmacie en Espagne offre moins de détails inconnus que les précédentes; cependant elle mérite d'être consultée, relativement surtout à la législation pharmaceutique, qui s'est perfectionnée d'une manière très-remarquable. L'ouvrage de Carbonnell, traduit en français, a été, pour cette époque, un fait intéressant dans l'histoire pharmaceutique espagnole; mais beaucoup d'autres, très-dignes d'intérêt, ont vu le jour dans le même temps.

A une époque où les lettres de noblesse étaient une distinction à laquelle toutes les classes de la société ne pouvaient prétendre, on trouve, avec intérêt et surprise, un privilége qui place au même rang que les médecins tous ceux qui exercent la pharmacie, et qui déclare qu'ils ne peuvent être agrégés à aucun art mécanique, alors regardé comme au-dessous de la médecine et des arts libéraux.

En 1800, D. Carlos déclare la pharmacie indépendante de la médecine, et prescrit les conditions relatives aux examens et aux visites des pharmaciens. Pour exercer, on devait joindre, au titre de licencié en pharmacie, celui de bachelier et de docteur en chimie. Les visites étaient faites par un médecin et un pharmacien, et présidées par le plus ancien des professeurs en médecine et en pharmacie. Une junte supérieure fut établie pour la Faculté de pharmacie, et chargée de tous les détails de l'administration pour tout le royaume.

Avant la rentrée de Ferdinand VII en Espagne, la pharmacie s'exerçait donc sous la protection des lois émanées en partie du gouvernement de Charles III et de Charles IV. La direction de la police médicale était confiée à un tribunal, junte ou conseil appelé *real proto-medicato*, formé d'un président, *proto-medico*, d'un vice-président avec le même titre, de trois conseillers pris dans les trois parties de l'art de guérir, avec la qualité de *proto-medico*, *proto-cyrujano*, *proto-pharmaceutico*; de neuf juges (alcades), examinateurs perpétuels pris en nombre égal dans les trois branches de la médecine, de quelques assesseurs ou surnuméraires et d'un secrétaire ou fiscal.

Des colléges de pharmacie étaient établis dans les villes de premier et de second ordre; ils conféraient le droit d'exercice avec la qualité de maître, et avaient la police médico-pharmaceutique de leur arrondissement.

Le *proto-medicato* avait des délégués auprès des colléges des villes de premier ordre, et des subdélégués auprès des colléges des villes de second ordre. Ces officiers présidaient les colléges, surveillaient leurs opérations et entretenaient une correspondance avec l'autorité de laquelle ils tenaient leur mission.

Pour s'établir dans une ville de premier et de second ordre, il fallait être reçu dans un collége présidé par un délégué. Pour s'établir dans les villes non comprises dans le premier et le second ordre, il fallait être reçu dans un collége présidé par un subdélégué.

Le droit d'exercer dans tous les Etats formant la monarchie espagnole était attaché aux réceptions faites à Madrid sous l'autorité du *real proto-medicato*.

Les fils de maîtres jouissaient du privilége de se faire recevoir, et d'exercer dans la ville où leur père tenait une officine.

Dans quelques villes de peu d'importance, l'exercice de la pharmacie n'était pas soumis à la réception du collége; l'autorité municipale l'accordait sur des certificats de capacité et de pratique sous des maîtres.

Les connaissances exigées des récipiendaires tenaient plus particulièrement aux opérations manuelles et aux notions les plus élémentaires des sciences d'où découle la pharmacie. Les études littéraires étaient un accessoire fort négligé. Cependant la pharmacie comptait en Espagne des savants, tels que Carbonnell, Ortega, Diaz, Bueno, Banarez, etc., qui, lui donnant une heureuse impulsion, ont contribué à lui faire obtenir les honneurs qu'elle mérite comme science, et que l'organisation actuelle lui assure.

Cette organisation, résultat de longues méditations, ébauchée en 1804 par l'établissement, à Madrid, d'une junte supérieure dirigeant la pharmacie et indépendante des juntes de médecine et de chirurgie, a été perfectionnée, en 1815, par l'érection de quatre Académies ou Facultés de pharmacie régies par des lois particulières et hors de la dépendance des autres Facultés; elles siégent à Madrid, à Séville, à Barcelone et à Saint-Jacques-de-Compostelle ; elles partagent le royaume en autant de districts, et se relient, pour tout ce qui tient à la haute administration et à l'intérêt de la science et des personnes qui la professent, à un comité dirigeant, *la Real junta superior gubernativa de la Facultad de farmacia*, composé en entier de pharmaciens, sous la présidence du premier pharmacien du roi.

L'enseignement est partagé, dans chaque Faculté, en quatre parties : histoire naturelle, physique et chimie, matière pharmaceutique et pharmacie expérimentale. A chacune est attaché un professeur et quelquefois un adjoint à la chaire : la présidence, la conservation des cabinets et du laboratoire, le secrétariat et l'administration des deniers sont dans les attributions des professeurs.

Les grades qui s'y confèrent sont : le baccalauréat, la licence et le doctorat.

La durée des études dans les Facultés est de quatre ans ; celle des études pratiques dans les officines n'est pas de moins de deux ans. Les élèves sont immatriculés en faisant preuve d'aptitude par une éducation libérale et la présentation d'un diplôme de maître ès-arts (études littéraires, dialectique, mathématiques) ; ils subissent, à la fin de l'année scolaire, un examen sur le sujet traité dans le cours qu'ils ont dû suivre dans l'ordre de l'enseignement ; ils doublent l'année des cours, s'ils ont négligé d'en suivre les leçons, ou s'ils les ont suivies sans en profiter. Après le quatrième examen, ils obtiennent le diplôme de bachelier en pharmacie. Ce titre ne donne pas le droit d'exercice public ; il s'obtient par le grade de licencié : celui-ci n'est, à moins de dispense, conféré qu'à vingt-cinq ans, après un long examen sur la pharmacie en général, l'exposition d'un chef-d'œuvre formé de deux produits qui fournissent matière à des questions de théorie et de pratique, et après deux nouveaux cours de chimie, d'analyse chimique et d'application.

Le grade de docteur se prend rarement ; il est nécessaire pour obtenir une chaire ; on l'acquiert en présentant le diplôme de licencié, et en soutenant une thèse.

Le cérémonial qui accompagne la réception de docteur impose par la pompe qu'on y déploie ; il tient beaucoup de celui autrefois observé dans les académies de Hollande à l'inauguration d'un docteur reçu publiquement et *more majorum*, c'est-à-dire selon la coutume du temps où les Pays-Bas étaient sous la domination espagnole. Le corps académique, suivi du récipiendaire et de son parrain (*padrino*), est introduit processionnellement dans l'auditoire, au bruit des instruments de musique exécutant une marche triomphale. Après la soutenance de la thèse et la prestation de serment d'exercer avec honneur et de se dévouer au service de l'humanité, le parrain lui passe l'anneau en signe d'alliance avec la Faculté, lui donne des gants blancs, symbole de la pureté, lui ceint l'épée, preuve de la noblesse et de la dignité du titre de docteur, lui remet le Codex, son guide dans la pratique, le proclame docteur, et lui en accorde les honneurs en le faisant asseoir au banc de ses collègues, et enfin lui adresse une allocution après laquelle l'assemblée se retire en ordre au son d'une fanfare.

Les places de professeurs se donnent au concours ; il est ouvert à Madrid en présence de la *Real junta superior gubernativa de la Facultad de farmacia*.

En Espagne, le nombre des pharmaciens n'est pas limité ; les peines appliquées aux contraventions sont d'une grande sévérité : elles consistent en amendes élevées, et vont quelquefois jusqu'à la destitution du coupable. Ces peines sont encourues surtout par celui qui se mêle de la pratique médicale clandestine, ou qui associe à sa profession quelque trafic étranger capable de la déshonorer [1].

[1] Extrait d'une lettre adressée à M. Ludibert, en 1834, par M. Thiriaux. — *Bulletin de Pharmacie*, t. x, p. 262. — Lettres adressées à l'auteur, le 3 mars 1852, par MM. Poug-Camp, professeur à l'école de pharmacie de Madrid ; Caloo, rédacteur du journal *El Restaurador farmaceutico*, et Chao, directeur de la *Revista quimica farmaceutica*.

CHAPITRE XXIII.

DE LA PHARMACIE EN ITALIE ET DANS LE ROYAUME DES DEUX-SICILES.

Italie. — *États-Romains.* — Lettre de M. de Rayneval, ambassadeur de France près le Saint-Siége, à l'auteur. — Études préalables. — Humanités complètes. — Trois années d'études pharmaceutiques. — On exerce la pharmacie à vingt-un ans. — Une pharmacie par trois mille âmes. — Moralité des apothicaires. — Inutilité du code de pénalité. — Point de remèdes secrets. — Le charlatanisme est inconnu. — Lettre du nonce apostolique à l'auteur. — La bulle du pape Léon XII : *Quod divina sapientia* (1824). — La *Matricula.* — Visite des pharmacies. — Le *pharmacien collégial.* — Abolition des priviléges pontificaux. — Opulence des pharmaciens des villes. — Esprit de charité des apothicaires italiens. — Les religieux apothicaires. — Pharmacie des couvents.

Royaume des Deux-Siciles. — Lettre de M. Barrot, ministre de France à Naples, à l'auteur. — Lettre du docteur Chevalley de Rivaz. — Certificat des congrégations religieuses. — Quatre examens. — Soixante-cinq francs pour les examens et le diplôme. — La durée des études pharmaceutiques n'est pas fixée. — L'âge pour exercer la pharmacie est variable. — Les soixante-dix pas géométriques. — Les deux cent soixante-quinze apothicaires de Naples. — Le *Protomédicat.* — Charlatanisme éhonté. — Gains fabuleux. — Complicité des médecins. — Dégradation de certains apothicaires siciliens. — Les épiciers, les droguistes et les confiseurs apothicaires.

Italie. — *États-Romains.* — M. de Rayneval, ambassadeur de France près le Saint-Siége, m'a transmis, de Rome, le 14 mars 1852, les documents suivants sur l'enseignement et l'exercice de la pharmacie en Italie.

Celui qui se destine à l'étude de la pharmacie, avant son admission à l'Université, doit prouver, par un examen préalable, qu'il a fait ses humanités jusqu'à la philosophie inclusivement.

La durée des études en pharmacie est de trois ans, divisés ainsi qu'il suit : **Première année**. Botanique théorique et pratique, et chimie. — *Seconde année*. Matière médicale et pharmacie pratique. — *Troisième année*. Pratique dans une pharmacie.

A la fin de la première année, l'aspirant doit subir l'examen de bachelier ès-lettres, pour lequel il verse 10 piastres. A la fin de la seconde, il obtient la licence moyennant la même somme; enfin, à l'expiration de la troisième année, on lui confère, après examen, le diplôme de *libre exercice*, qu'il paie 19 piastres.

La loi ne permet l'admission d'un candidat à l'Université qu'à l'âge de dix-huit ans. Par conséquent, on peut exercer la pharmacie à vingt et un ans révolus.

Il ne peut y avoir, d'après la loi, qu'une pharmacie par 3,000 âmes.

Les peines contre les contraventions sont de la plus grande sévérité; mais la moralité des pharmaciens est telle, que de mémoire d'homme elles n'ont été appliquées.

A Rome et dans toutes les villes d'Italie, les apothicaires jouissent d'une assez grande considération. Comme partout ailleurs, il y en a qui font de grandes fortunes; plusieurs qui vivent honorablement dans une supportable médiocrité; puis d'autres qui végètent dans une position voisine de la misère.

Généralement, l'exercice de la pharmacie n'est dégradé par aucun trafic étranger à cet art, ou par la pratique illégale et clandestine de la médecine. Il n'y a pas de pays au monde où il y ait moins de remèdes secrets, et il faut le dire pour l'honneur de cette nation, en Italie, et à Rome en particulier, le charlatanisme n'est pour ainsi dire pas connu.

Monseigneur l'archevêque de Myre, nonce apostolique,

à Paris, à qui j'avais demandé des renseignements sur l'exercice de la pharmacie dans les États pontificaux, s'exprime ainsi dans une lettre qu'il a eu l'obligeance de m'adresser, à la date du 17 avril 1852, de la part de l'un des médecins les plus célèbres de Rome :

« Sans remonter à l'ordre d'études suivi dans les universités des États du Saint-Siége aux temps les plus reculés, nous partirons de la dernière réforme sur les études en général, opérée par le pape Léon XII avec sa bulle *Quod divina sapientia*, de l'an 1824.

Il est nécessaire que ceux qui se destinent à l'étude de la pharmacie dans les États du Saint-Siége, aient fini leurs cours de belles-lettres, y compris la philosophie.

L'élève pharmaciste doit suivre les cours de *botanique*, de *chimie*, de *pharmacie* et de *matière médicale*, dans l'Université, pendant deux ans. Après cela, il doit faire un an de pratique pharmaceutique chez un apothicaire approuvé; mais il ne peut jusque-là exercer sa profession.

Pour le libre exercice de la pharmacie, il lui faut se munir de la *matricula*, c'est-à-dire prendre le *grade* de pharmacien, qu'on obtient après un examen *théorique* et *pratique*.

Le premier de ces examens est subi en présence du Collége des pharmacistes, ou de trois membres dudit collége, et en retirant le document du grade, *matricula*, on paie une faible somme pour droit audit collége médical.

Du reste, on ne peut subir ces examens sans une ordonnance de l'instruction publique supérieure.

L'âge pour le libre exercice de la pharmacie est fixé à vingt et un ans.

Il n'y a pas de limites pour le nombre des pharmacistes; mais, d'après la réforme du suprême conseil de santé de l'année 1836, le nombre des pharmacies est fixé, de sorte qu'il ne peut y en avoir plus qu'une sur trois mille habitants.

Il y a des peines pour les infractions des pharmacistes, soit pour la mauvaise qualité, soit pour le manque des médicaments prescrits dans l'ordonnance du suprême conseil de santé, soit pour contravention aux prix des drogues, car ce même conseil renouvelle de temps en temps, selon les circonstances du commerce, le tarif des médicaments.

Tous les deux ans, ce conseil fait visiter toutes les pharmacies dans la capitale par un médecin du collége et un pharmacien collégial : dans les provinces, cette visite est faite par un médecin et un pharmaciste, membres des commissions sanitaires provinciales.

On remet le résultat de ces visites au suprême conseil, qui inflige des peines selon les fautes enregistrées dans les procès-verbaux des visitateurs, et quelquefois ordonne la fermeture de la pharmacie.

Le suprême conseil ordonne encore des visites à l'improviste dans les pharmacies suspectes, et surtout en cas de réclamation.

Si un pharmaciste n'a pas de fils ou de parent pour lui succéder après sa mort dans l'exercice de sa profession, ses héritiers peuvent vendre la pharmacie jusqu'à la troisième génération à un pharmacien approuvé, mais toujours avec l'assentiment du suprême conseil de santé.

C'est un privilége.

Les souverains pontifes avaient autrefois concédé aux pharmacistes plusieurs priviléges qui, aujourd'hui, sont abolis. Il ne reste qu'un collége dans la capitale, et ce collége ne peut rien faire sans la permission du conseil suprême.

Généralement, une pharmacie procure une existence

honorable dans les pays de province; dans les grandes villes, où les affaires se font sur une échelle plus étendue, les pharmacistes réalisent ordinairement des bénéfices considérables : quelques-uns même jouissent d'une grande opulence.

Dans les États-Romains, tous les pharmacistes indistinctement fournissent les médicaments à un très-bas prix aux pauvres connus, ou à ceux qui présentent un certificat d'indigence, délivré par le médecin ou le curé; quelquefois même les médicaments sont donnés sans rétribution aucune. Les apothicaires doivent à cet esprit de charité une très-grande considération.

Certains couvents de religieux sont pourvus d'une pharmacie : cette pharmacie publique, et d'ordinaire très-accréditée, est desservie par un frère de l'Ordre, qui est toujours un pharmaciste habile. Dans ces officines, les médicaments sont délivrés gratis aux indigents. Néanmoins, à la fin de l'année, il se trouve que le couvent a réalisé encore une somme suffisante pour couvrir les frais d'acquisition des drogues.

Cette profession, comme tant d'autres, offre des abus qui sont réprimés avec une inflexible sévérité; cependant, et c'est justice de le proclamer, il n'y a que de très-rares plaintes contre les pharmacistes. »

Comme on le voit, cette lettre, qui comble quelques lacunes échappées à M. de Rayneval, confirme les documents qui m'ont été adressés par cet illustre ambassadeur.

Royaume des Deux-Siciles. — Le 26 février 1852, M. Barrot, ministre de France à Naples, m'a communiqué, sur la pharmacie dans les Deux-Siciles, les détails suivants, émanés du docteur Chevalley de Rivaz, l'un des médecins les plus distingués de ce royaume.

Tout individu qui veut être pharmacien en Sicile, n'a qu'à se présenter à l'Université des études de Naples, muni de son extrait de baptême, du certificat de perquisition, constatant qu'il n'a été ou n'est présentement accusé d'aucun délit criminel ou politique, et enfin d'une attestation du directeur de l'une des congrégations religieuses de cette capitale, prouvant qu'il en a fréquenté assidûment les exercices pendant huit mois.

Il y a quatre examens qui portent, savoir : 1° sur la chimie pharmaceutique, 2° sur la minéralogie, 3° sur la botanique, et 4° sur la préparation des médicaments. Ces examens se font à la fois verbalement et par écrit. Après avoir subi ces quatre épreuves d'une manière satisfaisante, le candidat obtient le grade de pharmacien, qui lui est délivré par l'Université, moyennant la somme totale de 15 ducats (environ 65 fr.), tant pour les frais des examens que pour le diplôme, qui doit servir à le faire reconnaître en cette qualité.

Jusqu'à présent, rien n'est fixé touchant la durée des études pharmaceutiques. Comme il n'y a pas d'école de pharmacie proprement dite en Sicile, chaque élève, qui veut devenir pharmacien, étudie sous les professeurs particuliers qui lui conviennent et pendant le temps qu'il lui fait plaisir, jusqu'à ce qu'il se croie en état d'affronter les examens, lesquels sont faits ordinairement, pour la plupart des jeunes gens qui se vouent à cette profession, dans le cours de la seconde année de leurs études.

La loi garde le même silence sur l'âge qu'on doit avoir atteint pour exercer la pharmacie : de sorte qu'un jeune homme n'ayant pas même dix-huit ans peut se présenter à l'Université pour subir les quatre examens requis : s'il soutient ces épreuves d'une manière satisfaisante, il obtient le diplôme de pharmacien, et devient apte, dès ce moment, à tenir une pharmacie.

Le nombre des pharmaciens est limité, en ce sens qu'à Naples aucune pharmacie ne peut être ouverte, d'après une ancienne coutume, qu'à la distance de soixante-dix pas géométriques d'une autre pharmacie déjà existante; ce qui fait que les fonds de pharmacie se vendent dans cette capitale plus ou moins selon leur position. En revanche, toutes les fois que dans une nouvelle rue il se trouve un emplacement convenable offrant la distance voulue, on ne manque pas d'y fonder sur-le-champ une nouvelle pharmacie.

Aujourd'hui le nombre des officines ouvertes à Naples est d'environ deux cent soixante-quinze.

La loi frappe sévèrement les pharmaciens et les droguistes qui se mettent en contravention avec elle, et le proto-médicat général des Deux-Siciles, chargé de la police pharmaceutique, fait tout son possible pour en assurer l'exécution. Malheureusement, cette loi n'est appliquée que bien rarement, pour ne pas dire presque jamais, comme cela a lieu du reste pour les autres branches de l'art de guérir : aussi voit-on une multitude de charlatans ne se souciant nullement de se mettre en opposition avec les règlements relatifs à la police médicale : cette insouciance de la loi se remarque principalement chez les étrangers.

Si un pharmacien est riche, il est considéré à cause de sa fortune; mais autrement il ne l'est nullement, pas plus, d'ailleurs, que les notaires, qui, pour le dire en passant, tiennent, dans ce pays, leurs études dans des boutiques semblables à celles des artisans. Les pharmacies achalandées, ayant encore une certaine valeur intrinsèque, sont achetées par des spéculateurs : ces derniers y placent un pharmacien qui en paraît le propriétaire, et qui ne reçoit cependant de son bailleur de fonds qu'un misérable salaire, à peine suffisant pour vivre. Par le prix donné aux commis qui sont dans la plupart des pharmacies de Naples, et qui n'est pas plus élevé que le salaire des simples domestiques, bien que ces mêmes commis soient déjà reçus pharmaciens, on peut juger de la considération accordée à cette profession, dont le discrédit est augmenté par les épiciers, les droguistes et les confiseurs, qui font presque tous de la pharmacie.

Sur les deux cent soixante-quinze pharmacies de Naples, quatre ou cinq font des gains fabuleux; ce sont celles qui sont dirigées par des étrangers. Ces bénéfices sont dus au savoir-faire de ces derniers, et aussi à l'appui que leur prêtent divers médecins avec lesquels ils partagent une partie de leurs gains; la plupart des autres officines ne rapportent à leurs propriétaires qu'un lucre médiocre : il y en a même beaucoup qui donnent des pertes.

Bon nombre d'apothicaires siciliens empiètent, comme dans tous les pays, sur le domaine médical; mais, en général, ils se bornent à prescrire des médicaments aux malades qui vont leur demander des conseils. De leur côté, les barbiers, qui font dans ce pays l'office de chirurgiens-saigneurs, ne manquent pas de conseiller la saignée à ceux qui s'adressent à eux dans le même but.

Il y a bien, parmi les pharmaciens napolitains, certains hommes qui dégradent leur profession par leur grossière éducation, et par les trafics équivoques auxquels ils se livrent; mais, au total, c'est encore dans la classe des apothicaires qu'on trouve le plus d'honnêtes gens.

FIN.

NOTE RECTIFICATIVE.

C'est en 1629, et non en 1659, ainsi qu'il a été dit par erreur page 86, que fut rendue la sentence de l'hôtel-de-ville octroyant aux apothicaires une bannière et des armoiries.

Le titre original conservé dans les archives de l'école de pharmacie de Paris dit que « les deux nefs de gueules flottantes aux bannières de France sont accompagnées de *deux étoiles* à cinq points de gueules, etc. » Sauval, *Antiquités de Paris*, mentionne *cinq étoiles*; d'autres auteurs parlent de *trois*.

Des inexactitudes, des altérations analogues ont aussi été commises dans la reproduction de ces armoiries par la gravure. En effet, les dessins que l'on en trouve dans les brochures et les thèses pharmaceutiques des XVIIe et XVIIIe siècles comportent *trois étoiles*.

Ces différences, que je ne cherche pas à expliquer ici, ne sont pas sans intérêt, et, pour que le lecteur puisse les rapprocher de la vignette de la page 163, j'ai cru devoir donner un deuxième dessin de ces armoiries, réduit d'une des anciennes gravures dont il vient d'être parlé.

TABLE DES CHAPITRES.

INTRODUCTION. 1

CHAPITRE I. 1

La Révolution de 1789. — Ses folies. — Métamorphose des noms. — Les Apothicaires apostats. — Ils effacent leur baptême et renient leurs ancêtres. — Inventaire des boutiques des anciens Apothicaires. — Conseils de Jean de Renou pour dresser une boutique pharmaceutique. — Description d'une maison d'Apothicaire en Bretagne. — Portrait d'un Apothicaire au XVIe siècle, par Shakespeare. — Définition du mot *apothicaire*. — Son orthographe change avec les siècles. — Dénominations espagnoles et italiennes. — Parallèle du Pharmacien et de l'Apothicaire. — Le mot *pharmacien* signifiait empoisonneur dans l'antiquité. — Synonymes satiriques et outrageants. — Anagramme du mot apothicaire.

CHAPITRE II. 16

Le berceau de la Pharmaceutique repose sous le ciel d'Orient. — De la pharmaceutique en Chine. — L'herbier de Chin-nong. — Richesses pharmaceutiques de l'Égypte. — Abus révoltant des médicaments chez les Mages. — Le roi Osymandias. — Les Momies, d'après Hérodote et Ambroise Paré. — De la Pharmaceutique chez les Assyriens et les Indiens, d'après Strabon. — En Chaldée, d'après Démocrite. — De la Pharmaceutique chez les Juifs. — Les patriarches Abraham, Jacob. — Le roi Ézéchias. — Salomon. — Les prophètes Jérémie et Isaïe. — De la Pharmaceutique chez les Perses. — Cambyse. —

Démocède. — Darius. — Chez les Macédoniens. — Alexandre-le-Grand. — De la Pharmaceutique en Grèce. — Mélampe. — Machaon et Podalyre. — Patrocle. — Siècle de Périclès. — Les *Guêpes* d'Aristophane. — Hippocrate. — Aristote. — École d'Alexandrie. — Théophraste d'Érèse. — Hérophile. — Ses disciples. — Érasistrate. — Premier partage des professions relatives à l'art médical. — Le sucre de canne. — De la Pharmaceutique sous la secte Dogmatique et sous la secte Empirique. — Onguent d'Agrippa. — Pompée rapporte à Rome l'Électuaire de Mithridate, roi de Pont. — Nicandre. — Les *Thériaques* et les *Alexipharmaques*, poëmes. — Femmes apothicaires. — Médée et Circé. — Cléopâtre, reine d'Égypte. — Agnodice, d'Athènes. — Aspasie, de Milet. — Artémise, reine de Carie. — Le Céramique d'Athènes. — Les Femmes de Phrygie et de Thessalie. — Lois sévères de Lycurgue et de Solon.

CHAPITRE III. 39

Rome est veuve d'apothicaires pendant 500 ans. — Leur arrivée. — Le chou de Caton l'Ancien. — Les *medici chirurgici*. — Les *medici oculari*. — Les apothicaires habitent les tavernes, à l'instar des barbiers et des tondeurs. — Sylla décrète la déportation et la mort contre les apothicaires. — Réaction. — L'empereur Auguste leur confère le droit de porter l'anneau d'or. — Secte méthodique. — Andromaque, médecin de Néron, invente la thériaque. — Dioscoride, auteur d'un traité des plantes. — Liniments et onguents des apôtres et des confesseurs de la foi. — Tibère fabrique des pommades contre les dartres. — Galien tient, à Rome, une boutique d'apothicaire dans la Voie sacrée. — Catégories des apothicaires. — Les séplasiaires. — Les ropopoles. — Les *pharmaceutæ*. — Les *pharmacopœi*. — Les pharmacopoles. — Les *agyrtæ* ou ὀχλαγωγοί. — Les *circumforanei*. — Les *circulatores*. — Les *sellularii* ou ἐπιδίφριοι. — Les *herbarii* ou ῥιζοτόμοι. — Les pharmacotribes ou *pharmacotritæ*. — Les βοτανολόγοι. — *Pharmacus* ou empoisonneur, selon Pétrone. — Juvénal. — Les femmes apothicaires. — Canidie et Gratidie. — Les *sagæ* (sage-femme en vient). — La *saga* Folia. — La *saga* Cæsonia. — Les *medicæ*. — Les philtres. — Le *satyrion*. — L'*hippomane*. — Le *poculum desiderii*. — Les *aquæ amatrices*. — Les *unguentarii*. — Opinion d'Horace sur les apothicaires de Rome; il les assimile aux gueux, aux mendiants, aux histrions et aux joueurs de flûte.

CHAPITRE IV. 62

Période grecque (an 200 de J.-C., jusqu'en 640, époque de la destruction de la bibliothèque d'Alexandrie). — Aëtius. — Paul d'Egine. — Alexandre de Tralles. — Oribase. — Les *pimentarii*. — Les apothicaires confondus avec les usuriers, les bateleurs et les marchands de pierres fausses. — L'empereur Théodose les exclut des fonctions civiles. — Ils vendent dans les cabarets et sur des échoppes. — Bref du pape Pélage II, au vi^e siècle. — Décrets de plusieurs conciles. — Les moines copient les pharmacopées grecques.

Période arabique (de l'an 640 jusqu'à la fin du xive siècle). — Rhazès — Ali-Abbas. — Avicennes. — Albucasis. — Le calife Almanzor. — École de Bagdad. — Sommeil de l'art pharmaceutique en Occident. — Sa splendeur en Orient. — Jean Sérapion. — Ouverture de pharmacies publiques. — Les princes arabes apothicaires. — Géber. — Le Krabadin. — Écoles de Salerne et de Naples. — Règlements sévères. — L'empereur Frédéric II. — Les *stationarii*. — Les *confectionarii*. — L'évangéliste des apothicaires. — Le *Liber servatoris*. — L'antidotaire Nicolas. — L'art pharmaceutique s'éveille en Occident. — Époque des Croisades. — Introduction des médicaments par les croisés. — Les apothicaires d'Afrique arrivent en Espagne. — Écoles pharmaceutiques de Tolède et de Cordoue. — Les apothicaires se répandent en Allemagne, en Prusse, en Pologne, en Suède et dans le Danemark. — Saladin d'Ascoli. — Saint Ardouin de Pesaro. — Les apothicaires soumis à la surveillance des Facultés de médecine.

CHAPITRE V. 76

(XIIIe siècle.) Apparition des Apothicaires en France. — Ils étaient, le samedi, au marché, en compagnie des marchands d'écuelles, d'échelles et de poivre. — Le *Livre des Métiers*, d'Étienne Boileau. — Le serment des Apothicaires *chrestiens* et *craignans* Dieu. — Corporation des Épiciers-Apothicaires, Grossiers, Drapiers, Pelletiers, Chaussetiers et Chandeliers. — Mandement de Philippe-le-Bel. — (XIVe siècle.) Ordonnances de Philippe de Valois et de Jean-le-Bon. Édit de Charles VI. — Lettres-patentes de Charles VII. — *Blason des Apothicaires.* — (XVe siècle.) Les Apothicaires forment une garde nationale à Louis XI. — Ordonnance de Charles VIII. — Résumé.

CHAPITRE VI. 99

Découverte de la seringue. — Elle est contemporaine de celle de l'imprimerie et de la découverte du Nouveau-Monde. — Nom et patrie de l'inventeur. — La seringue n'était pas connue à Rome, et n'a pas été trouvée dans les ruines d'Herculanum et de Pompéia. — Instrument qui l'a précédée. — Sa description par Avicennes. — La plume de paon des dames romaines. — Influence de la seringue sur la politique, les sciences et la littérature. — La seringue, reine du monde. — Sa déchéance. — Seringue brésilienne. — Seringues en écaille, en nacre, en argent, en vermeil. — Honneurs rendus à la seringue par Mme de Pompadour. — Singulière coutume des Omaguas avant le repas. — Sujet de prix proposé par l'académie de

Mâcon. — L'*Allée de la Seringue*, poëme héroï-satirique. — Questions faites sur la seringue dans un examen. — Phases principales de la seringue. — Ses inconvénients. — Modifications apportées dans la construction de la seringue par MM. Boiscervoise, Chemin et Heymann. — Définition du mot *clystère*. — Le *lavement* et le *remède*. — Émeute à la cour de Louis XIV. — Épitaphe de *maître Louis*.

CHAPITRE VII. 111

Les deux cent vingt clystères de Louis XIII. — Des clystères sous Louis XIV. — Clystères à la fleur d'oranger, à l'angélique, à la bergamotte, à la rose. — Conspiration de Cellamare. — Le cardinal Dubois et le comte de Laval se font donner des lavements à la Bastille. — Le faubourg Saint-Germain, terre classique des clystères. — Secret de Ninon de Lenclos. — Des clystères solitaires et à double personnage. — Stratégie clysmatique, enseignée par *Dardanus*, maître apothicaire. — Grande controverse sur la question de savoir si les clystères rompent le jeûne. — Le *Malade imaginaire*, de Molière. — Inscription funéraire. — Le Catéchisme poissard. — Apostrophe obscène de Vadé. — Age d'or des Apothicaires. — Un chanoine refuse de payer le prix de deux mille cent quatre-vingt-dix clystères. — La comédie du *Légataire universel*, de Regnard.

CHAPITRE VIII. 120

(XVIe siècle.) Séparation des apothicaires-épiciers des simples épiciers. — Arrêts du Parlement. — Prévarications, déprédations et brigandage des apothicaires. — Pamphlets révélateurs de *Lisset-Benancio* et de *Symphorien Champier*. — Les apothicaires métayers, fourniers, taverniers de mer, maquignons et marchands de cochons. — Les palefreniers apprentis apothicaires. — Les omopoles. — Les quiproquoqueurs. — Les triacleurs. — Les râcleurs de babines. — Les *restaurants*. — Vols de ducats et de volaille. — Discipline sévère des apothicaires sous François Ier. — Édit de Henri II. — Lettres confirmatives des statuts et règlements de plusieurs villes du royaume. — Lettres-patentes de François II et de Charles IX, concernant les apothicaires. — Les apothicaires marchands de pain d'épice. — Édit de Henri III. — Lettres-patentes de Henri IV. — Jurisprudence relative aux testaments, legs et donations en faveur des apothicaires. — Pharmacopées du XVIe siècle. — Naissance de la pharmacie militaire.

CHAPITRE IX. 152

XVIIe siècle. — Lettres-patentes confirmatives des statuts et règlements des apothicaires de plusieurs villes de France. — Ordonnance de Louis XIII (1638). — Bruits de guerre. — Les apothicaires entre deux feux. — Arrêts multipliés du parlement. — Édits de Louis XIV.

Les apothicaires limonadiers et rogomistes. — Arrêts du conseil d'État. — Les lieutenants-généraux chargés de la connaissance des brevets d'apprentissage. — Action criminelle. — Chefs-d'œuvre et examens. — Donations et testaments. — Garantie des apothicaires. — Hypothèques. — Prescription. — Taxes. — Déluge de pharmacopées.

CHAPITRE X. 175

Ligue des médecins contre les apothicaires. — Les apothicaires menacés de la famine. — Concordat de 1631. — Décret de la Faculté de médecine de Paris. — Croisade des épiciers. — Cause et naissance de la guerre des épiciers et des apothicaires. — Prétentions des épiciers. — Sentence du Châtelet du 7 novembre 1485. — Les apothicaires secouent le joug des épiciers. — Reprise des hostilités. — Sentences et arrêts multipliés. — Traité de paix et transaction de 1634. — La guerre se rallume de nouveau. — Triomphe des apothicaires. — Nouvelles tribulations. — Les apothicaires royaux. — Leurs priviléges. — Leurs prétentions. — Lutte des apothicaires royaux contre leurs confrères. — Jalousie réciproque. — Édit de Louis XIV. — Pacification générale.

CHAPITRE XI. 190

Déclaration de 1777. — Suppression des maîtrises et jurandes. — Création du collége de pharmacie. — Les apothicaires *suivans la cour*, et les apothicaires du roi ou *commensaux*. — Arrêt du conseil d'État du 11 septembre 1778. — Statuts. — Loi organique (1780). — Installation du collége de pharmacie. — Le lieutenant-général de police Lenoir et M. Trévez. — Arrêt du conseil du roi. — Noms des premiers membres du collége de pharmacie. — Leur première délibération. — La grande et la petite livrée. — Discipline des élèves (1783). — Circulaire du comité de salubrité publique (1791). — Décret de l'assemblée nationale (1791). — *Société libre de pharmacie*. — Cause de sa naissance. — Sa constitution. — Liste de ses membres. — Lettre au Préfet de la Seine sur la Société libre de pharmacie.

CHAPITRE XII. 217

Loi du 21 germinal an XI (11 avril 1803). — Création des écoles de pharmacie de Paris, de Montpellier et de Strasbourg. — Imperfections, lacunes, contradictions et inconséquences de la loi du 21 germinal an XI. — Sage critique de cette loi par un pharmacien *Amiénais*. — Résumé des lois et règlements concernant les écoles de pharmacie, les élèves et les pharmaciens. — Nouveau déluge de pharmacopées pendant le XVIIIe siècle.

CHAPITRE XIII. — ÉCOLE DE PHARMACIE DE PARIS. . . . 237

Origine de l'École de Pharmacie de Paris. — Nicolas Houël, maître apothicaire-épicier. — Le palais des Tournelles. — Les *Enfants rouges* du Marais. — La maison de la *Charité chrétienne.* — Édit de Henri III. — L'hôpital de l'Ourcine ou de Saint-Marcel, fondé par Marguerite de Provence, veuve de saint Louis. — Il devient la propriété de Guillaume de Chanac, évêque de Paris. — Charles Audens, successeur de Nicolas Houël. — Ses tribulations. — La maison de Sainte-Valère convertie en hôtel des invalides sous Henri IV. — Elle est rendue à sa première destination en 1606. — Usurpation de l'Université de Paris. — Arrêt de 1624. — Prétentions et cupidité des chapelains. — Résignation des apothicaires. — Les *vieux fossés.* — La rue de l'Arbalète. — Mauvaise foi des épiciers. — Vives contestations. — Édit de 1777. — Description architecturale inédite de l'École de Pharmacie, par M. Guibourt. — Liste des professeurs nommés depuis la création de l'École. — Dates de leur promotion. — Personnel et enseignement actuels. — Costume des professeurs. — Sceau de l'École.

CHAPITRE XIV. — Écoles de Pharmacie de Montpellier et de Strasbourg. 267

Montpellier. — Le berceau de l'École de Montpellier n'a pas été agité par les tempêtes comme celui de l'École de Paris. — Collége de Pharmacie et École de Santé de cette ville. — Arrêté du 29 vendémiaire an XII. — Décret du 11 messidor de la même année. — Format des Thèses. — Permission de Chaptal, ministre de l'intérieur, du 20 messidor. — Vœux de cette École restés à l'état de lettre morte. — L'article VIII de la loi de 1825. — Retrait de cette loi. — En 1831 l'École de Montpellier réforme des abus inhérents au troisième examen. — Autorisation ministérielle du 11 octobre 1831 qui rend les Thèses facultatives. — L'École change de local. — Son riche mobilier. — Innovations et réformes capitales. — Noms des professeurs institués depuis l'arrêté du 25 vendémiaire an XII. — Personnel et enseignement actuels.

Strasbourg. — État de la Pharmacie en Alsace avant 1789. — Priviléges et droit de bourgeoisie. — Droits seigneuriaux de la ville de Strasbourg. — Juridictions et régences des princes allemands. — Commissions nommées par les administrations départementales. — Sept professeurs. — Minimité de leur traitement. — En 1835, rapport de M. Guizot, ministre de l'instruction publique. — Réorganisation de l'École. — En 1840, ouverture d'un nouveau local. — Organisation des Cours. — Personnel actuel. — Enseignement.

CHAPITRE XV. — De la Pharmacie sacrée. — Pharmaciens illustres. 281

Pharmacie sacrée. — Les parfums sont employés dans tous les cultes. — La Myrrhe de la Bible. — Le *Boswellia thurifera* et le *Chloroxylum dupada* de l'Indoustan. — L'*Abies religiosa* et le *Cupressus thurifera* de l'Amérique méridionale. — Le *Juniperus* de la Virginie. — L'*Icica* de Cayenne. — Le Benjoin des mosquées et des églises. — Le Saint-Chrême. — Les bois odorants des temples chinois et japonais. — L'eau bénite des lamas et des prêtres bouddhistes. — Le Cinnamome des Égyptiens. — Les bûchers funéraires. — Le Gaïac du temple du Soleil, à Cusco. — Herbes narcotiques des prophètes, des devins et des sibylles. — Plantes enivrantes des Malais, des bonzes et des fakirs. — Plantes saintes. — Le Figuier des pagodes. — Le *Palæsa*. — Le *Butta frondosa*. — Le Gui des druides. — La Verveine des Romains. — Le *Lotus* du Gange et le *Lotus* du Nil.

Pharmaciens illustres. — Le Dante, médecin et apothicaire. — Illustrations pharmaceutiques d'Italie, d'Allemagne, d'Angleterre, d'Irlande, de Prusse, de Russie, de France, etc., au XVIe et au XVIIe siècle. — Célébrités du XVIIIe siècle. — Splendeur de la fin du XVIIIe et du commencement du XIXe siècle. — Services éminents. — Découvertes immortelles. — Progrès gigantesques des arts et de l'industrie.

CHAPITRE XVI. — LES PHARMACO-POÈTES. 293

Parnasse pharmaceutique. — La boutique des apothicaires devenue le temple des Muses. — Nicandre. — Andromaque. — Emilius Macer. — Rufus. — Philon de Tarse. — Sulpitia, dame romaine. — Serenus Samonicus. — Eudème. — Ode d'Aratus. — Héliodore d'Athènes. — Damocrate. — Palémon. — Marcellus. — Félix Capella. — Jean de Milan. — Gilles de Corbeil. — Le *Promptuaire* de Thibault Lespleigney. — L'*Ars purgandi* de Geryasius. — Paul Contant. — Le *Dispensary* de Samuel Garth's. — Abraham Cowley. — La *Theriaque françoise* de Paul Maginet, apothicaire à Salins. — La *Thériacade* et la *Diabotonogamie* de Girault. — *Demachy*. — Guiart, le rival d'Ausone et l'émule de Santeuil. — Épigramme sanglante contre un pharmaco-poëte.

CHAPITRE XVII. 310

Portrait en buste de l'apothicaire moderne, peint par M. de Labédollière, retouché et mis en pied par l'auteur. — Sortie du collége. — Projet de départ pour Paris. — Obstacles. — Les deux manières. — Noviciat. — L'apothicaire en herbe. — Le galérien, le chien d'attache et la femme de ménage. — Vingt-cinq ans. — Les épreuves. — Le diplôme. — Que faire? — Acquisition d'une officine. — La fille du patron. — Le mariage. — La femme de l'apothicaire au dernier siècle. — La femme de l'apothicaire en Angleterre, en Allemagne et en Russie. — Ses attributions en France, son rôle. — Elle est le vicaire de son mari. — Fausse position. — Bibliothèque de l'apothicaire. — L'apothicaire s'émancipe. — L'aiguillon de l'envie et le démon de l'ambition. — Officine féerique. — Prisme trompeur. — Légions d'inutilités. — L'apothicaire bandagiste, parfumeur, confiseur et épicier.

— Le traquenard de quelques apothicaires de Paris. — Les cabinets de consultations. — Guet-apens. — Les Robert Macaire. — L'apothicaire amoureux de Vénus. — L'apothicaire médecin et vétérinaire. — L'apothicaire à la recherche de la fortune. — Laborieux enfantement d'un spécifique. — Prospectus monstres. — Réclames gigantesques. — Le *vol à l'apothicaire*. — L'*auri sacra fames*. — L'apothicaire, caméléon politique. — Les nourrices, les femmes de chambre, les messagers, les cadeaux sacrés. — Les *qui-pro-quo*. — Le fer brûlant de Gui Patin. — L'amour des saisons. — Idolâtrie des épidémies. — L'apothicaire israélite. — *Parties* ou mémoires d'apothicaire. — Un mémoire de 20,000 fr. — La comédie du *Malade imaginaire* de Molière. — Monsieur Retz, ou les drogues après la mort. — Jean de Renou. — L'apothicaire de Mantoue, de Shakespeare. — *Malesuada fames*. — Devoirs de l'apothicaire extraits des Pères de l'Église. — Acte de contrition d'un apothicaire italien. — *La Mort* et *l'Apothicaire*, dialogue en vers du chanoine Jacques Jacques, d'Embrun. — *Ab uno non disce omnes*.

CHAPITRE XVIII. — DE LA PHARMACIE EN CHINE, EN PERSE, EN TURQUIE, EN GRÈCE ET EN ÉGYPTE. 345

Chine. — Simplicité des pharmacies chinoises. — Absence d'ornementation — Les médicaments différents de ceux d'Europe. — L'opium, si employé chez les Chinois, n'occupe qu'un rang secondaire dans les pharmacies. — Médicaments héroïques. — Drogues miraculeuses. — Format et caractères des ordonnances. — Enveloppes rouges et blanches. — Volume monstrueux des pilules. — Le *Giuseng*. — Pharmacopée chinoise.

Perse. — Traduction de la pharmacopée persane, par le R. Père Ange de La Brosse. — Les neuf choses immondes. — Les onze cent dix prescriptions du dispensaire persan. — Les soixante espèces de pilules. — Les collyres de fiels d'animaux. — Le *Cahiva*. — Les noms pharmaceutiques persans. — Leur métamorphose française.

Turquie. — M. Géorginoff. — Lettre du prince de Callimachi, ambassadeur de la Porte ottomane, à l'auteur. — Le *Madjoum* de l'ambassadeur Ghalib-Effendi. — Les Masch'allah. — Le *Ténasoukb*. — Les *Médressés*. — Programme des études pharmaceutiques. — Discipline austère. — Révolution dans l'enseignement pharmaceutique.

Grèce. — Lettre de M. Costi, membre du congrès sanitaire international, à l'auteur. — Études préliminaires. — Le gymnase. — L'Université. — L'*examen rigoureux*. — L'examen pratique. — Age requis pour l'exercice de la pharmacie. — Un pharmacien sur quatre mille habitants. — Sévérités du code pénal. — Tarif du conseil médical. — Visites semestrielles des officines.

Égypte. — Génie de Mohammed-Aly. — Le docteur Clot. — M. Hamon.

— M. Destouches. — Fondation de l'école d'Abou-Zabel. — Les Égyptiens à Paris. — M. Jomard. — Hussein-Ganem-el-Rachidi. — Musée médical. — Collection d'échantillons. — M. F. Boudet.

CHAPITRE XIX. — DE L'ART PHARMACEUTIQUE EN RUSSIE, EN SUÈDE, EN NORWÈGE ET EN DANEMARK. 360

Russie. — M. Siller. — Répertoire de pharmacie de Buchner. — *Pharmacopœus auxiliarius.* — *Pharmacopœus substitutus.* — *Pharmacopœus.* — Quatre années d'humanités. — Trois années de stage. — Minéralogie. — Botanique. — Zoologie. — Physique. — Chimie. — Pharmacognosie. — Pharmacologie. — Le grade de proviseur. — Dispositions pénales sévères. — Statistique des pharmaciens russes.

Suède, Norwège et Danemark. — Lettre de M. le comte de Lœvenhielm, ambassadeur de Suède, à l'auteur. — Apprentissage. — Éducation religieuse. — Humanités. — Sciences. — Procès-verbal de l'examen au titre d'aspirant. — Titre de proviseur. — Chimie. — Pharmacie, histoire naturelle, botanique médicale, nomenclature pharmaceutique, choix, préparation, conservation des médicaments. — Licence et privilége du roi. — Considération des apothicaires suédois. — Discipline bénigne. — Bénéfices considérables. — Probité professionnelle des apothicaires. — M. Ch. Martins. — Les pharmacies limitées en Norwège. — Énormité de leur prix. — Privilége. — Tarif. — Cent vingt-huit pour $^0/_0$. — Hambourg. — Schomberg. — Magdebourg. — Les trois catégories des drogues simples. — La médecine homœopathique. — Rabais. — Taxe. — Amendes. — Absence de charlatanisme. — Simplicité des pharmacies. — Description d'une pharmacie. — Études pharmaceutiques. — Le *Lehrbrief.* — Loi du 4 décembre 1672. — Les aides. — Les trois épreuves. — Le règlement du château de Stockholm de 1837. — Sévérité des examens. — Leur complication. — Les *tâches.* — L'*attestat.* — Les réceptions des pharmaciens sont gratuites. — Les apothicaires marchands de vin et de comestibles, épiciers, boulangers, brasseurs et savonniers.

CHAPITRE XX. — DE LA PHARMACIE EN ALLEMAGNE, EN AUTRICHE, EN PRUSSE ET DANS LES PAYS-BAS. 382

Allemagne. — De l'art pharmaceutique au XVIIe siècle. — Déluge de règlements. — Ordonnance des ducs de Saxe de 1607. — Tarif des villes d'Allemagne à cette époque. — Comité de médecins. — Législations diverses des trente-six États d'Allemagne. — Le *staats examen* en Bavière, dans le Wurtemberg, les deux Hesses et le grand-duché de Bade. — Limitation des apothicaires en Saxe. — *Filial apothekin.* Haute instruction et probité des apothicaires allemands. — Tarif général pour toute l'Allemagne. — Peines sévères. — Officine de 300,000 francs. — Priviléges *réels* et priviléges *personnels.* — Polypharmacie allemande. — Aperçu.

29

TABLE.

Autriche. — Coquetterie des pharmacies autrichiennes. — Élégance, luxe, splendeur. — Défectuosité des vases, des flacons, des mortiers et des autres ustensiles dans les pharmacies de Vienne. — Anciennes pharmacopées autrichiennes. — *Codex* de Vienne. — Absence des remèdes d'agrément.
Prusse. — Humanités. — Quatre ans de stage. — Huit années d'études. — L'autorisation du préfet de province. — Pénalité à l'égard des contraventions. — Amendes. — Clôture de l'officine. — La prison. — Prix des officines à Berlin. — Épicerie. — Concession de l'autorité supérieure. — Législation bizarre.
Pays-Bas. — Ordonnance des magistrats de Bruxelles de 1641 et de 1650. — Règlement de l'évêque et prince de Liége de 1699. — Ordonnance des magistrats de Malines de 1741 et des magistrats d'Anvers de 1746. — Loi de 1818. — Commission de révision de 1821. — Commissions provinciales. — États-généraux. — Arrêté du 31 mai 1834. — Loi organique du 27 septembre 1835. — Fondation de l'académie royale de médecine en 1841. — Congrès de Bruxelles. — Loi organique du 15 juillet 1849. — Ses dispositions à l'égard de la pharmacie. — Programme des examens.

CHAPITRE XXI. — DE LA PHARMACIE EN AMÉRIQUE ET EN ANGLETERRE. 401

Amérique. — Considérations générales sur la pharmacie aux États-Unis. — Son enfance. — Elle a été longtemps mêlée à de basses professions. — Création des colléges de pharmacie. — Fondation de chaires. — Le Journal du Collége de Pharmacie de Philadelphie. — MM. Ellis et Griffith. — Loi promulguée par les États de la Caroline méridionale. — Fondation du collége de Philadelphie (1820). — Ses richesses pharmaceutiques. — Sa bibliothèque. — Conditions pour obtenir le diplôme. — Fondation du collége de pharmacie de New-York (1831). — Sa charte. — Loi de l'État de New-York, de 1832.
Angleterre. — La législation et l'exercice de la pharmacie. — *Apothecarie's hall.* — *Pharmaceutical Society of Great Britain.* — Le jury d'examen, ou *Board of examiners.* — Ier examen (*classical examination*). — IIe examen (*minor examination*). — IIIe examen (*major examination*). — Les quatre classes d'apothicaires : 1° les pharmaciens proprement dits (*chemists and druggists*); 2° les pharmaciens-chirurgiens (*apothecarie's and surgeons*); 3° les droguistes (*wolesale druggists*); 4° les herboristes (*herbalists*). — Apothicaires-accoucheurs. — Réclamation d'une charte médicale. — Singulières et cupides prétentions. — Charlatanisme impudent. — Lettre de M. Sutherland, membre du congrès sanitaire international, à l'auteur. — *L'hôtel des Pilules.* — *Les trésors de santé.* — *Bains miraculeux.* — *Lits célestes.* — Cyniques promesses. — Richesse et élégance des boutiques des apothicaires d'Angleterre. — Description d'une officine

anglaise. — Le *prescription departement*. — Le *dispensing case*. — Pompes à feu. — Les Anglais consomment les médicaments sur place. — Les pharmacies-estaminets. — Improvisation d'une pharmacie.

CHAPITRE XXII. — DE LA PHARMACIE EN ESPAGNE. . . 419

Quintin Chiarlone et Carlos Mallaïna. — Histoire de la Pharmacie espagnole, depuis l'an 640 avant Jésus-Christ, jusqu'à nos jours. — M. Hœfer. — Les Arabes d'Espagne. — Écoles de Cordoue, de Séville, de Murcie et de Tolède. — Abenzoar. — Règne d'Alonzo. — Le *Liber secretorum*. — Mesures disciplinaires des *fueros* du XIVe siècle. — Poëme pharmaceutique de Lopez de Villalobas. — XVe siècle. — Julius Gutieris. — Pharmacopée de *Benedicto Matheo*. — Le *Compendium aromatorum* de Saladin d'Ascolo. — Amende de neuf mille ducats. — XVIe siècle. — Le collége des apothicaires de Barcelone. — La *Pharmacopœa Cæsar-Augustina*. — Le collége de pharmacie de Valence, de Sarragosse, de Pampelune, de Madrid et de Tarragone. — La *Pharmacopœa Valentina*. — Déclaration de Don Carlos, de l'année 1800. — Le *Real proto-medicato*. — Le *Protomedico*. — Le *Proto-cyrujano*. — Le *Proto-pharmaceutico*. — Les Alcades. — Pharmaciens espagnols célèbres. — La *Real junta superior gubernativa de la Facultad de farmacia*. — Organisation de la pharmacie depuis 1815. — Études préliminaires. — Durée des études pharmaceutiques. — Cérémonial des réceptions. — Le Padrino. — Symphonie musicale, anneau, gants blancs, épée. — Remise du *Codex*. — Allocution. — Rigueur des peines.

CHAPITRE XXIII. — DE LA PHARMACIE EN ITALIE ET DANS LE ROYAUME DES DEUX-SICILES. 430

Italie. — États-Romains. — Lettre de M. de Rayneval, ambassadeur de France près le Saint-Siége, à l'auteur. — Études préalables. — Humanités complètes. — Trois années d'études pharmaceutiques. — On exerce la pharmacie à vingt-un ans. — Une pharmacie par trois mille âmes. — Moralité des apothicaires. — Inutilité du code de pénalité. — Point de remèdes secrets. — Le charlatanisme est inconnu. — Lettre du nonce apostolique à l'auteur. — La bulle du pape Léon XII : *Quod divina sapientia* (1824). — La *Matricula*. — Visite des pharmacies. — Le *pharmacien collégial*. — Abolition des priviléges pontificaux. — Opulence des pharmaciens des villes. — Esprit de charité des apothicaires italiens. — Les religieux apothicaires. — Pharmacie des couvents.

Royaume des Deux-Siciles. — Lettre de M. Barrot, ministre de France à Naples, à l'auteur. — Lettre du docteur Chevalley de Rivaz. — Certificat des congrégations religieuses. — Quatre examens. — Soixante-cinq francs pour les examens et le diplôme. — La durée des études pharmaceutiques n'est pas fixée. — L'âge pour exercer la pharmacie est variable. — Les soixante-dix pas géométriques. — Les deux cent soixante-quinze apothicaires de Naples. — Le *Protomédicat*. — Charlatanisme éhonté. — Gains fabuleux. — Complicité des médecins. — Dégradation de certains apothicaires siciliens. — Les épiciers, les droguistes et les confiseurs apothicaires.

NOTE RECTIFICATIVE. 439

Paris. — Impr. BAILLY, DIVRY et Cⁱᵉ, place Sorbonne, 2.

www.ingramcontent.com/pod-product-compliance
Lightning Source LLC
Chambersburg PA
CBHW070207240426
43671CB00007B/573